管理学通用教材

MANAGEMENT

物流管理通论

Introduction To Logistics Management

主　编　刘仁军

副主编　曹洪医

WUHAN UNIVERSITY PRESS

武汉大学出版社

管 理 学 通 用 教 材

总　序

经济全球化、新技术革命及过度竞争不仅改变了21世纪企业的生存基础，而且也给中国高等教育带来了新的发展机遇和挑战。在我国现行教育状况下，专业范围和专业训练过于狭窄，使得学生在进行综合思考和知识创新方面存在局限。虽然职能化和专业化在企业业务决策和管理中具有十分重要的作用，然而，面对日益复杂的市场竞争环境以及职业发展的更高需要，通才才是最好的专才。为此，有必要摒弃业已陈旧的人才培养模式、狭窄的课程设置和落后的教学内容，对工商管理类各专业的培养目标、培养模式、课程设置、教学内容和教学手段等进行一系列重大改革，以宽口径、厚基础、高素质和重能力为原则，把培养面向现代化、面向世界、面向未来、基础扎实、知识面宽、综合素质高、富有创新意识和开拓精神以及良好职业道德的高层次管理人才作为我们办学的重要使命。

教材建设作为本科教学的一项基本任务，体现着教学改革和教学水平的主要方面。为了将学生培养成应用型、融通型和开放式的通才型专才，我们精心挑选"国际贸易理论与实务"、"商品流通概论"、"电子商务"、"战略管理"、"人力资源管理"、"物流管理概论"、"管理科学概论"、"中国农业与农村经济"及"旅游学"等专业基础课作为管理类各专业通修课程，期望通过这一举措将本科教学改革和教育水平推进到一个新高度。

这套系列教材的鲜明特色主要表现在以下四个方面：

1. 系统性。这些课程选自管理类专业的专业基础课，较为全面地反映了管理类专业的知识体系与课程精华。企业——作为一个有机整体，决策的基本单元是企业本身，至于企业内部各职能部门——作为企业整体的一个不可分割的组成部分，其决策必须符合企业整体的生存与发展需要。鉴于大多数工商管理类专业属于职能性专业，故其在课程设置及课时安排上各有自己的不同侧重，其结果将不利于学生在今后职业生涯中全面发展。本套教材针对的这些课程则在很大程度上弥补了各专业在课程设置及培养目标上存在的先天性局限。

2. 专业性。基于企业的基本现实及企业管理的基本需要，一次性地将管理各主要专业的主要基础课程对管理各专业进行通识教育，不仅开阔了学生的专业视野，而且还为学生进一步学好各专业课程奠定了厚实的知识基础。这意味着，随着各个学科课程共性的进一步提高，各专业的特殊性不仅没有削弱，反而还会变得更具纵深性，各专业间的学习交流与互动也会变得更加切实可行。

3. 先进性。这些课程的教材编写者都是相关专业的教学科研骨干，对所选课程的体系和内容都进行了系统性更新，吸收了国内外最新理论成果。培根说，“知识就是力量”，但德鲁克说得更好，“分享的知识才有力量。”在科技发展日新月异、知识更新不断加速的今天，对最新的理论知识进行系统性分享的有效途径之一就是将之编入新版教材，只有这样，才能确保新的知识能得到更大范围及更高程度的及时传播、学习、吸收与运用。

4. 成熟性。本系列教材按照国际上各专业教材的通行标准和体系，结合中国的具体实际，在结构上进行了很好的取舍和调整，使得教材体系变得更加清晰，特点也更加突出。

本系列教材适用于我国全日制本专科学生相关课程的教学及理论研究。因时间紧促及能力所限，一定还存在着这样那样的漏洞和错误，故而诚心恳求各位读者批评指正。本系列教材在组稿及撰写过程中，参考了国内外同行大量的研究资料、数据、图表和理论观点，在此，向各位作者及作品出版单位表示诚挚地感谢。本套系列教材在组稿、编写及出版过程中，得到了武汉大学出版社范绪泉博士的大力支持与帮助，没有他的辛勤劳动与汗水，这套系列教材很难这么快地问世。在此，我代表作者对他的敬业精神表示最真诚的敬意与谢意。

张新国

2008年3月于武汉

前　言

在经济全球化、信息全球化和资本全球化的21世纪，物流已成为人们关注的焦点，被称为企业的“第三利润源泉”。物流正在经历着从传统的以运输和储存为主的辅助性生产活动向现代生产性服务产业的转变，在现代经济中的地位不断攀升，同时扮演着服务者、联络者和调节者的三重角色。如何准确和全面地把握物流管理理论和实践的最新成果，企业如何通过供应链物流管理提高市场竞争力，中国如何通过“第三方物流”促进国民经济发展和产业结构升级等，成为人们迫切需要了解的问题。

本书系统地阐述了现代物流管理的理论、方法、技术和应用。全书共分四编：(1) 物流观念编（第一章至第三章)，介绍了物流的概念等基本知识，突出现代物流管理理念、业务模式和基本方法；(2) 物流运作管理编（第四章至第九章)，以物流客户服务为目标，全面地阐述了物流作业系统的构成，物流网络规划、订单处理与信息系统、运输决策、库存控制和配送管理等有关的理论、技术和方法；(3) 微观物流管理编（第十章至第十四章)，系统论述了企业中的物流环节、物流成本、物流质量、物流组织和绩效评估等管理问题，以及物流企业的管理问题；(4) 宏观物流管理编（第十五章至第十七章)，从物流产业结构、物流与区域经济发展等角度考察物流问题，提出物流产业政策来指导宏观的物流管理实践。

本书有五大特点：(1) 理念新颖。物流观念编概括了现代物流管理的新理念，全书以物流的服务观念和系统观念为主线，讨论供应链物流管理问题，充分体现了现代物流新颖的理念。(2) 视角全面。本书重点介绍了物流运作管理、微观物流管理和宏观物流管理等内容，从物流运作、企业和产业等层面全视角地展现了物流管理问题。(3) 特色鲜明。本书以物流工程为基础，偏重于物流经济，弥补了现有的物流管理教材大多偏重于物流工程、忽视物流经济的不足，突出了物流工程、经济和管理多学科交叉的特色。(4) 紧贴现实。本书采用了大量的企业实例和最新的物流管理数据，在每章的最后都有一个案例分析，充分展示了紧贴现实的特点。(5) 方便使用。每章的学习目标、小结、练习思考和案例分析方便使用者迅速、准确地把握本章的基本内容，拓展思路。

本书主要用于满足非物流专业的本科生、研究生（含MBA）的物流管理教学需要，亦可作为物流管理专业的入门教材，对企业、事业单位和政府有关部门的物流从业者也有一定的帮助。全书共分 17 章。刘仁军博士承担了第一章、第二章、第四章和第十章的编写工作，并负责全书的结构设计以及最后的统稿与完稿；曹洪医博士承担了第三章、第五章、第六章、第七章、第八章和第十二章的编写工作，并负责整理了参考文献；徐国虎博士负责编写了第九章、第十一章和第十四章；曹丽莉博士负责编写了第十三章、第十五章、第十六章和第十七章。本书由刘仁军博士任主编，曹洪医博士任副主编。在本书撰写过程中，参考和引用了国内外同行的有关研究成果和文献，在此特向这些作者表示感谢。本书大量的案例引自相关的物流网站，在此对网站的所有者表示衷心地感谢。

中南财经政法大学工商管理学院的张新国院长和各位副院长对本书的写作和出版提供了大力的支持和帮助，在此特向他们致以深深的谢意。武汉大学出版社的范绪泉博士对本书的编写和出版提供了大量帮助，在此表示真诚地感谢。

物流管理的理论和实践都处在不断发展和探索之中，虽然我们为《物流管理通论》一书付出了艰辛的努力，但由于水平有限，书中难免存在一些不妥与错误之处，恳请读者批评指正。

编　者

2008 年 2 月 18 日

目　录

第一编　物流观念

第二编 物流运作管理

第四编　宏观物流管理

第一编

物流观念

第一章　物流概述

【学习目标】

1. 理解现代物流的基本含义；
2. 了解物流发展的四个阶段；
3. 掌握现代物流管理的核心理念；
4. 掌握物流的功能要素；
5. 理解物流的作用；
6. 掌握物流的分类。

第一节　物流的定义

自从人类进入文明社会，就产生了物流活动。传统的物流概念是指物质实体在空间和时间上的流动，我们长期以来称这种“流动”为“位移”。通俗地说，传统物流就是物品在运输、装卸和储存等方面的活动过程。

人们对物流的最早认识是从流通领域开始的。从经济运行的角度看，经济由生产、流通和消费组成，在生产和消费之间存在着社会间隔（生产者和消费者不同）、空间间隔（生产地和消费地不同）、时间间隔（生产时间和消费时间不同），是流通将生产和消费之间的这些间隔联系起来。流通是以货币为媒介的商品交换行为。在具体的流通活动中，消费者用货币取得商品所有权的过程，即购销过程，称之为商流过程。而买卖成交、商流完成之后，还需要把商品运送到消费者所在地，这个过程就是物流过程。

然而，从发生的领域看，物流已远远超越流通领域，几乎成为人类一切社会活动的基础。物流不仅发生在流通领域中，它同样也是生产和消费等经济活动的重要组成部分。除了经济活动外，军事、文化、教育、体育、医疗卫生、公共安全等活动同样离不开物流。

直观地讲，物流是指一切物质资料（包括物资、物料、货物、商品、物品和废弃物等）从供给者到消费者的物理性运动和时间转换。物流的最初含义是连接供给和消费，克服时空差异，实现物的价值的经济活动。物流涉及运输、储存、包装、装卸、流通加工、配送和信息服务等活动。

随着人类经济活动的深入发展，新的理念和新的管理方法不断地应用于物流领域，因此，物流的内涵也在不断地丰富和发展，在20世纪80年代产生了现代物流。现代物流是相对于传统物流而言的，它是在传统物流的基础上，引入高科技手段，通过计算机进行信息联网，并对物流信息进行科学管理，从而加快物流速度，提高准确率，减少库存，降低成本，延伸扩大物流的职能。

目前，世界上并没有一个统一的、为大家所公认的物流定义。由于物流实践的差异，不同国家对物流含义的理解不尽相同，几乎各国的物流管理协会都有自己的定义。即使在同一国家，物流定义也不尽相同。比如，日本的物流定义就达10余种；在美国，就有从管理、技术、军事和经营等不同角度的物流定义，形成了管理、工程、军事和企业四大派别（见表1.1）。

2001年，中华人民共和国国家标准《物流术语》（GB/T18354-2001）对物流方面的有关术语进行统一。在此，物流（Logistics）定义为“物品从供应地向接受地的实体流动过程。根据实际需要，将运输、储存、装卸、搬运、包装、流通加工、配送、信息处理等基本功能实施有机结合”。我国的这一定义直观地描述了物流活动过程，易于初学者理解物流。

表1.1 **美国不同业界对物流的定义**

派别	年份	给出定义的组织	定　义
管理派	1998	美国物流管理协会（CLM：Council of Logistics Management）	物流是供应链的一部分，其专注于物品、服务及相关信息，从起始点到消费地的有效流通及储存的企划、执行于控管（即管理），以达成顾客的要求。
工程派	1974	美国物流工程师学会（SOLE：Society of Logistics Engineers）	物流是与需求、设计、资源供给与维护有关，以支持目标、计划及运作的科学、管理、工程及技术活动的艺术。
军事派	1981	美国空军（U.S. Air Force）	物流是计划、执行军队的调动与维护的科学。它涉及与军事物资、人员、装备和服务相关的活动。
企业界	1997	美国EXEL物流公司	物流是与计划和执行供应链中商品及物流的搬运、储存及运输相关的所有活动，包括废弃物品及旧品的回收利用。

资料来源：汝宜红．物流学．北京：中国铁道出版社，2003.

第二节 物流的发展历程

物流实践活动与人类的生产、生活始终联系在一起，和人类文明的历史一样悠久。但是，人们对物流的认识以及传统物流向现代物流的转变却是20世纪的事情。物流的发展不仅与社会经济和生产力的发展水平有关，同时也与科学技术发展的水平有关。按照时间顺序，物流的发展大体经历了四个阶段。

一、初始阶段——从PD到Logistics

将物流活动真正上升到理论高度，并加以研究和分析的是20世纪初的美国。1901年，约翰·F. 格鲁威尔（John F. Crowell）在美国政府报告《农产品流通产业委员会报告》中，第一次论述了对农产品流通产生影响的各种因素和费用，在理论上开始了对物流这种经济活动的认识，从而揭开了人们对物流活动认识的序幕。1922年，美国著名营销专家弗莱德·F. 克拉克（Fred F. Clark）在他所著的《市场营销的原则》一书中，将市场营销定义为商品所有权转移所发生的各种活动以及包含物流在内的各种活动，将物流纳入到市场经营行为的研究范畴之中，并用“Physical Distribution”（实物分配，简称PD）一词作为要素来研究企业经营活动中的运输、储存等业务活动。此时，虽然物流已经开始得到人们的普遍重视，但在地位上仍然被作为流通的附属机能来看待。

1941年到1945年第二次世界大战期间，美国及其盟军为了战争的目的，需要在横跨欧洲、美洲、大西洋的广大范围内进行军需物品的补充调运。在军队人员调动、军用物品装备的制造、运输、供应、战前配置与调运、战中补给与养护等军事后勤活动中，研究采用了一系列的技术和方法，使得这些后勤活动既能够及时保障供给、满足战争的需要，又能达到费用最省、时间最短、成本最低，同时还要能安全、巧妙地回避对方的攻击等目标。由此，在美国军方形成了关于Logistics Management（后勤管理）的完整思想、技术和方法体系，通过对采购、运输、仓储、分发进行统筹安排、优化调度的全面管理，以求费用更低、速度更快、服务更好地实现军队、辎重和给养移动过程的组织保障。

第二次世界大战以后，Logistics（军事后勤）的运作理念和方法被应用于企业界，但仍主要沿用PD（Physical Distribution）概念，并称之为“市场营销的另一半”。

二、快速发展阶段——“物流术语混乱期”

20世纪60年代以后，世界经济环境发生了深刻的变化。科学技术的发展，尤其是管理科学的进步，生产方式的改变，大大促进了物流的发展。物流逐渐为管理学界所重视，企业界也开始注意到物流在经济发展中的作用，并将改进物流管理作为激发企业活力的重要手段。这一阶段是物流快速发展的重要时期。

1963 年，全美实物分配管理协会（NCPDM）成立，定义 PD 为“是指有计划地对原料、在制品和制成品由生产地到消费地的高效运动的过程所实施的一系列功能性活动，包括：货物的运输、仓储、物料搬运、防护包装、存货控制、工厂和仓库选址、订单处理、市场预测和客户服务等”。

20 世纪 60 年代中期和 70 年代初期是日本经济高速增长、商品大量生产和大量销售的年代，巨大的物流需求推动了物流理论和实践的发展。早在 20 世纪 50 年代中叶，日本在经济恢复中，十分重视学习西方科学技术。1956 年，日本政府向美国派出了“搬运专业考察团”（也称为“流通技术考察团”），此举对日本未来物流的发展起到了积极的推动作用。日本于 60 年代正式引进了“物流”这一概念，并将其解释为“物的流通”或“实物流通”的简称，并用它取代了从英语中引用过来的 PD 概念。从此，物流革新思想开始渗透到日本的整个经济社会，日本政府开始在全国范围内进行了高速道路网、港口、流通聚集地等基础设施的建设。20 世纪 70 年代，日本成为世界上物流最发达的国家之一。

20 世纪 60~70 年代，世界各国出现了多个术语描述企业的物流活动，包括“物资管理”、“营销后勤”、“供应管理”、“后勤工程”、“商业后勤”、“分销管理”等。因此，此段时期也称之为“物流术语混乱期”。

三、物流合理化阶段——“客户服务”与“物流整合”

20 世纪 80~90 年代初是现代物流概念的真正形成时期，被称为物流合理化阶段。1985 年，NCPDM 更名为美国物流管理协会（CLM）。CLM 统一了有关企业物流活动的术语，将物流的名称从 PD 正式改为 Logistics，并为之下了一个迄今仍被认为是经典的定义：物流是以满足客户需求为目的，以高效和经济的手段来组织原料、在制品、制成品以及相关信息从供应到消费的运动和储存的计划、执行和控制的过程。相应地，企业物流管理活动则增加了“分销配送、物流采购、配送中心选址、零配件和技术服务支持、退货处理、废弃物和报废产品的回收处理”等内容。

该定义与以往的物流定义相比，其最大变化在于，把物流从企业自身的计划性的“功能性活动”上升为“以满足客户需求为目的”的“计划、执行和控制”的管理过程了。企业的物流运作也在满足产品生产需求的基础上，向企业生产过程的上下游延伸，同时也增加了产品的售中和售后服务等方面的内容。这体现了企业物流运作的中心在向客户服务倾斜，也反映了客户服务在企业竞争战略中已经上升到主导地位。如果说 PD 概念引入市场营销领域促进了企业客户服务和客户满意理念的发展，为后来物流理念的确立奠定了坚实的基础的话，那么，CLM 将物流从 PD 变为 Logistics，不仅把军队后勤服务保障的理念全部移植到企业界，而且进行了物流管理理念的创新。因此，1985 年 CLM 的成立和物流（Logistics）定义的诞生被看作是传统物流与现代物流的分界线。

现代物流管理的重点已经从物流运作转移到对物流战略的研究上，突出了两个核心理念：一是客户服务，一是物流整合。除强调运输、仓储方式的集成化运作外，物流整合还表现为物流管理的内容从企业内部向企业外部延伸。1991 年，CLM 将 1985 年定义中的“原料、在制品、制成品”修改为“产品、服务”。这样，物流管理从生产制造企业扩大到所有输出产品和服务的企事业组织，包括医院和银行，甚至是政府部门。1998 年，CLM 又在 1991 年定义的开头补充了“Logistics 是供应链过程的一部分”。这实际上不仅把物流纳入企业间互动协作关系的管理范畴，而且要求企业在更广阔的背景下考虑自身的物流运作，要求所有供应链上的成员企业为了共同的客户目标协调行动，直至建立稳定的合作伙伴关系。

四、信息化、智能化、网络化阶段

随着新经济和现代信息技术的迅速发展，现代物流的内容仍在不断地丰富和发展。信息技术特别是网络技术的发展，也为物流的发展提供了强有力的支撑，使物流向信息化、智能化、网络化的方向发展。为了响应这一变化，CLM 把 2000 年的年会主题定位在“电子商务条件下的物流”。

物流信息化是指商品代码和数据库的建立、物流中心管理电子化、电子数据交换技术和国际互联网的应用、电子商务和物品条码技术应用等。现代物流在信息系统的支撑下，实现了信息共享，使信息的传递更加方便、快捷、准确，改善了物流作业的质量和效率，提高了整个物流系统的经济效益。

在信息化的基础上，物流自动化的设施和设备得到广泛的应用和推广，如条码/射频自动识别系统、自动分拣系统、自动存取系统、自动导向车、货物自动跟踪系统等。物流智能化就是以物流自动化和信息化为基础，通过智能化的专家系统解决物流作业过程中大量的运筹与决策问题，如库存水平的确定、运输（搬运）路径的选择、自动导向车的运行轨迹和作业控制、自动分拣机的运行、物流配送中心经营管理决策支持等。物流智能化已成为新经济时代物流发展的一个新趋势。

21 世纪是网络的世纪，经济活动的网络化是其突出特征，作为新时代朝阳产业的现代物流充分体现了这一特征。物流网络化具有双重含义：一是物流配送系统的计算机通信网络，主要指物流配送中心与供应商、制造商以及下游顾客之间的联系实现计算机网络化。二是物流组织的网络化，主要包括企业内部组织的网络化和企业之间的网络化。物流网络化不仅提高了物流的自动化水平，更重要的在于它体现了企业内部各职能部门之间、企业与企业之间通过合作来共同应对复杂多变和竞争日趋激烈的市场环境。比如，制造企业通过与物流企业建立长期的网络关系，充分利用物流企业的网络来销售产品和拓展市场，使物流企业和自身都获得了规模经济，从而降低了成本，提高了市场竞争力。

综观物流的发展历程，我们对物流至少有以下几点进一步的认识：

第一，物流概念的形成和发展与社会生产、市场营销、企业管理的不断进步密切相关。

第二，现代物流概念与实践最早始于军事后勤，而“物流”一词没有限定在商业领域还是军事领域。物流管理对公共企业和私人企业活动都适用。

第三，物流的功能主要由运输、储存、包装、装卸搬运、配送、流通加工以及信息处理等所构成。

第四，现代物流突出两个核心理念：客户服务和物流整合。物流已从简单的功能性活动上升为具有战略意义的管理活动。

第五，现代物流必须以现代信息技术为基础，信息化、智能化和网络化是现代物流的发展趋势。

第三节　物流的功能要素

物流具有运输、储存、包装、装卸搬运、流通加工、配送和信息处理等七项功能要素。其中，运输与储存分别解决了供应者和需求者之间在场所和时间上的分离，分别创造了物流的空间效用和时间效用。信息处理起到物流运作支撑平台的作用，是促使物流合理化的功能要素。配送最能体现物流系统最终的总体服务功能。包装、装卸搬运对于完善物流系统、优化物流活动必不可少，但是也增加成本支出，是影响物流成本的功能要素。

一、运输

运输是指“人”和“物”的载运及输送。这里专指“物”的载运及输送，即运用各种设备和工具，将物品从一个地点向另一个地点运送的物流活动，其中包括集货、分配、搬运、中转、装入、卸下、分散等一系列操作。运输是物流各环节中最重要的部分，是物流的动脉。运输主要有公路运输、铁路运输、水路运输、航空运输和管道运输等五种方式，每种方式都有各自的运行特点（见表 1.2）。

表 1.2　**五种运输方式的相关运行特点**

运行特点	铁路	公路	水运	管道	空运
速度	3	2	4	5	1
可得性	2	1	4	5	3
可靠性	3	2	4	1	5

续表

运行特点	铁路	公路	水运	管道	空运
运输能力	2	3	1	5	4
频率	4	2	5	1	3
综合得分	14	10	18	17	16

注：得分最少者为最佳

资料来源：鲍尔索克斯，等．供应链物流管理．李习文，王增东，译．北京：机械工业出版社，2004：260.

从宏观角度讲，运输是国民经济的基础和现行条件。马克思将运输称为“第四个物质生产部门”，即将运输看成是生产过程的继续，没有运输，生产过程将无法最终完成。由于运输活动占用时间长、距离远、消耗大，在社会物流总成本中约占50%的比例，因此，运输是“第三利润源泉”的主要来源。

运输创造空间效用，是物流的主要功能要素之一。同时，运输是物流服务的主要方式，世界物流企业的前十强以空运、快递、陆运等业务为主要背景的公司居多。如UPS的陆运和空运业务分别占54%和19%，FedEx的空运和公路运输业务分别占83%和11%，日本通运的汽运和空运业务分别占44%和16%，TNT的邮政和速递业务分别占42%和41%，Panalpina的空运和海运业务分别占45%和31%。传统运输强调单一的运输方式，提供“站到站”的服务，现代运输追求多式联运，提供“门到门”的物流服务，包裹递送和多式联运等以运输业务为核心的物流服务将具有广阔的发展前景。

二、储存

产品在离开生产线后到最终消费之前，一般都要有一个存放、保养、维护和管理的过程，这就是储存。储存又称保管，它是克服季节性、时间性间隔，创造时间效益的活动。

储存是物流的主要功能之一，是社会化大生产的必要条件。如工厂为了维持连续生产必须进行原材料储存、零部件储存；流通企业为了保证供应、避免脱销必须进行商品储存；在回收和废弃物流过程中，为了进行分类、加工、运送和处理也需要临时地储存。此外，为了有效应对自然灾害、战争、地震、海啸等人类不可抗拒事件的发生，还需要进行战略性储备。科学合理的储存必须是既能保证生产和经营所需的周转，又能使储存的数量降至最低。“零库存”就是一种尽量降低库存水平，减少原材料和资金积压的先进理念。

储存的过程一般发生在物流中心、配送中心、物流据点或流通中心的仓库中。

在宏观上要做到合理储存，即储存量合理，储存结构合理，储存时间合理，储存分布合理。而对储存的具体要求是：库存多（充分利用仓容），保管好，进出快，损耗少，费用省，保安全。

三、包装

包装是为在流通过程中保护产品、方便储运、促进销售，按照一定技术方法而采用的容器、材料及辅助物的总体名称，也指为了达到上述目的而在采用容器、材料和辅助物的过程中施加一定技术方法等的操作活动。

按照功能的不同，包装可大体划分为两类：一类是商业包装，或叫销售包装、小包装；另一类是工业包装，或叫运输包装、大包装。商业包装的主要目的就是吸引消费者，促进销售，其特点是造型美观大方，拥有必要的修饰，包装的单位适合顾客的购买及商家柜台摆设的要求。工业包装以满足运输储存要求为主要目的，具有保障产品安全，方便储运和装卸，加速交接、点验的作用，强调包装的实用性和费用的低廉性。在物流学科中，人们主要研究工业包装。

包装既是生产的终点，又是物流的起点，在整个物流的过程中起着重要作用。因此，在设计包装的时候必须根据包装对象的具体内容，合理选择包装材料和包装技术、包装容器的形状和尺寸，同时符合包装的相关标准的要求，以达到通过包装的合理性提高物流效率的目的。

产品集装化是一种新型的包装操作，是集装运输的基础。产品集装化又称之为组合化或单元化，即将一定数量的散装或零星物件组合在一起，在装卸、保管、运输等物流环节中作为一个整件来处理。集合包装是指将若干个相同或不同的包装单位汇集起来，最后组成一个更大的包装单位或装入一个更大的包装容器内的包装形式。集装容器主要有集装箱、托盘、集装袋等。

四、装卸搬运

装卸搬运是物流过程中的“关节”，它是对运输、储存、配送、包装、流通加工等活动进行连接的中间环节，若没有装卸搬运，物流就会中断。装卸搬运作业在物流作业中所占比重很大，特别是在现代物流中，顾客经常要求企业提供门到门的送货服务，装卸搬运作业发生的频率也就大大增加。因此，必须重视装卸搬运这个作业过程，防止物流成本的增加。

装卸搬运工具、设施、设备不先进，装卸搬运效率低，商品流转时间就会延长，商品就会破损，从而加大了物流成本。装卸搬运要合理化，首先，必须实现作业的机械化和自动化，其次，要运用科学合理的装卸搬运方法，比如日本的“六不改善法”（不让等、不让碰、不让动、不让想、不让找和不让写）等。

五、流通加工

流通加工又称流通过程的辅助加工活动，是为了弥补生产不足或为了满足客户的需求、促进销售、增加流通部门效益、提高物流效率的一些辅助性加工活动。常见的形式有剪板加工、集中开木下料、配煤加工、农副产品的分选和精制加工、产品的分装和零部件的组装加工等。流通加工一定要坚持以客户需求为原则。

流通加工的经济效益具有广阔的前景。服装业就是流通加工最好的例子，企业生产的布匹在消费者手中，其布料的平均利用率大约为80%，而服装企业批量生产，特别是套裁、拼裁的运用使布匹的利用率达90%以上。又如，将原木或大规格锯材直接给使用部门，其平均利用率不到50%，而在流通部门中实行集中下料，根据客户的不同要求供应不同规格成材，使原木的利用率提高到97%以上。目前，世界上许多发达国家和地区在物流过程中都伴有流通加工业务。日本的东京、大阪、名古屋等地区90多家物流公司中有一半以上具有流通加工业务，其规模相当大并取得了很好的经济效益。

六、配送

配送是在经济合理的区域范围内，根据客户要求，对物品进行拣选、加工、包装、分割、组配等作业，并按时送达指定地点的物流活动。配送强调满足客户的需要，是多种物流业务的有机结合体，可简单归为“配货”与“送达”两个环节。从运输的角度看，配送是一种支线的、末端的运输。

配送是宏观物流产生社会经济效益之根本。通过配送中心统筹安排，计划配送，能够使迂回运输、重复运输、空载运输等不合理运输现象降至最低，提高末端运输的效益。同时，通过集中库存使企业实现低成本或零库存，从而使社会总的库存水平降低。

七、物流信息

物流信息是反映各项物流活动内容的知识、资料、图像、数据和文件的总称。物流信息是连接运输、储存、装卸、包装各个环节的纽带，没有各物流环节信息的通畅和及时供给，就没有物流活动的时间效率和管理效率，也就失去了物流的整体效益。物流信息是物流系统整体的中枢神经。

在物流作业过程中，不仅要对物流作业产生的各类信息不断地进行收集、筛选、加工、分析和研究，还要掌握商流信息如销售状况、合同签订、批发与零售等信息，同行业企业商流、物流信息，乃至一个国家的政治、文化信息，包括政治事件、经济政策、重大项目计划，股市、金融、保险、国民经济重要指标、失业率等信息。在全球化的背景下，对于“无国界的物流”来说，建立一个庞大而又十分灵活的信息管理系统，无疑十分必要，同时也对所有的物流服务提供商提出了挑战。

第四节 物流的作用

一、物流的价值增值作用

物流作为一种社会经济活动，对社会生产和生活的效用不仅表现为创造时间效用和空间效用两个方面，同时，还可创造一定的形式效用和占有效用。

（一）物流创造时间效用

物品从供应者到需求者之间本来就存在一段时间差距，由改变这一时间差所创造的价值，称作时间效用。物流获得的时间效用形式有以下几种：

1. 缩短时间差。缩短物流时间可获得多方面的好处，如减少物资损失、降低消耗、加速物品的周转、节约资金等。物流周期的结束是资本周转的前提条件。这个时间越短，资金周转越快，表现为资本较高的增值速度。从全社会物流的总体来看，加快物流速度，缩短物流时间，是物流活动必须遵循的一条经济规律。

2. 弥补时间差。在经济社会中，需求和供给之间普遍存在着时间差。例如，粮食产出是季节性的，但是粮食消费是一年 365 天，天天有需求，因而供给和需求之间会出现时间差。类似情形不胜枚举。正是有了这个时间差，商品才能取得自身的最高价值，才能获得十分理想的效益，才能起到“平丰歉”的作用。但是商品本身不会自动弥合这个时间差，必须靠科学和系统的物流活动来弥补。

3. 延长时间差。在某些具体物流活动中也存在人为的延长物流时间来创造价值。例如，窖藏的陈年老酒就是通过延长物流时间来创造其独特的价值。再如，配合待机销售的囤积性营销活动的物流便是一种有意识地延长物流时间、增加时间差来创造价值的活动。

（二）物流创造空间效用

供应者和需求者往往处于不同的空间，物品从供给者到需求者之间有一段空间差距，由改变物品的空间存在位置而创造的价值称为空间效用。物流创造空间效用是由现代社会产业结构、社会分工所决定的，具体有以下几种形式：

1. 从集中生产地流入分散需求地。现代化大生产的特点之一，往往是通过集中的、大规模的生产以提高生产效率，降低成本。在一个小范围集中生产的产品可以覆盖大面积的需求地区，有时甚至可覆盖一个国家乃至若干国家。通过物流将产品从集中生产的低价区转移到分散于各处的高价区，创造了空间效用。

2. 从分散生产地流入集中需求地。这种与上述相反的情形在现代社会中并不少见，最为典型的是粮食生产是在分散的、广阔的农村，而城市的消费需求则是相对大规模集中；一个大汽车厂的零配件生产也分布得非常广，但却集中在一个大厂中装配。从分散生产到集中需求，物流便取得了空间效用。

3. 从低价值生产地流入高价值需求地。现代社会中供应与需求的空间差现象比比皆是，十分普遍。除了由大生产所决定之外，有不少是自然地理和社会发展因素所决定的。例如，农村生产的粮食、蔬菜而异地于城市消费，南方生产荔枝而异地于各地消费，北方生产高粱而异地于各地消费等等。物品在生产地和需求地之间的价值是不同的，物流通过弥补空间差获得了利益。在经济全球化的浪潮中，国际分工和全球供应链的构筑，一个基本选择就是在成本相对较低的地区进行生产，在价值高的地区销售，使得物流创造空间效用的作用越来越大。

（三）物流创造形式效用

形式效用是指通过生产或加工增加产品的价值。例如，当原材料以某种方式组合成产品时，形式效用就产生了。例如，灌装企业将糖浆、水和碳水化合物组合在一起就生产出了饮料。将原材料组合在一起生产饮料这一简单过程描述了增加产品价值的产品形式变化。现代物流也可创造一定的形式效用。例如，在配送中心，开仓卸货和产品组合，会通过改变产品的装运规格和包装特性来改变一个产品的形式。流通加工中心的卷板开平、木材下料、玻璃裁剪、配煤加工、组装加工乃至农副产品分拣等都能创造一定的形式效用。

（四）物流创造占有效用

占有效用主要通过产品或服务促销方面的基本营销活动而产生。我们可以将"促销"定义为通过直接或间接地接触消费者来增加其拥有商品或得到服务的愿望的行为。物流在经济中的作用取决于占有效用的存在，因为时间或空间效用仅仅是在产品或服务的需求存在时才有意义。同样，营销也取决于物流，因为占有效用仅在提供了时间和空间效用时才起作用。订单履行是关键环节，通常也是满足消费者需求的最后环节。

二、物流对企业的作用

（一）物流是企业生存和发展的前提保证

从企业这一微观角度看，物流对企业的作用有三点：（1）物流为企业创造经营的外部环境。一个企业的正常运转，必须有这样一个外部条件：一方面要保证按企业生产计划和生产节奏提供和运达原材料、燃料、零部件等物品；另一方面，要将产品不断地运离企业送达到消费者手中。这个最基本的外部环境正是要依靠物流及相关的其他活动来提供保证。（2）物流是企业生产运行的保证。企业生产过程的连续性和衔接性，靠生产工艺中不断的物流活动，有时候生产过程本身便和物流活动结合在一起，物流的支持保证作用是不可缺少的。（3）物流是企业发展的重要支撑力量。企业的发展，要靠产品和服务的质量、成本节约和新产品创新等手段，物流作为全面质量的一环，是接近用户阶段的质量保证手段。

（二）物流合理化降低企业生产和经营成本

物流是保证生产和经营正常进行所必需的经济活动，对于一般的生产和流通企业来说，物流是一个成本单元，在提供一定物流服务水平的前提下，物流成本的节约就是企业成本的节约。发展物流产业，使社会物流合理化，能够有效降低社会流通成本，从而降低企业供应及销售成本；同时，企业生产过程的合理化，又能够降低企业的生产成本。

（三）物流为企业创造利润

物流活动的合理化不仅可以通过降低生产和经营成本间接提高企业利润，而且，企业的物流部门可以为用户提供物流服务，直接成为企业的“利润中心”。对于专门从事物流经营活动的物流企业而言，物流活动更是直接为企业创造利润。

从发达国家企业竞争焦点的转移可以看出，物流已成为“企业的第三利润源泉”。20 世纪 60~70 年代，发达国家的企业大多把追求利润的竞争焦点放在生产领域，千方百计降低物质资源消耗获取“企业的第一利润源泉”，千方百计提高劳动生产率获取“企业的第二利润源泉”。然而，由于受到科学技术发展水平的制约，生产领域的这两个“利润源泉”呈现出边际效益递减的趋势。进入 20 世纪 80 年代，面对全球激烈的市场竞争，人们开始把搜寻利润的目光从生产领域转向非生产领域。作为“企业第三利润源泉”的物流，成为市场竞争的一个新焦点。

（四）物流是企业获得竞争优势的重要来源

一个拥有卓越物流能力的企业，可以通过向客户提供优质的服务获得竞争优势，这种服务有利于企业参与市场竞争，有利于树立企业和品牌的形象。一个物流管理技术娴熟的企业，如果在存货的可得性、递送的及时性和交付的一贯性等方面领先于同行业的平均水平，就能成为有吸引力的供应商和理想的业务伙伴。所以，良好的物流服务能力是企业获得长期竞争优势的重要来源，对企业的发展具有战略性的意义。

三、物流对国民经济的作用

（一）物流是国民经济的动脉系统

物流连接社会经济的各个部分并使之成为一个有机的整体，是国民经济的动脉系统。在现代经济中，由于社会分工的日益深化和经济结构的日趋复杂，各个产业、部门、企业之间的交换关系和相互依赖程度也愈来愈错综复杂，物流成为维系这些复杂交换关系的“纽带”和“血管”。物流通过不断输送各种物质产品，使生产者不断获得原材料、燃料以保证生产过程的正常进行，又不断地将产品运送给不同的需求者，以使这些需求者的生产、生活得以正常进行，物流使国民经济成为一个有内在联系的整体。因此，物流是国民经济的基础。

（二）在特定条件下，物流是国民经济的支柱

在世界上有许多国家或地区，由于特定的地理位置或在特定的产业结构条件下，物流在国民经济和地区经济中能够发挥带动和支持整个国民经济的作用，能够成为国家或地区财政收入的主要来源，造就主要的就业领域，成为科技进步的主要发源地和现代科技的应用领域。例如，欧洲的荷兰、亚洲的新加坡和中国香港地区、美洲的巴拿马等，特别是在以流通立国的日本，物流的支柱作用显而易见。

（三）物流产业可以提高国民经济的运行质量

物流产业可以合理配置各种物流要素，提高国民经济的运行质量。当物流分散在不同企业和不同部门时，各种物流要素很难充分发挥其应有的作用，例如仓储设施的限制等。随着物流活动从生产和流通领域中分化出来，各种物流要素也逐渐成为市场资源，专业化物流企业可以根据各种物流活动的要求在全社会范围内进行各种物流要素的优化组合和合理配置，从而最大限度地发挥各种物流要素的作用，提高了全社会的物流效率，降低了社会物流总成本，从而提高了国民经济的运行质量。

（四）物流产业可以有效地改善我国产业结构

由于我国国土面积大，经济发展和物流的关系就显得更为密切，物流产业发展尤为重要。由于过去没有受到我国经济界应有的重视，物流产业发展迟缓，物流产业对国民经济的瓶颈制约作用非常明显，如果不能得到及时解决，对我国未来经济发展是极为不利的。因此，只有建立一个新的、与其他产业相适应的物流产业，才能使我国国民经济合理、协调地发展。

第五节 物流的分类

为了分析和管理的方便，需要对物流进行分类。根据物流服务的领域、物流活动在企业中的地位、物流作业执行者、物流作业对象、物流活动所属的产业以及地域范围等方面的不同，可以将物流活动划分为不同的类型。

一、按物流服务的领域分类

按物流服务领域的不同，可分为企业物流、军事物流、事件物流和服务物流。

企业物流是指供应链中为满足顾客需求，对商品、服务及相关信息从产地到消费地高效、低成本的流动和储存所进行的计划、实施和控制过程。如工业企业物流、流通企业物流等。

军事物流是指为确保迅速、可靠和有效，对支持军事力量（调度和驻防）操作能力的所有方面和它们的装备进行的设计与组合。

事件物流是指为将发生的事件及事后的有效退出，组织、调度和配置资源所需

要的组织、设备和人员组成的网络。如奥运物流、各类应急物流等。

服务物流是指为支持和维护服务业务或服务企业对资产、人员和物资进行采购、调度和管理。如与政府、学校、医院、银行、餐饮、理发等相关的物流。

对工业企业物流、流通企业物流以及军事物流，人们一直较为关注，这些物流领域的研究较多。随着经济的发展和产业结构的升级，事件物流和服务物流越来越频繁，占整个物流中的比例会越来越大，应该引起人们足够的重视。

二、按物流活动在企业中的地位分类

按物流活动在企业中的地位的不同，可分为供应物流、生产物流、销售物流、回收物流和废弃物物流。

供应物流是指为生产企业提供原材料、零部件或其他物品时，物品在提供者与需求者之间的实体流动。

生产物流是指生产过程中，原材料、在制品、半成品、产成品等在企业内部的实体流动。

销售物流是指企业出售商品时，物品在供方和需方之间的实体流动。

回收物流是指不合格物品的返修、退货及周转使用的包装容器从需方返回到供方所形成的实体流动。

废弃物物流是指将经济活动中失去原有使用价值的物品，根据实际需要进行收集、分类、加工、包装、搬运、储存等，并分送到专门处理场所时所形成的物品实体流动。

三、按物流作业执行者分类

按物流作业执行者的不同，可分为自营物流和第三方物流。

自营物流，也称直接物流，是指生产或销售企业自己组建物流配送公司，如我国的海尔集团就是企业自营物流的典型代表。

第三方物流（Third Party Logistics，3PL）是指由供方和需方之外的第三方来完成的物流运作方式。

从物流作业的执行者角度看，也有人将物流分为第一方物流、第二方物流和第三方物流。第一方物流是指由货物的供给方负责完成的物流，第二方物流是指由货物的需求方负责完成的物流。第一方物流和第二方物流都属于企业自营物流。

四、按物流作业对象分类

按物流作业对象的不同，可分为自然资源物流、能源物流、原料物流、材料物流、机电产品物流、日用品物流、农产品物流、医药产品物流、文化产品物流、废旧物品物流、垃圾物流和其他物流（包括特殊产品物流和军事物流）等十二大类。

每一大类还可进一步细分到每一种具体物品物流。

物品的性质决定了物流活动的特点。例如，物品有不同的形态（固态、液态和气态）、不同的形状和尺寸、不同的物理和化学性能（如易燃、易爆、易碎、易腐烂变质等），对于某些物品就需要特殊的保管条件、包装容器、装卸搬运工具和运输设备与之相适应，需要采用各种技术和管理手段适应物品的特点。因此，研究物流活动要以物品的性质为基础。

五、按物流活动所属的产业分类

按物流活动发生在不同的国民经济产业，可分为第一产业物流（农业、林业、牧业、渔业物流等）、第二产业物流（工业物流和建筑业物流）、第三产业物流（商业物流、服务业物流及军事物流等），也可以根据各产业中的具体业态对物流活动进一步划分，如钢铁业物流、建材业物流、连锁业物流、餐饮业物流等。

同产业的物流活动，在物品、载体、流量、流向与流程方面具有某种规律性，同产业的物流整合运作具有较好的规模经济性，同时也为产业内企业物流的发展提供了参照和借鉴。隶属于不同产业的物流活动，在这些方面有各自的特点，相互之间的差异较大，对物流服务的需求也各不相同。

六、按物流活动的地域范围分类

按物流活动的地域范围不同，可分为国际物流和国内物流。国际物流是指不同国家（地区）之间的物流。而国内物流又可分为区域物流和城乡物流，前者又可细分为行政区域物流和经济区域物流；后者又可细分为城镇物流和乡村物流。

国际物流服务于国际贸易和跨国生产，随着互联网、电子商务和经济全球一体化步伐的加快，国际物流成为现代物流系统中发展很快、规模最大的一个领域。而国内按区域划分的物流日益受到人们的关注，如我国长三角物流区、珠三角物流区、环渤海物流区是我国比较发达的区域物流。此外，城市物流也成为人们关注的重点。

按地域范围划分物流对分析物流与区域经济的关系具有重要意义。通过分析选定区域物流的现状、构成，可以分析该地区物流对地区经济发展具有带动作用抑或制约作用，进而可以通过改善地区物流环境促进地区经济的发展。

小　结

1. 目前，世界上没有形成一个统一的、为大家所公认的物流定义。我国《物流术语》将物流直观地描述为“物品从供应地向接受地的实体流动过程”，易于初学者理解。

2. 物流的发展大致经历了四个阶段：（1）从PD（实物配送）到Logistics（军事后勤）的初始阶段；（2）以“物流术语混乱”为标志的快速发展阶段；（3）以“客户服务”和“物流整合”为核心理念的物流合理化阶段；（4）信息化、智能化、网络化阶段。

3. 物流具有运输、储存、装卸搬运、包装、流通加工、配送和信息处理七项功能要素。

4. 物流创造时间效用、空间效用、形式效用和占有效用。物流不仅为企业降低成本、创造利润、赢得竞争优势，同时，物流是整个国民经济的纽带和支柱，为改善国民经济运行质量、优化产业结构作贡献。

5. 根据物流服务的领域、物流活动在企业中的地位、物流作业执行者、物流作业对象、物流活动所属的产业以及地域范围等方面的不同，可以将物流活动划分为不同的类型。

思考与练习

（一）选择题

1. 最早研究物流问题的学科是(　　)。

A. 生产运作管理　　B. 市场营销学

C. 军事后勤学　　D. 运筹学

2. 为美国物流发展提供重要实证依据的是(　　)。

A. 企业生产活动　　B. 商品流通活动

C. 军事后勤活动　　D. 交通运输活动

3. 现代物流管理概念的真正形成发生在哪个阶段(　　)。

A. 初始阶段　　B. 快速发展阶段

C. 物流合理化阶段　　D. 信息化、智能化、网络化阶段

4. 以下哪个物流功能要素既是生产的终点，又是物流的起点(　　)。

A. 包装　　B. 运输

C. 装卸搬运　　D. 储存

5. 按照服务的领域分，物流可分为企业物流、军事物流、事件物流和(　　)。

A. 国际物流　　B. 回收物流

C. 自营物流　　D. 服务物流

（二）简答题

1. 如何准确地理解物流概念？

2. 物流活动的基本构成要素有哪些？它们在整个物流系统中的地位和作用如何？

3. 谈谈你对现代物流管理核心理念的理解。
4. 物流活动是如何实现价值增值的？企业开展物流活动的意义何在？
5. 现代物流的发展对国民经济的重要性体现在哪些方面？

案例分析

百年沧桑成就物流帝国——UPS 的发展历程

联合包裹公司（United Parcel Service，以下简称 UPS）是世界最大的包裹递送公司和全球领先的专业运输和物流服务的供应商，拥有 426 亿美元资产。对于美国而言，UPS 的意义更是非同一般，被称作“美国经济的主干架”。UPS 提供的服务已经成为美国人日常生活中须臾不可离的东西，成为“美国经济运行中一只几乎无处不在的手”，每年装载了美国 GDP 的 6%。1997 年，UPS 卡车司机罢工事件不仅使得自身几近瘫痪，对当年美国经济的打击也很大。据分析，当年 GDP 因此下降几个百分点。

1907 年，美国人吉米·凯西创立了 UPS。如今，一百余年过去，UPS 由一家不起眼的信使服务公司发展成一个名副其实的物流帝国：拥有各种地面车辆 124 180辆，自有或包租飞机 610 架，在 120 个国家和地区占地 3 500 万平方英尺，全球员工 427 700 名。UPS 不断开发物流、供应链管理和电子商务的新领域，每天为世界上 200 多个国家和地域管理着物流、资金流与信息流。2006 年，运送 39 亿件各种包裹和文件，每个工作日处理 1 560 万件，网站 www. UPS. com 日点击量 14 500万次，营业额 495 亿美元，仅供应链和货运的净利润就高达 8 亿美元。

UPS 是如何成长为庞大的物流帝国的呢？从中我们又可得到什么启示？

透过 UPS 百年沧桑的历史，我们不仅可以看到 UPS 的成长经历，还可以见证一个世纪以来物流的发展，更能把握现代物流的准确含义。

一、信使——包裹递送——“普通承运人”（1907～1929）

1907 年，美国私人信使与递送服务的需求非常大。为了满足这种需求，富有创业精神的 19 岁青年吉米·E. 凯西（James E. Casey），从朋友处借来 100 美元创建了位于华盛顿州西雅图市的美国信使公司（American Messenger Company），主要递送包裹、便条、行李以及餐馆的食物等物品，大部分递送均为步行，稍远的行程则骑自行车。尽管竞争残酷，但公司运转不错，这很大程度上得益于严格坚持了吉米提出的“最好的服务，最低的价格”的准则——谦恭待客、诚实可靠、全天候服务与低廉的价格。这些原则至今仍指导着 UPS。

在大约两年的时间里，公司开始使用摩托车为美国邮局递送所有进入西雅图的专递邮件。1913年，公司获得了它的第一辆递送汽车，一部T型福特车，车身两侧写着一个新名称：商家包裹递送（Merchants Parcel Delivery），标志着公司业务重心从邮件转向了包裹。1918年，三个西雅图最大的百货商店已成为固定客户，公司的业务转变为商家包裹递送。

1919年，公司首次扩展到西雅图以外，达到加利福尼亚州的奥克兰，并采用了它沿用至今的名称“联合包裹运送服务公司（UPS）”。1922年，UPS收购了洛杉矶的一家公司，首创了“普通承运人”服务。该服务与众不同的特色包括每日自动取件电话、对货到付款的发货人接受支票、额外递送尝试、自动返还无法递送的包裹以及简化记录每周付款，并以与包裹邮政相当的价格提供更为广泛的服务。1924年，UPS推出了第一个处理包裹的传送带系统。1927年，普通承运人服务扩展到距市中心方圆125英里的地区。同时，UPS的零售递送服务也已扩展到包括美国太平洋海岸的所有主要城市。

二、“公共承运人”——空运服务——黄金链接（1930～1980）

1930年，UPS通过合并纽约市与新泽西州纽瓦克市（Newark）的几家大型百货商店的递送业务，将其业务扩展到东海岸。然而，受第二次世界大战的影响，在20世纪50年代早期，零售商店的合同服务有限，这一现实迫使UPS开始寻找新的机会。他们决定通过获取在所有客户（包括私人客户与商业客户）之间递送包裹的“公共承运人”权利来扩展UPS服务。这个决定使UPS直接与美国邮政服务竞争，而且直接与州际商业委员会（ICC）的规章对立。1952年UPS开始在那些无需州际商业委员会（ICC）授权的城市开展公共承运人业务。1953年芝加哥成为第一个UPS在加利福尼亚州以外提供公共承运人服务的城市。同时，UPS决定在加利福尼亚州使用法律手段获得业务授权，接下来的30年间，UPS不懈地进行了100次以上申请，以期获得在足够广阔地区业务的授权。

1929年，UPS成为第一个通过私营航空公司提供空运服务的包裹递送公司。不幸的是，业务量的匮乏（部分原因是大萧条）结合其他因素导致该服务在同年结束。1953年，UPS恢复空运业务，提供到东海岸和西海岸主要城市的两天服务。1978年，美国每个州（包括阿拉斯加和夏威夷）都提供该服务。

拓宽服务的同时，UPS也在向新的地域扩展。从20世纪50年代起，为获得在美国所有48个相邻州内自由运输的授权，UPS奋斗了30年。1975年，UPS获得州际商业委员会的授权，成为第一个在美国48个相邻州内的每个地址提供服务的包裹递送公司。这个历史性的服务区域汇合在UPS内被称为“黄金链接”。

三、UPS航空公司——国际发展（1981～1990）

1985年，UPS进入了一个新的纪元，开展了国际空运包裹与文档服务，将美国与6个欧洲国家连接起来。1988年，联邦航空管理局（FAA）授权UPS运营自己的飞机，这样UPS成了一家正式的航空公司。UPS航空公司如今是全美十大航空公司之一，拥有世界上最先进的信息系统，可提前长达6年来安排最佳航班时间表，这在业界是独一无二的。

UPS在1975年首次走向国际，当时它提供加拿大多伦多市内的服务。但是，UPS真正进入国际运输市场是在20世纪80年代。从1985年开展美国与6个欧洲国家之间的国际空运服务开始，1989年又在德国增加了国内空运业务。今天，UPS横跨大西洋和太平洋，在超过185个国家和地区经营国际小包裹和文件网络。由于它的国际业务，UPS可为超过40亿人提供服务，是所有电话网络所及人数的两倍。

四、拥抱技术——扩展的服务——纽约证券交易所（1991~1999）

UPS的技术波及一个难以置信的范围。每名UPS驾驶员均携带手持的速递资料收集器（DIAD），用于向UPS网络快速记录和上载递送信息。DIAD的信息甚至包括收件人签名的数字图片，可向客户提供关于他们货件的实时信息。DIAD可让驾驶员与总部保持持续的联系，使得更改取件时间表、交通方式与其他重要消息能够保持同步。UPSnet是一种全球电子数据通信网络，使用超过500 000英里的通信线路和一颗专用卫星来连接46个国家或地区的1 300多个UPS配送站，可以为国际包裹处理与递送提供信息处理渠道，该系统每天追踪821 000个包裹。1986~1991年，UPS共花费15亿美元用于技术改进，其后5年又花费了32亿美元。1992年，UPS开始追踪所有的陆运包裹。1994年，UPS. com问世，如今UPS. com每天都收到数百万条在线包裹追踪请求。

到了20世纪90年代末，UPS处于另一个转变期。UPS管理层认为，公司在运输和包裹追踪方面的专长将它定位为全球商业的促成者，并成为组成商业的三股流动力量（物流、信息流和资金流）的服务性企业。为了实现这个提供新服务的设想，UPS开始战略性地收购现有的公司，并创建先前不存在的新类型公司。1995年，成立了UPS物流集团，以根据客户的个别需求提供全球供应链管理解决方案和咨询服务。同年，收购了一家名为SonicAir的公司，使UPS成为第一个提供当天、“下一航班”服务和有担保的上午8点连夜递送服务的公司。1998年，成立UPS资本公司，其使命是提供集成的金融产品和服务的综合菜单，使各个公司能发展他们的业务。

1999年11月10日，UPS首次向公众提供其股份。这种“首次公众股份提供”行为使公司能使用公共交易安全性在全世界的重要市场中进行战略性收购，从而增强了UPS的实力。

五、供应链解决方案（2000~2007）

UPS俨然已是全球供应链管理的翘楚，全球货物配送和物流管理已不再是单一的货物递送，而兼具了信息、资金的同步协调。2001年，UPS通过并购拥有了世界上最大的特许经营公司——Mail Boxes Etc.（以零售货运、邮政和商业服务中心著称）后开始向零售业进军；在欧洲、亚洲和南美洲，客户畅享限时快递和供应链服务的完美组合；国际服务的两项重头就是位于肯塔基州路易维尔和德国科隆的航空中转站的扩张；对于作为主要发展目标的亚洲，UPS在2005年于美国与中国广州之间首次建立了直航递送服务；同年，UPS得到其中国合资伙伴所持有的股份，业务开拓至23个城市，覆盖全国国际贸易比例达80%以上。

UPS通过收购不断拓展更宽泛的市场。1999年，UPS收购了Challenge Air，一跃成为拉丁美洲最大的快递和空运公司。2004年，UPS收购万络环球货运公司（Menlo Worldwide），提升了空运重货的能力。与此同时，2005年收购的Overnite扩大了公司在北美的地面货运服务。最近在英国和波兰等地的其他收购佐证了UPS在欧洲的成长充满了新机遇。

（资料来源：根据http：//www.UPS.com相关资料整理而来）

案例思考题

1. 通过UPS百年来业务变化的轨迹，你对物流概念的理解有何新的变化？

2. UPS为什么能成功地走过百年，成为一个庞大的物流帝国？结合案例材料谈谈你的观点。

3. 结合案例材料，你认为一个优秀的现代物流企业应该具备哪些条件？

4. UPS的成长历程对我国物流业发展有何借鉴？

第二章 物流管理理念、模式及方法①

【学习目标】

1. 理解物流的市场延伸理念、服务理念、价值与利润理念和绿色物流理念；
2. 掌握物流的系统理念、一体化理念、联盟与合作理念和精益物流理念；
3. 理解第三方物流产生的原因及第三方物流的发展；
4. 掌握第三方物流的概念、特点和第三方物流服务市场；
5. 掌握物流系统的总体框架、模式；
6. 了解物流系统分析的步骤、常用的理论及方法；
7. 理解物流系统评价方法。

第一节 现代物流管理理念

一、物流是市场的延伸理念

在20世纪20年代，物流还是被作为流通的附属机能。20世纪30年代起，人们主要从有利于商品销售的愿望出发，探讨如何进行“物资的配给”和怎样加强对“物资分布过程”的合理化管理，其核心部分正如日本学者羽田升史所说：“物流被看成是市场的延伸。”

在当时，人们对物流的认识还停留在“PD”的概念层次上，即企业通过营销努力开辟了市场之后，物流如何将产品适时、经济和有效地送达到用户的手中。这种说法表明，物流是一个被动地完善市场的工具，它完全忽略了物流具有为企业开拓市场的作用。所以，今天人们又给“物流被看成是市场的延伸”这句话赋予了新的内涵：

1. 通过为用户提供优质的物流服务来开拓市场。在激烈的市场竞争环境下，

① 和人类文明一样古老的物流活动之所以在20世纪80年代被称为现代物流，是因为此时产生了一系列的现代物流管理理念，出现了以第三方物流为代表的新型物流管理模式，奠定了以物流系统分析为基础的各种现代物流管理方法。

企业之间的竞争不仅表现在产品的质量和价格上，优质的服务有时也会成为企业赢得市场的法宝。物流服务作为企业的延伸产品，是企业服务的重要内容之一，优质的物流配送服务可以留住老客户，吸引新客户，为企业开拓市场。

2. 将物流功能和物流设施的建设看作潜在的市场机会。物流是运输、储存、包装、装卸搬运、流通加工、配送和信息处理等功能的有机结合，从全社会角度看，要形成这些物流功能，需要有道路、车站、码头、机场、港口、仓库、配送中心等物流设施，运输车辆、包装机械和搬运设备，计算机网络设备和物流信息软件等等，而这些需要巨大的投资，牵涉众多的产业。所以，物流具有较大的产业关联效应，物流的发展为其他产业提供了市场机会。

3. 物流被视为企业的核心竞争力之一。物流不仅可以作为市场竞争的手段，为企业赢得市场，还可以作为核心竞争力之一，为企业的战略发展做出贡献。如零售业巨头沃尔玛就是将物流作为核心竞争力之一的成功典范，它的全球采购、先进的物流信息系统和完善的配送系统已成了物流领域的经典案例。

所以，"物流被看成是市场的延伸"成了人们正确理解物流重要性的现代物流管理理念。

二、"军事后勤"与物流服务理念

现代物流（Logistics）一词，来源于军事后勤。在第二次世界大战期间，美国根据军事上的需要，在军火和军需品的战时供应中，运用后勤管理（Logistics Management）方法，对军火的运输、补给、屯集、调配等实体流动进行全面管理，此举对战争的胜利起到了保障作用。第二次世界大战后，后勤管理的理念和方法被引入到工业部门和商业部门后，就产生了工业后勤和商业后勤，其主要业务活动包括原材料的流通、产品分配、运输、购买、库存控制、储存和客户服务等，这就是我们现代意义上的物流。

军事后勤为部队和战争服务，工业后勤为制造业的生产和经营服务，商业后勤为商业运行和顾客服务，总之，物流的核心是服务保障。1985 年，美国 CLM 确立了物流为顾客服务的核心理念，完成了物流从"PD"向"Logistics"的转变，成为现代物流的重要标志。随着服务理念的深化，物流服务出现了层次性变化，从物流的基本服务延伸到增值服务、高水平的"零缺陷"服务和高投入高产出的超值服务。今天，无论是对生产企业还是流通企业，都必须回答"你所能提供什么物流服务"，物流服务平台与服务战略已成为企业物流发展的基本战略之一。

物流（Logistics）——"后勤"一词，特别强调物流活动的服务保障职能。通过物流服务保障，企业以其整体能力，来达到压缩成本和增加利润的目的。服务保障的思想成为现代物流的两个核心理念之一。

三、物流价值与利润理念

（一）“黑大陆”和“物流冰山”说

1962年，美国著名管理学家彼得·德鲁克在《财富》杂志上发表了题为《经济的黑色大陆》一文，他指出“流通是经济领域的黑暗大陆”。德鲁克泛指的是流通，但由于流通领域中物流活动模糊性尤为突出，所以，人们更为相信“黑大陆”指的是物流。

“黑大陆”将物流比做“一块未开垦的处女地”，说明物流领域未知的东西还很多，摆在人们面前的可能是一片不毛之地，也可能是一片宝藏，值得人们深入地研究。“黑大陆”说表明了物流可能存在的价值，对于人们研究这一领域起到了启迪和动员作用。

日本早稻田大学的西泽修教授提出了“物流冰山”说，用物流成本的具体分析论证了德鲁克的“黑大陆”说。他在专门研究企业的物流成本时发现，现行的财务管理制度和会计核算方法不可能真实客观地反映企业的物流成本，造成了物流成本冰山。我们在账面上所能看到的就像浮在水面上的冰山，只占企业总物流成本的一小部分，而大部分物流成本就像沉在水面之下的冰山，成为我们看不到的黑色区域。

“物流冰山”说至少给我们两点启示，一是企业究竟耗费了多少物流成本，我们并不清楚，值得研究；另一点是，大部分物流成本是在我们无法监控的情况下发生的，物流成本是如何发生的、多少是合适的，我们也不清楚，可能存在着物流成本的巨大浪费。因此，研究物流、做好物流成本的管理，可以给企业带来成本的节约，从而创造价值。

（二）“第三利润源泉”说

20世纪60~70年代早期，发达国家的企业大多把追求利润的竞争焦点放在生产领域，把降低物质资源消耗作为企业的“第一利润源泉”。但是，在1973年石油危机后，企业又纷纷转向了人力资源领域，通过采用机械化、自动化降低人力资源消耗，把提高劳动生产率作为企业的“第二利润源泉”。20世纪80年代后，前两个利润源泉潜力越来越小，人们的眼光又转移到了物流领域，物流成为企业的“第三利润源泉”。“第三利润源泉”说至少有以下两个方面的含义：

1. 物流是可以完全从流通中分化出来，自成一个独立的系统，有特定的管理目标，能对其进行独立的总体判断。

2. 物流和其他独立的经营活动一样，可以成为单独的赢利因素，企业的“利润中心”。

“第三利润源泉”说表明物流可以从企业生产经营的辅助活动转变成一种独立的经营活动。不仅专业的物流企业可以通过物流创造利润，生产流通企业也可通过向其他企业提供物流服务直接获取利益。比如，安得物流公司就是美的集团的一个独立的事业部，变成了集团的利润中心之一。

物流的价值和利润的理念在实业界产生了巨大的震动。根据发达国家的经验，随着市场竞争的加剧，在原材料、设备和劳动力成本压缩的空间趋于饱和后，对成本的控制将转向物流领域。据估算，全球每天物流费用约为3.43亿美元。在中国，2006年全社会物流费用支出约占GDP的18.3%，而美国等发达国家仅为10%左右。2006年我国GDP总额近21万亿元，如果按照国家10%的物流费用支出水平计算，中国物流每年就有近17 430亿元的价值和利润空间。

四、“效益背反”与物流的系统理念

“效益背反”，又称为“二律背反”，是指物流的若干功能要素之间存在着损益的矛盾，即某一功能要素的优化和利益发生的同时，必然会存在另一个或另几个功能要素的损失，反之也如此。这种此消彼涨、此亏彼盈的现象虽然也存在于其他的领域，但在物流领域尤为明显和普遍。比如，为了节省运费，我们选择水运等较为廉价的运输方式，但货物在途时间变长，支出的库存成本就会增加。又如，为了在包装上节约，货物在运输、仓储和装卸搬运等环节就会增加支出，我国流通领域每年因包装不善出现价值上百亿元的商品损失，就是效益背反的例证。如此情形在物流领域比比皆是。

但是，20世纪60年代以前，物流活动是纯粹建立在功能基础上的后勤工作，即使是早期把计算机应用到定量化技术时，人们的注意力仍集中在改善特定的物流功能的表现上。认识到物流的效益背反的规律后，人们意识到不仅要提高各物流功能要素的效率，更要寻求解决和克服这些功能要素效益背反的方法。于是，现代的物流科学把物流看作是一个包含“整体观念”的系统，用系统工程的方法解决物流中的效益背反问题，以求物流效益的总体最优化（如图2.1）。人们把物流的各功能要素比作树木，用“物流是一片森林而非一棵棵树木”这句话形象地表达了现代物流管理的系统思想和整体理念。

五、物流一体化的管理理念

物流一体化（Integration，又称整合）是物流整体理念的应用和延伸。从生产流通企业的角度出发，将分散在企业生产经营各个环节的以及与企业有关的物流业务整合起来，以求得整体效率的提高。物流一体化管理具体有两种形式：

1. 企业内部一体化管理。企业内部物流一体化管理是根据商品的市场销售动向决定商品的生产和采购，从而保证生产、采购和销售等活动协调一致。由于市场的不透明化，导致企业的生产和市场销售状况不一致，物流被看作是内部协调和外部联络的纽带，物流能力的强弱直接影响着企业的发展。当来自顾客的订单、产品

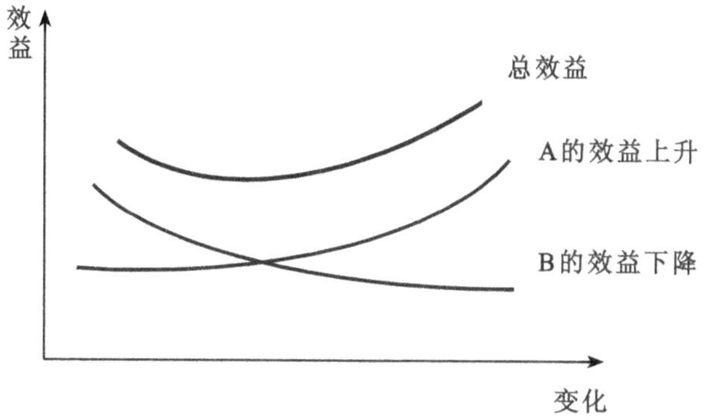

图 2.1 效益背反与总体效益

需求信息，通过销售活动、预测以及其他各种形式传遍整个企业，然后将这种信息提炼成具体的制造计划和采购计划，被启动的增值存货流最终将制成品的所有权转给顾客。从企业内部作业观察，将所有涉及物流的功能和工作结合起来，形成企业内部物流一体化作业方式。

2. 外部物流一体化管理。外部物流一体化管理又称为供应链管理，这是最大限度地提高物流效率的根本方法（详见第三章）。虽然内部物流一体化是企业取得成功的必要条件，但它并不足以保证厂商实现其经营目标。要在今天的竞争中达到充分有效，厂商必须将物流活动扩大到与顾客、供应商等相结合的方面，通过供应商、生产商、销售商、零售商、客户以及供应商的供应商、客户的客户等整个链条上的物流协调运作，降低整个供应链的物流成本，从而达到提高单个企业物流效率的目的。

六、物流联盟与合作理念

20 世纪 80~90 年代，美国为了物流复兴，将“基于物流的联盟作为最可观的合作”理念，发展物流联盟和广泛开展合作关系的思想已成为物流实践的基础。在过去的几十年时间里，业务关系的特点是建立在权利的基础上的对手间的谈判。而今，合作的最基本形式是发展有效的组织间的联合作业，形成多种形式的业务伙伴关系。一方面促使企业从外部资源寻求物流服务以提高效率，降低成本；另一方面促使两个或两个以上的物流供应商与物流需求商组织联合起来。物流联盟与合作的理念产生了许多重要的物流管理模式：

1. 物流外包。物流联盟与合作的理念鼓励生产流通企业将主要精力放在企业的关键业务上，在充分发挥自己的核心竞争力的同时，与其他企业建立联盟与合作的伙伴关系，将非核心业务物流活动交给专业的物流企业来完成。物流外包成为

20世纪80年代以来，许多西方发达国家企业物流管理的主要模式。

2. 第三方物流。企业将物流外包给专业的物流企业，直接发展了第三方物流这个现代物流管理的主流模式（详见本章第二节）。第三方物流是指由商品交易双方以外的物流提供者提供部分或全部物流服务的物流管理模式，它提供的是现代的、系统的、合同化的物流服务。第三方物流企业与生产流通企业之间的联盟与合作丰富了供应链上物流管理活动的内容，第三方物流企业之间的联盟与合作提高了供应链物流服务的能力。

3. 全球化物流。随着全球化的发展，世界大市场概念在今天已成现实，经济全球化对企业的运作方式产生巨大影响。企业（特别是许多跨国公司）从世界市场获取原材料，在世界各地的工厂组织生产，然后将产品运送到世界各地的用户手中。这种新的运作方式必然需要物流的全球化来支撑。全球化物流是在世界范围内进行的物流联盟与合作，是企业全球化战略的支持与保证。

七、精益物流理念

精益思想的核心是追求消灭一切浪费，并围绕此目标发展的一系列具体方法。它起源于20世纪六七十年代，在丰田的汽车生产管理中逐渐成型，形成了丰田独特的精益生产（Lean Production）模式。后来，精益思想的影响越来越大，从精益生产拓展到精益企业，其主要原则为：

1. 价值：只有符合客户想法的产品才具有价值；
2. 价值流程：设计制造此产品的最佳方法；
3. 价值流动：通过供应链管理使材料顺畅流动；
4. 按需生产：只有客户需要时才生产产品；
5. 完美目标：不断消除浪费，追求完善。

精益物流是在精益思想的基础上，结合供应链管理思想所提出的新的物流管理理念。精益物流就是用较少的资源（如人力、空间、设备、时间等），进行各种操作，有效组织材料的流动，杜绝浪费，使用最短的前置期，使库存成本最小化。丰田发现了许多最易发生浪费的情形，如工作质量太差、错误的生产能力和水平、拙劣的工序、停工（开机、关机和设备维修）、物料搬运不合理、库存过高，以及与供应商的协调不力、与用户的沟通不畅、相关人员的培训不足等，这些都会阻碍物料在供应链中的顺畅流动。例如，丰田公司的实时物流管理模式（JIT，Just-In-Time）就是典型的精益物流。精益物流的目标可概括为：企业在提供满意的顾客服务水平的同时，把浪费降到最低程度。

八、绿色物流理念

随着社会的发展，人们越来越认识到经济活动对生态环境带来的负面影响，为了维持人类的可持续发展，“绿色”经济成为人们关注的焦点。绿色物流（Green Logistics）就是继绿色制造、绿色消费之后的又一个新的绿色亮点，是一种新的物流管理理念。绿色物流是指在物流过程中，在抑制物流对环境造成危害的同时，实现对环境的净化，使物流资源得到最充分的利用。

绿色物流既包括企业的绿色物流，又包括社会对绿色物流的管理、规范和控制。在微观层次上，就是企业采用先进的设施、科学的管理方法和手段，在运输、储存、包装、装卸搬运、配送、流通加工、信息处理等物流功能要素中实现节能降耗，减少对环境的污染，从而达到盈利的目的。在宏观层次上，就是要做好产业布局、人口布局，尽量减少重复的物流活动，降低物流总量，提倡环境友好的物流技术，建立相关的物流评审制度，大力发展废弃物物流等等。绿色物流是与环境共生型的物流管理，旨在改变原来经济发展与物流、消费生活与物流的单向作用关系，在抑制物流对环境造成危害的同时，形成一种能促进经济和人类健康发展的物流系统。绿色物流不仅仅是物流工作者的事情，它需要全社会的广泛关注，绿色物流应该是每一位公民共同拥有的理念。

第二节　物流管理新的业务模式——第三方物流

20 世纪 80 年代以来，外包已成为商业领域中的一大趋势。企业越来越重视集中自己的主要资源于主业，而把辅助性功能外包给其他企业。在一般工商企业中，物流被视为支持与辅助功能，所以通常是被外包的对象。企业将物流外包给专业的物流企业，直接发展了“第三方物流”这个新的物流管理模式。

一、第三方物流的概念及特点

“第三方物流”（Third Party Logistics，简称 TPL 或 3PL）一词于 20 世纪 80 年代中后期开始盛行。在 1988 年美国物流管理委员会的一项顾客服务调查中，首次提到“第三方服务提供者”，用它来描述“与服务提供者的战略联盟”，尤其指“物流服务提供者”。在国外，第三方物流也与物流外协（Logistics Outsourcing）、契约物流（Contract Logistics，又称合同物流）、物流联盟（Logistics Alliance）等术语具有相同的含义。第三方物流服务的客户与提供者之间的物流联盟伙伴关系均要求彼此间信息公开，从而打破传统的业务关系束缚，从基于“交易上”的业务关系向更为一体的、长期的“伙伴关系”转变。

虽然，“第三方物流”是物流领域广为谈论的话题，但是，目前对这一概念国外尚无确切的定义，人们谈论它只是假定对它有上述某种程度的理解。20 世纪 90 年代中后期，“第三方物流”这一术语传入我国，经过理论界和实际工作者的探索，形成了自己的定义。根据中华人民共和国国家标准《物流术语》

(GB/T18354-2001)，“第三方物流是指由供方与需方以外的物流企业提供物流服务的业务模式”，即由与货物有关的发货人和收货人之外的专业物流服务提供企业（第三方）来承担企业物流活动的一种物流形态。尽管不同的学者对这个定义的解释存在一些差异，但一般认为第三方物流具有以下几个方面的特点：

1. 信息网络化。信息流服务于物流，信息技术是第三方物流发展的基础。在物流服务过程中，信息技术实现了数据的快速、准确传递，提高了仓库管理、装卸搬运、订货、配送、订单处理的自动化水平，使各项物流职能一体化。电子数据交换技术（EDI）和国际互联网等信息技术的运用使第三方物流服务的需求者和提供者之间信息实时共享，交流与协作更加迅速和准确，大大地提高了物流的效率和效益。

2. 关系契约化。首先，第三方物流是通过契约形式来规范物流经营者和物流消费者之间的关系的。由于第三方提供从系统设计、计划、管理到实施多功能甚至是全方位的物流服务，这些服务内容复杂，要求通过契约条款来指导和约束第三方物流服务提供者的行为，不能像传统物流那样提供简单的运输或仓储服务来满足客户的临时需求。其次，第三方物流服务的提供者与需求者之间不是一两次的市场交易关系，而是一个“风险共担、收益共享”的物流联盟伙伴关系，也必须通过契约来明确参与者之间的责权利。

3. 功能专业化。第三方物流公司所提供的服务是专业化的服务，从物流设计、物流计划、物流操作过程、物流管理和控制，乃至所使用的物流设施和设备、物流网络都必须体现专门化和专业水平。正是由于专业化所带来的效率，才能吸引更多的企业将物流外包，同时为自己赢得更大的生存和发展空间。

4. 服务个性化。与传统的外协公共物流服务性质不同，第三方物流提供的服务具有个性化的特征。因为各物流服务消费者在企业形象、业务流程、产品特征、顾客需求特征、竞争战略等方面不同，决定了第三方物流服务商必须按照消费者的需求定制出个性化的物流服务。由于第三方物流服务市场需求的多样性和复杂性，即使是服务于多家企业的大型第三方物流服务商，要充分发挥专业化和规模化的效率，也只能专注于一个或少数几个行业的物流服务领域。所以，第三方物流服务商应力求提供个性化的物流服务，而不是搞大而全、小而全。

二、第三方物流产生的原因

从上述的内容可知，企业物流外包是第三方物流产生的直接原因。企业为什么要将物流外包给第三方物流企业呢？因为第三方物流企业具有以下优势：

1. 专业化的优势。第三方物流企业积累了针对不同物流市场的专业知识，包括运输、仓储和其他增值服务方面的知识，比一般的生产流通企业更易经济地获取许多关键的物流信息，如卡车运量、国际通过文件、空运报价和其他信息等。

2. 信息技术优势。现代的信息技术是现代物流的生命线，许多第三方物流公司深刻地意识到这一点。他们与独立的软件供应商结盟开发了内部的信息系统，这使得他们能够最大限度地利用运输和分销网络，有效地实现货物跟踪，进行电子交易，生成报表和进行其他相关的增值服务。

3. 运作整合的规模经济优势。首先，引入多客户的运作，或者是在客户中分享资源。例如，多客户整合的仓储和运输网络，可以利用相似的结合起来的资源，可以达到淡旺季货物共存、集中配载、共同配送，避免回程空载、仓库作业闲忙不均等问题，整合的运作规模效益成为提高效率的重要方法。其次，有效地进行横向整合。例如，第三方物流企业之间资源信息共享、互用对方的配送网络、共同配载货物等，第三方物流企业还可从运输公司或仓储公司较为经济地购买物流资源。第三方物流企业之间的合作，提高了物流服务能力，降低了物流运作成本，获得了规模经济效益。

生产流通企业将物流外包给第三方物流企业，不仅能够直接分享这些优势所带来物流效率提高的成果，还可间接地获得其他诸多的益处，具体如下：

1. 有利于集中精力发展核心竞争力。在资源有限的情况下，企业为取得和保持竞争中的优势地位，必须采取有所为有所不为的策略。企业通过引入第三方物流，就可把有限的人力、物力和财力资源集中于自己的核心业务上，进行重点研究、发展核心技术、开发新产品，使自己的核心竞争力越来越强，核心业务越做越大，让竞争对手无法超越和替代。

2. 有利于提高企业物流管理水平。对许多企业而言，物流是一种辅助业务，得不到应有的重视，常常是运行效率不高、管理失控。比如，我国许多生产流通企业在全国各地的仓库由当地的销售部门管理，仓库现场管理混乱，为了保证销售库存水平居高不下，且彼此之间库存信息不共享，甚至会经常出现账卡物不符等漏洞。由于精力有限和人才缺乏，企业自身难以解决这些问题。第三方物流企业可以发挥自己的专业优势，优化生产流通企业现有的物流网络，为其打造出量身定做的、一体化的物流系统，并派专人对仓库现场和配送作业进行适时的指导甚至直接的管理，这样就大大提高了生产流通企业的物流管理水平。

3. 有利于提高物流作业效率、降低物流成本。由于第三方物流企业具有庞大的、分布合理的物流网络，丰富的物流管理知识和经验，先进的物流管理信息系统，可以为生产流通企业提供适时的物流信息，并能大幅度提高企业订货、发货和配货的作业效率。生产流通企业可以分享第三方物流企业运作整合带来的规模经济优势，大大降低企业的物流成本。

4. 有利于分散风险、增加柔性。如果生产流通企业自己运作物流，将会面临较大的投资风险。自营物流需要进行物流设施、设备的投资，如建立仓库、购置车辆等，企业通常按照高峰作业量配置这些资源，在生产闲时，大量的物流设施闲置，这就直接导致物流投资失败，企业面临无法收回投资的风险。采用第三方物流，生产流通企业极大地减少了在物流方面的固定资产投资，从而分散了投资回收的风险，此外，还可以分散由政府政策、经济、市场、财务等因素变化所带来的其他经营风险。这样，通过物流外包，企业变得更有柔性，更能适应外部环境的变化。

三、第三方物流服务市场

（一）第三方物流服务的需求

第三方物流服务的需求者主要是生产流通企业，而最大的客户群则是一些大型的制造企业。因为这些企业有一个重要的趋向，就是把物流作为一个增值过程来管理，力图通过物流的力量获得并保持竞争优势，寻求为其产品或服务增加价值。这样，企业物流外包的程度就直接反映了第三方物流服务的市场需求状况。

最彻底的外包形式是物流业务完全外包。由于自身不具备自营物流的能力，许多企业采用这种形式。多数大型制造企业对现有物流系统评价后发现，物流业务外包更为有利，于是关闭自己的物流系统，将所有的物流业务外包给第三方物流供应商。但是，在实际的物流管理工作中，这种外包形式并不多见。

更为常见的是，多数企业的物流业务保有自营和非自营两个部分。企业将非自营的业务或者低效的自营业务外包给第三方物流供应商，这是企业充分考虑自身物流系统的现状、第三方物流供应商的能力以及企业战略需要等因素后所做出的决策，真实地反映了企业决策时的物流需求。

在对第三方物流服务项目和服务程度的需求方面，不同企业之间存在着明显的差异，即使是同一企业，随着时间和条件的改变物流需求表现也会不同。一项连续多年对在美国的财富500强制造企业使用第三方物流服务的情况调查充分证实了这一点，表2.1反映了2001~2004年四年的情况。

表2.1 **在美国的财富500强制造企业使用的3PL服务**

物流服务项目	2001年（%）	2002年（%）	2003年（%）	2004年（%）
运费支付	53	63	72	54
运输协调	49	49	66	42
直接运输	61	56	62	67
报关	41	67	62	58
仓库管理	59	42	60	46
货代	45	59	53	46

续表

物流服务项目	2001 年（%）	2002 年（%）	2003 年（%）	2004 年（%）
承运人选择	43	51	51	38
货物跟踪	33	44	51	42
承运人绩效评估			47	29
费率谈判	37	48	38	29
贴标签/包装	25	23	38	25
订单执行	33	33	34	33
退货	25	23	30	29
逆向物流			26	33
信息系统运营	20	16	21	13
中转处理			19	17
船队/车队管理	20	23	19	17
订单处理	8	9	17	17
客户备件	10	9	17	25
选择软件	8	9	15	4
合同加工	10	12	13	8
组装	10	5	11	8
咨询服务	25	21	9	25
原料采购	4	7	8	13
售后服务			6	
产品测试			2	4

资料来源：Lieb & Brooks. The Use of Third-Party Logistics Services by Large American Manufacturers：The 2004 Survey. Transportation Journal，2005，44（1）：5-15.

如上表所示，被调查者认为2003年最经常使用到的3PL服务依次是：直接运输（67%）、报关（58%）、运费支付（54%）、仓库管理（46%）、货代（46%）、运输协调（42%）以及货物跟踪（42%）。值得注意的是，在2003年的调研中也增加了新的服务项目，47%的用户使用了承运人绩效评估服务，26%用到了逆向物流服务，2004年分别为29%和33%。这些结果表明，企业对第三方物流服务的需求主要还是围绕着传统的仓储和运输，但又远远超出这些内容，并且随着时间的推移不断有新的需求产生，各项服务项目使用率的增长或降低客观地反映了物流服务需求程度的变化。

（二）第三方物流服务的供给

根据企业物流服务需求的种类和企业物流外包的形式不同，第三方物流服务供应商可以向客户企业提供不同形式的第三方物流服务，具体做法如下：

1. 物流系统接管。这是大型第三方物流服务的供应商全盘买进客户企业物流系统的做法。他们接管并拥有客户企业的车辆、场站、设备和接收原企业员工。接管后，系统仍可单独为企业服务或与其他公司共享，以改进利用率并分担管理成本。

2. 以资产为基础的物流服务。第三方物流服务供应商拥有资产，如运输车队、仓库和各种物流设备等，通过自己的资产提供专业的物流服务。

3. 以管理为基础的物流服务。许多大型零售商希望自己拥有物流设施（资产），而把物流管理职能以合同的形式外包出去，这使得他们在业务谈判中拥有较大的灵活性。第三方物流供应商不以实物物流资产提供服务，而是通过系统数据库和咨询服务为客户提供物流管理或一定人力资源等以管理为基础的物流服务。

4. 合资。第三方物流供应商与客户企业合资，向合资企业提供部分资本和专业服务，客户企业保留物流设施的部分产权，并在物流作业中保持参与。第三方物流公司 Tibbett & Britten 与 IBM 组成的 Hi-tech Logistics 就是一例。

第三方物流服务供应商能够提供何种类型的服务，主要取决于它拥有何种类型的资产。在物流领域，资产可分为两种类型：一类是实物资产，即指机械、装备、运输工具、仓库、港口、车站等可从事实物物流活动的资产；一类是信息资产，即包括信息系统硬件、软件、网络及相关人才等资产。按拥有资产种类的不同，可以将第三方物流公司分为三种类型：

1. 资产型第三方物流公司。主要以自有实物资产作为客户服务的重要手段，向客户提供稳定的、可靠的物流服务。由于物流实物投资大、专用性强，资产型第三方物流公司灵活性差，转型慢。

2. 管理型第三方物流公司。不把拥有实物资产作为向客户服务的手段，主要拥有信息资产，以管理、信息、人才等优势作为核心竞争力，向客户提供管理型的物流服务。信息技术是管理型第三方物流赖以存在的先决条件，在现代物流领域，这类公司可以成为供应链的主导物流企业，它的最大优势是可以有效运用虚拟库存等手段获得较低的成本。

3. 综合服务型第三方物流公司。它完全拥有管理型第三方物流在信息、组织、管理的优势，同时建立必要的物流设施装备系统，但不是全面建设这种系统。它可获得上述两种第三方物流的优点，向客户提供全方位的物流服务，同时，又避免了过大投资、系统服务水平灵活性不足的缺点，所以，综合服务型又称优化型第三方物流公司。

除了按提供物流服务的种类分类外，第三方物流服务供应商还可按其所属的物流市场进行分类：

1. 操作性（Operational）公司。操作性细分市场当中，以某一项物流作业为主，一般擅长某一项或几项操作。在自己擅长的业务上，操作专、精，具有成本竞争优势。如快运公司中的 DHL、TNT、UPS、FedEx 等就是典型代表。

2. 行业倾向性（Industry-Focused）公司。又称行业性公司，为满足某一特定行业的需求而设计自己的作业能力和作业范围。如荷兰的 Pakhoed 公司。

3. 多元化（Diversified）公司。开发出一系列相关且不具有相互竞争性的服务，这种服务是综合性的。如在班轮运输中的集装箱、码头、汽运、仓储和水运等相关业务。

4. 顾客化（Customization）公司。面向有很高专业性和个性化需求的客户，提供顾客定制化的物流服务，他们之间的竞争主要在于服务而不是价格。

四、第三方物流发展

从世界范围看，第三方物流的发展只有 20 余年的历史。但是，第三方物流业发展迅速，在物流市场上已经占据了相当大的比例。1996~2002 年，全球第三方物流市场规模年均增长率为 13%，2002 年第三方物流产值 2 810 亿美元，占全球物流总支出的 7%。经过 20 余年的发展，第三方物流在西方发达国家已经形成了一定的产业规模，正处于产业发展的成长阶段，在有些国家已经进入了成熟阶段。总体上讲，欧共体第三方物流占整个物流市场的比重在 15%~35%之间；在美国，这一比例达到 57%；而在社会配送发展得最好的日本，第三方物流业在整个物流市场的份额则高达 80%。

中国是在 20 世纪 90 年代才系统地引进第三方物流理论，中国的第三方物流还处于物流产业发展的初级阶段。根据摩根斯坦利（Morgan Stanley）的统计，中国第三方物流只占总体物流业务的 2%，这与世界平均 7%、美国 8%、欧洲 10%的水平有较大差距。针对中国第三方物流起步晚、水平低的状况，中国政府高度重视现代物流特别是第三方物流的发展。由于没有统一的物流管理部门，2001 年，原国家经贸委会同铁道部、交通部、信息产业部、原外经贸部、民航总局联合印发了《关于加快我国物流发展的若干意见》。这是我国政府部门联合下发的第一个有关物流发展的政策性、指导性文件。2004 年 8 月，国家发改委、商务部等九部委出台了《关于促进我国物流业发展的意见》。2005 年，由发改委牵头，商务部等 13 个部门和物流与采购联合会、交通运输协会参加，形成“全国物流工作部际联系会议”机制。继国家“十一五”规划确立现代物流的产业地位以后，国务院于 2007 年 3 月发布《关于加快发展服务业的若干意见》，指出“优先发展运输业，提升物流的专业化、社会化水平，大力发展第三方物流”。

为了规范物流市场，提高物流服务质量，推动物流企业健康发展，国家质检总局、国家标准化管理委员会联合发布了《物流企业分类与评估指标》（GB/T 19680-2005）国家标准，并由中国物流与采购联合会组织对物流企业进行综合评估的工作。标准明确了我国物流企业分为仓储型、运输型和综合服务型三类，根据物流企业资产、经营、管理、服务、人员等方面的综合评估，每种类型又可分为A、AA、AAA、AAAA、AAAAA五个等级。这种分类和评估，有利于促进传统的仓储和运输企业向现代物流企业的转变，尤其鼓励综合服务型的物流企业大力开展第三方物流服务。根据2006年全国企业物流调查，2005年物流业务收入比2004年增长了29.2%，其中，仓储型物流企业增长了43.4%，运输型物流企业增长28.8%，综合服务型物流企业增长了24.9%。由于专业化分工加快，第三方物流市场逐步细分，专业化程度提高。产业细分，形成专业化物流市场，专门化物流公司。如超市物流、家电物流、服装物流、汽车物流、钢铁物流、烟草物流、医药品物流、粮食物流、冷链物流、图书物流等等。

尽管第三方物流的发展较快，但由于我国工商企业物流的自理程度较高，第三方物流服务水平普遍较低。第6次中国物流市场供需状况调查结果显示，3PL在工业企业成品物流中比重最高，也只占31%，工业企业原料物流19%，商贸企业17%，而商贸企业物流自理高达78%。要改变目前的状况，除了政府和行业协会的大力支持外，提高工商企业的物流外包比重和物流企业的物流服务水平是发展第三方物流的关键。工商企业要更新观念，改革现有体制，把主要精力放在具有核心竞争力的主营业务方面，而把物流外包给专业的物流企业去完成。但一个客观事实是，我国物流企业的规模小，实力差，基本不能满足工商企业的物流要求。工业企业和商贸企业对3PL的满意程度只有25%和21%。有关调查结果充分说明了这一点。对造成不满因素的进一步调查结果表明，现行3PL运作在很多方面有待进一步提高（见表2.2）。尽管两类企业对3PL服务不满的侧重点不同，商贸企业更关注运作成本，工业企业则更关心服务质量（如服务内容不全和不能提供供应链整合等服务），但普遍认为3PL信息不及时不准确，不能有效应对市场需求波动的情形。从调查结果还可看出，除少数的因素（如运作成本和作业速度）外，生产制造企业对3PL的不满意程度要普遍高于商贸企业，这表明提高对工业企业的3PL服务水平迫在眉睫。

表2.2 **工商企业对现行3PL运作不满意的主要原因**

原因要素	工业企业	商贸企业
运作成本高	22%	45%
信息不及时不准确	35%	32%

续表

原因要素	工业企业	商贸企业
不能满足需求波动	32%	27%
服务内容不全	39%	21%
作业速度慢	13%	20%
不能提供供应链整合	39%	18%
不能提供管理与咨询服务	30%	17%
没有网络服务	26%	16%
作业差错率高	35%	9%
服务态度差	26%	7%
货损率高	30%	4%
其他	4%	10%

资料来源：中国物流与采购联合会．第6次中国物流市场供需状况调查报告．物流技术与应用，2005（11）：41-47.

针对中国的物流现状，第三方物流企业必须开展多种形式的业务创新，发展多种可行的业务运作模式，以满足工商企业日益增长的物流服务需求。第三方物流企业的发展可采用以下几种策略：

1. 整合现有物流资源，建立“非资产型”的第三方物流企业模式。我国传统的运输部门、企业和商储公司占据着仓库、站场设施、运输搬运设施、铁路专用线和自己的客户网等主要物流资源，但从全国范围来看，这些资源利用率不高，浪费严重。另一方面，完全新建资产型的第三方物流企业需要大量的资金，这成为物流发展的障碍。因此，从实际情况入手，整合现有物流资源，建立“非资产型”的第三方物流企业，既可以实现资源共享，又可摆脱资金不足的约束。

2. 以提高物流环节的服务附加值为目标的基础物流服务模式。目前我国企业对第三方物流服务的需求层次还比较低，主要集中在对基本常规项目的需求上。工业企业外包的业务第一是干线运输，第二是市内配送，第三是储存保管。商业企业需求的服务首先是市内配送，其次是储存保管，再次是干线运输。企业对增值性高的综合物流服务如库存管理、物流系统设计、物流总代理等的需求还很少。第三方物流供应商可从区域客户的需求出发，根据企业的实际情况，先从提供基础物流服务开始，展示自己有能力把这些服务做得最好，随后才开始提供高附加值的服务，从而逐步实现物流环节的系统化和标准化，为客户提供全方位的物流服务。

3. 电子商务与第三方物流的有机整合模式。电子商务作为21世纪主要商业运作模式，为第三方物流提供了广阔的发展空间。同时，第三方物流的发展又为电子商务的实现提供了现实保障，与电子商务整合，将成为第三方物流的主要运作模式之一。整合主要有以下两种方式：一是第三方物流作为电子商务的组成要素，承担物流作业，完成 B2B 或 B2C 中的物流环节；二是第三方物流通过建设自己的电子商务，为商家和客户提供交换信息、进行交易、全程追踪的信息平台，从而实现电子商务与物流的紧密配合。例如，宝供公司早在 1997 年就开始建立基于 Internet/Intranet 的全国物流信息管理系统，又陆续完成了运输业务报表自动生成系统、与重点客户信息资源共享系统、运作成本、经营核算、结算信息系统，实现了“客户电子订单一体化运作”的电子商务初步目标，极大地简化了商务流程，提高了业务运作效率。

4. 综合物流代理模式。综合物流代理企业实际上就是有效的物流管理者。物流企业不进行大的固定资产投资，低成本经营，将部分或全部物流作业委托他人处理，注重自己的销售队伍与管理网络，实行特许代理，将协作单位纳入自己的经营轨道，公司经营的核心能力就是综合物流代理业务的销售、采购、协调管理和组织的设计与经营，并且注重业务流程和组织机构的创新，使公司经营不断产生新的增长点。如美国的联邦快递、日本的佐川急便，国内的中国储运公司、中外运公司、EMS 等，都不同程度地进行了综合物流代理运作模式的探索实践。

5. 集中物流模式。集中物流模式的特点是第三方物流企业拥有一定的资产和范围较广的物流网络，在某个领域提供集成度较低的物流服务。由于不同领域客户的物流需求千差万别，当一个物流企业能力有限时，他们就可以采取这种集中战略，力求在一个细分市场上做精做强。例如，同样是以铁路为基础的物流公司，某铁路快运公司是在全国范围内提供小件货物的快递服务，而另一物流公司则是提供大宗货物的长距离运输。由于在特定领域有自己的特色，这种第三方物流企业运作模式也是需要重点培育和发展的。

第三节　物流管理的基本方法——物流系统分析

用系统的观点来研究物流活动是现代物流管理学科的核心问题。

物流系统是指在一定的时间和空间里，由所需位移的物资、包装设备、装卸搬运机械、运输工具、仓储设施、人员和通信信息等若干相互制约的要素所构成的具有特定功能的有机整体。物流系统是社会经济大系统的一个子系统或组成部分。就物流过程的每一个环节来讲，物流系统作用的发挥不仅受到其内部各要素的制约和外部条件的影响，而且这些要素和环节总是处于不断的变化之中。因此，以系统理论和系统工程的原理来研究和开发物流系统，无论对发挥物流功能、提高物流效率、降低物流成本，还是提高物流质量、满足社会对物质产品的各种需求上，都具有极为重要的意义。

物流系统的目的是实现物资的空间效益和时间效益，在保证社会再生产进行的前提条件下，实现各物流环节的合理衔接，并取得最佳的经济效益。

一、物流系统的总体框架

所谓物流系统，是指各个相关要素有机结合而成的、提供高质量的物流服务的一个整体。其框架如图 2.2 所示。

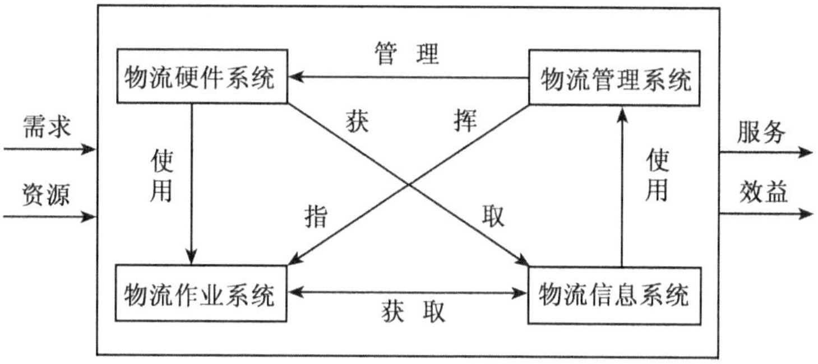

图 2.2　物流系统的总体框架

(一) 物流硬件系统

1. 基础设施：公路、铁路、航道、港站（港口、机场和编组站）等。
2. 运输工具：货运汽车、铁路车辆、货船、客货船、货机、客货机等。
3. 物流中心（配送中心）：仓库、装卸搬运机具、仓储货价、托盘、货箱、自动化设施等。

(二) 物流作业系统

物流作业系统如图 2.3 所示。

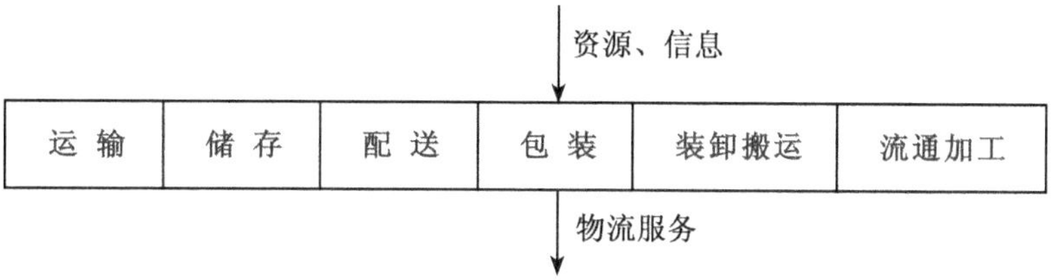

图 2.3　物流作业系统

（三）物流管理系统

物流管理系统如图 2.4 所示。

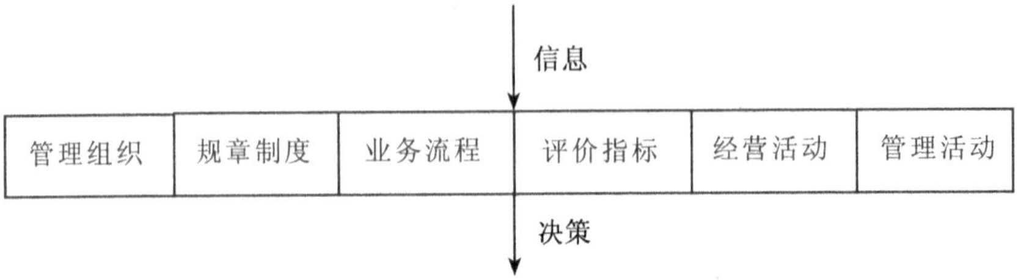

图 2.4　物流管理系统

（四）物流信息系统

1. 物流信息系统的层次结构，如图 2.5 所示。

2. 物流信息系统的功能结构，如图 2.6 所示。

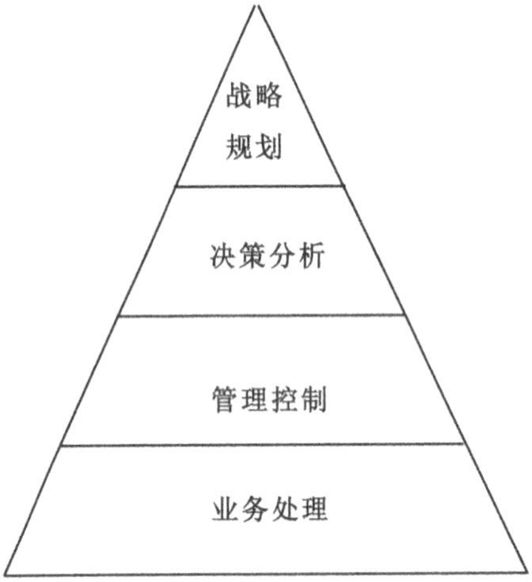

图 2.5　物流信息系统的层次结构

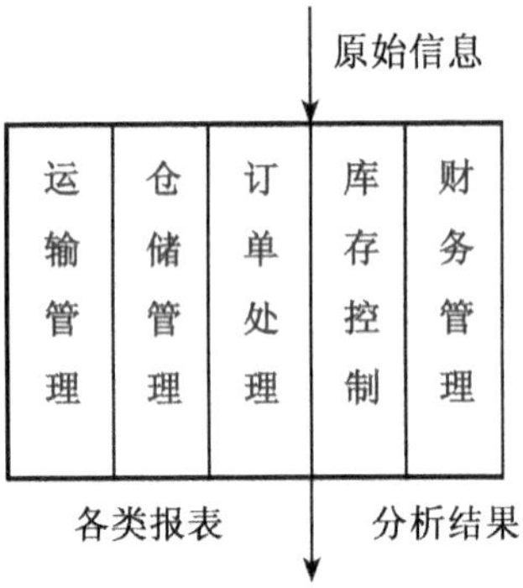

图 2.6　物流信息系统的功能结构

从一般工商企业的角度看，企业物流系统分为企业内部的物流系统（如图 2.7（a））、上下游企业形成的物流系统（如图 2.7（b））和供应链物流系统（如图 2.7（c）），而对企业最有价值的是供应链物流系统。

二、物流系统的模式

物流系统的模式大体如图 2.8 所示，简述如下：

1. 输入。就是通过提供资源、能源、设备、劳动力等对某一系统发生作用，

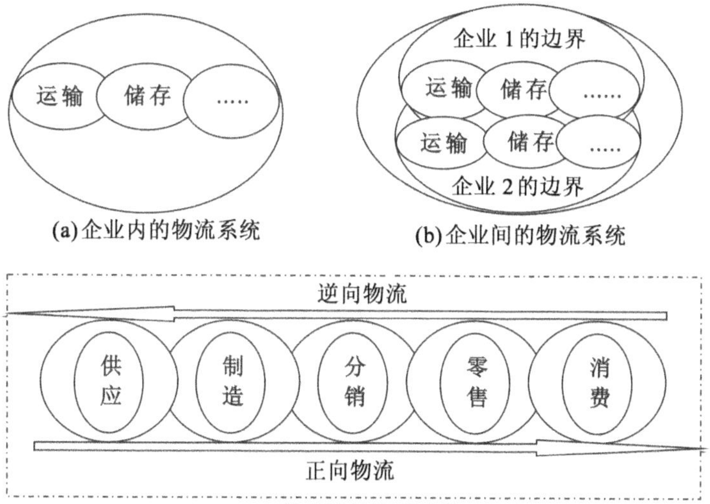

(a)企业内的物流系统　(b)企业间的物流系统

(c)供应链的物流系统

图 2.7　企业物流系统种类

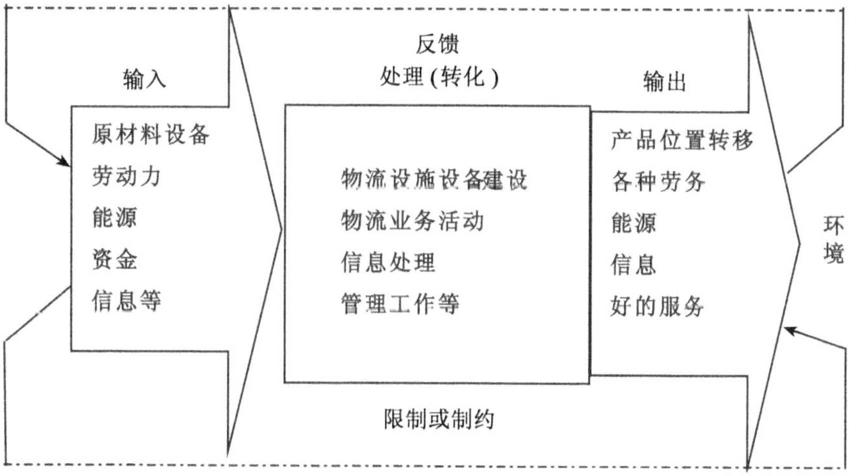

图 2.8　物流系统模式

统称为外部环境对物流系统的输入，包括原材料、设备、劳力和能源等。

2. 处理（转化）。它是指物流本身的转化过程。从输入到输出所进行的生产、供应、销售、服务等活动称为物流系统的处理或转化。具体内容有：物流设施设备的建设；物流业务活动（如运输、储存、包装、装卸搬运等）；信息处理及管理工作。

3. 输出。物流系统用其本身所具有的各种手段和功能，对环境的输入进行各种处理后所提供的物流服务称之为系统的输出。具体内容有：产品位置与场所的转移；各种劳务，如合同履行及其他服务等；能源与信息以及服务等。

4. 限制或制约。外部环境对物流系统施加一定的约束称为外部环境对物流系统的限制和干扰。具体有：资源条件，能源限制，资金与生产能力限制；价格影响，需求变化；仓库容量；装卸与运输的能力；政策的变化等。

5. 反馈。物流系统把输入转化为输出的过程中，由于受系统各种因素的限制，不能按原计划实现，需要把输出结果返回给输入，进行调整，即使按原计划实现，也要把信息返回，以对工作做出评价，称之为信息反馈。信息反馈的活动包括：各种物流活动分析报告；各种统计报告数据；典型调查；国内外市场信息与有关动态等。

斯托克和兰伯特在《战略物流管理》中给出了企业物流管理框架（如图2.9）。

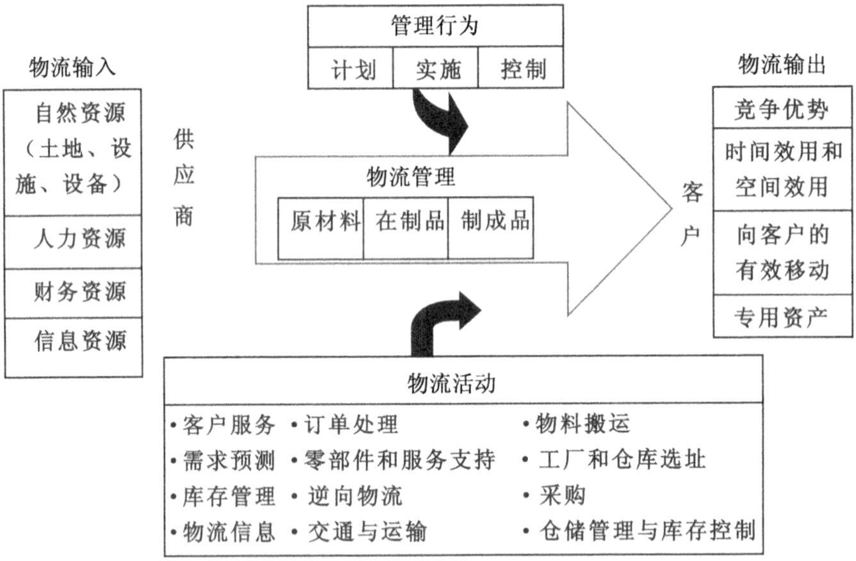

图 2.9　企业物流系统

三、物流系统分析的步骤

系统分析是通过对现有系统的调查和分析，以确定新系统为目标的极为重要的阶段，是系统工程的技术前导。物流系统分析是一个目标导向的活动。对物流系统的分析往往都是为了实现一个特定的目标，比如为了提高物流服务水平或为了降低物流成本等目标，不能漫无目的地进行物流系统分析。系统分析首先要对现有物流系统进行详细调查，包括调查现有系统的工作方法、业务流程、信息数量和频率、各业务部门之间的相互联系等，在对现有系统从时间和空间上对信息的状态做详细调查的基础上，分析现有系统的优缺点，并了解其功能。物流系统分析的目的是为进行系统设计提供必要的信息。

图 2.10 给出了物流系统分析的程序。

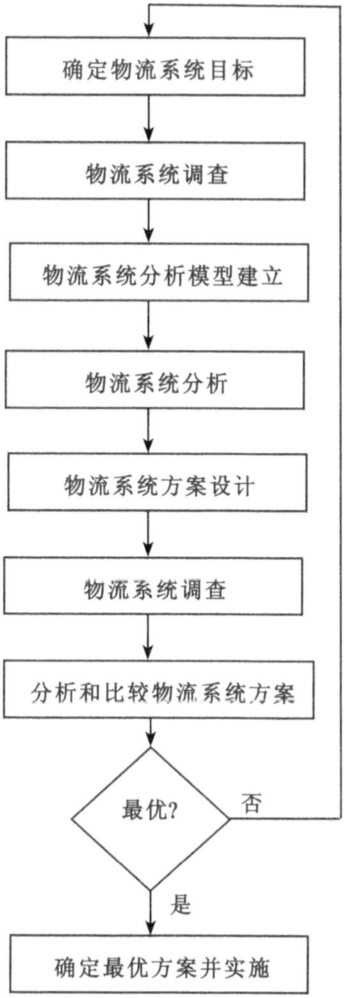

图 2.10　物流系统分析程序

一般来说，对物流系统分析一般需要回答下面几个问题：

- 为什么要进行这项工作？
- 进行这项工作能增加什么价值？
- 为什么要按照现有程序进行该项工作？
- 为了提高效率，能否改变作业步骤的次序？
- 为什么要有一个小组或个人来完成这些工作？
- 其他人可以完成这项工作吗？
- 还有更好的系统运行方式吗？

四、物流系统分析常用的理论及方法

物流系统分析以系统的观点，用系统工程的理论和方法将其所从事的物流活动和过程作为一个整体来进行分析研究，以实现其空间和时间的经济效益。

物流系统分析通过对物流网络的一个或多个部分进行有次序、有计划的观察了解，以确定各个部分及整个系统如何良好地运行。分析的对象可能是一项简单的作业活动，如对配送中心配货作业的“时间动作”研究；或在全国乃至全球范围内对一个企业整个物流系统的重新整合，包括长期供应商的选择和管理、客户长期伙伴关系的建立等。系统分析过程的观察和了解，为统计分析提供数据。经过分析，建立物流网络规划模型，通常模拟某一现实环境条件下，显示或预测系统各种可能发生的情况，在此基础上，对整个物流系统进行重新设计。

对一个系统进行分析，必须遵循以下原则：外部条件和内部条件相结合；当前利益和长远利益相结合；局部利益和整体利益相结合；定性分析和定量分析相结合等。

物流系统分析贯穿于从系统构思、技术开发到制造安装、运行全过程，其重点放在物流系统发展规划和系统设计阶段。具体包括：制定系统规划方案；生产力布局，如厂址和库址选择、物流网点的设置、交通运输网络构建等；工厂内（或库内、货场内）的合理布局；库存管理，对原材料、在制品、产成品进行数量控制；成本（费用）控制等。物流系统分析通常采用以下方法：

1. 数学规划法（运筹学）。它是一种对系统进行统筹规划，寻求最优方案的数学方法。其具体的理论包括线性规划、动态规划、排队论和库存论。线性规划、动态规划和库存论等用于解决物流系统中物料储存的时间和数量等问题。

2. 统筹法（网络分析法）。运用网络来统筹安排，合理规划系统的各个环节。它用网络图来描述活动流程的线路，把事件作为节点。在保证关键线路的前提下，安排其他活动，调整相互关系，以保证按期完成整个计划。

3. 系统优化法。在一定约束条件下，求出使目标函数最优的解。物流系统包

括许多参数，这些参数相互制约，互为条件，同时受外界环境的影响。系统优化研究就是在不可控参数变化时，根据系统的目标，来确定可控参数的值，使系统达到最优状态。

4. 系统仿真法。利用模型对实际系统进行实验研究。

上述方法各有特点，在实际中都得到广泛的应用，其中系统仿真技术是近年来应用最为普遍的。系统仿真技术的应用及发展依赖于计算机软硬件技术的飞速发展。今天，随着计算机科学与技术的发展，系统仿真技术的研究也不断完善，应用范围不断扩大。

五、物流系统评价

（一）物流系统评价的基本方法——系统的价值分析

物流系统评价是指从技术和经济两个方面对建立物流系统的各种方案进行评价，从中选出技术上先进可行、经济上合理的最优系统方案的过程。物流系统评价的目的就是，在技术可行的前提下，从系统功能、目标、要求和费用方面，对系统进行分析和评价，考核其满足程度，借以发现问题，提出改进措施，为制订建立或改进物流系统的最优方案提供科学依据。

和一般系统评价一样，物流系统评价通常采用系统的价值分析方法。系统的价值是系统的功能与所支付费用之间的比例关系，用公式可表示为：

$$\text{价值（Value）} = \frac{\text{功能（Function）}}{\text{费用（Cost）}} \qquad \text{简记为：} V = F/C$$

然而，物流系统是一个非常复杂的人造大系统，对物流系统的评价是一件非常费力的工作。为了保证得到一个正确的评价结果，必须坚持评价的客观性和整体性，坚持可比性和可操作性相结合、定量分析和定性分析相结合等原则。

（二）物流系统的评价指标体系

为了对不同方案进行评价和优选，准确反映物流系统的合理化状况以及评价改善的潜力和效果，必须建立一套完整的评价指标体系。根据系统的观点，指标体系是有若干个单项评价指标组成的有机整体。根据不同的衡量目的，物流系统指标的衡量对象可以是整个物流系统，也可以是供应物流、生产物流、销售物流以及回收、废弃物物流等子系统，还可以是运输、仓储、库存管理等物流职能，乃至各职能中的具体物流活动，由此形成不同的指标体系。物流系统评价指标体系主要有两类指标：一类是物流生产率指标，一类是物流质量指标。

1. 物流生产率指标。物流生产率指标是衡量物流系统投入产出转换效率的指标。物流系统的投入包括人力资源、物质资源、能源和技术等，各项投入在价值形态上统一表现为物流成本。物流系统的产出，就是为生产系统和销售系统提供服务。物流生产率指标通常包括实际生产率、资源利用率、行为水平、成本和库存五个方面的指标。具体如表 2.3 所示。

表 2.3　**物流系统生产率评价指标**

指标类型	含　义	举　例
实际生产率	系统实际完成的产出与实际消耗的投入之比	运输车辆每吨年货运量、人均年仓储物品周转量等。
资源利用率	系统需要的投入与实际投入之比	运输车辆的运力利用率、仓储设备的仓容利用率等。
行为水平	系统实际产出与期望产出之比	每人每小时的实际件数与期望件数之比等；也可用规定时间与实际时间之比来衡量。
成　本	物流系统的各项投入在价值形态上的统一表现	绝对成本和相对指标结合：成本与产出（单件质量或实物量）之比；实际成本与成本定额之比等。
库　存	物流系统劳动占用形式的投入	库存周转天数、库存结构合理性等。

2. 物流质量指标。物流质量指标是对物流系统产出质量的衡量，可分为物料流转质量和物流业务质量两方面。具体如表 2.4 所示。

表 2.4　**物流系统质量评价指标**

指标类型	含　义	举　例
物料流转质量	对物流系统所提供的物品在品种、数量、质量、时间和地点上的正确性评价	① 品种和数量的正确性：仓储物品盈亏率、错发率等； ② 质量的正确性：仓储（运输）物品完好率、进货质量合格率等； ③ 时间的正确性：及时进货率、及时供货率等； ④ 地点的正确率：错误送货率等。
物流业务质量	对物流系统的业务在时间上的正确性以及工作的完善性的评价	① 时间的正确性：订单反应时间、发货故障、平均处理时间等； ②数量的正确性：采购（供货）计划完成率、供货率等； ③工作的完善性：对客户问询的响应率、用户特殊送货要求的满足率、售后服务的完善性等。

一个企业要建立物流系统及其子系统的评价指标体系，首先必须将物流系统的

整体目标进行分解，形成多个子系统的目标，从而形成物流系统的目标体系。然后，根据目标体系不同确定评价指标体系，即根据系统展开后的目标体系来制定各子系统的评价指标。但是，由于物流系统及其子系统不是孤立的，它们常常受到政治、法律、经济、技术和生态等各种因素的影响，因此，要充分考虑影响因素的作用，修改评价指标，以保证评价指标的合理性和完整性。

下面讨论如何建立运输子系统指标体系。对运输中的自备运输和外用运输分别建立指标体系，衡量其生产率和质量，其指标体系如图 2.11 所示。

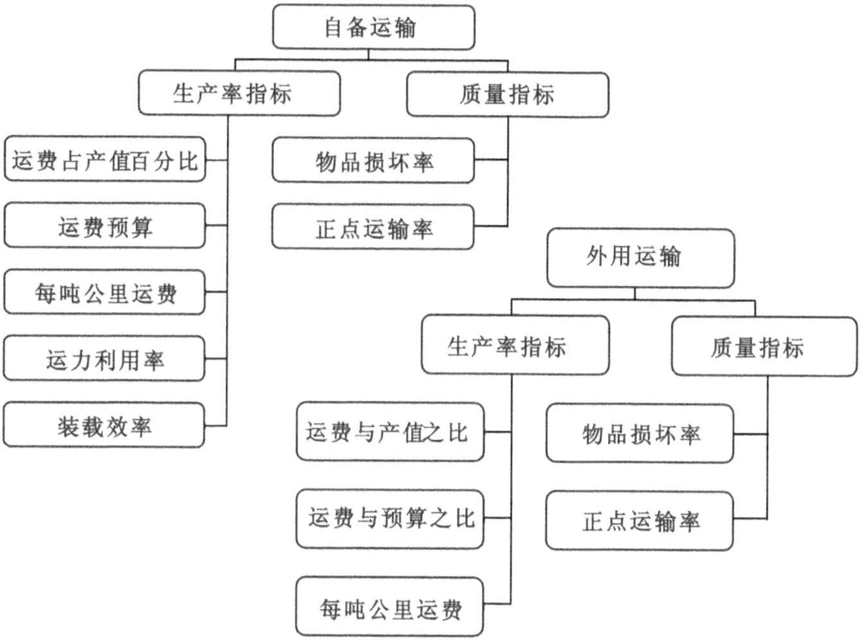

图 2.11　运输子系统指标体系

小　　结

1. 源于“军事后勤”的物流其主要功能就是提供后勤保障服务。现代物流不再仅仅充当完善市场的被动角色，而是企业乃至整个宏观经济发展的直接推动者，物流大大地延伸了市场。

2. “黑大陆”和“物流冰山”说表明物流是一块值得开发的处女地，“第三利润源泉”说进一步说明物流可以从企业生产经营的辅助活动转变成一种独立的经营活动。

3. “效益背反”表明必须把物流当作一个系统和整体来看待，企业内部物流一体化、供应链管理、物流外包、第三方物流、全球物流以及以减少浪费为核心的精益物流都是现代物流管理的有效方式。为抑制物流对环境造成危害，必须发展环境共生型的绿色物流。

4. 第三方物流是典型的现代物流管理的业务模式。发展第三方物流除了要鼓励企业积极实行物流业务外包外，还应进行物流企业之间的有效整合。

5. 物流系统分析法是现代物流管理的基本方法。物流系统包括物流硬件系统、物流作业系统、物流管理系统和物流信息系统。物流系统分析是一个具有目标导向的、分步骤的活动，可采用数学规划、网络分析、系统优化和系统仿真等方法。

6. 物流系统评价的基本方法是系统的价值分析，物流系统评价指标体系主要有物流生产率指标和物流质量指标两类。

思考与练习

1. 你是如何理解“物流被看成是市场的延伸”这句话的？
2. “黑大陆”和“物流冰山”说的内容是什么？它给我们什么启示？
3. 什么是“第三利润源泉”？它对于企业的生存和发展有何意义？
4. 举例说明什么是物流活动中的“效益背反”。如何解决这些问题？
5. 企业如何实现物流一体化？
6. 企业物流联盟与合作有哪些方式？
7. 什么是精益物流？
8. 请解释绿色物流理念。
9. 什么是第三方物流？它有哪些特点？
10. 第三方物流具有哪些优势？它是如何产生的？
11. 第三方物流公司有哪些类型？它可以向客户提供哪些形式的物流服务？
12. 结合中国现状谈谈如何大力发展第三方物流。
13. 请你描述你所理解的物流系统。
14. 物流系统分析有哪些常用的理论与方法？
15. 举例说明什么是物流系统的价值分析。
16. 物流系统的评价指标体系由哪些指标构成？请你构建仓储子系统指标体系。

案例分析

DHL：从3PL到LLP

一、LLP情结

2003年1月1日，德国邮政做主，将旗下的丹沙与DHL整合，统一使用DHL品牌。丹沙是欧洲著名的LLP（Lead Logistics Provider）物流提供商，拥有海陆空运输和提供综合解决方案的能力，为惠普、诺基亚、宝马、飞利浦等多家公司提供合同物流。DHL是世界知名的全球快递品牌，在世界220多个国家和地区拥有网络。整合之后的新DHL成为从十几克重的信件到大型货物都可以运送的全货品物流公司，在国际上轻松跨进LLP的队列。

LLP目前被认为是国际最先进的物流服务模式之一。与3PL相比，它不仅提供分拣、包装、逆向回收等增值服务，还连接客户的生产、销售流程，帮助客户计划、控制库存，管理IT系统。由于LLP涉及客户整个供应链的管理，需要物流服务商除具备运输、仓储、货代、供应链解决方案设计、国际网络等综合实力外，还必须与客户有长期稳定的合作关系，因此在国际上能做到LLP的物流公司屈指可数，而DHL便是为数不多的一家。

2004年3月，欧洲安富利供应链服务部门（Avnet Supply Chain Services）和DHL解决方案联合宣布，两家公司将在电子元器件供应商和EMS制造服务供应商之间建立起无缝运作网络，整合全球供应链计划、预测和物流供应系统。

有了丹沙的加盟，对已经占据中国快递市场37%份额的DHL来说，中国的物流道路更加畅通。但是，在与DHL合并前，丹沙在中国主要从事包装食品物流，客户以跨国公司为主，而真正要求LLP服务的只有一家。“客户在国际上要求我们做LLP，但在中国要求我们做的更多的是3PL”，DHL的一位负责人说。DHL意识到，要想在中国做LLP，首先要从3PL的仓储做起，将网络铺开。

二、站在仓储之上

2003年，一个按照国际标准建造的新仓库出现在新DHL北京分销中心。这是一座全封闭钢结构仓库，仓储面积在1万平方米，分为4个储物区，主要用做食品储存。由于食品的特殊性，这个新仓库拥有温度和湿度控制系统，全年的温度保持在12~18℃，到了夏天还要除湿，定期邀请具有专业资格的公司灭鼠杀虫。仓库有一套IT系统，直接与客户的系统对接。客户产品生产出来后，会先送到这里，

DHL 根据客户的要求进行分拣和包装，然后负责运输到各个终端。在它的对面，是一座 5 层楼高的经过改造的老式仓库，连同周围几个小的仓库，共同构成 DHL 向全国分拨和周边配送的一个区域分销中心（DC）。

在国外，LLP 的物流服务主要是采用外包形式，由于国外的仓库已经发展成熟，很容易租到质优价廉的仓库。而在中国，符合食品行业对温度、湿度、清洁度要求的仓库几乎没有。如果投资建设一个符合客户要求的仓库，不仅需要大量的资金投入，还必须保证大量源源不断的货物支撑才能收回成本。于是，DHL 挑选合适的本地仓储合作者，鼓励他们投资兴建仓库，丹沙提供建设图纸、项目经理以及一些特殊要求，如温度控制、空调系统等，然后签订长期使用租约，只有 DC 一级的中心，丹沙才会投入一部分资金。这样既节省资金，又建立了合作关系。

经过了几年的发展，目前丹沙在全国已经拥有了 6 个 DC，分别分布在沈阳、北京、上海（2 个）、武汉和广州，每个中心下设有几个小型仓库作为补充。这些仓储中心的应用，为丹沙在中国的物流铺就了网络。而 DHL 的进入，无疑将丹沙的网络快速升高了一级，也缩短了推广 LLP 的前期时间。

三、三大利润源

对于 DHL 这样的顶级公司，仅在中国运行一个食品行业的物流远远不够。在国际市场上，DHL 有电子、医药、时装等多个行业的 LLP 成功经验，最重要的是，这些行业可以充分发挥 DHL 全球网络的优势。目前，DHL 在全球市场有 330 个仓库，在世界各地有 10 个分销中心，另外，还在亚洲、欧洲、北美地区有区域呼叫中心，这些呼叫中心可以为全球的配送提供服务。

DHL 尤其看好中国的医疗器械物流。据不完全统计，中国医疗器械市场销售额已达 548 亿元，而且这一数字还以每年两位数的速度在增长。医疗设备行业更加趋向于标准化，所以物流能够提供更多的服务。部分高档精密仪器设备（如 X 线 CT、核磁共振装置）维修物流有很好的前景。DHL 看中的最后一个行业是时装。在国际市场上，时装的发展出现了品种多、更新快、定制的特点，在配送上要求小规模、多批次，对及时性配送要求比较高。中国服装纺织品的出口量居于世界第一位，大多数生产商是给外国品牌做加工，是未来物流最有发展的一个行业。

即使站在 LLP 的高端上，DHL 意识到自身的物流产品线还相对较短，尤其在区域性物流服务上实力还相对薄弱。DHL 表示，将通过收购那些能够在区域提供好的物流服务、提供 DHL 没有的服务产品的物流公司，来充实自身的实力。

（资料来源：http：//www.zj56.com.cn，2004-06-28.）

案例思考题

1. LLP 与 3PL 有何区别？LLP 体现了什么样的现代物流管理理念？
2. DHL 要在中国做 LLP，为什么首先要从 3PL 的仓储做起？
3. 你怎样看待 DHL 在中国的发展思路，你认为 DHL 会成功吗？为什么？

第三章　供应链管理

【学习目标】

1. 了解供应链的构成及其基本特征；
2. 掌握供应链管理的概念；
3. 掌握供应链管理的主要内容；
4. 了解供应链管理体系下物流管理的特点和战略；
5. 了解集成供应链管理策略。

第一节　供应链的概念

一、供应链的概念

目前，供应链的定义尚不一致，概念还不很统一，界限也不十分明晰。许多学者从不同的角度出发给出了不同的定义。

早期的观点认为供应链是制造企业中的一个内部过程（如图 3.1），它是指把从企业外部采购的原材料和零部件，通过生产转换和销售等活动，再传递到零售商和用户的一个过程。由此可见，传统的供应链概念局限于企业的内部操作层面上，注重企业自身的资源利用。

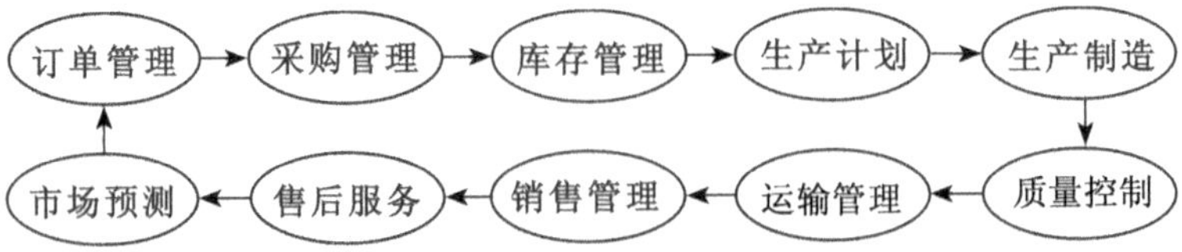

图 3.1　企业内部的供应链

此后，供应链的概念注意了与其他企业的联系，注意了供应链的外部环境，认为它应是一个“通过链中不同企业的制造、组装、分销、零售等过程将原材料转换成产品，再到最终用户的转换过程”，这是更大范围、更为系统的概念。这些定义都注意了供应链的完整性，考虑了供应链中所有成员操作的一致性（即链中成员的关系）。

而到了最近，供应链的概念更加注重围绕核心企业的网链关系，如核心企业与供应商、供应商的供应商乃至与一切前向的关系，与客户、客户的客户及一切后向的关系。此时对供应链的认识形成了一个网链的概念，像丰田、耐克、尼桑、麦当劳和苹果等公司的供应链管理都从网链的角度来实施。

我国《物流术语》① 对供应链的定义是：“供应链是生产及流通过程中，涉及将产品或服务提供给最终用户活动的上游与下游企业，所形成的网链结构。”

美国物流管理协会给出的供应链管理定义是：“供应链管理是以提高企业个体和供应链整体的长期绩效为目标，对传统的商务活动进行总体的战略协调，对特定公司内部跨职能部门边界的运作和在供应链成员中跨公司边界的运作进行战术控制的过程。”

在研究分析的基础上，本书按照马士华在《供应链管理》② 中的观点对供应链进行定义。供应链是围绕核心企业，通过对信息流、物流、资金流的控制，从采购原材料开始，制成中间产品以及最终产品，最后由销售网络把产品送到消费者手中的将供应商、制造商、分销商、零售商、直到最终客户连成一个整体的功能网链结构模式。它是一个范围更广的企业结构模式，它包含所有加盟的节点企业，从原材料的供应开始，经过链中不同企业的制造加工、组装、分销等过程直到最终客户。它不仅是一条连接供应商到客户的物料链、信息链、资金链，而且也是一条增值链，物料在供应链上因加工、包装、运输等过程而增加其价值，给相关企业都带来收益。

二、供应链的结构模型

由图 3.2 可见，供应链由所有加盟的节点企业组成，其中一般有一个核心企业（可以是产品制造企业，也可以是大型零售企业，如美国的沃尔玛），该企业起着对供应链上的信息流、资金流和物流的调度和协调中心的作用，节点企业在需求信息的驱动下，通过供应链的职能分工与合作（生产、分销、零售等），以资金流、物流或/和服务流为媒介实现整个供应链的不断增值。过去市场竞争远不如今天严峻，自发运行的供应链系统并没有反映出不适应性。然而，进入 21 世纪后，自发供应链所存在的种种弊端开始显现出来，必须对供应链这一复杂系统进行有效的协

① 中华人民共和国国家标准．物流术语（GB/T18354-2001）．北京：中国标准出版社，2001.

② 马士华，林勇．供应链管理. 第 2 版．北京：机械工业出版社，2005.

调和管理，才能取得更好的绩效，从整体上降低产品或服务成本。供应链思想就是在这种环境下产生和发展起来的。

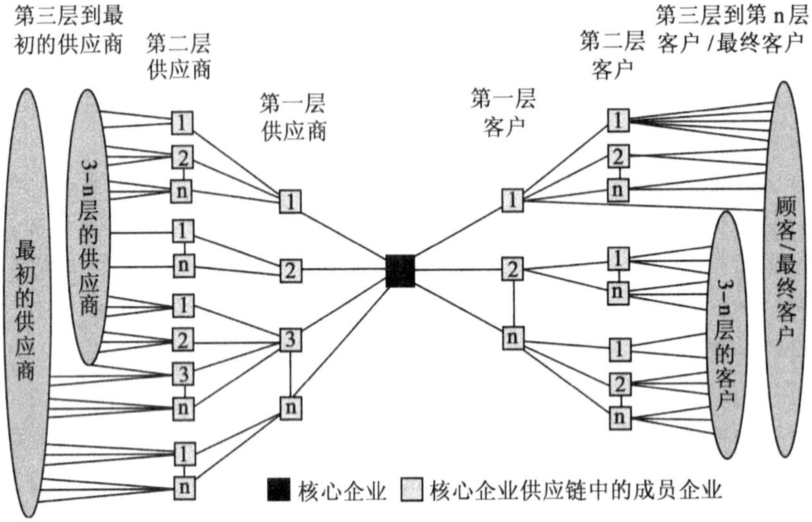

图 3.2　供应链系统的分层结构模型

根据前述供应链和供应链管理的概念，供应链的结构可以简单地显示如图 3.3。

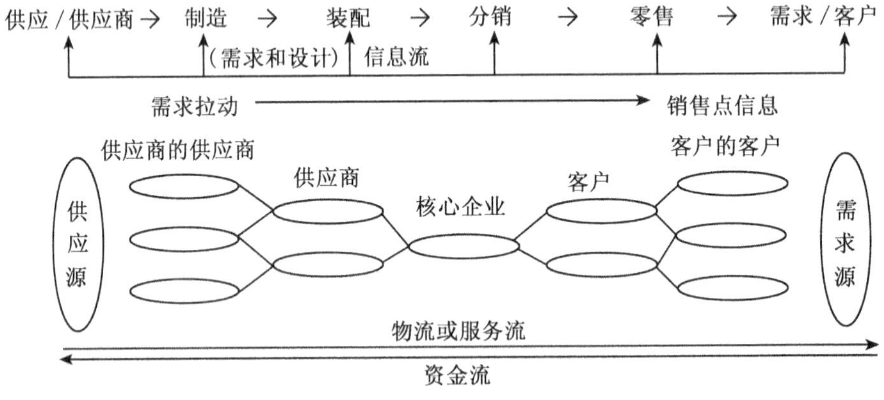

图 3.3　供应链的网链结构模型

三、供应链的特征

从供应链的结构模型可以看出，供应链是一个网链结构，由围绕核心企业的供应商、供应商的供应商和客户、客户的客户组成。一个企业是一个节点，节点企业和节点企业之间是一种需求与供应关系。供应链的主要特征表现为复杂性、动态性、面向客户需求和交叉性。

1. 复杂性。因为供应链节点企业组成的跨度（层次）不同，供应链往往由多个、多类型甚至多国企业构成，所以供应链结构模式比一般单个企业的结构模式更为复杂。

2. 动态性。供应链管理因企业战略和适应市场需求变化的需要，其中节点企业需要动态地更新，这就使得供应链具有明显的动态性。

3. 面向客户需求。供应链的形成、存在、重构，都是基于一定的市场需求而发生，并且在供应链的运作过程中，客户的需求拉动是供应链中信息流、产品/服务流、资金流运作的驱动源。

4. 交叉性。节点企业可以是这个供应链的成员，同时又是另一个供应链的成员，众多的供应链形成交叉结构，增加了协调管理的难度。

四、供应链的类型

根据不同的划分标准，可将供应链划分为多种类型。

1. 稳定的供应链和动态的供应链

根据供应链存在的稳定性可以将供应链划分为稳定的供应链和动态的供应链。基于相对稳定、单一的市场需求而组成的供应链稳定性较强，而基于相对频繁变化、复杂的需求而组成的供应链动态性较高。在实际管理运作中，需要根据不断变化的需求，相应地改变供应链的组成。

2. 平衡的供应链和倾斜的供应链

根据供应链容量与客户需求的关系可以划分为平衡的供应链和倾斜的供应链。一个供应链具有一定的、相对稳定的设备容量和生产能力（所有节点企业能力的综合，包括供应商、制造商、运输商、分销商、零售商等），但客户需求处于不断变化的过程中，当供应链的容量能满足客户需求时，供应链处于平衡状态，而当市场变化加剧，造成供应链成本增加、库存增加、浪费增加等现象时，企业不是在最优状态下运作，供应链则处于倾斜状态。平衡的供应链可以实现各主要职能（采购/低采购成本、生产/规模效益、分销/低运输成本、市场/产品多样化和财务/资金运转快）之间的均衡。

3. 有效性供应链和响应性供应链

供应链结构类型及特点与其所支持的产品在市场上的表现特点有很大关系。根据产品在市场上的表现特点，可以将其分为功能性产品和创新性产品。在实施供应链管理的时候，应该根据不同产品特点，选择和设计不同类型的供应链系统。根据功能性产品和创新性产品的不同，以及实践中总结的经验，提出了两种类型的供应链：有效性供应链（Efficient Supply Chain）和响应性供应链（Responsive Supply Chain）。有效性供应链主要体现供应链的物料转换功能，即以最低的成本将原材料转化成零部件、半成品、产品，以及在供应链中的运输等；响应性供应链主要体现供应链对市场需求的响应功能，即把产品分配到满足客户需求的市场，对未预知的需求做出快速反应等。

4. 推动式供应链和拉动式供应链

“推动”模式是传统的供应链模式，指根据商品的库存情况，有计划地将商品推销给客户。而当前更多的是“拉动”模式，该供应链模式源于客户需求，客户是供应链中一切业务的源动力。

第二节 供应链管理的概念和内容

一、供应链管理的概念

供应链管理的概念是在20世纪80年代初产生的，但其真正快速发展却是在20世纪90年代后期。尽管供应链管理概念产生的时间不长，但是由于国际上一些著名的公司（例如IBM、DELL等）在供应链实践中都取得了巨大的成绩，从而使各界坚信，供应链管理是进入21世纪以后企业适应全球竞争的一种有效途径，并引发了学术界和工商界研究和实践供应链管理的兴趣。

对于供应链管理，有许多不同的定义和称呼，如有效客户反应（Efficient Consumer Response，ECR）、快速反应（Quick Response，QR）、虚拟物流（Virtual Logistics，VL）或连续补充（Continuous Replenishment）等。这些说法因考虑的层次、角度不同而不同，但都通过计划和控制实现企业内部和外部之间的合作，实质上它们在一定程度上都集成了供应链和增值链两个方面的内容。

目前，国际上还没有公认的供应链管理的定义，国内外的不同学者对此有着不同的看法。《供应链管理技术与方法》① 在分析了国内外学者对供应链管理的定义和没有统一定义的原因之后认为，给供应链管理下定义应从几个方面考虑：首先，供应链管理是一种运作管理技术，它能够使企业的活动范围从仅仅最佳的物流活动扩展到大到所有的企业职能；其次，供应链管理是物流一体化管理的扩展，对物流环节的集成，是供应链运作管理的一个重要方面；最后，供应链管理还应加入至关

① 张成海．供应链管理技术与方法．北京：清华大学出版社，2002.

重要的战略方面，供应链管理的战略作用能使供应链中的合作伙伴达成共识，构筑发展和互利的供应链联盟，管理复杂的客户和供应商之间的关系，以便在市场中处于领导地位，并开拓业务，探索新的机遇。

通过以上讨论，一般认为：供应链管理就是把供应链最优化，以最小的成本，使供应链从采购开始，到满足最终顾客的所有过程，包括工作流程、实物流程、资金流程和信息流程，均有效地操作，以合理的价格，把合适的产品，及时送到消费者手上。

通过以上分析，供应链管理的概念可以总结如下几点：

1. 供应链管理的起点是顾客的需求。整个供应链都是由顾客的需求拉动的，整个供应链管理也要以满足客户的需求为核心来进行运作。目前，客户的需求变化很快，企业的预测往往不准确，一旦预测与需求差异很大，就很有可能造成库存的积压。因此，很多企业都把获得真实准确的需求信息作为供应链管理的重中之重。

2. 供应链管理的对象是各个企业。供应链管理的对象不是单一的企业，而是供应链中的各个企业，把供应商、制造商、仓库和商店等作为一个整体考虑，对其中的各个环节进行管理。

3. 供应链管理追求的是总成本的最小化和整个链的高效率。有些企业自己基本上做到零库存，而它的供应商却库存成堆；有些企业自己的反应速度很快，而它的供应商却跟不上这种节奏。这种企业是不能够在竞争中取胜的，因为它只顾及了自己，而忽略了与自己密切相关的伙伴们的利益，最终会导致链条的断裂。所以有人说 21 世纪的竞争不是企业和企业之间的竞争，而是供应链与供应链之间的竞争。供应链管理把整个供应链的运作看成一个系统，它不是追求局部的最优化，而是整体的最优化，希望整个供应链上的相关企业都从中受益。

供应链管理是一种集成的管理思想和方法，它执行供应链中从供应商到最终客户的物流的计划和控制等职能。例如，伊文斯认为供应链管理是通过前馈的信息流和反馈的物料流及信息流，将供应商、制造商、分销商、零售商，直到最终客户连成一个整体的管理模式。飞利浦则认为供应链管理不是供应商管理的别称，而是一种新的管理策略，它把不同企业集成起来以增加整个供应链的效率，注重企业之间的合作。

二、供应链管理的基本特征

供应链管理具有如下几点基本特征，这也是供应链管理与传统管理模式的主要区别：

1. 供应链管理采用系统观念，把供应链中所有节点企业看做一个整体，供应链管理涵盖整个物流的、从供应商到最终用户的采购、制造、分销、零售等职能领域。

2. 供应链管理具有更高的目标，通过管理库存和合作关系以达到高水平的服务，而不是仅仅完成一定的市场目标。同时，产品与服务的最终消费者对成本、质量、服务等要求，应该成为供应链中所有参与者共同的绩效目标，这样才会使得利润最大化。

3. 供应链管理强调主动积极的管理，即对在供应链中增加价值的以及与成本相关的所有联系体（内部的、外部的、直接的、间接的）进行积极主动的管理，同时，不再把库存看做是供应链中供应与需求不平衡的首选方案。

4. 供应链管理强调和依赖战略管理，采取新型的企业与企业关系。在企业主动地关注整个供应链及其管理的同时，供应链中各成员之间的业务伙伴关系便得到了强化：通过仔细地选择业务伙伴、减少供应商数目，变过去企业与企业之间的敌对关系为密切合作的业务伙伴关系。这种新型关系主要体现在解决问题与信息共享等方面。共同解决问题有多种形式，如供应商及顾客参与产品设计、质量改进、成本降低等。

5. 供应链管理依赖于企业核心竞争能力的开发。供应链业务伙伴关系的形成不能以企业丧失核心竞争能力为代价，应借助其他企业的核心竞争能力形成、维持或强化自身的核心竞争能力。

6. 供应链管理最关键的是需要采用集成的思想和方法，而不仅仅是节点企业、技术方法等资源简单的连接。

三、供应链管理的内容

（一）供应链管理体系组成要素

大多数的研究结果认为供应链管理主要涉及5个主要领域：需求管理、计划、物流管理、供应和回流。供应链管理是以同步化、集成化生产计划为指导，以各种技术为支持，尤其以Internet/Intranet为依托，围绕供应、生产作业、物流（主要指制造过程）、满足需求来实施的。供应链管理主要包括计划、合作、控制从供应商到用户的物料（零部件和成品等）和信息。供应链管理的目标在于提高客户服务水平和降低总的交易成本，并且寻求两个目标之间的平衡（这两个目标往往有冲突）。

在以上5个领域的基础上，可以将供应链管理细分为基本职能领域和辅助领域。基本职能领域主要包括产品工程、产品技术保证、采购、生产控制、库存控制、仓储管理、分销管理等。而辅助领域主要包括客户服务、制造、设计工程、会计核算、人力资源、市场营销等。

由此可见，供应链管理关心的并不仅仅是物料实体在供应链中的流动，除了企业内部与企业之间的运输问题和实物分销以外，供应链管理还包括以下主要内容：

1. 战略性供应商和客户合作伙伴关系管理；

2. 供应链产品需求预测和计划；
3. 供应链的设计（全球节点企业、资源、设备等的评价、选择和定位）；
4. 企业内部与企业之间物料供应与需求管理；
5. 基于供应链管理的产品设计与制造管理、生产集成化计划、跟踪和控制；
6. 基于供应链的客户服务和物流（运输、库存、包装等）管理；
7. 企业间资金流管理（汇率、成本等问题）；
8. 基于Internet/Intranet的供应链交互信息管理等。

供应链管理注重总的物流成本（从原材料到最终产成品的费用）与客户服务水平之间的关系，为此要把供应链各个职能部门有机地结合在一起，从而最大限度地发挥出供应链整体的力量，达到供应链企业群体获益的目的。

（二）供应链管理系统主要问题

根据前面所提出的供应链管理要素构成情况，可将其综合为10个供应链管理领域的主要问题，分别是：供应链计划、供应链信息流、客户服务管理、库存管理、运输管理、设备选址决策、合作关系管理、企业组织结构、供应链的绩效评价与激励机制以及供应链管理的风险防范机制。

供应链管理研究的目的之一，就是寻求效率和响应速度之间的平衡以便取得企业竞争策略。因此，企业必须充分考虑这10个主要的供应链关键要素的重要性。这10个关键要素的联合作用决定了整个供应链的效率和响应速度，最终决定整个供应链的竞争力。

四、供应链管理的方法

供应链管理在近年发展迅猛，为许多企业所接受，各种各样的供应链管理方法更是层出不穷，其中较为典型的有快速反应系统和有效客户反应系统等。虽然由于行业的不同，各种供应链管理方法的侧重点不同，但其实施目标都是相同的，即减少供应链的不确定性和风险，从而积极地影响库存水平、生产周期、生产过程，并最终影响对客户的服务水平，其核心内容是系统优化。

快速反应指在供应链中，为了实现共同的目标，零售商和制造商建立战略伙伴关系，利用EDI等信息技术，进行销售时点信息交换以及订货补充等其他经营信息的交换，用高频度、小数量配送方式连续补充商品，以实现缩短交货周期，减少库存，提高客户服务水平和企业竞争力的供应链管理方法。快速反应的成功实施必须具备五个条件：（1）改变传统的经营方式，革新企业的经营意识和组织；（2）开发和应用现代信息技术；（3）与供应链上下游成员建立战略伙伴关系；（4）改变对企业商业信息保密的传统做法；（5）供应方必须缩短生产周期和商品库存。

有效客户反应是一个制造商、批发商和零售商等供应链组成的各方相互协调和合作，以更好、更快的服务和更低的成本满足消费者需求为目的的供应链管理系统。其优势在于供应链各方为提高最终消费者满意这一共同的目标进行合作，分享信息和决策，它是一种把以往处于分散的供应链节点有机联系在一起以满足消费者需求的工具。应用有效客户反应时必须遵守五个基本原则：（1）以较小的成本，不断致力于向供应链客户提供更优的产品、更高的质量、更好的分类、更好的库存服务以及更多的便利服务；（2）必须由相关的商业带头人启动；（3）必须利用准确、适时的信息以支持有效的市场、生产及后勤决策；（4）产品必须跟随其不断增值的过程，从生产到包装，直到流动到最终客户的购物篮中，以确保客户能随时获得所需产品；（5）必须建立共同的成果评价体系。一般认为，有效客户反应包括四大要素，即有效的产品引进、有效的店铺分类组合、有效的促销以及有效的补货。

五、供应链管理的效益

1997 年，Pittiglio Rabin Todd & Mcgrath 公司①进行了一项关于集成化供应链管理的调查，调查涉及 6 个行业的 165 个企业，其中化工 25%、计算机电子设备 25%、通信 16%、服务 15%、工业 13%、半导体 6%。此次调查表明，通过实施供应链管理，企业可以达到以下多方面的效益：

1. 总供应链管理成本（占收入的百分比）降低 10%以上；
2. 中型企业的准时交货率提高 15%；
3. 订单满足提前期缩短 25%~35%；
4. 中型企业的增值生产率提高 10%以上；
5. 绩优企业资产运营业绩提高 15%~20%；
6. 中型企业的库存降低 3%，绩优企业的库存降低 15%；
7. 绩优企业在现金流周转周期上具有比一般企业少 40~65 天的优势。

而戴维德·霍尔（David Hole）认为通过良好的供应链管理可以在进入新市场、开发新产品、开发新分销渠道、改善售后服务水平、提高用户满意程度、降低库存、后勤成本、单位制造成本、提高工作效率等方面获得满意效果。

第三节 供应链管理体系下的物流管理

一、供应链管理体系下物流管理的新特点

由于供应链管理体系下物流环境的改变，使新的物流管理和传统的物流管理相

---

① Pittiglio Rabin Todd & Mcgrath 公司（即 PRTM 公司，http：//www. prtm. com）是一家世界著名的管理咨询公司，自 1976 年成立以来，PRTM 改变了企业的经营方式，为客户创造了竞争优势。

比有许多不同的特点。这些特点反映了供应链管理思想的要求和企业竞争的新策略。

在传统的物流系统中，需求信息和反馈信息（供应信息）都是逐级传递的，因此上级供应商不能及时地掌握市场信息，因而对市场的信息反应速度比较慢，从而导致需求信息的扭曲。另外，传统的物流系统没有从整体角度进行物流规划，常常导致一方面库存不断增加，另一方面当需求出现时又无法满足。这样，企业就会因为物流系统管理不善而丧失市场机会。

在供应链管理环境的物流系统模型中，和传统的纵向一体化物流模型相比，信息的流量大大增加。需求信息和反馈信息不是逐级传递，而是网络式传递的，企业通过 EDI/Internet 可以很快掌握供应链上不同环节的供求信息和市场信息。因此在供应链环境下的物流系统有三种信息在系统中运行，即需求信息、供应信息和共享信息。共享信息的增加对供应链管理是非常重要的。由于可以做到信息共享，供应链上任何的节点企业都能及时地掌握到市场的需求信息和整个供应链的运行情况，每个环节的物流信息都能透明地与其他环节进行交流与共享，从而避免了需求信息的失真现象。

对物流网络规划能力的增强，也反映了供应链管理环境下的物流特征。它充分利用第三方物流系统、代理运输等多种形式的运输和交货手段，降低了库存的压力和安全库存水平。

作业流程的快速重组能力极大地提高了物流系统的敏捷性。通过消除不增值的过程和时间，使供应链的物流系统进一步降低成本，为实现供应链的敏捷性、精细化运作提供了基础性保障。

对信息跟踪能力的提高，使供应链物流过程更加透明化，也为实时控制物流过程提供了条件。在传统的物流系统中，许多企业有能力跟踪企业内部的物流过程，但没有能力跟踪企业外部的物流过程，这是因为没有共享的信息系统和信息反馈机制。

合作性与协调性是供应链管理的一个重要特点，但如果没有物流系统的无缝连接，运输的货物逾期未到，顾客的需求不能得到及时满足，采购的物资常常在途受阻，都会使供应链的合作性大打折扣。因此，无缝连接的供应链物流系统是使供应链获得协调运作的前提条件。

灵活多样的物流服务，提高了客户的满意度。通过制造商和运输部门的实时信息交换，及时地把客户关于运输、包装和装卸方面的要求反映给相关部门，提高了供应链管理系统对客户个性化响应的能力。

二、供应链管理体系下的物流管理战略

在传统的物流管理中，由于物流被看做是企业的经营活动中辅助的内容，因

此，许多企业没有物流战略，缺乏战略性的物流规划和运筹。供应链管理的战略思想就是要通过企业与企业之间的有效合作，建立一种低成本、高效率、响应性好、具有敏捷性的企业经营机制，产生一种超常的竞争优势；就是要使企业从成本、质量、时间、服务、灵活性等方面显著提高竞争优势，加快企业产品进入市场的速度。这种战略思想的实现需要供应链物流系统从企业战略的高度去规划与运筹，并把供应链管理战略通过物流战略的贯彻实施得以落实。

由此可见，物流管理战略对于供应链管理来说是非常重要的，重视物流战略问题是供应链管理区别于传统物流管理的一个重要标志。

根据物流战略的内容和目标，学者们提出了物流管理战略的框架，将物流战略分为四个层次，即全局性战略、结构性战略、功能性战略和基础性战略。物流管理的最终目标是满足客户需求（把企业的产品或服务以最快的方式、最低的成本交付客户），因此客户服务应该成为物流管理的最终目标，即全局性的战略目标。结构性战略包括渠道设计和网络分析。功能性战略包括物料管理、仓库管理、运输管理三个方面。基础性战略的主要作用是为保证物流系统的正常运行提供基础性的保障，包括组织系统管理、信息系统管理、政策与策略以及基础设施管理。

在供应链管理体系下，企业可以采取如下措施来加强物流管理。

（一）实现资源的有效配置

物流管理的作用就是通过有效的资源配置，使供应链各企业之间的物料得到最充分的利用，保证供应链实时的物料供应、同步化的运作。而供应链的物流系统能否实现有效的资源配置取决于物流信息系统的完备性和合作企业的合作性。

供应链管理的目的是要通过合作与协调实现资源的共享和最佳资源配置，使各成员企业实现资源最充分的利用。比如，台湾的电脑业所推行的全球运筹式产销模式，就充分利用了物流网络的资源配置功能，实现全球资源的有效配置。这种模式的思想就是按客户订单组织生产，生产采用分散的模式，将全球的电脑资源利用起来。采取外包的形式，将电脑中的各种零配件、元器件、芯片外包给世界各地的制造商去生产，通过全球物流网络发往同一配送中心组装，再由配送中心将组装好的电脑发送给用户。美国许多跨国公司都有完备的物流网络系统，其物流系统能快速地把世界各地的资源最充分地利用起来，有很强的竞争力，企业也有很高的敏捷性和柔性，十分有利于实现全球经营。

（二）利用第三方物流

第三方物流系统是一种实现物流供应链集成的有效方法和策略，它通过协调企业之间的物流运输和提供后勤服务，把企业的物流业务外包给专门的物流管理企业来承担，特别是一些特殊的物流运输业务。通过外包给第三方物流承包者，企业能够把时间和精力放在自己的核心业务上，提高供应链管理和运作的效率。

第三方物流系统提供一种集成运输模式，它使供应链的小批量库存补给变得更为经济。因为在某些情况下，小批量的货物运输（非满载运输）显然是不经济的，但是多品种小批量生产的供应链环境必须小批量采购、小批量运输，这就提高了货物的供应频率，运输频率的增加就要增加运输费用，显然不经济。第三方物流系统是一种为大多数企业提供运输服务的实体，它为多条供应链提供运输服务，比如，当多家供应商彼此位置相邻时，就可以采用混装运输的办法，把各家供应商的货物依次装在同一辆货车上，实现小批量交货的经济性，这就是第三方物流系统提供联合运输（集成运输模式）的好处。

采用第三方物流系统，企业可以：降低成本；使企业更加集中于核心业务的发展；改进服务质量；快速进入国际市场；获得信息咨询；获得物流经验；降低风险等。

（三）利用延迟化策略

延迟化策略（Postponement）是一种为适应大规模定制生产而采用的策略，通过这种策略使企业能够实现产品多样化，适应顾客的需求。实现延迟化策略的关键技术是模块化，包括模块化产品、模块化工艺过程、模块化分销网络设计。

在客户需求多样化的今天，如果想满足客户的需求，就必须采用产品多样化策略。但是，产品多样化，必然带来库存产品的增加。在过去的物流管理系统中，分销中心的任务是仓储和分销，当增加产品品种时，库存也随之增加，这对企业来说是一笔很大投资，物流成本增加可能会削弱产品多样化策略的优势，延迟化策略应运而生。在延迟化策略中，地区性顾客化产品是到达客户所在地之后以模块化方式组装的，分销中心没有必要储备所有的顾客化产品，只储备产品的通用组件，库存成本就大为降低，这样一来，分销中心的功能也发生了转变。为实现延迟化策略，物流系统中运输方式也必须跟着发生变化，如采用比较有代表性的直接转运，将仓库或分销中心接到的货物不作为存货，而是为紧接着的下一次货物发运做准备的一种分销系统，这种物流方式就是模块化分销网络设计。

（四）建立全球后勤网络

全球化已成为新时期企业竞争的一个显著特点。当一个企业发展成为全球性的企业时，就需要有全球供应链管理系统，为此必须建立全球的后勤保障体系，否则，企业将无法适应全球竞争的要求。

企业的全球供应链管理系统应首先考虑建立全球的售后服务体系。实现全球供应链管理的企业需要建立完善的全球后勤服务体系，以保证物流畅通和树立良好的企业形象。

其次，建立全球供应链需求信息网络。全球化经营和本地化经营的最大不同是需求信息来源的多样化、地区差别化、消费的文化价值差异化等，因此企业要根据不同的国情，对需求特点进行分析，建立全球需求信息反馈系统。全球供应链的信息需要从一个地区反馈到另一个地区，从一个供应链节点企业到另一个节点企业，形成满足供应链管理要求的信息网络，它是维护全球供应信息的一致性、保证全球供应链的信息能够准确无误、畅通无阻、进而实现全球供应链同步化运营的关键。

还应考虑建立全球化合作关系网络。由于全球供应链跨越不同的国家和地区，物流过程要经过海关、机场、港口等，运输过程十分复杂，有汽车、飞机、轮船等各种运输工具，还有不同国家的管理与地区性政策等都将会导致物流过程的效率变低。为了提高物流效率，必须建立全球化的合作关系网，通过和当地的物流部门进行合作，把部分业务外包给当地企业，如代理销售、代理运输、代理库存管理等，或建立联合经营体，如地区分销中心等，这些措施可以大大提高物流系统的效率。

第四节　集成化的供应链管理

一、实施集成化供应链管理要解决的主要问题

实施集成化供应链管理要解决的主要问题包括：供应链的高成本，库存水平过高，部门之间的冲突，目标重构，产品生命周期变短，外部竞争加剧，经济发展的不确定性增加，价格和汇率的影响，客户多样化需求等。

要解决这些问题，真正实现集成化供应链管理，企业要实现以下几个方面的转变：

1. 从供应链的整体出发，考虑企业内部的结构优化问题；
2. 转变思维模式，从纵向一维空间思维向纵横一体的多维空间思维方式转变；
3. 放弃“小而全，大而全”的封闭经营思想，向与供应链中的相关企业建立战略伙伴关系为纽带的优势互补、合作关系转变；
4. 建立分布的、透明的信息集成系统，保持信息沟通渠道的畅通和透明性；
5. 所有的人和部门都应对共同任务有共同的认识和理解，消除部门障碍，实行协调工作和并行化经营；
6. 风险分担和利益共享。

二、集成化供应链管理实现的步骤

企业从传统的管理模式转向集成化供应链管理模式，一般要经历5个阶段，包括从最低层次的基础建设到最高层次的集成化供应链动态联盟，各个阶段的不同之处主要体现在组织结构、管理核心、计划与控制系统、应用的信息技术等方面。

（一）阶段1：基础建设

这一阶段是在原有企业供应链的基础上分析、总结企业现状，分析企业内部影响供应链管理的阻力和有利之处，同时分析外部市场环境，对市场的特征和不确定性做出分析和评价，最后相应地完善企业的供应链。

在传统型的供应链中，企业职能部门分散、独立地控制供应链中的不同业务，企业组织结构比较松散。这时的供应链管理主要具有以下特征：

1. 企业的核心注重于产品质量。由于过于注重生产、包装、交货等的质量，可能导致成本过高，所以企业的目标在于以尽可能低的成本生产高质量的产品，以解决成本效益障碍。

2. 关于销售、制造、计划、物料、采购等的控制系统和业务过程相互独立、不相匹配，因部门合作和集成业务失败导致多级库存等问题。

3. 组织部门界限分明，单独操作，往往导致相互之间的冲突。采购部门可能只控制物料来源和原材料库存；制造和生产部门通过各种工艺过程实现原材料到成品的转换；销售和分销部门可能处理外部的供应链和库存，而部门之间的关联业务往往就会因各自为政而发生冲突。

处于这一阶段的企业主要采用短期计划，出现困难时需要一个一个地解决。虽然企业强调办公自动化，但这样一种环境往往导致整个供应链的效率低下，同时也增加了企业对供应和需求变化影响的敏感度。

（二）阶段 2：职能集成

职能集成阶段集中于处理企业内部的物流，企业围绕核心职能对物流实施集成化管理，对组织实行业务流程重构，实现职能部门的优化集成，通常可以建立交叉职能小组，参与计划和执行项目，以提高职能部门之间的合作，克服这一阶段可能存在的不能很好满足客户订单的问题。

职能集成强调满足客户的需求。事实上，客户需求在今天已经成为驱动企业生产的主要动力，而成本则在其次，但这样往往导致第二阶段的生产、运输、库存等成本的增加。此时供应链管理主要有以下特征：

1. 将分销和运输等职能集成到物流管理中来，制造和采购职能集成到生产职能中来；

2. 强调降低成本而不注重操作水平的提高；

3. 积极为客户提供各种服务，满足客户需求；

4. 职能部门结构严谨，均有库存做缓冲；

5. 具有较完善的内部协定，如采购折扣、库存投资水平、批量等；

6. 主要以订单完成情况及其准确性作为评价指标。

在集成化供应链管理的第二阶段一般采用 MRP 系统进行计划和控制。对于分销网，需求得不到准确的预测和控制，分销的基础设施也与制造没有有效的连接。由于客户的需求得不到确切的理解，从而导致计划不准确和业务的失误，所以在第二阶段要采用有效的预测技术和工具对客户的需求做出较为准确的预测、计划和控制。

但是，如果以上采用的各项技术之间、各项业务流程之间、技术与业务流程之间都缺乏集成，库存和浪费等问题仍可能困扰企业。

（三）阶段3：内部供应链集成

这一阶段要实现企业直接控制的领域的集成，要实现企业内部供应链与外部供应链中供应商和客户管理部分的集成，形成内部集成化供应链。集成的输出是集成化的计划和控制系统。为了支持企业内部集成化供应链管理，主要采用供应链计划（Supply Chain Planning，SCP）和ERP系统来实施集成化计划和控制。有效的SCP集成了企业所有的主要计划和决策业务，包括需求预测、库存计划、资源配置、设备管理、优化路径、基于能力约束的生产计划和作业计划、物料和能力计划、采购计划等。ERP系统集成了企业业务流程中主要的执行职能，包括订单管理、财务管理、库存管理、生产制造管理、采购等职能。SCP和ERP通过基于事件的集成技术联结在一起。

本阶段企业管理的核心是内部集成化供应链管理的效率问题，主要考虑在优化资源、能力的基础上，以最低的成本和最快的速度生产最好的产品，快速地满足客户的需求，以提高企业反应能力和效率。这对于生产多个品种或提供多种服务的企业来说意义更大。投资于提高企业的运作柔性也变得越来越重要。在第二阶段需构建新的交叉职能业务流程，逐步取代传统的职能模块，以客户需求和高质量的预测信息驱动整个企业供应链的运作。因此，满足客户需求而导致的高服务成本是此阶段管理的主要问题。

这一阶段可以采用DRP系统、MRPII系统管理物料，运用JIT等技术支持物料计划的执行。JIT的应用可以使企业缩短市场反应时间、降低库存水平和减少浪费。

在这个阶段，企业可以考虑同步化的需求管理，将客户的需求与制造计划和供应商的物料流同步化，减少不增值的业务。同时企业可以通过广泛的信息网络（而不是大量的库存）来获得巨大的利润。

此阶段的供应链管理具有以下特征：

1. 强调战术问题而非战略问题；
2. 制定中期计划，实施集成化的计划和控制体系；
3. 强调效率而非有效性，即保证要做的事情尽可能好、尽可能快地完成；
4. 从采购到分销的完整系统具有可见性；
5. 信息技术的应用；
6. 与客户建立良好的关系，而不是“管理”客户。

（四）阶段4：外部供应链集成

实现集成化供应链管理的关键在于第四阶段，将企业内部供应链与外部的供应商和客户集成起来，形成一个集成化供应网链。

而与主要供应商和客户建立良好的合作伙伴关系，即所谓的供应链合作关系，是集成化供应链管理的关键之关键。

此阶段企业要特别注重战略伙伴关系管理。管理的焦点要以面向供应商和客户取代面向产品，增加与主要供应商和客户的联系，增进相互之间的了解（产品、工艺、组织、企业文化等），相互之间保持一定的一致性，实现信息共享等，企业通过为客户提供与竞争者不同的产品/服务或增值的信息而获利。供应商管理库存和共同计划预测与库存补充（Collaborative Planning，Forecasting and Replenishment，简称 CPFR）的应用就是企业转向改善、建立良好的合作伙伴关系的典型例子。通过建立良好的合作伙伴关系，企业就可以很好地与客户、供应商和服务提供商实现集成和合作，共同在预测、产品设计、生产、运输计划和竞争策略等方面设计和控制整个供应链的运作。对于主要客户，企业一般建立以客户为核心的小组，这样的小组具有不同职能领域的功能，从而更好地为主要客户提供有针对性的服务。

处于这个阶段的企业，生产系统必须具备更高的柔性，以提高对客户需求的反应能力和速度。企业必须能根据不同客户的需求，既能按订单生产，按订单组装、包装，又能按备货方式生产，这样一种根据客户的不同需求对资源进行不同的优化配置的策略称为动态客户约束点策略。延迟技术可以很好地实现以上策略。延迟技术强调企业产品生产加工到一定阶段后，等待收到客户订单以后根据客户的不同要求完成产品的最后加工、组装，这样企业供应链的生产就具有了很高的柔性。

为了达到与外部供应链的集成，企业必须采用适当的信息技术为企业内部的信息系统提供与外部供应链节点企业的很好的接口，达到信息共享和信息交互，达到相互操作的一致性。这些都需要采用信息技术。

本阶段企业采用销售点驱动的同步化、集成化的计划和控制系统。它集成了客户订购数据和合作开发计划、基于约束的动态供应计划、生产计划等功能，以保证整个供应链中的成员同步化地进行供应链管理。

（五）阶段 5：集成化供应链动态联盟

在完成以上四个阶段的集成以后，已经构成了一个网链化的企业结构，称为供应链共同体，它的战略核心及发展目标是占据市场的领导地位。为了达到这一目标，随着市场竞争的加剧，供应链共同体必将成为一个动态的网链结构，以适应市场变化、柔性、速度、革新、知识等需要，不能适应供应链需求的企业将从供应链联盟中被淘汰。供应链从而成为一个能快速重构的动态组织结构，即集成化供应链动态联盟。企业通过 Internet 网络商务软件等技术集成在一起以满足客户的需求，一旦客户的需求消失，它也将随之解体。而当另一需求出现时，这样的一个组织结构又由新的企业动态地重新组成。在这样的一个环境中求生存，企业如何成为一个能及时、快速满足客户需求的供应商，是企业生存、发展的关键。

集成化供应链动态联盟是基于一定的市场需求、根据共同的目标而组成的，通过实时信息的共享来实现集成。主要应用的信息技术是 Internet/Intranet 的集成，同步化的、扩展的供应链计划和控制系统是主要的工具，基于 Internet 的电子商务取代传统的商务手段。这是供应链管理发展的必然趋势。

小 结

1. 供应链的概念直到目前尚未统一，但可以将其看做是围绕核心企业的一个整体的功能网链结构模型，具有复杂性、动态性、面向客户需求和交叉性等特征。

2. 供应链管理的目的就是以最少的成本实现供应链最优化。供应链管理主要涉及5个主要领域，需求管理、计划、物流管理、供应和回流。同时，研究供应链计划、供应链信息流、客户服务管理、库存管理、运输管理、设备选址决策、合作关系管理、企业组织结构、供应链的绩效评价与激励机制以及供应链管理的风险防范机制这10个关键问题。

3. 在供应链管理体系下，企业为加强物流管理积极采取措施，实现资源的有效配置，利用第三方物流，利用延迟化策略，建立全球后勤网络。

4. 从传统的管理模式转向集成化供应链管理模式一般要经历5个阶段，包括从最低层次的基础建设到最高层次的集成化供应链动态联盟，各个阶段的不同之处主要体现在组织结构、管理核心、计划与控制系统、应用的信息技术等方面。

思考与练习

（一）单项选择题

1. 供应链管理区别于传统物流管理的一个重要标志是(　　)。

A. 强调一体化思想　　B. 关注顾客服务

C. 关注物流成本　　D. 重视物流战略问题

2. 延迟化战略是一种适应(　　)而应用的策略。

A. 大量生产　　B. 大规模供应

C. 精益制造　　D. 大规模定制

（二）多项选择题

1. 在供应链管理体系下，企业为加强物流管理可采取的措施有(　　)。

A. 实现资源的有效配置

B. 利用第三方物流

C. 利用延迟化策略

D. 建立全球后勤网络

2. 供应链管理和传统管理方法的区别在于(　　)。

A. 供应链管理采用系统观念

B. 供应链管理具有更高的目标

C. 供应链管理强调主动积极的管理

D. 供应链管理强调和依赖战略管理

3. 供应链的特征包括(　　)。

A. 交叉性

B. 面向客户需求

C. 动态性

D. 复杂性

4. 真正实现集成化供应链管理，要实现的转变包括(　　)。

A. 从供应链的整体出发思考问题

B. 实现信息集成

C. 实现部门协同

D. 重视伙伴关系

(三) 简答题

1. 你认为未来供应链结构将会如何发展?

2. 成功实施供应链管理的主要障碍是什么?

3. 供应链管理模式下的物流战略发生了哪些变化?

4. 供应链管理的难点是什么?

案例分析

沃尔玛的供应链管理

沃尔玛的供应链管理主要由四部分组成：顾客需求管理、供应商和合作伙伴管理、企业内和企业间物流配送系统管理以及基于 Internet/Intranet 的供应链交互信息管理。

一、顾客需求管理

沃尔玛的供应链管理是典型的拉动式供应链管理，即以最终顾客的需求为驱动力，整个供应链的集成度较高，数据交换迅速，反应敏捷。

零售业是直接与最终消费者打交道的行业，顾客决定一切，如果企业不以满足消费者需求为中心是无法生存下去的。这一点沃尔玛公司理解得最为透彻。以推销员出身的沃尔玛创始人山姆，深知顾客真正需要什么，因此从在小镇最初经营杂货业，到后来转而经营折扣百货业，山姆一直坚持低价位、标准化服务，坚持以乡村小镇为基地，都是遵循了顾客第一和让顾客满意为原则的结果。

“让顾客满意”排在沃尔玛公司目标的第一位，“顾客满意是保证我们未来成功与成长的最好投资”，是公司的基本经营理念。

公司为顾客提供“无条件退货”保证和“高品质服务”的承诺，绝不只是一句口号。在美国只要是从沃尔玛购买的商品，无任何理由，甚至没有收据，沃尔玛都无条件受理退货。高品质服务意味着顾客永远是对的。在沃尔玛每周都进行顾客期望和反映的调查，管理人员根据电脑信息系统收集的信息，以及通过直接调查收集到的顾客期望及时更新商品的组合、组织采购、改进商品陈列摆放、营造舒适的购物环境，使顾客在沃尔玛不但买到称心如意的商品，而且得到满意的全方位的购物享受。

只要有关顾客利益，沃尔玛总站在顾客的一边，尽力维护顾客的利益。这一点反映在与供应商的关系上尤为突出。沃尔玛始终站在消费者采购代理的立场上，苛刻地挑选供应商，顽强地讨价还价，目的就是做到在商品齐全，品质有保证的前提下向顾客提供价格低廉的商品。为此，公司要求采购人员必须强硬，因为他们不是为公司讨价还价，而是为所有顾客讨价还价，为顾客争取到最好的价钱，而不必对供应商感到抱歉。沃尔玛不搞回扣，不需要供应商提供广告服务，也不需要送货，这一切沃尔玛自己会搞定，惟一的就是要得到最低价。

二、供应商和合作伙伴管理

供应商参与了企业价值链的形成过程，对企业的经营效益有着举足轻重的影响。建立战略性合作伙伴关系是供应链管理的重点。供应链管理的关键就在于供应链上下游企业的无缝连接与合作。企业供应链合作关系的建立是一个复杂的过程。沃尔玛与供应商建立合作伙伴关系经历了一个较长的艰难过程。

在众多的供应商眼里，沃尔玛一直是以强硬的令人生畏的形象出现。早在20世纪80年代初，沃尔玛采取了一项政策，要求从交易中排除制造商的销售代理，直接向制造商订货，同时将采购价降低2%~6%，正好相当于销售代理的佣金数，如果制造商不同意，沃尔玛就终止与其合作。一些供应商怕引起连锁反应不同意减价，并为此在新闻界展开了一场谴责沃尔玛的运动。

直到20世纪80年代末，技术进步提供了更多可督促制造商降低成本，削减价格的手段，沃尔玛才不必总引起公众的公开对抗。沃尔玛开始全面改善与供应商的关系，主要是通过计算机联网和电子数据交换系统，与供应商共享信息，从而建立伙伴关系。其中最典型的例子就是沃尔玛与宝洁的伙伴关系建立。

在经济萧条时期，一直有“自我扩张欲的家伙”之称的宝洁，企图控制沃尔玛对其产品的销售价格和销售条件，沃尔玛也不示弱，针锋相对，威胁终止宝洁公司产品的销售或留给其最差的货架位置，彼此之间没有信息共享，没有合作计划，没有系统的协调，关系一度紧张。直到20世纪80年代中期，这种敌对关系才有所改变。宝洁的高级职员拜访了当时初具规模的沃尔玛，双方就建立一个全新的供应商和零售商关系达成了协议，其中最重要的成果就是建立电脑互联网共享信息，即宝洁公司可以通过电脑监视其产品在沃尔玛各分店的销售及存货情况，然后据此调整它们的生产和销售计划，从而大幅度提高了经营效率。10 多年过去了，沃尔玛和宝洁建立的长久的伙伴关系已成为零售商和制造商关系的标准。这一关系基于双方成熟的依赖度：沃尔玛需要宝洁的品牌，而宝洁需要沃尔玛建立的顾客通道。

沃尔玛与供应商努力建立伙伴关系的另一做法是为关键供应商在店内安排适当的空间，有时还让这些供应商自行设计布置自己商品的展示区，旨在店内造成一种更吸引、更专业化的购物环境。

三、物流配送系统管理

有效的商品配送是保证沃尔玛达到最大销售量和最低成本的存货周转及费用的核心。

在沃尔玛折扣百货公司建立之初，由于地处偏僻小镇，几乎没有哪个专业分销商愿意为它的分店送货，沃尔玛的各分店不得不自己向制造商订货，然后再联系货车送货，效率非常低。也就是在这种情况下，一向以节俭著称的山姆为使公司获得可靠的供货保证及成本效率，决定大手笔投资建立自己的配送组织。沃尔玛的第一家配送中心于 1970 年建立，占地 6 000 平方米，负责供货给 4 个州的 32 家商场，集中处理公司所销商品的 40%。随着公司的不断发展壮大，配送中心的数量也不断增加。到现在沃尔玛拥有 20 多家的配送中心分别服务于美国 18 个州超过 2 500 家商场，配送中心平均占地约 10 万平方米。整个公司销售 8 万种商品，年销售额 1 300 多亿美元，其 85% 的商品由这些配送中心供应，而其竞争对手只有大约 50%～65%的商品采用集中配送方式。

配送中心完全实现了自动化。每种商品都有条码，由十几公里长的传送带传送商品，由激光扫描器和电脑追踪每件商品的储存位置及运送情况。繁忙时，传送带每天能处理 20 万箱的货物。配送中心的一端是装货月台，可供 30 辆卡车同时装货，另一端是卸货月台，可同时停放 135 辆大卡车。每个配送中心有 600～800 名员工，24 小时连续作业，每天有 160 辆货车开进来卸货，150 辆车装好货物开出，许多商品在配送中心停留的时间总计不超过 48 小时。

沃尔玛的自动补货系统采用条形码技术，射频数据通讯技术和电脑系统自动分析并建议采购量使得自动补货系统更加准确、高效，降低了成本，加速了商品流转以满足顾客需求。

20 世纪 90 年代初，沃尔玛有 2 000 多辆牵引车头，1 万多个拖车车厢，5 000 名员工，3 700 名司机，车队每年运输次数达 7.7 万辆次，并创下了 310 万公里无事故的记录。车队采用电脑进行车辆调度并通过全球卫星定位系统对车辆进行定位跟踪。

许多大连锁公司，包括凯玛特和塔吉特，都是将运输工作包给专业货运公司，以为这样可以降低成本，但沃尔玛一直坚持拥有自己的车队和自己的司机，以保持灵活性和为一线商店提供最好的服务。沃尔玛通常每天一次为每家分店送货，而凯玛特平均5天一次；沃尔玛的商店通过电脑向总部订货，平均只需两天就可以补货，如果急需，则第二天即可到货。这使得沃尔玛在其竞争对手不能及时补货时，而其货架总是保持充盈，从而赢得竞争优势。

沃尔玛的车队还采用一系列科学的合理的运输策略，如满车（柜）运输，散货装车，晚间送货，按预约准时送货，以及配送中心提供回程提货运输折扣，供应商按订单要求备货和按预约时间准时送货，同时降低了沃尔玛和供应商的运营成本。

四、供应链交互信息管理

信息共享是实现供应链管理的基础。供应链的协调运行建立在节点主体间高质量的信息传递与共享的基础上，因此，有效的供应链管理离不开信息技术的可靠支持。在沃尔玛除了配送中心外，投资最多的便是电子信息通信系统。沃尔玛的电子信息通信系统是美国最大的民用系统，甚至超过了电信业巨头美国电报电话公司。沃尔玛是第一个发射和使用自有通信卫星的零售公司。它在本顿威尔总部的信息中心，1.2万平方米的空间装满了电脑，仅服务器就有200多个。截至20世纪90年代初，沃尔玛在电脑和卫星通信系统上就已经投资了7亿美元。

20世纪80年代初，沃尔玛较早地开始使用商品条码和电子扫描器实现存货自动控制。采用商品条码可以代替大量手工劳动，不仅缩短了顾客结账时间，更便于利用计算机跟踪商品从进货到库存、配货、送货、上架、售出的全过程，及时掌握商品销售和运行信息，加快商品流转速度。

20世纪80年代末，沃尔玛开始利用电子数据交换系统与供应商建立自动订货系统。该系统又称为无纸贸易系统，通过计算机联网，向供应商提供商业文件，发出采购指令，获取收据和装运清单等，同时也使供应商及时精确地把握其产品销售情况。1990年沃尔玛已与1 800家供应商实现了电子数据交换，成为EDI技术的全美国最大用户。

沃尔玛还利用更先进的快速反应系统代替采购指令，真正实现了自动订货。此系统利用条码扫描和卫星通信，与供应商每日交换商品销售、运输和订货信息。

正是依靠先进的电子通信手段，沃尔玛才做到了商店的销售与配送中心保持同步，配送中心与供应商保持同步。

（资料来源：世界经营者，2006-02-07.）

案例思考题

1. 请对沃尔玛所在的供应链结构模型进行描述。
2. 结合上述案例谈谈你对供应链特征的理解。

第 二 编

物流运作管理

第四章 物流客户服务

【学习目标】

1. 掌握物流客户服务及其“7R”目标；
2. 掌握物流客户服务的基本能力指标；
3. 理解确定物流客户服务水平的方法；
4. 理解物流客户服务的内容设计方法；
5. 掌握物流运作系统和各个模块的作用。

第一节 物流客户服务概述

物流的本质是服务，它为客户提供物品（原材料、在制品、制成品）及相关信息流动等方面的服务。任何物流活动，其结果必然是为客户提供物流服务。建立物流运作系统，目的是在货物运送和相关服务等方面充分满足客户的期望和要求。但是，对“客户”一词的确切含义，我们必须从多个角度加以理解。

一、物流客户服务的内涵

对于一般的物流企业而言，面临着两种不同物流服务需求的客户。一类是消费个体，他们是为了满足个人需要而购买物流服务的个人或家庭。比如，中秋佳节来临之际，外地工作的子女为表达对父母的相思之情，通过速递公司寄送月饼回家；另一类就是团体客户，他们购买物流服务来完成某项具体的工作。比如，DELL 通过第三方物流公司向消费者递送自己的产品。团体客户包括企业、学校、医院、军队、政府或其他任何组织机构。

对于物流工作人员来说，客户就是交货的最终目的地。从企业物流的角度看，从原材料到最终产品，要经过采购、生产和销售多个环节，物流的目的地包括消费者的家、零售店、批发商、生产厂家和分销中心的接货站台等等。在某些情况下，客户可能是对交货的产品或服务拥有所有权的企业或个人，这部分客户被称为外部物流客户。而在另外一些情况下，客户可能是同一家企业的不同部门，这些客户被称为内部物流客户。比如，企业的物料供应部门为车间供应零部件、零售分销中心为自己的零售店或商场配送产品，车间、零售店或商场就是企业物流的内部客户。

由于物流客户的复杂性，物流客户服务具有不同的内容。但是，需要指出的是，大多数的教科书都把物流客户服务等同于企业产品销售后的物流服务，因为销售物流客户服务具有过程复杂，涉及的物流服务内容多等特点，研究它具有典型的代表意义。其他类型的物流客户服务，可参照销售物流客户服务的相关内容进行取舍。

物流的主要价值是以廉价高效的方式来满足客户要求。一般认为，客户服务体现了进行市场营销时物流所起的作用，被普遍理解为“有易于销售”和“对客户需求做出反应。因此，物流客户服务是指物流企业为促进其产品或服务的销售，发生在客户与物流企业（或企业的物流系统）之间的相互活动。物流客户服务是为了满足客户需求所进行的一项特殊工作，是典型的客户服务活动，通常包括订单处理、技术培训、服务咨询和处理客户投诉等内容。

对于一般的企业而言，物流客户服务是企业实现销售差异化战略的重要方式和途径，是有效连接供应商、厂商、批发商和零售商的重要手段，物流客户服务的水准对企业的经营绩效有重大的影响。此外，物流客户服务方式的选择对降低流通成本有重要意义，物流服务决策成为企业经营战略不可分割的重要内容。比如，很多零售企业为降低商品购入和送达的物流成本，改变原来的物流系统，转而实行由零售企业为主导的共同配送、直送、JIT 配送等新型物流服务，以支持零售经营战略的展开。

二、物流客户服务的影响因素

物流客户服务贯穿于客户服务的整个过程，影响物流客户服务的因素包括交易前要素、交易中要素和交易后要素。

1. 交易前要素。交易前要素主要是指为开展良好的客户服务创造适宜的环境，它直接影响客户对企业及产品或服务的初始印象。交易前要素主要由以下几项构成：(1) 客户服务条例，即以正式文字说明如何为客户提供满意的服务、客户服务标准、各职员的责任和业务等；(2) 客户服务组织结构，即有一个较完善的组织结构，总体负责客户服务工作；(3) 物流系统的应急服务，即在缺货、自然灾害、劳力紧张等突发事件出现时，有应急措施保证物流系统正常高效的运作；(4) 增值服务，即为了更好地与客户长期合作下去，向客户提供管理咨询服务及培训活动等。

2. 交易中要素。交易中要素主要是指直接发生在物流过程中的客户服务活动，主要包括：(1) 缺货频率，它是衡量产品现货供应比率的重要指标；(2) 订货时间，即向客户快速准确地提供库存信息、配送日期；(3) 订、发货周期的稳定性；(4) 特殊货物的运送，即采用非常规方法的运送；(5) 订货便利性，即在为顾客提供物流服务时反应迅捷、工作效率高。

3. 交易后要素。交易后要素即售后服务，是物流客户服务中非常重要却又最容易被忽略的要素，主要包括：（1）安装、保修、更换、提供零配件；（2）产品跟踪，即及时从市场上收回存在隐患的产品；（3）客户抱怨的处理，即有一个准确的在线信息系统与客户保持适时的联系，同时，对如何处理客户的抱怨要有明确的规定。

三、物流客户服务的“7R”目标

随着物流的重要性日渐被人们所重视，企业物流服务的对象不仅包括营销的外部客户，还逐步拓展到与外部物流相匹配的企业内部物流客户，物流服务由企业自营为主，逐步向外包给第三方物流公司的方式演进。不论采用何种物流服务方式，也不论为哪类物流客户服务，物流的实际运作必须要做到“七个正确”，这就是物流客户服务的“7R”目标。

1. 正确的产品或服务（Right Product or Service）。产品必须是客户所真正需要的产品，且保证产品完好无损，同时按照客户和产品的特性要求提供有特色的客户服务。

2. 正确的数量（Right Quantity）。及时向客户送达的产品或服务准确无误，数量不足或者超出客户需求都不能算作合格的物流服务。

3. 正确的地点（Right Place）。物流可以通过帮助客户克服地理空间上的障碍而创造空间价值，要在客户需要的地方且合适的情景中为客户服务。

4. 正确的时间（Right Time）。客户的需要是一定时间的需要，要能够在客户真正需要的时候送达到客户手中，提前和延迟送达都不被视作合格的物流服务。正确的时间给物流系统提出了较高的要求。

5. 正确的条款（Right Term）。物流服务必须严格遵守与客户事先协商的合同条款，或事先的服务承诺，符合客户不同种类和不同层次的物流需求。

6. 正确的价格（Right Price）。合适的价格应该在一定的程度上符合客户的愿望，不是越高越好，更不是越低越好。而是应该在考虑双方共同利益的前提下，寻找到客户与物流企业之间的最佳契合点。

7. 正确的信息（Right Information）。给客户提供基本的信息服务，使客户知晓客户服务的全过程，包括物流服务方式信息、货物的位置、状态和到达信息等。

第二节　物流客户服务的基本能力

物流客户服务是衡量物流系统为某种商品或服务创造时间和空间效用好坏的尺度，这包括从接受客户订单开始到商品送到客户手中为止而发生的所有服务活动。要理解物流客户服务的基本能力，首先必须从可得性、运作绩效、可靠性三个方面着手，而完美订单是衡量某一段时期内的物流服务绩效总体水平的重要指标，用完美订单实现水平来衡量物流系统实际服务的绩效水平。

一、可得性

产品的可得性是指物流系统拥有的满足客户需求的库存能力。我们可以通过各种方式实现可得性，最常见的做法就是参考预期的客户订货存货储备。库存可得性决策的关键问题是尽量降低库存和设施的总体投入的同时，有选择性地对客户或核心客户保证高水平的产品可得性。因此，仓库的数量、地点和储存政策等便成了物流系统设计的基本问题之一。

存货一般分为两类：一类是取决于需求预测用于支持基本可得性的基本库存；一类是满足超过正常预测需求数量的安全库存。反映一个物流系统满足特定客户对存货需求的能力，可以通过缺货频率、供应比率和订货完成率三个指标进行衡量。

（一）缺货频率

缺货是不能满足客户需求时出现的货物短缺。缺货频率（Stock Out Frequency）是指企业发生缺货的频率，它用于衡量一种产品可否按需要装运交付给客户。

缺货频率可以以一种特定产品需求超过其可得性的次数表示。将全部商品发生的缺货次数加总，就得到该物流系统实现其基本服务承诺的状况。例如，对超市的调查表明，在一周内的任一时刻，一般的超市都有8%的原计划上架商品出现短缺。但需要说明的是，缺货必须以顾客需要作前提，只有当客户需要的产品出现短缺时，才是真正意义上的缺货。

物流系统必须尽力维持低的缺货频率，一旦发生缺货，要为客户提供合适的替代产品，或从其他地方调运，或向客户承诺一旦有货立即发运。

（二）供应比率

供应比率或称作满足率，是用来衡量缺货的程度及其影响度的指标。其计算公式如下：

$$供应比率=\frac{某产品可得数量}{客户订货数量}\times 100\%$$

只有当客户急需购买的产品发生缺货时，缺货才真正会影响到服务水平。因此，对于物流工作而言，首先要确认该商品是否缺货以及缺货的数量，这在对物流客户需求的跟踪记录上就有所体现。

商品的重要程度不同，供应比率也就不同。对于移动速度快的商品，1%的缺货都会引起客户严重的不满。然而，对于移动速度相对较慢的货物，5%的缺货，客户也能够接受，客户甚至会同意延期交货，或愿意对短缺的产品重新订货。因此，物流工作者应该对重要产品加以识别，并在客户需求的基础上，提高供应比率。

（三）订货完成率

对产品的可得性最准确的绩效衡量指标是订货完成率，它可以衡量物流系统完成客户订单的状况。订货完成率把存货的充分可得性看作是一种可接受的完成标准，如果订单中有一种产品未能及时有效到货，则这张订单的订货完成率为零。假如其他各方面的完成为零缺陷，则订货完成率就是为客户享受完善订货的服务提供了潜在的指标。

二、运作绩效

分析物流系统运作能力最基本的单位是订单完成周期，即从客户下达订单到货物送达所需的时间，物流系统应该把订单完成周期看作是一种作业的使命，并满足不同类型客户对订单完成周期的要求。运作绩效的衡量可以通过运作速度、一致性、灵活性、故障与恢复等方面来具体说明。

（一）运作速度

运作速度可以从完成周期这一指标中得以体现。完成周期是指从一开始订货起至货物装运实际抵达时止的这段时间。完成周期所需时间取决于物流系统的设计。即使在今天高水平的通信技术和运输技术条件下，订货周期也会有很大的不同，订货周期可以是几个小时，也可以长达几个星期。如何确定完成周期的时间往往与存货需求有着直接的关系，一般而言，计划完成速度和客户所需存货投资水平成反向关系。

并不是所有的客户都需要或希望最大限度地加速运作，因为一般情况下超速的物流服务意味着提高物流服务的价格。向客户递送商品的完成周期的运作速度一般是建立在客户各种期望基础之上，根据客户的具体要求，围绕着能促进物流作业效率所期望的完成周期形成某种特殊的物流服务。在某些紧急情况下，会通过当地仓库进行特别递送。

（二）一致性

一致性是指物流系统在众多的完成周期中按时递送的能力。虽然服务速度至关重要，但物流工作者更强调运作周期的一致性，因为它直接影响客户对自身业务活动进行计划和实施的能力。

由于现在越来越多的客户在下订单时提出了期望的交货日期，有的甚至在订货时就对送货事宜进行了明确具体的约定，所以，一致性就成了影响物流有效运作的基本因素之一。不能把一致性直接解释为满足客户额外需要的安全储备，以防有可能发生的递送延迟。可得性与一旦需要就可以进行产品装运的存货有关，完成周期的速度与持续地按时递送特定订货所必须的作业能力有关。所谓一致性，是指必须按时、按照递送承诺加以履行的处理能力。

（三）灵活性

作业的灵活性是指处理异常的客户服务的能力，物流系统的服务能力直接关系到在突发的情况下，如何妥善处理问题。对于一个企业的物流系统而言，需要灵活作业的典型事件有：修改基本服务安排；对特殊促销或市场营销计划的支持；新产品的引进；供应中断；产品回收；对特殊客户或市场分区进行的一次性客户个性化服务；在物流系统中履行产品的修订或定制，诸如贴标签、组合和包装。

在许多情况下，物流服务的优势在于灵活的能力。一般说来，物流系统的服务能力取决于在满足关键客户的需求时所拥有的弹性能力。

（四）故障与回复

不管物流作业系统多完善，故障总是会发生的，在发生故障的作业条件下继续实现业务需求是十分困难的。故障可能是糟糕物流表现的结果，如产品损坏、分类不正确、货物单证不准确、某种产品缺货等。当这类故障发生时，物流系统的表现可以从需要多少时间恢复来考查。物流系统要有能力预测服务过程中可能发生的故障或服务中断，通过预防或调整特殊情况等方案，以防止故障发生。当实际的服务故障发生时，要有适当的应急计划来完成恢复任务。

三、可靠性

物流服务的可靠性体现了物流的综合特征，关系到物流系统是否具备实施与交货相关的所有业务活动的能力，同时向客户提供了物流运作和物流状态方面的重要信息。因此，物流服务的可靠性对物流服务质量十分重要。

除了货物的可得性和运作绩效外，服务的可靠性还表现为以下特征：完好无损的到货；结算准确无误；货物准确运抵目的地；到货货物的数量完全符合订单要求等等。除服务标准外，质量上的一致性涉及到能否并乐意迅速提供有关物流作业和客户订货状况的精确信息。事实证明，有关订货的内容和时间的事前信息与完美订货的履行相比更加重要。物流系统有无提供精确信息处理能力是衡量其客户服务能力最重要的一个方面。

四、完美订单

各方面都实现服务承诺的订单被称为完美订单。实现完美订单意味着客户服务的每一个要素的表现都是符合客户需要的。以下这些做法都是不足取的：完全到货但延误；虽然做到了准时完全到货，但不是结算有误，就是在货物处理和运输环节中出现了产品损坏现象。完美订单的一个较普遍的定义是：交付准时、完整、无差错的订单。准时交付是根据协定的提前期来衡量的，完整是通过订单满足情况来衡量的，无差错包括避免发票方面的差错和在订单履行过程中的质量不合格等其他问题。

完美订单是一个相当具有挑战性的指标。在某一段时期内的服务绩效的总体水平是由完美订单的各个分散要素综合作用决定的。因此，每个要素的绩效水平应该相乘就得到提供服务达到的实际水平：

完美订单实现水平＝%准时性×%完整性×%无差错

假设在过去的12个月中，满足某个客户要求的实际绩效水平如下所示：

◆ 90%的准时交付率

◆ 80%的完整订单比率

◆ 70%的无差错和无损坏比率

在该例中，用完美订单实现水平来衡量的实际服务绩效水平为90%×80%×70%，大约等于50%。

如何才能实现完美订单呢？一般而言，必须对物流服务的全过程进行全面的质量管理（TQM）。首先，必须清楚地了解过程，并对服务过程进行详细制图和绘制流程图。然后，重新进行设计，以简化作业流程。

运用鱼刺图的因果分析方法，能够有助于找出服务过程中的关键故障源头。假定我们要调查不能满足客户要求的交付日期的原因，会发现许多经常发生的原因，例如，产品供货不及时、较差的承运商的绩效水平、提前期太短等，然后，我们进一步调查产生这些问题的原因。通过以鱼刺图的形式绘制问题的因果，我们能够寻找到为了降低或消除问题，管理者必须重点关注的关键方面。

图4.1提供了一个简化的鱼刺图的例子。对关键方面进行持续的监督，进一步识别潜在存在的问题，并把这些方面和问题结合到关键的绩效指标评估中，是实现完美订单重要的措施。

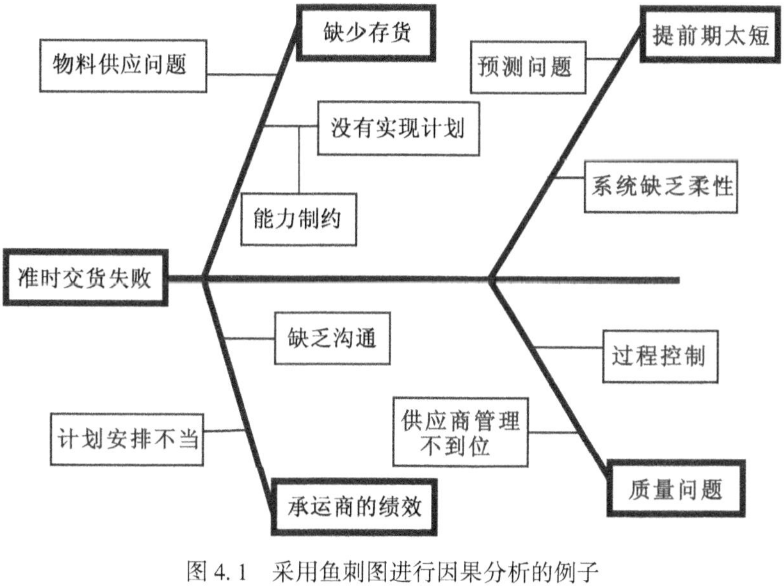

图4.1　采用鱼刺图进行因果分析的例子

资料来源：Christopher M. Marketing Logistics. England：Butterworth-Heinemann，2007：43.

第三节 物流客户服务水平的确定

当一个物流系统给客户进行售后的供货服务时，客户对产品的可得性、运作绩效以及服务的可靠性方面具有某种期望。根据国外学者的研究①，客户对物流运作绩效的期望可分为10种类型：可靠性、快速反应、可接近性、沟通、可信度、安全性、友善的态度、胜任能力、硬件设施和对客户的了解。由于客户需求的差异，对物流运作绩效的期望偏重不同，所以导致客户对物流服务水平的不同。

然而，在实际的物流运作过程中，物流服务的标准往往基于历史经验，或者是管理者对客户需求的主观判断，这就难以反映客户的真实需求。例如，在销售物流服务中，不负责任的管理者往往把所有的客户等同看待，而事实上不同的客户对服务水平和服务类型有着不同的要求。因此，企业在制订物流服务策略时应当以客户的真实需求为基础并支持整个营销战略。企业制造出优秀的产品，制定了有竞争力的价格，并做了充分的促销工作，但如果产品未能及时运送到位，则一切都是徒劳。

有很多确定物流服务水平的方法，一个流行的方法是将竞争对手的服务水平作为标杆。这种方法的最大问题是很难断定竞争对手是否很好地把握了客户的需求并集中力量于正确的物流服务要素。但是，详尽的客户调查有助于缩小客户需求与企业运营状况之间的差距。下面介绍两种较有参考价值的方法，一是根据客户对暂时缺货的反应来确定物流服务水平，二是根据成本与收益的权衡来确定物流服务水平。

一、客户对缺货的反应

生产商的产品到达最终客户的手中通常要经过批发环节和零售环节，而零售环节的物流服务水平对销售影响最大。为此，必须明确最终客户对缺货的反应模式。某种产品缺货时，客户可能购买同种品牌不同规格的产品，也可能购买另一品牌的同类产品，或者干脆换一家商店看看。随着产品日趋同质化，客户“非买它不可”的现象已经越来越罕见，除非客户坚定地认为该种产品在质量或价格上明显优于其替代品种。

所以，生产商在确定物流服务水平时，应更多地关注零售环节，保证最终客户能方便及时地了解和购买到所需的商品。对零售环节的关注是生产商调整供货周期、供货满足率、运输方式等的基础，以尽量避免零售环节缺货现象的发生。

由于客户购买产品的时间要求不同，对物流系统也提出了不同的要求。对绝大多数产品，客户希望在做出购买决策时就能拿到，这就需要零售环节不能缺货，对

---

① 鲍尔索克斯，克劳斯，库柏，等，著．供应链物流管理．李习文，王增东，译．北京：机械工业出版社，2004：58-59.

物流系统提出了很高的要求。但也有特殊的情况，比如选购大型家具时，客户在展示厅选中样品并订购后，往往愿意等待一段时间在家中收货，这就能给物流系统较长的反应时间。

确定物流服务水平时应该注意的问题：

1. 观念应由卖方转向买方，应当从客户要求的角度考虑物流服务水平，不应当单从供应一方出发；

2. 应首先确定核心服务，由于客户不同物流服务内容也有所不同，有的应该得到优先照顾；

3. 物流服务应与客户的特点、层次相符；

4. 采取相对的物流服务观点，考虑如何在物流服务水平方面创造自己的特色，以超过竞争对手；

5. 经过一段时间后，对企业的物流服务水平要进行评估和改进。

二、成本与收益的权衡

如果从整个生产企业来考虑，物流客户服务的支出包括运输、仓储、订单处理和信息系统、生产准备、采购及库存管理等物流活动的费用。

物流成本与客户服务水平之间体现了二律背反，存在着一种正向的但非线性的变动关系。例如，管理者常常通过增加库存投资来尽量提高服务水平，但是随着客户服务水平的提高，库存投资将以递增的速度增加。如图 4. 2 所示，从 85%的供应水平提高到 90%所增加的库存投资远远高于从 80%的供应水平提高到 85%所增加的库存投资，供应水平从 95%提高到 97. 5%所增加的库存投资几乎等于供应水平从 90%提高到 95%所增加的库存投资。但是，我们可以通过提高物流信息技术，在不增加库存投资的情况下，以信息替代库存的方法提高物流服务水平，使库存投资与供应水平关系曲线向右移动，形成新的二律背反（见图中虚线）。

为此，在提高服务水平和降低物流成本之间就有一个权衡，即与提高物流服务水平相关的成本要与弥补额外的成本所需增加的销售额相比较。假设某百货连锁集团目前提供 95%的客户服务水平并处于最低的总成本状态。如果销售管理者为了实现集团的市场渗透目标，客户服务水平应该提高到 98%，那么可以为新的服务目标计算最有效率的物流方法的成本，并与目前的成本相比较。

该零售集团将客户服务水平提高到 98%的水平，需要获得每个商店及每种商品的适时销售数据（POS data）。为此，需要在各分店配置条形码扫描器及其他软、硬件设施；同时，为尽可能地利用这些数据，集团还希望投资建设 EDI 系统，以便与供应商进行快速双向的信息交流。估计平均每家分店需投入 20 万元。分店需要额外增加多少销售量才能弥补物流成本的增加呢？假设该公司的销售毛利是 20%，每家分店为收回 20 万元的新增投资，至少要增加 100 万元的销售额。如果

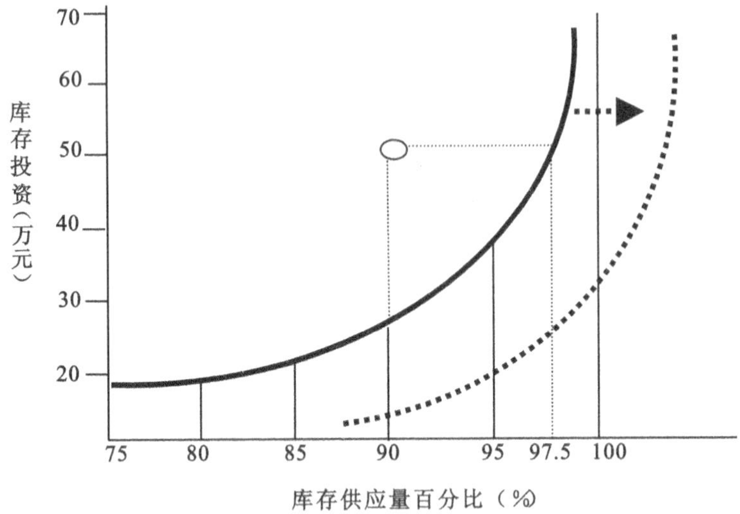

图 4.2 客户服务与库存投资的关系

实际的销售增长超过 100 万元，则企业在提高物流服务水平的同时也增加了净收益。

图 4.3 表明了客户服务水平对收入、物流成本和利润的影响。公司的目标在于实施一个使利润得到最大化的客户服务战略。对于任何给定的客户服务水平，物流

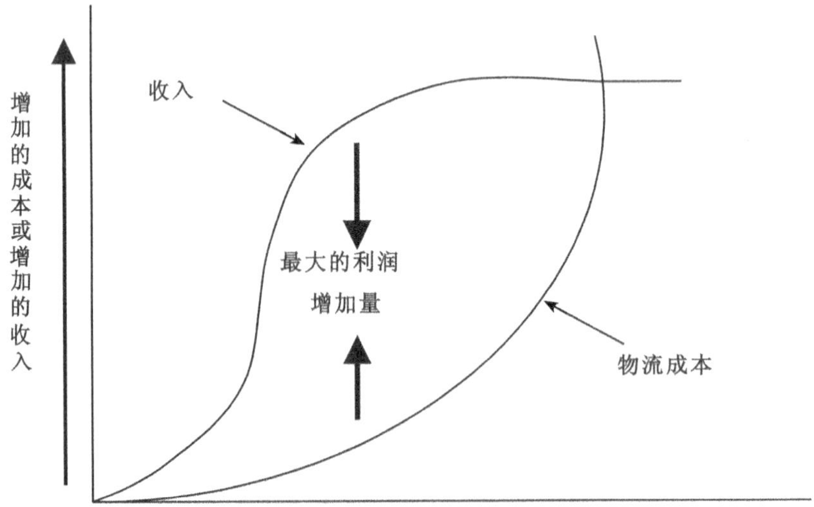

图 4.3 客户服务水平的增加对收入、物流成本和利润的影响

内部的目标是使与提供该服务水平有关的总成本最小化。然而，随着客户服务水平的提高，相关的物流成本的总额将以递增速度增加，根据服务对收入的影响，将会产生递减的回报。

第四节　物流客户服务的内容设计

除了为营销产品做配送服务外，物流系统还具有根据客户的需求提供不同服务的能力。但是，由于物流系统能力的差异，物流服务的内容不尽相同。物流系统可提供功能性的或综合性的、环节性的或全过程的、标准的或个性化的物流服务，可替客户进行实际的物流运作，或为客户提供物流解决方案。无论物流服务的对象多么千差万别，也不管物流系统提供的物流客户服务的内容多么复杂，我们可以简要地将物流客户服务归结为传统物流服务和增值性物流服务两大类。物流系统应该考虑从这两个方面进行物流客户服务内容的设计。

一、传统物流服务的内容

传统物流服务包括运输、储存、装卸搬运、包装、流通加工和信息处理等基本的物流活动，属于基本的、功能性的物流服务。

1. 运输服务。将消费者的订货送到消费者指定地点离不开运输，运输服务是最基本和最重要的物流服务。传统运输服务执行产品转移功能，单一的承运人仅采用单一的运输方式，如铁路货运仅承担铁路沿线货站间的运输服务，不涉及货站到达收货人的公路运输服务，类似情形在航空承运中也存在。承运人仅能够收取货物转移的基本服务费。运输服务提供者一般自己拥有或掌握一定规模的运输工具，但其竞争优势并不仅仅体现在物流设施上，而主要体现在具有形成一个覆盖全国或一个大区域的网络的能力上。运输型服务提供商组织网络内部的运输作业，在规定的时间内将客户的商品运抵目的地。

2. 储存服务。储存为企业的生产和经营做必要的物质准备，是经济中不可少的环节。但是，传统的仓库作为一种储存设施，仅起着货物储存的作用，是一个静态的场所，完全没有发挥仓库的内在潜力。作为仓库的提供方，仅能收取低廉的货物储存费。

3. 包装服务。物流的包装作业目的不是要改变商品的销售包装而在于通过对销售包装进行组合、拼配、加固，形成适于物流和配送的组合包装单元。

4. 装卸搬运服务。装卸搬运是物流最频繁的活动，也是整个物流作业的关键，它的效率决定整个物流的效率。在物流中心（比如车站、码头、港口、机场、货场等），以及大型的冶金和制造企业，都必须具备一定的装卸搬运能力。物流服务供应商应该提供更加专业化的装载、卸载、提升、运送、码跺等装卸搬运机械，以提高搬运作业效率，缩短作业时间，减少商品在作业过程中的损坏。

5. 流通加工服务。主要目的是方便生产和销售，专业化的物流中心常常与固定的制造商或分销商进行长期合作，为制造商或分销商完成一定的加工作业，比如贴标签，制作并粘贴条形码。还有一些专门的流通加工工厂进行着卷板开平、木材下料、玻璃裁剪、配煤加工、组装加工、混凝土搅拌乃至农副产品分选等流通加工活动。

6. 物流信息处理服务。由于现代物流系统的运作已经离不开计算机，因此将各个环节上各种物流作业的信息进行适时采集、分析、传递，并向货主提供各种作业明细信息及咨询信息，一项完整的物流服务是离不开物流信息处理服务的。

二、增值性物流服务

一般认为，增值性物流服务是指根据客户需求，为客户提供的超出常规服务范围的服务，或者采用超出常规的服务方法提供的服务。创新、超出常规和满足客户需求是增值性物流服务的本质特征。

从物流增值服务的起源来看，增值服务一般是指在物流常规服务的基础上延伸出来的相关服务。有人将我国的现有物流增值服务类型归为五大类①：承运人型、仓储型、货运代理型、信息型和第四方物流增值服务型。例如，从仓储、运输等常规服务的基础上延伸出来的增值服务。仓储的延伸服务包括原料质检、库存查询、库存补充及各种形式的流通加工服务等。运输的延伸服务包括选择国际、国内运输方式、运输路线，安排货运计划，为客户选择承运人，确定配载方法，货物运输过程中的监控、跟踪，门到门综合运输，报关，代垫运费，运费谈判，货款回收与结算等。配送服务的延伸包括集货、分拣包装、配套装配、条码生成、贴标签、自动补货等。从国外来看，物流增值服务起源于竞争激烈的信件和包裹快递业务，现在则在整个物流行业全面展开。事实上，无论是海运、空运还是陆运，几乎所有和物流运输业有关的公司都在想方设法地提供增值服务。中外运敦豪（DHL）、联邦快递(FedEx)和联合包裹（UPS）等跨国快递公司都已经开始选择为客户提供一站式服务，他们的服务涵盖了一件产品从采购到制造、仓储入库、外包装、配送、回返及再循环的全过程。而由这些巨头们领跑的速递业已不再是简单的门到门、户到户的货件运送，而是集电子商务、物流、金融、保险、代理等于一身的综合性行业。

此外，物流增值服务可进一步深化。向上可以延伸到市场调查与预测、采购及订单处理等；向下可以延伸到配送、物流咨询、物流方案选择与规划、库存控制决策建议、货款回收与结算、教育与培训、物流系统设计与规划方案的制作等。

---

① 杨爱民，李芬．多样化的物流增值服务模式——供应链和客户关系理论在物流服务中的创新．武汉理工大学学报：社会科学版，2002（5）：40-43.

在不同的产业可以大力开展物流增值服务。比如，丁俊发研究员认为农产品的物流增值服务主要体现在以下几个方面①：第一，农产品分类与分类包装增值服务；第二，农产品适度加工后小包装增值服务；第三，农产品配送增值服务；第四，特种农产品运输增值服务；第五，特种农产品仓储与管理增值服务。

为了适应电子商务新的交易模式，需要发展增值性的物流服务：（1）增加便利性的服务。一切能够简化手续、简化操作的服务都是增值性服务。在提供电子商务的物流服务时，推行一条龙的门到门服务、提供完备的操作或作业提示、免培训、免维护、省力化设计或安装、代办业务、一张面孔接待客户、24 小时营业、自动订货、传递信息和转账（利用 EOS、EDI、EFT）、物流全过程追踪等都是对电子商务销售有用的增值性服务。（2）加快反应速度的服务。快速反应（Quick Response）已经成为物流发展的动力之一。通过优化电子商务系统的配送中心、物流中心网络，重新设计适合电子商务的流通渠道，以此来减少物流环节，简化物流过程，提高物流系统的快速反应性能。（3）降低成本的服务。发展电子商务物流，企业可以考虑的方案包括：采取物流共同化计划，同时，如果具有一定的商务规模，比如亚马逊这样具有一定的销售量的电子商务企业，可以通过采用比较适用但投资比较少的物流技术和设施设备，或推行物流管理技术，如运筹学中的管理技术、单品管理技术、条形码技术和信息技术等，提高物流的效率和效益，降低物流成本。

物流企业还可以和金融企业合作，将物流增值服务延伸到金融领域，为中小企业提供金融担保服务。货物抵押融资在欧洲的工业企业、贸易公司和银行界已有 200 多年的历史，这种增值服务模式目前已受到我国金融界和物流界的广泛关注。其具体做法是：在货物运输或仓储过程中，将货权转移给银行，银行根据市场情况按一定比例提供融资。当生产商、贸易商或运输商向银行偿还融资金额后，银行向负责运输或仓储的机构发出放货指示，将货权还给原货主。如果贷款人不能在规定的融资期内向银行偿还融资金额，银行就会将手中掌握的货物在市场上拍卖变现。货物抵押融资可以增加企业的流动资金，为客户提供超出常规的服务。除了货物抵押融资外，保兑仓和融通仓等较为复杂的物流金融模式也越来越受到物流企业、银行和中小企业的青睐。

随着现代生产和经营方式的不断发展，需要根据客户的需求不断地创新，现代物流增值性服务在不断深化和丰富。

---

① 丁俊发. 解决“三农”问题物流大有可为. 中国物流与采购，2004（12）：8-9.

第五节 物流客户服务的提供——物流运作系统

如何有效地进行物流客户服务呢？最根本的是必须有物流运作系统作支撑。物流运作以最低的总成本对库存的运送和定位进行运作，从而实现理想时间、位置以及物品所有权等方面的目标。一个完善的物流运作系统必须包括五个主要职能模块：（1）订单处理；（2）设施网络；（3）库存；（4）运输；（5）仓储、物料处理及包装。一个物流系统要能良好地运作，就必须将各职能模块有效地结合起来，图 4.4 较好地反映了职能模块之间相互关联的特征。这样，在某一职能中所做的决定将会影响其他职能的运作成本。正是由于物流各个职能之间存在着二律背反，才要求物流运作实施一体化的物流管理。下面将具体地说明这五个职能模块是如何有机地结合在一起共同创造物流价值的。

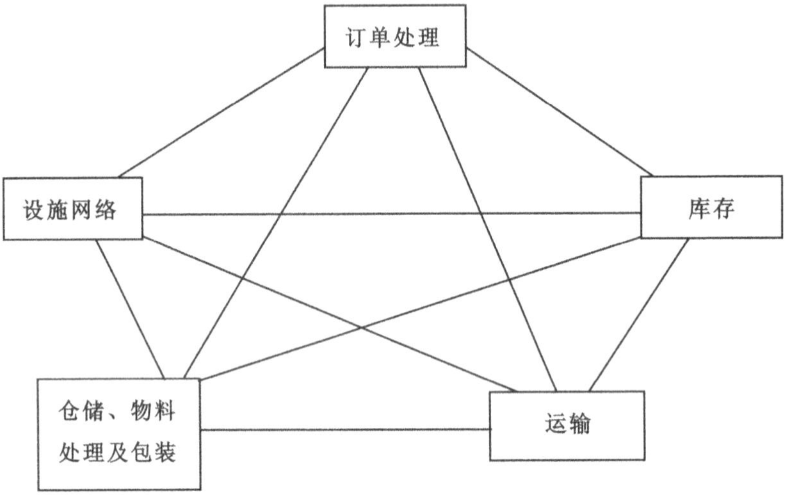

图 4.4 一体化物流运作系统

一、设施网络

最典型的物流设施包括生产工厂、仓库、交叉存储运作设施（车站、码头、港口、配送中心、物流中心等）以及零售店。经济学家们通常忽略了设施的位置以及整体网络设计在提高商业运作效率方面的重要作用。因为，经济学在讨论供需关系时，设施位置以及运输成本往往被认为不存在，或者在竞争对手中不具有差异性。但是，在实际商业运作中，用来进行物流运作的设施的数量、大小以及地域等都直接影响对客户的服务能力和运作成本。要将产品和物料运送至客户端，物流系统必须依靠相应的物流设施，因此，网络设计一直是物流管理的主要责任。

对企业而言，网络设计具有长期效应，因此属于战略性决策。物流运作中的具体环节如订单处理、仓储库存以及物料处理等都是在设计好的设施网络中进行的。网络设计决定着物流系统运作所需的各种类型的设施位置和数量，同时，还必须明确在每个设施中储存的产品、储存数量以及客户服务的分配。通过信息和运输将分散的物流设施联系起来形成一个有机的设施网络。具体的设施网络决策包括功能决策、区位决策、容量配置决策以及供应源和市场配置决策等内容。设施功能决策决定了设施在满足客户需求中的灵活性大小；设施区位决策对物流系统的运营有长期影响，因为废弃或迁移设施的代价是十分昂贵的，好的设施区位能帮助企业在较低成本下保证供应链的运营；合理的设施容量配置能降低成本，提高设施利用效率，提升对需求的反应能力；设施的供应源和市场配置决策会影响物流系统为满足客户需求所引发的生产、运输、库存等成本。

设施网络设计一定要根据其服务的市场来确定，需要对不同的地理位置进行分析，地理位置是网络设计考虑的主要因素。根据企业经营业务发展的需要，企业可以建立区域性的、全国性的、跨国的或全球性的物流网络。设施网络也要根据需求和供应结构的变化作相应的调整，应考虑的因素有产品、顾客、供应商和各种生产需求的变化，以及制造需求的变化等。但是设施网络的调整步伐远远跟不上生产需求在动态的竞争环境中时刻变化的速度。所以，企业最初选定良好的设施网络会给企业自身发展、赢得竞争优势奠定坚实的基础。

关于设施网络将在第五章中详细讨论。

二、订单处理

长期以来，人们对于物流运作需要准确信息的重要性普遍认识不足。在对物流运作十分关键的、诸多方面的信息中，订单处理环节应该放在首要的位置。订单处理系统是物流系统的神经枢纽中心，而客户订单是引发物流过程运转的信息。信息流的速度与质量对整个运作过程的成本与效率具有直接的影响。低速、缺乏稳定性的通信方式不但会导致失去客户，而且还会导致多余的运输、库存和仓储成本，带来物流的低效。订单处理与信息系统构成了物流运作的基础，也是物流企业提高竞争力的常用工具，像 UPS、FedEx 等著名的国际物流企业无不拥有强大的物流信息系统。

快速的信息流的优势在于它有利于物流系统保持和调整模块的平衡。例如，公司销售部门将积累了一星期的订单邮寄到各分部；然后按批次的方式处理，将它们发送到分销仓库；最后通过空运实现订单货物的快速发送。如果这样，信息流就显得毫无意义了。相反，通过电子传输以及互联网，直接从客户处获取订单，采取适应客户需求的低成本的地面运输方式，就可以在较低的总成本的基础上，整体上实现更为快捷的发送服务。上述两种方式的对比说明，信息流能使物流系统中的各组成部分相互平衡。

信息的传递来源于物流系统预测客户需求或与客户进行有效的沟通。如果我们采取预测客户需求来启动物流的推动模式，预测的准确性成了物流效率高低的关键。如果采取对客户现实需求快速反应的拉动物流模式，则客户订购信息的准确及时的意义非常重大。在现实的物流运作中，预测运作与快速反应两种模式有混合运用的趋势。

从物流系统的整体角度看，订单处理既是物流系统与外界联系的接口，又是物流系统服务的目标。在大多数的物流运作中，订单处理包含了客户需求管理的所有方面：从订单的获取到发送、结算以及收款。理想的公司物流运作能力可以通过它的订单处理能力集中地反映出来。

订单处理和信息技术问题将在第六章加以详细讨论。

三、运输

运输是物流运作系统的又一个关键活动，主要负责供应链上产品在地理位置上的移送和存放。运输不仅对物流系统来说不可或缺，而且是物流成本的主要构成因素，一般占物流总成本的40%以上。所以，它往往成为企业管理者关注的重点。几乎所有的企业，不管其规模大小，都由专职的经理来负责运输工作。

一个企业可以通过自营的方式来满足运输的需求，即建立健全的物流系统，拥有自己的运输设备和运输队伍从事运输。它也可以通过市场方式来外购社会上的运输资源，具体方式有二：一是与专门运输公司签订协议建立较为长期的关系来运作；二是可以通过与不同的承运商签订服务协议来提供针对每批货物的不同运输服务。无论以哪种方式进行运输，从企业物流系统来看，成功的运输运作包括以下三个因素：

1. 运输成本。运输成本是指为两个地理位置的运输所支付的款项、行政管理和维持运输中的库存有关的费用。这意味着即使使用最低廉的运输方式也可能不会实现最低的物流总成本。企业应当利用运输来实现最低的总体运作成本。

2. 运输速度。运输速度是指完成特定运输所需的时间。运输的速度与成本在以下两个方面的关系：第一，快速运输服务方式，收费往往很高；第二，运输服务的速度越快，在途库存时间就越短。这两个方面的作用同时发生，但效用相反，因此，理想的运输方式就是综合考虑两方面作用的大小，实现运输服务速度与运输成本之间的平衡。

3. 运输服务的稳定性。运输服务的稳定性是指大批量发送货物在运输时所需时间上的一致性，它反映了运输环节运作的可靠性。长期以来，运输经理把稳定性看作是运输质量的最主要特征。如果在两个区域之间进行运输作业，第一票运输用了5天的时间，而另一票则用了10天，那么，这种运输时间上的不一致往往会给企业带来极为严重的供应链运作问题。当运输时间上缺乏稳定性时，企业就需要准备基本库存以防止服务中断。但是，这种安排反过来又影响了物流系统中库存目标的实现。随着新信息技术的出现，物流系统采用条码技术、GPS、EDI和运输信息系统等技术对运输途中的货物进行跟踪、控制和报告，这样，就可实现维持运输稳定性的同时追求快速发送。速度和运作的稳定性共同造就了高质量的运输服务。

在设计物流系统时，企业必须考虑在运输成本和运作质量上保持精确的平衡。在一些低成本运输的要求下，速度较慢的运输模式令人满意。但是在另外一些情况下，快速的运输服务则是企业运作目标的根本。因此，找到理想的混合运输方式并把它贯穿在全程供应链中，才是企业进行物流运作的主要目的。

运输决策问题将在第七章中详细讨论。

四、库存

库存是物流运作系统的关键活动。一个物流系统的库存需求取决于它的设施网络和客户对物流服务水平的期望。从理论上讲，为了更好地服务于每个客户，使每个客户都满意，应该在每一个物流设施中都实现所有品种的产品库存。但是，在实际运作中，很少有企业可以承受这么高成本的库存，也很少有企业实行这种运作。库存战略的目标是以尽可能少的库存来实现既定的客户服务。过多的库存的确可以弥补物流系统设计的缺陷，但是它也会带来完全不必要的成本。库存战略是物流整体战略的基础，其最基本的目标是在提供令客户满意的服务的同时获得最大的库存周转。一个合理的库存战略是建立在对以下五个方面有选择性的综合运用的基础上。

1. 核心客户的分离运作模式。由于企业将产品销售给大量不同客户，每个客户提供的发展机遇是有差别的。有些客户的业务有较高的利润并有较大的增长空间，有些则没有。一个客户的业务是否有利可图主要看其采购的产品、数量、价格所需的具有增值的服务以及其他一些维护和发展这种客户关系的举措。所以，在库存策略方面，企业对于不同的客户应该区别对待。由于具有较高利润的客户合同构成了企业的核心市场，因此，企业应该围绕这些客户制定库存策略，非核心客户的产品不应该成为物流系统库存的重点。这种有效的物流分离运作模式的关键是优先支持核心客户库存策略。

2. 产品的盈利能力。由于赢利能力的差异，不同的产品对企业的价值是不同的。如果不加以限制，企业很有可能会发现其不到20%的销售产品却占总销售量利润的80%以上。这就是商业上普遍存在的80/20法则（也称为帕累托法则）。为了避免产生这样的结果，企业就必须制定在良好的产品组合基础上的库存策略。同时，企业还必须正确评估低利润或低销量的产品储存为企业带来的利润是否有助于弥补由于产品过剩而带来的高成本。显然，企业希望对它利润最大的产品提供较高的可获得性和稳定性的发送运作。从向核心客户提供全方位的服务来说，企业对低盈利的产品提供高水平的支持服务也是十分必要的。企业所需避免的就是向那些次要的、非核心客户的低利润的订单提供高水平的服务。因此，企业在制定库存策略的时候应当考虑产品的盈利能力。

3. 运输的规模经济性。库存和运输之间存在二律背反，在考虑库存策略时必须与运输结合起来。产品在某个具体物流设施中的储存计划对运输环节的绩效有着直接的影响。大多数的运输率是根据运输的总量和具体运输批次的数量大小来计算的。因此，出于对成本和运输绩效的考虑，企业需要建立一个合理的库存策略，在某个特定的中心仓库储存足够的库存和多样化的产品，从而能够进行统一的运输安排。这样，为了获得运输的规模经济性加大了库存，但在运输上的相应节省足以抵消由于库存增加所造成的成本。

4. 快速运输。物流系统可以通过与快速运输相配合，从而降低库存水平。企业承诺快速发送产品以满足客户对库存的要求是其参与竞争的主要能力之一。如果能快速地运送产品和原材料，那么客户就不必保持大量的库存。同样，如果零售店能快速地补货，那么它就无需设立较多的安全库存。对囤积和安全库存的替代选择就是准确及时地收货和补货。当这种以快速为基准的运作模式可以帮助企业把库存将至最低时，其带来的节余也就可以抵消快速物流运作在供应链中产生的相关成本。

5. 竞争能力。库存策略可作为提高企业竞争能力的手段。一般情况下，如果一个企业能够承诺并且真正具备了快速稳定的运作能力，那么它会比它的竞争对手更容易与客户做生意，赚取利润。所以企业就必须在某些特殊的仓库中准备好库存，从而获取竞争优势，即使这样做会带来总成本的增加。这种有选择性的库存策略可以帮助企业获得较高的竞争优势或者对手不具备的优势。

在物流系统中，库存问题牵涉到企业内部各个部门，甚至关系到整个供应链的成本，同时涉及到原材料、部件和成品等不同形态的库存，库存问题必须从总成本的角度来考虑。因此，企业以供应链管理思想为指导，对订单处理、库存、运输、设施网络决策之间的相互关系的理解是一体化物流的根本所在。

关于库存控制问题将在第七章中详细地探讨。

五、仓储、物料处理及包装

物流的前四个职能模块——设施网络、订单处理、库存及运输——可以组合成许多不同的运作安排，而且每个安排都可以提供某种水平的客户服务，降低总成本。基本上，综合这些职能模块就可以形成一体化物流的系统解决方案。但是，仅有这四个职能模块，物流系统还是不能有效地运作，它还需要一些辅助性的物流活动作支撑，我们把这些物流活动合并为一个新的职能模块——物料仓储、物料处理及包装。虽然这个辅助性的模块并不像前面提到的四个职能模块那样具有独立性，但它却是辅助其他物流模块以使整个物流系统有效运作所必需的部分。据估算，仓储保管和装卸搬运成本约占物流总成本的1/4。例如，产品在特定时刻的物流运作中实行存储，运输的车辆在运作之前需要物料处理环节对货物进行有效的装卸，尤其在生产企业内部，其生产物流更是以装卸搬运和仓储为主要形态。最后一点，只有对单个产品进行包装，放入托盘和集装箱中集中之后，对货物的处理运作才能够真正的发挥作用。

1. 仓储。货物在整个物流过程中，仓储通常占用了最长的时间，并因此需要进行相应的养护、适当的进出库管理、适当的仓库管理等，以防止出现交接差错、货物变质。为了提高仓库管理的效率，必须坚持安全防范制度（防火、防盗、防货物损坏变质等）、完善的入库验收制度、严格的在库检查制度和货物出库制度。同时，对现场进行合理布局，实施科学的定位管理，广泛推行“四号定位”的管理方法。这些科学的方法可以保证仓储功能有效地运转。

仓库除了传统的仓储和保管功能之外，还具有配送和加工的功能。现代仓库的功能已由保管型向流通型转变。因此，产生了现代的分拨中心、配送中心和物流中心等。正如物流运作需要分拨中心一样，企业也可以在外包给专门仓储公司运作和自己进行运作之间进行选择。这个决策比简单地选择一个地方将产品进行存储的范围要广，因为企业的许多增值运作行为都是在对产品实施存储环节进行的，诸如：分拣、排序、订单挑选、集运，以及在某种特殊的情况下对产品进行改进和组装。

仓储还具有信息传递功能。在进行上述仓储作业活动时，需要及时准确的信息，如仓库利用水平、货物进出库频率、仓库的地理位置、仓库的运输情况、顾客需求状况以及仓库人员的配置等。此外，它还向物流系统提供库存水平的信息。完善的仓库信息系统对成功的物流运作具有重要意义。

2. 装卸搬运。装卸搬运是物流各项活动中出现频率最高的一项作业活动，装卸效率的高低直接决定物流的速度，影响物流成本和物流运作质量。据统计，我国铁路运输运距超过500km的装卸时间超过运输在途时间。从美国到中国的远洋船运，装卸时间几乎与在途时间相等。我国对生产物流的统计表明，机械工厂每生产1吨成品，需进行252吨次的装卸，搬运成本为加工成本的15.5%。此外，装卸搬运也是在物流过程中造成货物破损、散失、损耗、混合等的主要环节。

所以，我们可以说对产品的装卸搬运次数越少，产品损坏的可能性就越低，仓库的总体效率就会有越大的提高。为提高装卸效率，应该提高装卸搬运设备的机械化和自动化水平，例如无人驾驶小车、自动传送带、自动分拣线、AS/RS自动存取机。从根本上看，一个仓库以及它所具备的装卸搬运能力可以被视为整体物流流程的一个小的系统。除此之外，防止无效装卸搬运、提高装卸搬运活性（即装卸搬运的难易程度）、集装单元化、利用或消除重力影响等方法，都可以使装卸搬运更为合理，从而节省劳动力，降低物流成本。

3. 包装。包装可以影响物流过程中运输、仓储、装卸搬运等环节的效率和成本。为提高装卸搬运的效率，以瓶、罐等装置包装的产品可以集中装入到更大的包装单位中，例如箱子。这个更大的包装单位，我们称之为大纸箱。它具有两个重要的特征：第一，它可以在物流流程中保护产品不受损坏；第二，大纸箱为一次有效的大包装，而不是对一大堆小的、单个产品包装，使得产品处理起来更加简便、快捷。在装卸搬运和运输中，大纸箱还可以合并成更大的装置，例如托盘、集装箱和集装袋等，这就是集装单元化。近年来，包装向轻薄化、单纯化、单元化、标准化、机械化和自动化以及“绿色包装”等方向发展。

把仓储、装卸搬运及包装等运作环节有效地融会到物流运作中，企业的产品流通的速度和顺畅程度就会有显著的提高。目前，国外的一些公司已经设计了一套新方案，在制造工厂对产品实行分拣，并把多样化的产品直接运至零售店，而无需中间环节的处理过程，这样就大大减少了物流成本。

小　　结

1. 物流产品的本质是服务。物流运作必须做到“七个正确”（即正确的产品或服务、正确的数量、正确的时间、正确的地点、正确的条款、正确的价格和正确的信息），这就是物流客户服务的“7R”目标。

2. 物流客户的基本能力可从可得性、运作绩效和可靠性三个方面考察，完美订单可以衡量实际的物流客户服务水平。

3. 物流客户服务水平的确定要看客户对缺货的反应，要在服务的成本和收益之间进行权衡。

4. 除了传统的物流服务之外，还应该根据客户的需求设计增值性的物流服务。如门到门的综合物流服务、物流咨询和方案设计、电子商务物流服务、物流金融服务等。

5. 物流客户服务必须有物流运作系统作支撑，它包括五个模块：（1）订单处理；（2）设施网络；（3）库存；（4）运输；（5）仓储、物料处理及包装。其中，订单处理是物流运作系统的结果和任务，设施网络是基础，库存和运输是两个关键的物流活动，仓储、物料处理及包装是辅助性物流活动。

思考与练习

（一）填空题

1. 物流产品的本质是________。

2. 物流客户服务的“7R”目标是指：正确的________、正确的________、正确的________、正确的________、正确的________、正确的________、正确的________。

3. 反映物流客户服务基本能力的指标有________、________和________。

4. 物流客户服务水平的确定要看客户对缺货的反应，要在________和________之间进行权衡。

5. 物流运作系统支撑着物流客户服务，它由________、________、________、________和________五个模块构成。

（二）简答题

1. 如何正确理解物流客户服务？

2. 什么是产品的可得性？反映一个物流系统产品可得性的指标有哪些？

3. 衡量物流系统运作绩效的指标有哪些？试举例说明。

4. 什么是完美订单？如何实现完美订单？

5. 在确定物流客户服务水平时应该注意哪些问题？

6. 举例说明如何确定物流客户服务水平。

7. 什么是增值性的物流服务？企业如何进行物流客户服务的内容设计？

8. 订单处理在物流运作系统中的地位如何？企业如何提高订单处理水平？

9. 为什么说库存和运输是物流系统运作的关键？

10. 分析说明设施网络、仓储、物料处理及包装在整个物流运作系统的作用。

案例分析

高效物流系统——海尔生命线

作为世界著名的跨国家电企业，海尔的产品每天要通过全球5.8万个营销网点，销往世界160多个国家和地区，每月采购26万种物料、制造1万多种产品，每月接到6万个销售订单。对于海尔集团来说，高效率的现代物流系统就意味着企业内部运作的生命线，为此海尔开始了与SAP的合作。

根据海尔的实际情况，SAP先与其合作伙伴EDS为海尔物流本部完成了家用空调事业部的MM（物料管理）模块和WM（仓库管理）模块的硬件实施。2000

年 3 月开始为海尔设计实施基于协同化电子商务解决方案 mySAP. com 的 BBP（电子采购平台）项目。经过双方 7 个月的艰苦工作，mySAP. com 系统下的 MM（物料管理）、PP（生产计划与控制）、FI（财务管理）和 BBP（电子采购平台）正式上线运营。

至此，海尔的后台 ERP 系统已经覆盖了整个集团原材料的集中采购、原材料库存及立体仓库的管理与 19 个事业部 PP 模块中的生产计划、事业部生产线上工位的原材料配送、事业部成品下线的原材料消耗倒冲以及物流本部零部件采购公司的财务等业务，构建了海尔集团的内部供应链。海尔物流管理系统的成功实施和完善，及构建和理顺了的企业内部供应链，为海尔集团带来了显著的经济效益：采购成本大幅度降低，仓储面积减少一半，降低库存资金约 7 亿元，库存资金周转日期从 30 天降低到了 12 天以下。

实施和完善后的海尔物流管理系统，可以用“一流三网”来概括。“一流”是指以订单信息流为中心；“三网”分别是全球供应链资源网络、全球用户资源网络和计算机信息网络。围绕订单信息流这一中心，将海尔遍布全球的分支机构整合在统一的物流平台之上，从而使供应商和客户、企业内部信息网络这“三网”同时开始执行，同步运动，为订单信息流的增值提供支持。

“一流三网”的同步模式实现了四个目标：为订单而采购，消灭库存；通过整合内部资源、优化外部资源，使原来的 2336 家供应商优化到了 840 家，建立了更加强大的全球供应链网络，有力地保障了海尔产品的质量和交货期；实现了三个即时（JIT），即 JIT 采购、JIT 配送和 JIT 分拨物流的同步流程；实现了与客户的零距离。目前，海尔 100%的采购订单由网上下达，使采购周期由原来的平均 10 天降低到了 3 天；网上支付已达到总支付额的 20%。

（资料来源：http：//www. zj56. com. cn，2004-07-08.）

案例思考题

1. 海尔的物流信息系统包括哪些内容？结合案例，谈谈你对订单处理与物流信息系统关系的理解。

2. 海尔的“一流三网”有什么好处？它对于我们理解用物流系统支持物流客户服务有什么启示？

第五章　物流网络规划

【学习目标】

1. 了解物流网络的构成要素和基本结构；
2. 理解物流节点的类型和作用；
3. 掌握物流节点布局的原则和步骤；
4. 掌握物流网络规划的步骤和基本方法；
5. 掌握物流网络规划和设计的方法。

第一节　物 流 网 络

物流系统的网络化是经济全球化电子商务时代物流活动的主要特征之一。完善的物流网络是现代高效物流系统的基础条件，地区性物流网络、全国性物流网络和全球性物流网络是现代物流系统必不可少的资源。

物流网络系统包括线路、节点以及有关的信息系统，它可以是由政府投资的公用物流网络系统，也可以是由企业投资建设的自用物流网络系统。物流网络化有两层含义，一是物流系统的计算机通信与管理系统的网络化；二是物流节点的网络化。

一、物流网络的概念

物流的过程，如果按照其运动的程度即相对位移大小观察，是由许多运动过程和许多相对停顿过程组成的。一般情况下，两种不同形式的运动过程或相似形式的两次运动过程中都要有暂时的停顿，而一次暂时停顿也往往连接两次不同的运动。物流过程便由这种多次“运动-停顿-运动”所组成。

通过对企业物流系统的分析，可将其抽象成由节点和链组成的网络，称为物流系统网络，或者简称为物流网络。节点代表那些库存流动过程中的临时经停点，如货物运达零售店或最终消费者之间短暂停留的仓库。网络中的链代表不同储存点之间的移动。这些储存点——零售店、商店、工厂或供应商就是节点。任意一对节点之间可能有多条链相连，代表不同的运输形式、不同的路线。

和物流网络相配合的还有信息网络，其中包括关于销售收入、产品成本、库存水平、仓库利用率、预测、运输费率及其他方面的信息。信息网络中的链由两点之间的信息的传输构成。信息网络的节点则是不同的数据采集点和处理点，如进行订单处理、拣选、备货和更新库存记录等。

综上所述，物流网络是水平一体化和垂直一体化物流的综合体。当一体化物流每个环节同时又是其他一体化物流系统的组成部分时，以物流为联系的企业就会形成一种网络关系，即物流网络。

二、物流网络的构成要素

（一）厂商

在物流网络结构中，厂商作为产品或原材料的生产者和供应者，是物流网络的始点。物流网络系统的核心功能就是实现原材料或产品从产地到消费者之间的空间转移。因此，物流网络结构实质上就是在既定的自然和社会环境下，通过中间节点的布局配置，有效地实现物流始点和物流终点的联结。因此，厂商的分布不但是物流网络结构的一个构成要素，而且还影响着物流网络中的其他要素。例如，在厂商分布集中和厂商分布分散两种情况下，无论是分散的厂商还是集中的厂商都是物流网络的重要构成部分，但对应上述分布物流网络的内部结构就会存在明显差别。

厂商分布与物流网络结构相互影响。当大规模的厂商分布既定的时候，物流网络结构往往会把厂商分布作为一个约束条件。而当物流网络初具规模的时候，新的厂商在选址时则会把已有的物流网络作为约束条件。

（二）客户

与作为物流网络始点的厂商相对应，客户作为物流网络终点，也是物流网络中的重要组成部分。只有有了网络始点和终点的存在，物流网络的存在才有实际意义，物流网络构建的目标才能够明确。客户自身特征和分布的特点直接决定着物流网络的内部结构，即如何适应特定的客户分布和客户的需求。客户既是物流网络结构的一部分，也是物流网络服务的对象。物流网络系统是否高效的直接评价标准就是能否为物流客户提供所需服务。换句话说，物流网络系统是以客户为导向的系统。

（三）物流节点

所谓物流节点，又称为物流据点，是指具有一定规模和综合服务功能的物流集结点。物流节点不仅承担着货物的中转运输作业功能，还承担着物流的组织、衔接、调节和管理活动的功能。如果将物流系统中的物流活动分为节点活动和线路活动，物流节点则是进行节点活动的位置和场所，同时，它也是线路活动的起点或终点。

物流节点是从物流的角度提出来的，它与商业网点不同。物流节点主要进行物资的包装、装卸、存储保管、配送等物流活动，不发生物资的供销业务。根据不同物流节点的功能和规模，确定合适的物流节点配置，为物流网络功能的实施提供支撑。

（四）运输线路

厂商、物流节点和客户构成了物流网络结构的主要构架，要想使这些要素形成一个网络系统，必须有效地把它们连接起来。这些节点之间的实体连接需要通过运输来实现，包括运输线路和运输方式的选择。在一个物流网络系统中，不同层次的物流中心与配送中心的连接也需要通过运输来实现。显然，只要涉及产品的空间转移，必须通过运输来实现，提高不同节点之间的运输的有效性是物流网络规划中运输线路选择的目标。

（五）信息系统

在物流网络各节点之间不仅存在产品实体的流动，而且有大量的物流信息在节点之间进行传递。在物流网络系统内，物流信息的及时传递、共享以及信息的处理都会对整个物流网络系统的效率产生重大影响。在构建物流网络构架时，既要考虑有形的硬件节点建设，也要考虑无形的信息网络体系建设。只有有了物流信息管理体系的支持，物流网络才能够真正被激活，才能真正发挥效用。

（六）物流网络组织

物流网络的运行离不开人力资源和组织管理，因此在进行物流网络资源配置时不仅要考虑节点配置，还要考虑人力资源的配置以及整个物流网络的组织管理。只有建立一套好的物流网络的组织管理和运行机制，物流网络系统才有可能持续良好运转。

如果把物流网络系统比做人的生理系统，那么就可以把厂商、客户、物流节点看作人体的骨架和器官，把运输线路和信息传递看作人体的血液循环系统和神经系统，把物流网络组织管理看作人体的调节系统，它们既有明确分工，又相互协作，共同构成物流网络系统。

三、物流网络结构

物流网络结构是指产品从原材料起点到市场需求终点的整个流通渠道的结构，包括物流节点的类型、数量和位置，节点所服务的相应客户群体，相应产品类别以及产品在节点之间的运输方式等。

物流网络的结构有多种分类方式，但并未达成一致。例如，根据节点之间的数量对应关系，可以分为一对多网络结构、多对一网络结构和多对多网络结构。由于物流中心和配送中心是物流网络系统的重要节点，其功能和效率对整个物流网络有着重要的影响，因此，根据核心节点的数量和关系对物流网络进行分类，可以将其划分为单核心节点结构、双核心节点单向结构、双核心节点交互式结构、多核心节点结构。

单核心节点结构是指在该物流网络体系中只有一个核心节点存在，该节点同时承担着物流中心与配送中心的职能。在该物流网络覆盖的区域，绝大多数的物流活动都是通过该核心节点实现的。在这种结构模式中，物流中心同时承担着信息中心的角色，所有的物流信息都汇集到这里进行进一步的传递和处理。在这种物流网络结构模式下，物流的大量核心活动都发生在该节点，而且没有物流中心与配送中心的明确划分，厂商与客户的物流活动极大地依赖于核心节点来完成。物流活动的完成大致经过如下过程：厂商——核心节点——客户。这种网络结构模式存在于一些小的经济区域或小规模的企业，但随着物流客户导向意识的发展，这种物流网络结构模式将会越来越不适应。

双核心节点单向结构是指物流网络体系中存在着两个核心节点，即物流中心和配送中心，物流中心更多地侧重于为供应链上游厂商方面提供服务，而配送中心更多地侧重于为供应链下游客户方面提供服务。物流中心与配送中心不但是物流活动的核心，而且大量的物流信息也汇集到核心节点，并进行进一步的有效传递。在该物流网络结构模式中，主体物流活动发生在两个核心节点之间，物流活动通过如下过程实现：厂商——物流中心——配送中心——客户。这种物流网络结构模式广泛存在于一些范围较大的经济区域内，一些大型的物流活动往往也通过这种模式实现。

双核心节点交互式结构与双核心节点单向结构非常相似，但两者又存在着明显的区别。在双核心节点交互式结构模式下，无论是物流还是信息流都是双向的，也就是说，该物流网络中的每一个节点同时承担着双重功能，即物流中心和配送中心。随着环境的变化，两个核心节点的功能会发生调换。在该结构模式下，物流活动的实现过程如下：厂商——物流中心——配送中心——客户。在该模式下，交互式体现为随着环境与厂商和客户需求的变化，物流中心与配送中心功能会对调，也就是说，物流中心和配送中心同时具备双重功能。

在现实的物流网络中，可能不仅存在一个或两个物流核心节点，而是多个核心节点同时存在，绝大多数的物流活动都是通过核心节点完成的。多核心节点物流网络结构的原理和上述几种模式没有本质上的区别，只是上面几种物流网络模式的放大或叠加。在范围比较大的经济区域或大型企业内，一般采用多核心节点的物流网络模式。物流网络中的信息流是物流相关信息的流动，在上述物流网络结构模式中，物流和信息流往往是同时、同向发生。在物流网络中，为了提高物流网络系统的效率，往往把物流与信息流分离开来，形成信息流-物流双平台的物流网络系统。

物流网络结构可分为多种模式，它们之间没有优劣之分，只是每种模式适用于不同商业环境。多数的物流网络往往不是以单一模式存在的，而是多种模式混合在一起的，或者是多种模式的叠加。

第二节　物流节点

一、物流节点的作用

纵观物流节点在物流系统中的作用，物流节点在物流系统中所发挥的功能可以归结为衔接功能、信息功能和管理功能。

物流节点将各条物流线路联结成一个系统，使各系统线路通过节点变得更为贯通，避免或减少相互干扰现象的发生，这种作用称之为衔接作用。具体来讲，物流节点的衔接功能是通过转换运输方式连接不同的运输手段；通过加工、分拣、配货等连接干线物流和末端物流；通过储存、保管连接不同时间的供应物流与需求物流；通过集装箱、托盘等集装工具的处理使运输一体化。

在物流未能实现系统化之前，线路间在衔接点上往往会发生各种各样的问题。物流节点是整个物流系统或与节点有关的物流信息传递、收集、处理、发送的集中地。这些信息在现代物流系统中发挥着非常重要的作用，是将复杂多样的物流单元联结成一个有机整体的重要保证。通过信息网络实现对物流系统的指挥、管理和调度，是实现物流系统现代化的前提条件。

物流系统的管理设施和指挥机构常常集中设置于物流节点之上，物流节点大多是集管理、指挥、调度、信息、衔接以及货物处理为一体的物流综合设施，整个物流系统的运转的有序化和正常化，整个物流系统的效率和水平，都与位于物流节点上的管理机构的管理水平的高低和管理职能发挥是否正常密切相关。

根据物流节点的作用、类型、地理位置等因素，物流系统节点除具备前面所述的功能外，还具备配套功能，包括车辆停靠及辅助服务，金融生活配套服务，工商、税务、海关服务等。此外，现代物流节点还附加以下功能①：货物调剂中心（库存处理中心），物流节点一般能够有效处理库存物资与开展新产品展示会；系统技术设计，吸引高科技进入节点，从事物流软件的开发设计和物流设备的设计开发；咨询培训服务，利用丰富管理经验，为进区企业或客户提供咨询，提供高附加

① 李云清．物流系统规划．上海：同济大学出版社，2004.

值服务。

二、物流节点的种类

在各个物流系统中，节点都起着若干作用，但随着整个系统目标不同各节点在网络中的地位不同，节点的主要作用也往往不同，可将其分为转运型节点、储存型节点、集散型节点、配送型节点和综合型节点。

转运型节点是指以实现不同运输段之间的连接为主要功能的节点，是处于运输线路上的节点。铁路运输线上的货站和车站，水运线上的港口和码头，空运中的空港，连接运输不同方式的转运站和中转站等都属于此类节点。一般而言，由于这种节点处于运输线路上，又以转运为主，所以货物在这种节点上停滞的时间较短。

储存型节点是指以保管存放货物为主要功能的节点，货物在这种节点停滞的时间很长。在物流系统中，储备仓库、营业仓库、中转仓库、货场等都属于这种类型的节点。由于货物储存量较大、周转速度较慢，因此对仓库的货物保管、养护的要求比较高。

集散型节点是指以集中货物或分散货物为主要功能的节点，包括集散中心和分货中心。集散中心是将一定范围内来源分散、批量小，但总量较大的货物集中起来，以便大批量处理或发货。分货中心是对集中到达的数量巨大的货物进行拆分处理，形成新的货体和新的包装形态，以适应大量的、集中生产和小批量、分散的要求。

配送型节点是指为连接干线物流与末端物流，以货物配备和组织送货为主要功能的节点。配送中心是配送型节点的典型代表。配送中心是现代物流业发展中出现的新型物流节点，具有集货、分货、分拣、倒装、加工、配货、为客户调节库存、送货、收集及传递信息的功能。在现代物流中，配送活动已不是单纯的物流活动，而是与销售或供应等活动结合在一起，成为营销活动的重要内容。

综合型节点是指在物流系统中集中在一个节点上实现上述两个以上主要功能，并且是非独立地完成各自功能，将若干功能有机结合为一体，有完善的设施，能有效地衔接和协调工艺过程的集约型节点。配送中心和物流中心都属于这种类型的节点。这种具有多功能的节点是为了适应物流大量化、复杂化、细致准确的要求而出现的。在一个节点中实现多功能的连接和转化，不仅简化了物流系统，而且大幅度提高了物流效率，是现代物流系统中节点发展的方向之一。

以上关于节点的分类并不是绝对的，现实中各类节点的功能往往是交叉并存的。现代物流的发展对节点的要求不断提高，传统的单一型节点出现向多功能、综合性节点转变的趋势。

三、物流节点的层次关系

物流节点在物流网络中的作用有所不同，有的影响到整个物流网络，有的只是在局部网络范围中起作用，一般可分为三个层次，即物流基地、物流中心、配送中心。物流基地是综合性的、大规模的节点，在物流基地之间进行快速、直达、大量的干线运输，尤其是多式联运的干线运输；物流中心则是某一专业范畴的综合性大型物流节点，可以与干线相衔接，也可以从物流基地转运；配送中心则是面向最终用户的末端运输的，专业清晰、规模适应需求的专业性物流节点。

不同层次节点间存在着较大差异。在规模上，一般而言，物流基地是超大规模的；物流中心是大规模或中等规模的；配送中心则依据专业化配送和市场大小而确定，虽然也有规模较大的，但一般说来规模较小。在综合程度上，物流基地必定是综合性的物流设施；物流中心带有一定的综合性；配送中心一般而言是专业化的。在服务对象方面，物流基地是综合性的基础服务设施，面向全社会；物流中心则在局部领域内进行经营服务；配送中心则是面向特定用户和特定市场的。在功能上，物流基地具有综合运输、多式联运、干线终端等大规模处理货物和提供服务的功能；物流中心则主要具有分销功能；配送中心则具有向最终用户提供送货服务的功能。在运作方式上，物流中心这种大规模的物流设施，带有基础性和公众性，虽然也不排除在未来经济发展中巨型物流企业拥有相应的物流基地或物流中心，但在我国国民经济中，必然是以国家为主体，其运作模式则类似于一般企业；而配送中心的主体归属于企业，其运作模式也是企业模式。

在城市和地区范围内，应当按照层次关系规划和配置物流基地、物流中心、配送中心。一般而言，大城市尤其是位于国土端部的大城市，在单一物流辐射方向需要配置一个物流基地；中心城市则有可能在相对的方向配置两个或多个物流基地。考虑到城市的扩展和物流基地的生命周期，如果物流基地距离城市过近，近期的物流成本会大幅度降低。但随着城市的发展，物流基地的生命周期会比较短。鉴于物流基地的规模很大，投资很高，过短的生命周期也是不适宜的。一般而言，超大规模的物流基地，应该按照50年的生命周期来确定位置。而物流中心则需要考虑有20年以上的生命周期。配送中心规模较小，如果运营得当，效益较高。由于配送中心的特殊运作方式，一般而言，在经济发展到一定高度以后，配送中心需要大量实现日配，而这项工作都需要在深夜或凌晨进行，存在扰民问题和交通问题。

四、物流节点的服务内容

物流节点的服务内容应根据物流节点的功能定位、任务及相关影响因素综合分析，按照服务目标市场的分类进行规划设计。一般来说，一个城市或一个区域甚至一个国家的物流节点具有部分和全部物流服务内容，如表5.1所示。

表5.1 **物流节点服务内容一览表**

目标市场及细分		选址	服务内容
国际物流	国际物流服务	港口	保税仓储、商品展示、临港加工、拆箱拼箱、公海货物转换、铁海运输转换及办公业务
		机场	保税仓储、商品展示、临港加工、拆箱拼箱、快递、公航运输转换及办公业务
		公路、铁路车站	保税仓储、商品展示、临港加工、拆箱拼箱、公海货物转换、铁海运输转换及办公业务
	国际货物运输服务	港口、机场、公铁车站	海运、航空运输、铁路运输、公路运输
区域物流	港铁联运	港口与铁路货站结合点	铁路运输、海铁运输转换、仓储、加工
	铁路运输	铁路货站	铁路运输、卡车集输货物、仓储、加工
	公空联运	公路货运枢纽站与机场结合	航空货物的集中、分拨
	公路运输	公路枢纽站	公路运输转换、卡车集运货物、仓储、加工
	供应链管理	工业园区旁	采购、运输、仓储、配送
配送物流	商业配送	城市中心边缘区	仓储、加工、配送

资料来源：李云清．物流系统规划．上海：同济大学出版社，2004.

第三节　物流节点布局规划

一、物流节点布局规划的内容

物流节点布局规划的内容主要包括节点选址和节点布局。节点选址考虑的是根据费用或其他选择标准建立节点的最佳地址，对土地使用和建筑费用、地方税收和保险、劳动力成本及可得性或到其他节点的运输费用都有很大影响。节点布局则对物流费用影响较大。节点布局的主要目标是使总费用最小，同时还可考虑其他因素，如特定节点间能否相互连接和禁止建立节点的特定区域。

（一）布局规划设计

物流系统节点布局规划设计是指在一定层次和地区范围内，确定物流系统节点合理的空间布局方案。物流系统布局设计的目的是要构筑公共物流网络。物流系统布局设计根据不同的规划区域范围可以划分为全国、区域、城市等多个不同的层次。范围越大，层次越高，对物流系统设计的要求侧重点也就有所差异。大范围、高层次的物流网络的设计将更加关注干线通道与主要物流枢纽城市、港口、机场、物流园区、物流中心等物流节点的相互配合。

企业物流系统节点布局规划设计是在共享社会物流系统网络的基础上，对物流系统仓库、车站等的空间布局方案的设计确定过程。设置与构筑企业物流系统节点往往需要充分考虑和利用社会物流系统的物流通道资源和已有的物流枢纽和节点。

（二）内部布局规划设计

除了在物流系统节点布局设计中要考虑节点的空间布局（包括物流节点的选址、数量、种类、规模的配置），还要设计物流系统节点的内部布局。这种物流节点内部布局的设计主要是根据物流节点的功能、作业流程和服务质量要求，确定物流节点内部各种节点的平面布局方案，如物流中心的仓储区、分拣区、加工区、内部通道等的布局。

根据物流系统的作业要求、作业特点，选择先进适用的物流设备和器具，以提高物流作业效率。设计包括以下内容：仓库货架系统的选型和平面布局设计，装卸搬运设备的选型和布局设计，包装与流通加工装备以及器具的选型和布局设计，运输工具的选型设计，分拣设备的选型和布局设计等。

二、物流节点布局规划的原则

物流系统节点的规划就是指在若干供应点和需求点的经济区域内选择一个地址设置物流节点的规划过程。

1. 科学选址原则。根据物流节点在城市物流产业发展及物流体系中的地位作用，可将其分为综合物流节点和专业物流系统节点。前者以现代化、多功能、社会化、大规模为主要特征，后者则以专业化、现代化为主要特征，如港口集装箱、保税区、空港、钢铁基地、汽车生产基地等专业物流系统节点。专业物流系统节点选址只要符合其自身的专业要求即可。综合物流系统节点的选址主要按照以下原则来确定：（1）位于城市中心区的边缘地区，一般在城市道路网的外环线附近；（2）位于交通枢纽中心地带，至少有两种以上运输方式连接，特别是铁路和公路；（3）位于土地开发资源较好的地区，用地充足，成本较低；（4）位于城市物流的节点附近，现有物流资源基础较好，一般有较大物流量产生，如工业中心、大型卖场等，可利用和整合现有的物流资源；（5）有利于整个地区物流网络的优化和信息资源利用。

2. 统一规划原则。物流系统节点功能的发挥，需要很多政策、社会等宏观因素和条件的指导和支持，这些都必须由政府出面积极推动甚至实施。政府在物流系统节点的规划建设中应当扮演好基础条件的创造者和运作秩序维护者的角色，根据长远和近期的货物流通量，搞好物流系统节点的规划。这要求政府具体问题具体分析，按照区域经济的功能、布局和发展趋势，依据物流需求量和不同特点进行统一规划，尤其要打破地区、行业的界限，按照科学布局、资源整合、优势互补、良性循环的思路进行规划，防止各自为政、盲目布点、恶性竞争、贪大求全，避免走弯路、耽误时间、浪费钱财。

3. 市场化运作原则。规划建设物流系统节点，既要由政府牵头统一规划和指导协调，又要坚持市场化运作的原则。物流系统节点的运作以市场为导向，以企业为主体，在物流系统节点的功能开发建设、企业的进驻和资源整合等方面，都要有优良的基础节点、先进的物流功能和周到有效的企业服务来吸引物流企业和投资者共同参与，真正使物流系统节点成为物流企业公平、公开和公正地竞争经营的舞台。

4. 高起点现代化原则。现代物流系统节点是一个具有关联性、整合性、集聚性和规模性的总体，其规划应该是一个高起点的中长期规划，并具有先进性和综合性。在设计物流系统节点时，应当注意考虑以下因素：（1）城市与区域主要物流方向；（2）各种运输方式、运输节点的分布；（3）产业布局以及物流市场、资源的布局；（4）物流用地的区位优势；（5）对现有物流节点的充分利用；（6）有利于整个物流网络的优化；（7）有利于各类节点的合理分工、协调配合。

5. 柔性化原则。由于现代物流系统节点的建设投资大、周期长、效应长、建设风险大，因此现代物流系统节点的规划应采取柔性规划，建立科学的投资决策机制和项目风险评估机制，突出规划中持续改进机制，确立规划的阶段性目标，建立规划实施过程中的阶段性评估检查制度，以保证规划的最终实现。

6. 人才优先原则。物流系统节点的建设规划是非常复杂、非常庞大的工程，涉及的专业领域也很广泛，必须有各种类型的专家型人才才能妥善地完成。所谓专家型人才，是指在某个领域积聚了多年经验，在理论上有一定造诣、有一定技术专长的人员。他们各有专长，但都不是万能的。例如，按照专业划分，有土建专家、机械专家、计算机专家等。在项目进行的不同阶段，应该让不同类型的专家发挥作用。

三、物流节点布局规划的步骤和方法

（一）物流节点布局规划的步骤

物流节点的合理布局以提高物流系统和社会经济效益为目的，用系统学的理论和系统工程的方法，综合考虑货物流通的供需状况、运输条件、自然环境等因素，对物流配送中心的节点位置、规模、供货范围等进行研究和设计，以达到成本最小、流量最大、服务最优的目标。

1. 约束条件分析。物流节点布局规划的目的就是使系统总成本达到最小，但是在规划设计时又面临着不同的约束条件，主要包括：（1）资源约束，因为不同的区位价格差异较大；（2）交通运输条件，由于只能选择能够达到客户的运输方式，如对大多数客户来说，公路运输是惟一可选择的模式，在选址时就应侧重于公路交通枢纽附近或交通干线附近；（3）能源条件，供热、供电等能源系统是物流节点赖以生存的基础；（4）周边软环境约束，税收、关税等与物流节点布局决策直接相关。此外，一些特殊商品的物流节点还受到温度、湿度、雨量等自然因素的约束。

2. 初步选址确定。在明确上述约束条件后，就可以聘请专家和高层管理人员初步确定选址范围，即确定初始选址地点。

3. 资料收集整理。确定物流节点布局方案需要对相关因素进行定量和定性分析，这就需要收集整理大量的数据资料，以作为依据。收集整理的资料包括：客户分布、客户生产经营状况、产品特征、物流量、交通状况、运输批量和频率、物流节点建设成本和客户对时效性的要求等。

4. 模型定量分析。随着数学和计算机的普及，数学方法广泛应用于解决节点选址问题。针对具体的物流节点布局方案，需要根据对现有已知条件的掌握、选址要求等，根据现实情况选用一个或多个模型进行定量分析。综合市场适应性、土地条件、服务质量等，对计算结果进行评价，看其是否具有现实意义以及可行性。

5. 布局方案确定。以定量分析结果为基础，通过专家判断法、模拟法等定性方法来求解，但是所得解不一定为最优解，可能只是符合条件的解，还需要最终确定布局方案。

（二）物流节点布局规划的方法

确定物流节点最优位置的主要目标是使总运营成本最小。节点选址的固定费用一般是最初投资的年费用，包括土地使用、设备和建筑费用。重新选址费用包括将设备移到新节点地址的费用、新节点初建费用和关闭旧址的节点费用。新节点选址还包括其他限制因素，如所选位置的数量及可得性、供应源能力、消费点的需求、建新节点的总资金等。

1. 单一节点布局规划。单一节点布局规划时，可以考虑加权因素分析法，该方法既可以考虑影响节点地址的定量因素，也可以考虑定性因素，但在分析之前需要确定一系列候选地点。其具体步骤为：（1）确定选择地点需要考虑的因素和标准、各评价标准的权重或相对重要性；（2）给每个地点的所有因素从 1 到 10 进行打分；（3）计算每个地点的加权分数，并选择加权评分最高的地点作为选址地点。

也可以采用定量计算的方法，如直角距离选址模型、欧几里得距离选址模型等。

表 5.2 给出了一系列由 Ghosh 和 McLafferty 提出的影响地点选择较重要的一些因素。

表 5.2 影响地点选择的主要因素

分类	因素
费用结构	土地费用、建筑费用、税收、保险及其他
法律规定	分区规划、租借条款、地方商业规章
人口统计	人口基数、收入状况、劳动力供给
交通运输	运输类型及流量、运输方式、到达车站或港口的方便程度
竞争结构	竞争对手、类型
备选地点特征	停车的方便性、建筑物的状况、从其他主要街道看此地的能见度

资料来源：GHOSH A, MCLAFFERTY S L. Location Strategies for Retail and Service Firms. Lexington, MA: Lexington Books, 1987.

2. 多节点布局规划。多节点选址是指在存在 m 个现有节点的情况下，为多于一个的新节点进行选址，同时新节点需要服务于现有节点的问题。当 $m=n$ 时，只需要在每个现有节点旁建立一个新节点即可；当 $m>n$ 时，需要考虑连续解空间和运输费用。为现有工厂和市场服务的新仓库的选址、为拼车装货网站建立拆装站、在一个生产节点上建立保管节点、在一个城市里建立物流分拨中心都是多节点选址的例子，这些多节点选址问题多采用中线、重心法为基础的最近距离和欧几里得距离的选址方法。

第四节 物流网络规划

一、物流网络规划的概念

物流网络规划就是确定产品从供货点到需求点流动的结构，包括决定使用什么样的节点、节点的数量、节点的位置、如何给各节点分配产品和客户、节点之间应使用什么样的运输服务，以及如何进行服务。

物流网络是物流系统的基础设施，任何先进高效的物流系统都是基于一个具体的物流网络，如何搭建现代化的物流网络已经成为物流系统研究的核心问题。物流网络规划的合理性对整个物流系统的运营效率有着最直接的影响。由此可见，物流网络合理布局是指以物流系统和社会的经济效益为目标，用系统学的观点和系统工程的方法，综合考虑物资的供需状况、运输条件、自然环境等因素，对物流节点的设置位置、规模、供货范围等进行研究和设计，做出恰当的布局。

图 5.1 给出一个抽象的产品流动网络，可以由基层仓库供给需求，也可以直接由工厂、供应商或港口供给。而基层仓库又由地区仓库供给，或直接由供货点供给。网络结构可以有多种形式，根据流经网络的产品不同，企业的物流网络可以比图示更复杂或者更简单，甚至可能存在完全不同的结构。换句话说，一个企业的产品流动可以有不止一个物流网络设计方案。

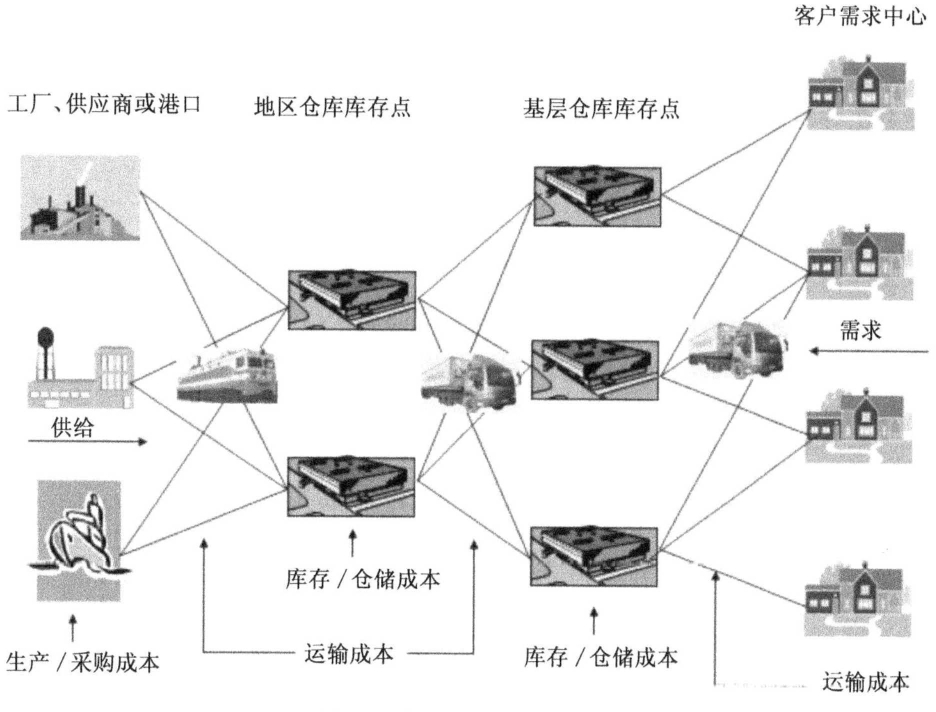

图 5.1　物流网络流动示意图

这种网络布局的问题既包括空间设计问题，也包括时间设计问题。空间或地理设计问题是指决定各种节点的平面地理位置。确定各种节点的数量、规模和位置时要以地理特征表示的客户服务要求和成本为基础寻求平衡。这些成本包括生产采购成本、库存持有成本、节点成本和运输成本。

物流网络规划的时间性或时间问题是一个为满足客户服务目标而保持产品可得率的问题。通过缩短生产/采购订单的反应时间或者通过在接近客户的地方保有库存，可以保证一定水平的产品可得率。这里首要的考虑因素是客户得到产品的时间。在满足客户服务目标的同时平衡资金成本、订单处理成本和运输成本，决定产品流经物流网络的方式。以时间为基础的决策也会影响节点的选址。

二、物流网络规划的目标

物流网络规划模型通常是以系统总成本最低为目标函数的。建立模型时主要考虑的费用有网点建设投资、网点内部的固定费用、网点经营费用、运杂费等。

网点建设投资包括建筑物、设备和土地征用等的费用。此项费用一般与网点的位置和规模有关。网点设置以后的人员工资、固定资产折旧以及行政支出等与经营状态无关的费用构成网点内部的固定费用，与网点的位置无关。网点经营费用是网点在经营过程中发生的费用，如进出库费、保管维护费等。它是与经营状态直接相关的费用，即与网点的中转量大小有关。运杂费是物资运输过程中发生的费用，主要包括运价、途中换乘转装等费用。显然，它与运输路线，即与网点位置有关。为了使问题简化，一般将上述各类费用分成两个大类：固定费用和可变费用。如投资、固定管理费等属于固定费用，经营费用和运杂费则为可变费用。网点的规模用吞吐能力表示。

物流网络规划的约束条件主要有：资源点向外提供的资源量不超过其生产能力；运达用户的物资等于它的需求；各网点中转物资的数量不超过网点的设置规模（吞吐能力）；用户采取直达方式进货时，每笔调运量不低于订发货起点的限制；用户中转进货的物资应尽量集中于一个网点上，以便提高转运效率。

三、物流网络规划的原则

为了达到物流网络系统节约社会资源、提高物流效率的目标，在进行物流网络构建时要遵循一些原则。

1. 按照经济区域建立网络。物流网络系统构建必须既要考虑经济效益，也要考虑社会效益。考虑经济效益就是通过建立物流网络降低综合物流成本。考虑社会效益是指物流网络系统要有利于资源的节约。

在一个经济区域内，各个地区或企业之间经济上的关联性和互补性往往会比较大，经济活动比较频繁，物流规模总量较大，物流成本占整个经济成本的比重大，物流改善潜力巨大。因此，在经济关联性较大的经济区域建立物流网络非常必要，而且要从整个经济区域的发展来考虑构建区域物流网络。

2. 以城市为中心布局网络。作为厂商和客户的集聚点，其基础节点建设和相关配套建设比较完备，作为物流网络规划的重点，可有效地发挥节省投资和提高效益的作用。因此，在宏观上进行物流网络规划时，要考虑物流网络覆盖经济区域的城市，把它们作为重要的物流节点；在微观上进行物流网络规划时，要考虑把中心城市作为依托，充分发挥中心城市现有的物流功能。

3. 以厂商集聚形成网络。集聚经济是现代经济发展的重要特征，厂商集聚不仅降低运营成本，而且将形成巨大的物流市场。物流作为一种实体经济活动，显然与商流有明显区别，物流活动对地域、基础节点等依赖性较强，因此，很多企业把其生产基地设立在物流网络的中心。例如，美国很多大规模的跨国公司总部坐落在小城市，大量的商流活动在那里发生。天津经济技术开发区汇集了很多跨国公司的生产中心，形成了巨大的物流市场。因此，在物流网络构建时，需要在厂商物流聚集地建立物流网络的重点节点。

4. 建设信息化的物流网络。物流信息系统作为物流网络的一个重要组成部分，发挥着非常重要的作用。物流网络的要素不仅是指物流中心、仓库、节点、公路、铁路等有形的硬件，这些硬件只是保证物流活动能够实现，但不能保证高效率。物流信息系统通过搭建物流网络信息平台，通过物流信息的及时共享和对物流活动的实时控制，能够大大提高物流网络的整体效率。有关专家指出，科学、完善的物流信息系统将会把物流活动的效率提高 3~8 倍，甚至会更高。

四、物流网络规划的步骤

在确定物流网络规划最佳方案时，需要考虑诸多因素。设计合适的物流网络需要与物流系统战略总体规划目标保持高度一致。物流网络的设计归根结底是为了实现物流系统战略规划的目标。

物流网络规划是一个复杂的反复的过程。一般对于战略性和综合性的物流网络规划过程需要以下几个过程。

1. 组建物流网络设计团队。一开始，最重要的就是成立负责物流网络规划设计过程各方面的物流网络设计团队。这一团队可以包括企业的高层管理人员、物流经理、物流专家以及生产和销售部门的相关人员等。组建物流网络设计团队的关键就是参加人员必须了解企业总体发展战略、企业的根本业务需要和企业所参与的供应链。这个团队需要制定出物流网络设计的目标和评价参数，还要考虑使用物流外包的可能性，以充分利用外部提供的物流网络解决方案和物流资源。

2. 物流网络的数据收集。物流网络数据收集的主要目的是为了全面深入了解当前的系统并界定对未来系统的要求。一般来说，数据的收集包括对物流网络中各个节点资料的收集。例如，对于库存系统，需要获取空间利用率、仓库布局和设备、仓库管理程序等具体的数据；对于运输系统，应收集运费等级和折扣、运输操作程序、送货需求等资料。此外，还要收集客户需求情况和关键的物流环境要素的数据，并且界定出企业在相关供应链上的位置。

3. 备选方案的提出。在数据收集之后，需要利用各种定量、定性的方法建立恰当的模型，进行节点规划选址分析、提出物流网络规划的具体备选方案。各种用于取舍备选方案的数据来自实地调查、未来要求、数据库分析和客户服务调查，用于选择的方法随着网络设计目的的不同而不同。主要的建模方法有模拟仿真方法和启发式方法等。

4. 相关方案的比较。备选物流网络设计方案的比较首先是各个方案实施费用的比较，如添置新的仓库设备、有关建筑物建造整改费用等都是用于进行各个备选方案优劣分析的重要因素。当然，各个方案之间不能仅仅依靠经济分析来进行比较，还必须考虑每种方案对于客户服务水平的影响，不能一味地降低成本而导致客户满意度下降。在得出结论之后，就要制定各主要步骤的时间进度表，包括从现在的系统向未来系统的转换等的执行时间表。

5. 方案的执行实施。物流网络规划方案的总体方向一旦确定，有效的执行方案就变得非常重要。这是物流网络规划设计的最后一个步骤，在方案的实施过程中应该不断地收集信息，发现问题，及时将具体实施过程中的问题汇总到管理层和物流规划设计团队，以期得到修正。

五、物流网络规划的方法

物流系统本身就是一个庞大的网络，其中包含众多需要规划设计的问题。对于物流网络来说，规划设计的问题可以抽象地表述为物流网络节点与节点之间的连接链的问题。20 世纪中期以来，随着运筹学的迅速发展，特别是计算机的广泛运用，许多规划问题能够方便迅速地得以解决，这也使得物流网络规划的方法越来越多，为不同方案的对比分析提供了强有力的手段。这些方法可以大致分为几类，包括数学分析技术、仿真模型、启发式模型、最优模型、专家系统模型和决策支持系统。

数学分析技术泛指各种仅借助简单数学分析技术的方法，包括统计图表、制图技术、表格对比等几种方法。但是，这类技术的分析结果不一定是低质量的，洞察力、经验和对网络布局的良好理解使得人们能够做出满意的设计。这类方法能够考虑主观因素、例外情况、成本和限制条件等许多最复杂的数学模型所不能包括的因素，这使得其分析内容更丰富，并且有可能做出能直接用于实施的设计方案。

仿真模型通常包括模拟成本结构、约束条件和其他能够合理地代表网络的因素。这类模拟通过利用随机的数学关系来完成，因而，仿真程序就是对系统模型进行详细的试验的技术。也就是说，将一定的网络结构表示为仿真模型，然后提供与系统方案运营相关的成本和其他数据，对同样的成本或不同的方案反复多次进行试验，就可以生成有助于比较不同设计方案的统计数据。由于模型关系非常复杂，所处理的信息量巨大，因此仿真通常是由计算机进行的。该方法可被用来处理物流管理中的各种规划问题，如利用仿真模型进行仓库选址、网络优化和运输策略选择等。

绝大多数仿真模型要针对所分析的具体问题进行专门设计。大多数的仿真模型还是建立在通用仿真语言的基础之上的。现在，许多通用语言都具有图像功能，模拟产品的流动和库存的水平可以动画的形式展现在屏幕上，以便于对结果进行解释。

如果在某个复杂的描述中有大量十分重要的细节，其中存在许多随机因素，寻找数学上的最优解并不是问题的关键，就可以选用仿真技术。物流业界将仿真技术作为第二常用的分析技术，仅次于统计技术。

启发式模型是某种形式的混合模型，它将仿真模型定义的真实性与最优模型所能实现的寻求最优解的过程结合在一起。启发式模型一般可以解决许多复杂的问题，但无法保证获得最优解。模型是围绕启发式方法的概念建立的。一般认为，启发式方法是一个简化了的推理过程，寻求得到满意答案，而不是最优解。启发式方法包含一种规则或计算程序，可以限制问题的可行解的个数，它模拟人的一些行为准则，对无法求得最优解的问题得出一个可接受的解，从而缩短了问题的求解时间。

启发式模型对物流中某些难以解决的问题来说是一个实用的方法。如果建立模型的目的就是找到最佳答案，且利用优化法对问题求解要求的条件过多时，那么启发式模型会非常有用。我们常常在规划时使用启发式方法，它可以表现为某些准则或概念。启发式方法的规则通常有：最适合建仓库的地点是那些需求量大的地区或临近这些地区的地方；应该由供货点直接供货给那些按照整车批量购买的客户，而不应再经过仓储系统；如果某产品出入库运输成本的差异能弥补仓储成本，则应该将该产品存放在仓库中；生产线上最适合采用 JIT 而不是采用统计库存管理方法的物料是那些需求和提前期波动最小的物料；下一个进入分销系统的仓库就是那个节约成本最多的仓库；从分销的立场来看，成本最高的客户就是那些以小批量购买且位于运输线路末端的客户；从分销网络的最远端开始，沿途搭载小批量货物直到装满整车，再回到运输起点的运输方法是最经济的。

上述规则都可纳入一个模型，一般是计算机软件，这样在求解时能够遵循这些逻辑规则。

最优模型是依据准确的数学过程评价各种可选方案，且能保证得到针对该问题的数学最优解（最佳选择），即从数学上可以证明所得到的解是最优的。许多确定性的运筹学模型或管理科学的模型都属于此类模型。这些模型包括数学规划、枚举模型、排序模型、各种各样的微积分模型和设备替换模型。许多最优模型已经经过概括总结，可以买到相应的软件包。

最优模型的优势体现在几个方面：在给定一整套假定条件和数据时，可以保证用户能得到最优解；可以正确处理许多复杂的模型结构；因为得到了所有的方案，并进行了评估，所以分析的效率会更高；因为每次都保证得到最优解，可以放心地对各次运行的结果进行比较。

最优模型和启发式模型所获得的解在成本上或利润上的差异是很明显的。尽管最优模型的这些优势使人印象深刻，但它也并不是没有缺点。最优模型最主要的缺点就是随着问题复杂程度的增加，即使利用最大型计算机，也无法在合理的计算时间内得到最优解。因此常常需要在求解时间和问题描述的现实性之间取得平衡。虽然如此，有限的最优模型也可以应用在启发式模型中，求得部分问题的最优解。

如果曾对某个规划问题进行过多次求解，规划人员就会对该问题的解决方法积累出一定的经验，这些经验往往胜过复杂的数学公式。如果能将这些知识或经验融入现有模型或专家系统中，就能够比单独使用仿真技术、启发式方法或最优化方法得出的结果的总体质量更高。

与传统的规划系统相比，专家系统有几个明显的优势：专家系统既能处理定性信息，也能处理定量信息，使得某些关键性的主观因素可以很容易地成为决策过程的组成部分；专家系统能够处理不确定的信息，而且利用部分信息也能够对问题求解，这样就能够解决一些更复杂的、未能很好地组织起来的问题；专家系统解决问题时使用的信息量少，解决问题的速度更快、成本更低；专家系统展示的专家解决问题的逻辑方法，使得物流管理人员能够很快地提高决策能力；专家系统提供的知识可转移、可复制且具有文档化特征。

在计算机的帮助下，数据库和分析工具已经结合在一起，形成现在所谓的决策支持系统。决策支持系统使用户直接与数据库交互作用，将数据直接导入模型，以简洁的描述分析来辅助决策过程。

决策支持系统为决策者提供的可能是仅仅能够与之进行交互的环境，但为用户做最终决策留有很大的余地。此外，这样的系统也可以为决策者提供可供执行的方案。如果涉及战略设计，前一种情况比较典型；如果仅是短期计划，则后一种特征更为重要。无论是哪种情况，以计算机为基础的决策支持系统都为规划过程提供了更为广泛的空间。

小　　结

1. 物流系统的网络化是经济全球化电子商务时代物流活动的主要特征之一，完善的物流网络是现代高效物流系统的基础条件。通过对企业物流系统的分析，可将其抽象成由节点和链组成的网络。

2. 物流系统节点是指物流网络中连接物流线路的集结处，在物流系统中发挥着衔接功能、信息功能和管理功能，根据其作用不同可分为转运型节点、储存型节点、集散型节点、配送型节点和综合型节点。

3. 物流节点布局规划的内容主要包括节点选址和节点布局，前者是指在一定层次和地区范围内，确定物流系统节点合理的空间布局方案，后者是指内部布局。确定物流节点最优位置的主要目标是使总运营成本最小。节点布局规划时可采用多种定性和定量方法。

4. 物流网络规划就是确定产品从供货点到需求点流动的结构，通常是以系统总成本最低为目标函数的，需要遵循一些原则。一般采用数学分析技术、仿真模型、启发式模型、最优模型、专家系统模型和决策支持系统等实现最优规划。

思考与练习

（一）单项选择题

1. 物流节点规划的内容包括(　　)和节点布局。

A. 节点选址　　B. 节点开放

C. 节点关闭　　D. 节点转移

2. 对于复杂的物流网络规划问题，应用(　　)可以寻找到满意答案，而不是最优解。

A. 数学分析技术　　B. 仿真模型

C. 启发式模型　　D. 最优模型

（二）多项选择题

1. 物流网络的构成要素有(　　)。

A. 厂商　　B. 信息系统

C. 物流节点　　D. 运输线路

2. 物流网络规划解决的问题有(　　)。

A. 物流网络节点的数量　　B. 物流网络节点的位置和规模

C. 物流服务水平　　D. 各物流节点的供应关系

（三）简答题

1. 物流节点分为哪些类？各有什么特点？

2. 物流节点选址时需要考虑哪些因素？

3. 物流网络规划的难点是什么？

4. 物流网络规划方法近年来得到了哪些发展？

案例分析

速度+规模=家乐福模式

“每次家乐福进入一个新的地方，都只派 1 个人来开拓市场。进台湾家乐福只派了 1 个人，到中国内地也只派了 1 个人。”9 月 11 日，家乐福的企划行销部总监罗定中用这句令记者吃惊不已的话做他的开场白。

罗解释说，这第一个人就是这个地区的总经理，他所做的第一件事就是招一位本地人做他的助理。然后，这位空投到市场上的光杆总经理，和他惟一的员工做的第一件事，就是开始市场调查。他们会仔细地去调查当时其他商店里的有哪些本地的商品出售，哪些产品的流通量很大，然后再去与各类供应商谈判，决定哪些商品会在将来家乐福店里出现。一个庞大无比的采购链，完完全全从零开始搭建。

这种进入市场的方式初看难以理解，但却是家乐福在世界各地开店的标准操作手法。这样做背后的逻辑是，一个国家的生活形态与另一个国家生活形态经常是大大不同的。在法国超市到处可见的奶酪，在中国很难找到供应商；在台湾十分热销的槟榔，可能在上海一个都卖不掉。所以，国外家乐福成熟有效的供应链，对于以食品为主的本地家乐福来说其实际意义不大。最简单有效的方法，就是了解当地，从当地组织采购本地人熟悉的产品。

1995 年进入中国市场后，短时间内家乐福便在相距甚远的北京、上海和深圳三地开出了大卖场，就是因为他们各自独立地发展出自己的供应商网络。根据家乐福自己的统计，从中国本地购买的商品占了商场里所有商品的 95%以上，仅 2000 年采购金额就达 15 亿美元。除了已有的上海、广东、浙江、福建及胶东半岛等各地的采购网络，家乐福还会在今年年底分别在中国的北京、天津、大连、青岛、武汉、宁波、厦门、广州及深圳开设区域化采购网络。

十字路口的商圈这个“空降兵”的落点注定是十字路口，因为 Carrefour 的法文意思就是十字路口，而家乐福的选址也不折不扣地体现这一个标准——所有的店都开在了路口，巨大的招牌 500 米开外都可以看得一清二楚。而一个投资几千万的店，当然不会是拍脑袋想出的店址，其背后精密和复杂的计算，常令行业外的人士大吃一惊。

根据经典的零售学理论，一个大卖场的选址需要经过几个方面的详细测算。

第一就是商圈内的人口消费能力。中国目前并没有现有的资料（GIS 人口地理系统）可资利用，所以店家不得不借助市场调研公司的力量来收集这方面的数据。有一种做法是以某个原点出发，测算 5 分钟的步行距离会到什么地方，然后是 10 分钟步行会到什么地方，最后是 15 分钟会到什么地方。根据中国的本地特色，还需要测算以自行车出发的小片、中片和大片半径，最后是以车行速度来测算小片、中片和大片各覆盖了什么区域。如果有自然的分隔线，如一条铁路线，或是另一个街区有一个竞争对手，商圈的覆盖就需要依据这种边界进行调整。

然后，需要对这些区域进行进一步的细化，计算这片区域内各个居住小区的详尽的人口规模和特征的调查，计算不同区域内人口的数量和密度、年龄分布、文化水平、职业分布、人均可支配收入等许多指标。家乐福的做法还会更细致一些，根据这些小区的远近程度和居民可支配收入，再划定重要销售区域和普通销售区域。

第二，就是需要研究这片区域内的城市交通和周边的商圈的竞争情况。如果一个未来的店址周围有许多的公交车，或是道路宽敞，交通方便。那么销售辐射的半径就可以更为放大。上海的大卖场都非常聪明，例如家乐福古北店周围的公交线路不多，家乐福就干脆自己租用公交车定点在一些固定的小区间穿行，方便这些离得较远的小区居民上门一次性购齐一周的生活用品。

当然未来潜在销售区域会受到很多竞争对手的挤压，所以家乐福也会将未来所有的竞争对手计算进去。传统的商圈分析中，需要计算所有竞争对手的销售情况，产品线组成和单位面积销售额等情况，然后将这些估计的数字从总的区域潜力中减去，未来的销售潜力就产生了。但是这样做并没有考虑到不同对手的竞争实力，所以有些商店在开业前索性把其他商店的短板摸个透彻，以打分的方法发现他们的不足之处，比如环境是否清洁，哪类产品的价格比较高，生鲜产品的新鲜程度如何等，然后依据这种精确制导的调研结果进行具有杀伤力的打击。

当然一个商圈的调查并不会随着一个门店的开张大吉而结束。家乐福自己的一份资料指出，顾客中有60%的顾客在34岁以下，70%是女性，然后有28%的人走路，45%通过公共汽车而来。所以很明显，大卖场可以依据这些目标顾客的信息来微调自己的商品线。能体现家乐福用心的是，家乐福在上海的每家店都有小小的不同。在虹桥门店，因为周围的高收入群体和外国侨民比较多，其中外国侨民占到了家乐福消费群体的40%，所以虹桥店里的外国商品特别多，如各类葡萄酒，各类肥肠，奶酪和橄榄油等，而这都是家乐福为了这些特殊的消费群体特意从国外进口的。南方商场的家乐福因为周围的居住小区比较分散，干脆开了一个迷你SHOPPING MALL，在商场里开了一家电影院和麦当劳，增加自己吸引较远处人群的力度。青岛的家乐福做得更到位，因为有15%的顾客是韩国人，干脆就做了许多韩文招牌。

高流转率与大采购超市零售业的一个误区是，总以为大批量采购压低成本是大卖场修理其他小超市的法宝，但是这其实只是“果”而非“因”。商品的高流通性才是大卖场真正的法宝。相对而言，大卖场的净利率非常低，一般来说只有2%～4%，但是大卖场获利不是靠毛利高而是靠周转快。而大批量采购只是所有商场商品高速流转的集中体现而已。而体现高流转率的具体支撑手段，就是实行品类管理，优化商品结构。根据沃尔玛与宝洁的一次合作，品类管理的效果是销售额上升32.5%，库存下降46%，周转速度提高11%。

而家乐福也完全有同样的管理哲学。据罗介绍，家乐福选择商品的第一项要求就是要有高流转性。比如，如果一个商品上了货架走得不好，家乐福就会把它30厘米的货架展示缩小到20厘米。如果销售数字还是上不去，陈列空间再缩小10厘米。如果没有任何起色，那么宝贵的货架就会让出来给其他的商品。家乐福这些方面的管理工作全部由电脑来完成，由POS机实时收集上来的数据进行统一的汇总和分析，对每一个产品的实际销售情况，单位销售量和毛利率进行严密的监控。这样做，使得家乐福的商品结构得到充分的优化，完全面向顾客的需求，减少了很多资金的搁置和占用。

涉及具体营运的管理，罗特意用“Retail is Detail”这句简洁无比的英语来解释。举生鲜食品为例，流运的每一个过程点都要加一个控制点，从农田里采摘上来，放在车上，放在冷库里，放到商场货架上，全都要加以整理剔除和品质控制。然后生鲜食品放在货架上被第一批顾客采购了以后，还要进一步的整理。所有的这一切，都需要对一些细节进行特别的关注。家乐福在这方面发展出一套非常复杂的程序和规则。例如，食品进油锅的时候油温是多少度，切开后肉类保鲜的温度是多少度，多少时间必须要进行一次清理货架，商品的贴标签和商品新鲜度的管理，全都有详详细细的规定，用制度以确保自己“新鲜和质量”的卖点不会走样变形。为了使制度能够被不折不扣的执行，员工的培训也完全是从顾客的角度出发的，让他们把自己当成消费者来进行采购，结果当他们看到乱成一团的蔬菜，自己也不愿意买，终于对管理制度有了深刻的理解。

这个从一个空降兵开始出发的事业，现在已经变成了 15 个城市里 27 个商场，转眼间将家乐福的旗帜插上中国各个消费中心城市的制高点。沃尔玛经典的“以速度抢占市场（Speed to Market）”哲学，被家乐福抢了先机。

（资料来源：钱智．物流管理经典案例剖析．北京：中国经济出版社，2007.）

案例思考题

1. 家乐福在进行物流节点选址时考虑了哪些因素？
2. 家乐福在商圈调查中积累了哪些值得你学习的经验？

第六章　订单管理与物流信息系统

【学习目标】

1. 理解订单管理的内涵；
2. 理解常用的物流信息技术；
3. 理解物流信息系统在商物流分离中发挥的作用；
4. 掌握如何通过运用物流信息系统和信息技术缩短订单周期；
5. 理解如何实现物流服务交易活动的电子商务化。

第一节　订 单 管 理

一、订单管理和订单周期

订单管理有几种不同的定义，惟一的区别就是它们在应用时的精确度。一般来说，订单管理这个术语意味着一个企业如何处理订单。更具体地说，订单管理是指一个企业从接收订单到通知仓库运送货物而支付订货这段时间内所发生的所有活动。

订单周期是与订单管理相关的术语，也有几种含义，主要取决于看待问题的角度。站在销售者的角度，订单周期是接收客户订单到货物运送到客户所在港口的时间。站在客户的角度，订单周期是发出订货请求到接收货物的时间（有时，也称为补货周期）。订单周期越短，订单周期中发生的活动协调得越好，客户持有的库存就将越少。同时，值得注意的是，订单管理除了和销售订单直接相关，和销售预测也有关联。一个组织不是仅简单地等待订单，而是需要根据客户的服务水平，进行销售和库存方面的预测。

几乎所有接触过商业订单管理的人都不可避免地发现订货周期正在日益缩短，此外，在订单处理的整个过程中，客户还要求对订单进行跟踪，以确定订单的执行状态或地理位置。当今，“质量”一词已经被频繁地运用于物流系统中，通常与客户服务相关联。假设对送货系统有类似的质量管理方面的要求，那么组织必须在物流服务方面同其他组织进行竞争。

很多组织为了对其客户服务标准进行分析，将订单周期进行不同形式的细分。本书认为订单周期包括5个部分（或称为阶段），即订单计划、订单传递、订单处理、订单拣选和装配和订单运送。

（一）订单计划

为了平衡工作量，一些企业会进行规划，使得订货分配更加均衡。高效的订单处理系统所要解决的一个最大问题是订单过于集中或过于分散。例如，订单处理系统中的超载会造成延期交货，导致整个订单周期时间增加，客户服务水平下降。减少订单扎堆的关键是在客户下订单时进行控制。通过对客户订单进行调度、组织可以进行平衡以便减少交付订单所造成的超载或低载。

企业通常使用三种方法来控制客户订货模式。第一种方法利用销售部门或其他部门，由销售人员上门取单。第二种方法是进行电话营销。销售代表每个月在规定的一次或多次的时间里与消费者通过电话联系，获取订单。第三种方法通过选定提交订单的时间给予客户销售优惠政策。

（二）订单传递

订单传递指从客户订货或发送订单到销售方获得订单这一段时间内所进行的所有业务活动。近些年来，订单传送受到了越来越多的重视，这主要有两种原因。一是邮寄订单需要花费几天的时间，不合理。二是邮寄服务的不确定性很强，无法保证订单按时交付。

为了修正订单传送中出现的这些缺陷，许多公司安排销售人员与客户通过电话或其他的电子方式直接订货。接收订单的一些企业具有一个ID电话接收机，专门用于接收电话，使得订单接收者可以获得来自同一电话号码的其他订单的信息记录。利用电话的另一种方法是订单传真。另一种订单传送方式是采用扫描仪和条码，其应用日益广泛。无线电装置也可用来传送订单。到目前为止，传送订单的最大发展是利用Internet。

（三）订单处理

订单处理通常包括如下一些活动：

1. 对订单信息的完备性和正确性进行检查；
2. 信用管理部门对客户信用进行检查；
3. 将订单录入到系统中（这一步骤又称为订单录入）；
4. 营销部门根据销售确定销售人员的信用；
5. 财务部门记录该业务；
6. 库存管理部门确定出货仓库，生成提货单，修改库存文件；
7. 运输部门进行运输安排。

可以通过EDI进行各种信息的传递。当货物发出时，提前运输通知ASN可以通过EDI发送给收货方，以便收获方将这些货物看作将来的存货而不是订货。几乎所有的大企业都具有计算机化的订单处理系统，它们通过设计订单表来推动客户和卖方对计算机的使用。

每个企业必须应付的另一种情况是缺货问题。在大多数情况下，最好的做法是尽快将缺货情况通知客户。国际货物转运商一方面准备装运单据，另一方面与海运承运人达成协议。

(四) 订单拣选和装配

订单管理的下一步就是订货提取和装配，这一步骤开始于针对特定客户订单生成拣货单或装配单。由计算机安排订单拣货已经成为一种趋势。拣货完成后，要核实组合订货以确保订货是否被准确地拣取。如果一个特殊零件缺货，这一信息将传回到订单处理部门，从而对原始单据进行调整。在每个出库单上都包含了一个包装清单，上面标明了提取的货物和装运的货物的人的姓名的首字母。收货方将按照订货收据核对包装清单，核实所有的货物是否齐全。

(五) 订单运送

订单周期的最后阶段是订货交付，指从承运人提取货物到货物送达客户接货码头的时间。承运人建立了自身的服务标准，采用这些标准的托运人必须将承运人估计的交货时间与订货周期的整个估算时间结合起来。有些客户会自行进行订单拣取。

当订货周期的 5 个阶段——订单计划、订单传送、订单处理、订单拣货和装配、订单交付——经过周密的运转和灵活的协调后，企业将会获得很大的收益。高效率的订单周期是一个有效的销售工具。同时，高效率的订货周期是一个极有价值的内部工具。在企业内部的交易中会出现许多相同的步骤，其中如信用检查之类的步骤，可以被取消或修正。

二、整合订单管理和物流管理信息系统

订单处理系统带动了大量的物流活动，包括确定运输方式、承运人和装载顺序；库存分配与拣货和包装清单准备；仓库拣货与包装；更新库存文件，扣除已拣货物；自动打印补货单；准备装运文件（如果是同一个承运人的话，就只形成一个提单)；将产品运送到客户。

订单处理涉及从一个部门到另一个部门的信息流，以及一些文件或数据库，比如客户信用状况、库存的可得性和运输计划。信息系统可以是全自动也可以是全人工的，大部分情况介于两者之间。

一般来说，人工系统速度慢、不稳定、容易出错，信息延迟的情况经常发生。人工系统严重限制了公司实施一体化物流管理（具体讲就是保持或改善客户服务水平的同时降低总成本）的能力。一些普遍的问题包括：无法发现报价错误、无法及时得到关于信用的信息或者无法确认库存的可得性。销售损失和较高的成本共

同降低了生产商的利润率。

实际上，及时和准确的信息具有价值。信息延迟将延长订货周期。订单处理的自动化和整合可以节约时间、降低信息延迟的可能性。自动化有助于管理者整合物流系统，通过库存和运输费用的减少降低成本。很明显，通信网络是实现物流总成本最小化的关键因素。

要使管理者有能力执行各种各样的任务，物流管理信息系统必不可少。这些任务包括进入新市场；变更包装设计；在公共运输、合同运输和自营运输之间做出选择；增加或减少库存；确定客户的赢利能力；在公共仓储和自营仓储之间做出选择；确定地区仓库的数量和订单处理系统的自动化程度等。为了做出这些战略性的决策，管理者必须清楚所考虑的这些选项的成本和收益。

管理者一旦做出了决定，就必须按照惯例来进行绩效评估，以确定：系统是否在受控状态下运行以及是否与原先预期的收益相符；按照目前的运作成本，是否值得考虑替代物流。这项工作被称为运作决策制定。订单处理系统是战略决策制定和运作决策制定的主要信息来源。

高级订单处理系统能够为组织各部门提供大量的信息。物流、生产和销售/营销都有获取数据的终端。系统可以提供各种各样的既定报告，还可以根据需要提供状态报告。系统还可以满足各种各样的数据要求，包括客户订货历史、订单状态以及市场与库存的位置。

第二节　物流信息系统

一、物流信息

物流信息是指与物流活动相关的信息，是反映物流各种活动内容的知识、资料、图像、数据、文件的总称。从信息来源看，一部分直接来自于物流活动本身，另一部分则来自商品交易活动和市场。狭义上的物流信息一般是指直接产生于物流活动的信息。广义上的物流信息还包括对物流活动有用的来自于商品交易活动甚至生产活动的信息。物流活动的管理和决策是建立在对信息准确而全面把握基础之上的，物流作业活动的效率化同样也离不开信息的支持。

在现代经营管理活动中，物流信息与商品交易信息、市场信息相互交叉、融合，彼此有着密切联系。广义的物流信息不仅能够起到连接整合从生产厂家、经过批发商和零售商到最终消费者的整个供应链的作用，而且在应用现代信息技术的基础上能实现整个供应链活动的效率化。也就是说，物流信息不仅对物流活动有支持保证的功能，而且具有连接整合整个供应链和使整个供应链活动效率化的功能。

（一）物流信息的特点

物流信息的特点可以概括为以下几个方面。

1. 物流信息种类繁多，来源广泛。不仅企业内物流系统内部各个环节有不同种类的信息，而且物流系统与其他系统（如生产系统、销售系统等）密切相关，同时随着供应链的发展，企业间的信息统一与共享的要求日趋增高，这就使得物流信息的分类、研究、筛选等工作的难度大大增加。在物流企业内部，来源广泛的物流信息要求物流企业建立有效的信息收集和处理系统，实现企业内部的信息统一化和信息共享。在供应链管理中，某个企业竞争优势的获得需要供应链各参与企业相互协调合作。通过 EDI 在各个企业间进行物流信息传输，可以实现资源共享，降低物流信息处理成本，推动物流活动的顺利开展。

2. 物流信息量大。物流信息随着物流活动以及商品交易活动的展开而大量产生。随着现代物流的飞速发展，多品种小批量生产和多额度小数量配送、库存、运输等物流活动的信息激增。与此同时，人们对于大信息量的处理方法也在增多。例如，零售商们广泛地采用 POS 来读取某一销售时点的商品品种、价格、数量等即时销售信息，并对这些销售信息进行加工整理，通过 EDI 系统向相关企业传送。在库存补充作业方面，许多企业采用了电子自动订货系统。随着供应链技术的发展，企业对于大规模信息流的驾驭能力将会越来越强。

3. 物流信息更新速度快，信息价值的衰减速度快。随着企业竞争不断加剧，现代物流的一个发展趋势是物流服务供应商设法满足客户个性化服务需求，多品种小批量生产、多额度小数量配送。由此产生大量的新信息，不断地更新原有的数据库，而且更新的速度越来越快。这就对信息管理的及时性要求很高。

（二）物流信息的组成

按物流功能的不同，物流信息可分为计划信息、控制及作业信息、统计信息等。计划信息是指被当作目标加以确认的信息，例如，运输量计划、仓储计划、与物流活动有关的基础设施建设计划等。只要现在还没有进入具体业务操作的都可以归入计划信息。这类信息的特点是具有相对稳定性，变动频率较小。

控制及作业信息是指在物流业务操作过程中发生的信息，具有很强的变动性，是物流活动必须发生的信息，例如，运输工具信息、仓库信息、配送信息、包装加工信息等。这种信息的特点是动态性强，更新速度快，是掌握物流活动实时运动情况的重要信息。这种信息的作用是控制和调整正在发生的物流活动，指导下一次即将发生的物流活动，以实现对物流活动的有效控制和管理。统计信息是物流活动整个流程结束以后，对整个物流活动所作出的一种总结性和归纳性的信息。这种信息具有一定的规律性，虽然新的统计结果从总体上来看具有动态性，但是已产生的统计信息都是确定性的历史结果。例如，上一年度发生的物流量、物流种类、运输方式、运输里程等，都属于这类信息。

按信息的来源的不同，物流信息可分为物流内部信息和物流外部信息。物流内部信息包括物料流转信息、物流作业层信息，具体包括运输信息、储存信息、物流加工信息、配送信息、定价信息、物流控制层信息和物流管理层信息。物流外部信息包括供应商信息、客户信息、订货合同信息、社会交通通信信息、市场信息和政策信息等。

二、物流信息系统

（一）物流信息系统的内涵

物流信息系统作为企业信息系统的主要组成部分，可以理解为通过物流相关信息的收集、加工、处理、储存和传递来达到对物流活动的有效控制和管理，并为企业提供信息分析和决策支持的人机系统。它是整个物流系统的心脏，是现代物流企业的灵魂。对于物流企业来说，拥有物流信息系统在某种意义上比拥有车队、仓库更为重要。物流信息系统在物流运作过程中非常关键，并且自始至终地发挥着不可替代的中枢作用。

物流信息系统具有实时化、网络化、系统化、规模化、专业化、集成化、智能化等特点。物流信息系统以物流信息传递的标准实时化、存储的数字化、物流信息处理的计算机化等为基本内容。

（二）商物流分离与物流信息系统

物流与商流一起共同构成流通活动的整体，物流是伴随着商流而发生的。在传统的流通模式下，物流作为商流的一种附属功能存在，物流与商流完全是紧密结合在一起的，这表现在两个方面。一是物流活动与商流活动在空间上的一致性。商流路径同时也是物流路径，商品的所有权从工厂转移到批发商，商品实体也会由工厂仓库流动到批发商仓库，销售营业点与仓库在同一个区域。二是商品的库存由销售人员根据自己的意志决定，出于自身利益的考虑，往往加大库存量。由此带来的是流通阶段库存的增加、库存陈腐化浪费增加以及物流成本上升。改变这种状况的办法是将物流系统从商流活动中分离出来，通过计划管理实现物流系统的合理化，运用物流系统向流通各个阶段提供充足的物流服务，以此来降低物流成本。

但是，流通活动的基础是商品交易活动，物流作为支援系统发挥作用。要将两者分离开不是一件容易的事情。解决这个问题的办法是借助于信息通信系统，在构成流通的商流和物流活动有效地发挥各自功能的同时实现物流合理化的目的。

以现代信息系统为支撑的商物流分离下的流通方式，在商流方面尽管还要经过多个阶段。但是，订货信息可以通过数据传输网络直接由零售商传达到生产商，商品实体由分布在各个区域的物流中心直接向零售商配送，从而避免了中间阶段多余库存的发生，直接运输、配送使物流环节大幅度减少，下游的信息通过信息网络系统迅速传达到上游。商物流分离在追求各自合理化的同时，通过信息系统的支持，又将两者紧密结合在一起，以便更好地达成原来的目的。

（三）常用物流信息系统

1. 订单处理系统。客户可以用很多种方式下订单。如前所述，手工进行订单录入和处理具有诸多弊端。现在，一种更为通常的做法是客户用电话向供应商的客户服务代表下订单，客户服务代表配备了链接到供应商数据库的计算机终端。这种系统使得客户服务代表可以确定库存中是否有特定的产品，并自动从库存中扣除订货，从而避免把这些产品再许诺给另外一个客户。这种方式改进了客户服务，因为如果产品缺货，客户代表就可以告诉客户产品的可得性并且有可能马上为客户安排一种替代品。另外，这种系统也缩短了订单周期。

现在，电子手段，比如用电话传输数据的电子终端和计算机到计算机的链接（如 EDI），已经非常普遍了。这些手段使得订单传输和订单录入速度更快、准确度更高。一般来说，快速订单传输手段需要在设备和软件方面进行前期投资。然而，可以用订单传输中节省下来的时间来降低库存并实现运输整合，从而弥补投资。

订单一旦进入订单处理系统就可以进行各种各样的检查，以确定：(1) 库存中是否有订单所需数量的产品；(2) 根据客户的信用状况是否可以接受这批订单；(3) 如果库存中没有现货，是否已经安排了生产。利用计算机能够以最短的时间来完成这些活动，这些活动经常可以与订货周期中的其他活动同时进行。然后，更新库存文件，如果需要的话可以延迟订货，撰写生产报告来显示库存结余状况。

管理者还可以把每日的销售信息输入到销售预测模块中。订单处理过程的下一步就是要为生成发货单、发给客户订单确认书、生产从仓库中提取货物的指示以及生成货运文件提供信息。但当货物已经从仓库中提取出来并且已经安排了运输时，要通知会计部门处理发货单。所有这些过程都可以无缝、自动操作，以减少数据的重复输入，避免错误、文件的混乱和无意义的体力劳动。

订单处理系统的基本功能是形成一个连接客户与生产商的通信网络。一般来说，较高的非连贯性与较慢的订单传输手段有关。订单传输的人工方式需要若干个较多的操作，因此发生通信错误的几率更大一些。管理者可以在速度、成本、一贯性和精确性的基础上对订单传输的各种手段进行评价。

订单处理系统可以将有用的销售信息传输给市场（进行市场分析和预测）、财务（进行资金流计划）、物流或生产。最终，订单处理系统为下列职员提供信息：向仓库分配订货的职员、向客户清账的职员、更新库存文件的职员、制定仓库拣货指示的职员以及制定装运指示和其他相关文件的职员。高级系统中很多这些活动都实现了计算机化。

2. 库存管理系统。库存管理系统是指为了满足销售在必要的场所备齐所需商品，为保证制造活动顺利进行储备原材料和零部件，以最少的数量满足需求，防止库存陈腐化浪费和保管费用增加的系统。

为了有效地进行库存管理，需要确定在哪个阶段设置物流据点、设置多少、备货保持在什么服务水平上等库存计划以及在哪个据点备有什么样货物、配备多少货物等库存分配计划。库存管理包含两个方面的含义，一是正确把握库存数量的“库存管理”；二是按照正确的数量补充库存的“库存控制”。

库存管理的目的是使保管的库存与计算机掌握的库存相一致。有订货发生，在订货处理时点进行库存核对，计算机内的库存数量随之减少；有入库发生，在入库数据输入时点，计算机内的库存数量增加。如果任何地方都没有差错的话，实际库存与计算机内储存的库存数量应该是一致的。但实际上，拣选作业，数据输入等环节都会出现差错，需要在作业后及时核对货架上的货物，发现误送的商品及时追踪，同时对计算机内的数据进行修正。在商品种类繁多的情况下，每天对所有的商品进行核对是不可能的，为了简化作业内容，可以只对当天进货部分进行核对。根据业务特点，在一段期间内的某一天，对全部货物进行实物与计算机库存数据核对，被称为盘点。

与库存控制有关的信息系统的目的是为了防止出现库存不足，维持正常库存量而决定补充库存的数量。每一种商品都需要补充库存，采用手工作业效率低下，有必要利用信息系统支援。

3. 仓库管理系统。仓库管理系统包括保管场所系统、订单拣选系统等。保管场所系统用于对仓库货物保管位置标明区位号码以提高保管场所使用效率。这种系统包括保管位置与保管物品相对一致的固定场所系统和保管位置与保管物品经常变动的自由场所系统两大类。

订货拣选系统分为全自动系统和人工半自动系统。全自动系统从全自动流动货架将必要的商品移送到传送带的拣选系统。半自动拣选系统是在计算机的辅助下实现高效率拣选的系统，如电子标签拣选系统等。

4. 配送管理系统。配送管理的信息系统中具有代表性的有固定时刻表系统和变动时刻表系统两种。固定时刻表系统根据日常业务的经验和客户要求的配送时间事先按照不同方向类别、不同配送对象群类别设定配送线路和配送时刻，安排车辆，根据当日的订货状况，进行细微调整的配送组织方式。变动时刻表系统根据当日的配送客户群的商品总量，结合客户的配送时间要求和配送车辆的状况，并考虑可以调配车辆的容积和车辆数量，由计算机选出成本最低的组合方式的系统。

5. 货物跟踪系统。货物追踪系统是指在货物流动的范围内，可以对货物的状态进行实时把握的信息系统。物流业的货物追踪系统的对象主要是零担货物。货物追踪系统信息处理的原理是，在货物装车时，通过货物中转站时，读取货物单据上的条形码，单据上记载的条形码表示单据右上方的单据号码，这样就可以清楚地知道该货物单据下的货物通过什么地方，处于什么样的状态。当客户查询货物时，只要提供货单号码，就可以获知所运送货物的有关动态信息。动态信息包括货物已经启运、正在运输途中、正在配送途中、已经配送完了等。利用这个系统，对没有配送完的货物也可以及时把握，在防止配送延误方面也能起到重要作用。

货物追踪系统开始是服务于进行大批量货物运输的客户，通过货主的计算机与物流业者的信息系统对接，提供货物动态信息。随着互联网的普及，一般消费者的个人包裹配送信息也可以通过计算机终端进行直接查询，只要发货单的号码输入系统，就可以及时获得有关包裹配送的动态信息，即目前所托运的包裹处于什么状态。

6. 求车求货系统。长距离大量货物运输的情况下，一般使用整车运输的方法。影响整车运输效率的主要问题是回程空载行驶，造成运输能力的浪费。由于网络没有形成，信息不通畅等原因，回程车辆空驶现象时有发生。为解决回程空驶问题，货主可以利用回程车辆运输货物，或者车主寻找回程货物。前者称为“求车”，后者称为“求货”。

求车求货成功与否，关键在于信息是否充分，是否能够及时获取信息。求车求货系统利用信息网络技术，为发布车源货源，查找车源货源提供了有效手段。有业务合作的企业之间，利用这个系统性相互提供车源货源，可以达到提高运输效率的目的。

7. 决策支持系统。决策支持系统包含各种各样的用来减轻决策制定的工作量和改进决策制定工作的模型、模拟和应用程序。这些系统将组织数据库中的信息输入到一个分析构架中。这一构建包括描述数据之间的联系，对不同的运作环境（例如运输工具的路径选择和时间安排）进行模拟，还可能包含不确定性和假定推测（What-if）分析，以及使用一些运算法则或启发式算法，DSS 提供一种分析工具，并且在分析的基础上推荐一种决策。

人工智能工具可以融合进 DSS 中，融合后的系统包含决策分析构架、预测模型、模拟模型以及线性规划模型。它们可以用于辅助各种各样的物流决策，比如评估不同的运输方式、确定仓库位置和确定库存水平。尽管目前 DSS 的应用不是很广泛，但是随着人们对其潜在作用的理解和计算成本的持续下跌，DSS 的应用正在增加。

DSS 是面向应用的，其在物流中的应用包含几个目标：辅助物流管理人员进行决策，支持而非代替管理判断以及改进物流决策的效果。DSS 中最关键的要素可能是输入系统的数据的质量。DSS 需要组织内外部环境的信息。因此，DSS 的计划、实施和控制首先要有一个好的外部环境。

第三节　物流信息技术

随着世界经济的飞速发展，全球数字化、网络化、信息化已成为时代的主要特征。为了推动物流信息的发展，国内外专家学者对其相关技术进行了许多研究工作。当计算机网络技术的应用普及后，物流技术中综合了许多现代技术，如条码技术、射频技术、电子数据交换技术等。企业物流得以从分散走向整合，离不开信息和通信技术的有效推动。实现以电子化处理和信息的同步共享取代以往的手工操作，为现代物流走向信息化打造了坚实的技术基础。

一、EDI

国际标准化组织 ISO 将电子数据交换（EDI）定义为“将商业或行政事务处理，按照一个公认的标准，形成结构化的事务处理或信息数据格式，从计算机到计算机的数据传输”。

EDI 是最早被工商企业采用而且目前仍被广泛使用的一种网络传输方式。EDI 与其他一些电子传输方法的区别在于，EDI 必须使用预先规定的标准化格式进行计算机到计算机的数据传输交换。诸如电子邮件、传真、远距离遥控输入输出系统和专用格式下的部门间的工作系统，虽然这些方法都能提高贸易、物流效率，并给物流链管理带来很多方便，但它们都不是 EDI。

EDI 是一种在贸易伙伴之间交互信息的有效技术手段，特别是在全球进行合作贸易时，它是在供应链中连接节点企业的商业应用系统的媒介。通过 EDI，可以快速地获取信息，可以提供更好的服务，减少纸面作业，更好的沟通和通信，提高生产率，降低成本，并且能为企业提供实质性的、战略性的好处。比如，改善运作，改善与客户的关系，提高对客户的响应，缩短事务处理周期，减少订单周期，减少订单周期中的不确定性，增强企业的国际竞争力等。

EDI 所完成的工作包括两部分，一是用计算机处理对外传送的各种单据和票证；二是借助通信网络将这些单据和票证传送给对方。为完成这两项工作，EDI 系统一般由用户接口模块、内部接口模块、报文生成及处理模块、格式转换模块、通信模块、联系模块等几部分组成。同时，还需要 EDI 中心，它是一个电子数据处理系统，通过信息网络将不同地区的 EDI 连接在一起。EDI 中心同时还具有数据库管理功能，可以把不同标准语法 EDI 数据进行处理，实现不同标准语法用户之间的数据交换。EDI 工作原理如图 6. 1 所示。

由于投资大、缺乏开放性等原因，EDI 最初发展很慢，在美国也只有 5%左右的少数大企业能采用，只能在大企业之间使用专用数据交换网。我国 EDI 应用起步很晚，目前主要在一些沿海省市等地试点，还有海关总署等机构。为了促进 EDI 的发展，许多行业协会已经建立了各自的 EDI 标准，这些标准将在行业内的成员公司之间使用。这方面的例子包括杂货业、汽车业、零售业、仓储业、化学和药品批发业等。

目前主要使用几种类型的 EDI 系统，包括专有系统、增值网络、Internet 等。

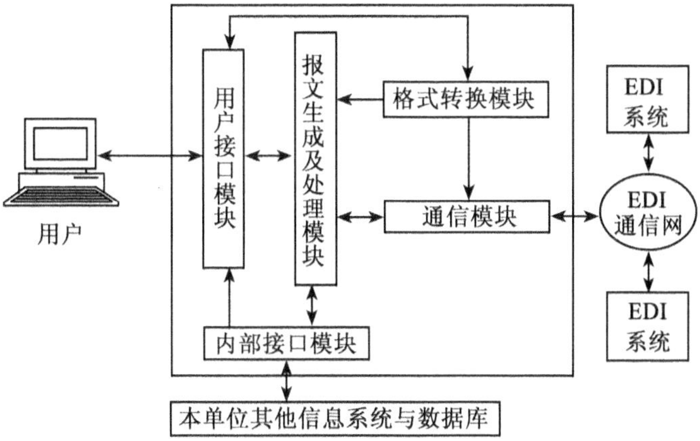

图 6.1　EDI 工作原理图

专有系统，也被称为一对多系统，这类 EDI 系统由单个公司来拥有、管理和维护。这样的公司从一定数量的供应商那里采购，并直接与它们联系。这种系统的拥有者的优点是能掌握控制权；缺点是在内部建立和维护这样的系统成本很高。增值网络（Value-added Network，VAN），也被称为第三方网络或多对多系统，是 EDI 系统最普遍的选择。在 VAN 系统中，所有的 EDI 传输都经过一个第三方的公司，这个第三方公司充当中心信息交换站。VAN 的优点之一是可以进行各种转换，用户不必担心与其贸易伙伴之间的系统兼容性，另一个优点是它可以从一对多系统那里接收信息也可以向其传输信息。目前，在因特网上使用 EDI 也已变成现实。由于因特网上的 EDI 与 VAN 传输相比几乎是“免费”的，因此这种模式得到了极其迅速的发展。

基于 EDI 的信息集成后，供应链节点企业之间与有关商务部门之间也实现了集成，形成一个集成化的供应链。其过程是先将企业各子公司和部门的信息系统组成局域网 LAN，在 LAN 的基础上组建企业级广域网 WAN，再和其他相关的企业或单位连接。和其他企业的通信连接方式通过增值网络（EDI 中心）或 Internet。随着 Internet 的发展，传统的客户机/服务器模式 EDI 也将向 Browser/Server 模式转变。

EDI 应用获益最大的是零售业、制造业和物流服务业。在这些行业物流管理中应用 EDI 技术使得传输发票、订单的效率大大地提高了。

二、条码技术

条形码简称条码，是由一组黑白相间、粗细不同的条状符号组成，条码隐含着数字信息、字母信息、标志信息、符号信息，主要用以表示商品的名称、产地、价格、种类等，是全世界通用的商品代码的表示方法。由于条码中黑色条对光的反射率低而白色对光的反射率高，再加上条与空的宽度不同，就能使扫描光线产生不同的反射接收效果，在光电转换设备上转换不同的电脉冲，形成可以传输的电子信息。

条码技术是在计算机的应用实践中产生和发展起来的一种自动识别技术。它是为实现对信息的自动扫描而设计的。它是实现快速、准确而可靠地采集数据的有效手段。条码技术的应用解决了数据录入和数据采集的“瓶颈”问题，为物流管理提供了有利的技术支持。根据统计，条形码的出错率估计为 1/1 000 000～1/10 000，而人工输入数据的出错率为 1/30～1/25。

条形码技术至今已有 50 多年的历史。20 世纪 40 年代，条码技术在美国产生，20 世纪 70～80 年代，在国际上得到了广泛的应用。随着国外条形码技术的应用，我国于 20 世纪 70 年代末 80 年代初开始研究，并在部分行业完善了条码管理系统，如邮电、银行、连锁店、图书馆、交通运输及各大企事业单位等。1988 年 12 月，我国成立了“中国物品编码中心”，并于 1991 年 4 月 19 日正式申请加入了国际编码组织 EAN 协会。近年来，我国的条形码事业发展迅速。目前，商品使用的前缀码有“690”、“691”和“692”。

条码技术为企业提供了一种对物流中的物品进行标识和扫描的方法，借助自动识别技术、POS 系统、EDI 等现代技术手段，企业可以随时了解有关商品在供应链上的位置，并及时有效地做出反应，同时减少了不确定性，降低了缓冲库存，提高了服务水平。目前条码技术在零售、生产领域得到广泛的应用，并取得了显著的经济效益。当今在欧美发达国家兴起的 ECR、QR 等供应链管理策略，都离不开条码技术的应用。条码是实现 POS 系统、EDI、电子商务、供应链管理的技术基础，是物流管理现代化、提高企业管理水平和竞争能力的重要手段。

在世界上应用的条码码制有许多种，应用范围最广的主要是 UPC 条码和 EAN 条码（如图 6.2 和图 6.3）。UPC 条码是由美国统一代码委员会制定的一种条形码；EAN 条码是国际上通用的商品代码，我国通用商品条码标准就是采用 EAN 条码结构，其主版是由 13 位数字及相应的条码符号组成，在较小的商品上也采用 8 位数字码及与其相应的条码符号，其构成是：（1）前缀码，由三位数字组成，是国家的代码，我国为 690，是国际物品编码会统一决定的；（2）制造厂商代码，由四位数字组成，我国物品编码中心统一分配并统一注册，一厂一码；（3）商品代码，由五位数字组成，表示每个制造厂商的商品，由厂商确定，可标识 10 万种商品；（4）校验码，由一位数字组成，用以校验前面各码的正误。

图 6.2　EAN-13 条码符号　　图 6.3　UPC-A 条码符号

三、射频技术

射频识别技术（Radio Frequency Identification，简称 RFID），是利用无线电波对记录媒体进行读写的一种识别技术。射频系统在具体的应用过程中，根据不同的应用目的和应用环境，系统的组成会有所不同。从工作原理来看，系统一般都由信号发射机、信号接收机和发射接收天线组成。

射频技术最突出的特点是可以非接触识读（识读距离可达几十米）；可识别高速运动物体；抗恶劣环境能力强，一般污垢覆盖在标签上不影响标签信息的识读；保密性强；可同时识别多个识别对象等。

射频技术起源于第二次世界大战的军事通信，在军事物流中起到了非常重要的作用。美国和北约组织曾吸取了“沙漠风暴”军事行动中因大量物资无法跟踪而造成重复运输的教训，在波斯尼亚的“联合作战行动”中，建成了复杂的通信网，完善了识别跟踪军用物资的新型后勤系统。在美英联军对伊拉克的战争中更是广泛使用并不断加以完善，无论物资是在采购、运输途中，还是在某个仓库存储，均可由接收装置收到射频信息，通过卫星传递给指挥人员，以掌握实时信息。除了跟踪军用物资外，美英联军还将具有微芯片的射频识别标签装入参战士兵的袖口内，跟踪受伤的士兵，以达到及时解救他们的目的。

从 1985 年开始，射频技术进入了商业领域的运用。它非常适用于物料跟踪、运载工具、仓库货架以及其他目标的识别等要求非接触的数据采集和交换的场合，以及适用于生产装配线上的作业控制。由于射频标签具有可读写能力，对于需要频繁改变数据内容的对象尤为适用，它发挥的作用是数据采集和系统指令的传达，广泛用于供应链上的仓库管理、运输管理、生产管理、物料跟踪、运载工具和货架识别，适合用在商店，特别是超市中的商品防盗等场合。

根据射频系统完成的功能不同，可以粗略地将射频系统分为四种类型：EAS（Electronic Article Surveillance）系统、便携式数据采集系统、网络系统、定位系统。EAS 技术是一种设置在需要控制物品出入的门口的射频技术。这种技术的典型应用场合是商店、图书馆、数据中心等，防止未经授权非法将物品带出。便携式数据采集系统使用带有射频阅读器的手持式数据采集器采集射频标签上的数据。这种系统具有比较大的灵活性，适用于不适宜安装固定式射频系统的应用环境。在物流控制系统中，固定布置的射频阅读器分散布置在给定的区域，并且阅读器直接与数据管理信息系统相连，信号发射机是移动的，一般安装在移动的物体上面，读取流经阅读器的物体上附着的标签信息。定位系统用于自动化加工系统中的定位以及车辆、轮船等进行运行定位支持。

四、POS

POS（Point of Sale）系统是销售时点信息管理系统的简称。POS 系统是指利用光学式自动读取设备搜集销售商品时按照单品类别读取商品销售信息（商品名、单价、销售数量、销售时间等）、进货、配送等阶段发生的各种信息，通过通信网络送入计算机系统，按照各个部门的使用目的对上述信息进行处理、加工和传送的系统。

POS 系统最初主要是在零售业采用，之后又扩大到其他行业，如金融、旅馆、图书馆等服务业。利用 POS 的范围也从企业内部扩展到整个供应链，成为信息共享、提高供应链物流效率的重要信息手段。

POS 系统的特征主要表现在四个方面：（1）单品管理。所谓单品管理是指对于店铺陈列的商品以最小类别逐一把握销售动向。过去的商品管理只能针对大类，而利用 POS 系统对商品信息的把握可以精细到“××厂家生产的××克瓶装的××种类的咖啡”这样的程度，从而为准确把握每一种商品的销售动向，及时了解哪些是畅销品，商品销售的时间分布，哪些是滞销品提供了充足信息。（2）销售时点信息输入。利用 POS 系统可以在客户缴款，也就是销售商品的同时，将有关商品信息输入到系统中。在每一时刻都可以了解到商品的销售状况和库存状况，为实时控制经营活动提供了帮助。（3）自动读取信息。借助于商品条码和自动读取设备，实现快速而准确地读取商品信息，大大加快了信息的采集速度，即便在店铺十分繁忙的情况下，也可以保证作业的高效率。（4）信息集中管理。分散搜集上来的商品信息汇集到店铺或总部的计算机，通过对数据的加工处理，制作成各种有用的数据。

快速响应和有效客户反应与上面所说的技术整合在一起，可以加快进入市场的速度，从而在减少库存、改善或维持客户服务的同时支持基于时间的竞争。例如，制造商用 QR 系统将客户订单处理系统整合在一起后，零售商可以直接用 EDI 来订货，或者由制造商代替它们下订单。

五、GIS

地理信息系统 GIS（Geographical Information System）是计算机科学、地理学、

测量学、地图学等多门学科综合的技术。要给出 GIS 的准确定义是困难的，因为 GIS 涉及的面太广，站在不同的角度，给出的定义就不同。通常可以从四种不同的途径来定义：(1) 站在面向功能的角度，GIS 是采集、存储、检查、操作、分析和显示地理数据的系统。(2) 站在面向应用的角度，根据应用领域的不同，将 GIS 分为各类应用系统，如土地信息、城市信息系统、仓库规划信息系统等。(3) 站在工具箱的角度，GIS 是一组用来采集、存储、变换和显示空间数据的工具的集合。(4) 站在数据库的角度，GIS 是这样一类数据库系统，它的数据有空间次序，并且提供一个对数据进行操作的操作集合，用来回答对数据库中空间实体的查询。

综上所述，地理信息系统是一种决策支持系统，以地理空间数据库为基础，采用地理模型分析方法，适时提供多种空间的和动态的地理信息，它是融计算机图形和数据库于一体，储存和处理空间信息的高新技术。它把地理位置和相关属性有机的结合起来，根据实际需要真实准确、图文并茂地输出给用户，借助其独有的空间分析功能和可视化表达，进行各种辅助决策。

GIS 技术主要应用于物流分析，也就是利用 GIS 强大的地理数据功能来完善物流分析技术。完整的 GIS 物流分析软件集成了车辆路线模型、最短路线模型、网络物流模型、分配集合模型和设施定位模型等。(1) 车辆路线模型，主要用于一个起始点，多个终点的货物运输中。它解决的是如何降低物流作业费用并同时保证运输服务质量，以及如何决定使用多少车辆、每辆车的路线等问题。(2) 最短路线模型，用于确定行车的最短路线，达到最优路径的选择。(3) 网络物流模型，主要用于解决最有效的分配货物路径问题，也就是物流网点布局问题。例如，将货物从多个仓库运往多个商店，每个商店都有固定的需求量，因此需要解决由哪个仓库发货给哪个商店，所花费的运输代价最小。(4) 分配集合模型，根据各个要素的相似点把同一层上的所有或者部分要素分成几个组，主要用以确定服务范围、销售市场范围等等。(5) 设施定位模型，主要用于确定一个或者多个物流设施的位置。根据供求的实际需要并结合经济效益等原则，企业要决定在既定的区域内设立多少个物流中心和仓库，每个物流中心和仓库的位置、规模以及物流中心和仓库之间的关系等。运用设施定位模型可以很好地解决以上问题。

六、GPS

全球定位系统 GPS（Global Position Information System）是美国从 20 世纪 70 年代开始研制，历时 20 年，耗资 200 亿美元，于 1994 年全面建成，具有在海陆空进行全方位实时三维导航与定位能力的新一代卫星导航与定位系统。GPS 是美国第二代卫星导航系统，是在子午仪卫星导航系统的基础上发展起来的，它采纳了子午仪系统的成功经验，和子午仪系统一样，全球定位系统包括三大部分：空间部分——GPS 卫星星座；地面控制部分——地面监控系统；用户设备部分——GPS 信号接收机。

GPS具有性能好、精度高、应用广的特点，是迄今最好的导航定位系统。随着全球定位系统的不断改进，硬软件的不断完善，其应用领域正在不断地开拓。目前全球定位系统已遍及国民经济各部门，并开始逐步深入人们的日常生活。

GPS在物流领域的应用主要是在汽车自动定位、跟踪调度以及铁路运输等方面。在汽车自动定位和跟踪调度方面，物流管理部门可以利用GPS的计算机信息管理系统，通过GPS和计算机网络实时、全程地收集汽车所运货物的动态信息，从而实现汽车、货物跟踪管理，并及时地进行汽车的调度管理。

根据日本丰田汽车公司的统计，日本公司在利用全球卫星定位系统开发车载导航系统上处于领先地位，这使得日本车载导航系统的市场销售量在1995年到2000年间平均每年增长35%以上。全世界在车辆导航上的投资平均每年增长60.8%。因此，车辆导航将成为未来全球卫星定位系统应用的主要领域之一。

第四节　电子商务与物流系统

一、电子商务的概念和模式

电子商务是随着计算机网络、通信技术的迅速发展，特别是Internet的广泛普及而出现并迅速发展起来的一种崭新的商务运作方式，它是信息化、网络化的直接产物，代表着网络技术应用的全新发展方向。

事实上，到目前为止，还没有一个较为确切的有关电子商务定义，不同的企业、机关团体以及个人都是根据自身的需要和理解从不同的角度对电子商务下定义的。例如，美国政府在“全球电子商务纲要”① 中指出，电子商务是通过Internet进行的各项商务活动，包括广告、交易、交付、服务、信息交流等。

从上述定义可以看出，电子商务的概念包含着两个必要的要素，即电子方式和商务活动。也就是说，电子商务必须利用电子方式或电子信息技术来高效率地进行商务活动。电子商务利用Internet技术，将企业、客户、销售商、供应商以及其他商业和贸易所需环节连接到信息技术系统上，从专用Internet到共享Extranet，再到公共Internet，在网上进行商业活动，彻底改变了现有的业务作业方式和手段，实现了充分利用有限资源、缩短商业环节和周期、提高应用效率、降低成本、提高用户服务质量的目标。

按照企业、消费者和政府之间的不同组合，电子商务可以分为多种模式。目前

① 1997年7月1日，美国克林顿政府发布了“全球电子商务纲要”。其中，定义了两大商务类别，一类是企业对企业的电子商务，一类是企业与个人的电子商务。

广泛使用的三种模式是：B to B 模式，主要指上下游企业之间的商务往来；B to C 模式，指企业对消费者之间的商务活动；B to G 模式，指企业与政府机构之间的行政事务。

二、电子商务与物流的关系

在中国，电子商务发展之初，人们往往把注意力集中在信息流、资金流和商流的电子化上，忽视了物流的电子化过程，因而制约了电子商务的发展。严格地讲，完整的电子商务应该包括商流活动的电子化和物流活动的电子化。物流是电子商务的一个重要环节。交易活动的电子化，极大地扩展了流通范围，使交易活动可以跨越时间和空间的制约，在很短的时间内完成相距遥远的异地之间的买卖交易。但是，对于有形商品而言，在买卖交易活动结束之后，也就是完成了商品的所有权转移之后，接下来的是商品的空间转移，将商品从供货方转移到需求方。虽然商流活动可以借助于信息通信网络完成，但是，商品实体的空间位移离不开运输、装卸等活动。而且，网上交易的范围越广、效率越高、速度越快，物流的难度相对也会越大。商流活动的高效率化同时也要求物流活动必须提高快速反应能力，缩短物流前置时间，物流信息与商流信息必须保持高度一致。

从电子商务概念的产生来看，电子商务最早是由美国生产商提出的，一般把电子商务定义为无纸化的贸易。在这类定义中，电子化主要是针对信息流、资金流和商流，没有提及物流。但应该看到，美国的物流管理技术自 1915 年发展至今已有 80 多年历史，通过各种机械化、自动化工具及计算机和网络通信设备，早已日臻完善。同时，美国作为一个发达国家，其技术创新的本源是需求，即需求拉动技术创新。作为电子商务前身的 EDI 的产生是为了简化繁琐、耗时的订单等业务的处理过程，以加快物流的速度从而提高物资的利用率。因此在美国，电子商务是为了解决信息流、商流和资金流处理上的繁琐对现代化的物流过程的延迟，进一步提高现代化的物流速度而提出的。

可见，美国在定义电子商务的概念之初，就有强大的物流支持，只需将电子商务与物流对接起来就可以，而并非电子商务过程不需要物流的电子化。从根本上说，物流电子化应是电子商务概念的组成部分，缺少了现代化的物流过程，电子商务过程就不完整。

当前，电子商务的发展步履艰难，存在着许多障碍。其中，商品配送系统不发达是制约电子商务发展的一个重要因素。在电子商务环境下，客户通过网络购物，完成了商品所有权的交割过程，但电子商务活动并未结束，只有通过物流活动，将商品送到客户手中，商务活动才算是终结。因此，缺少现代化物流手段，电子商务无法真正给人们带来便捷。要将商品及时地配送到用户手中，必须有先进的物流设施、完善的配送系统作为保证。当网上交易技术已经相当成熟的时候，物流系统的效率的高低就成为电子商务成功与否的关键。

三、物流服务交易活动的电子商务化

企业在着眼于有形商品的电子商务的同时，也不能忽略物流服务商品的电子商务化问题。物流的本质是服务，服务本身也是商品，也需要进行买卖。运用互联网技术来实现物流服务提供商与物流服务需求者之间的交易业务也是现代物流发展的必然方向。如同企业可以利用互联网购买有形商品一样，企业同样可以利用互联网完成物流服务的购买，如在网上完成从货物托运合同的签订到运输费用支付的全过程，利用网络及时查询货物信息，向物流服务商提出新的服务要求等。

电子商务是信息技术的发展给流通领域带来的革命性变革，作为流通活动重要组成部分的物流活动，也必然要适应电子商务发展的要求。电子商务模式的出现为物流管理提出了新的课题。如何建立适合电子商务模式的高效率的物流网络系统，如何合理配置库存，如何开展库存管理，如何高效率组织配送等，都需要认真研究探索。同时，利用现代信息通信技术、网络技术和计算机技术实现物流活动的电子化，物流商品交易活动的电子商务化，也是十分重要的课题。

小　　结

1. 订单周期有几种含义，主要取决于看待问题的角度，并可细分为订单计划、订单传递、订单处理、订单拣选和装配、订单运送五个部分。通过利用电子数据交换技术、高级订单管理系统等可以有效缩短订单周期。

2. 物流信息泛指与物流活动相关的信息，具有种类繁多、来源广泛、数量大、更新速度快等特点。

3. 物流信息系统是整个物流系统的心脏，具有实时化、网络化、系统化、规模化、专业化、集成化、智能化等特点。常用的物流信息系统有订单处理系统、库存管理系统、仓库管理系统、配送管理系统、货物跟踪系统、求车求货系统、决策支持系统等。

4. 物流技术中综合了许多现代技术，如条码技术、射频技术等。这些技术的应用有助于实现电子化处理和信息同步共享，为现代物流走向信息化打造了坚实的技术基础。

5. 美国在定义电子商务的概念之初，就有强大的物流支持，从根本上说，物流电子化应是电子商务概念的组成部分，缺少了现代化的物流过程，电子商务过程就不完整。

思考与练习

（一）单项选择题

1. 下列属于物流信息系统的是(　　)。

A. 配送管理系统　　B. 求车求货系统

C. 物流决策支持系统　　D. 订单处理系统

2. 目前的 EDI 系统中，费用最节省的一种类型是(　　)。

A. 专用网络　　B. 一对多网络

C. 增值网络　　D. Internet 模式

（二）多项选择题

1. 物流信息的特点是(　　)。

A. 种类繁多　　B. 来源广泛

C. 信息量大　　D. 时效性强

2. 下列属于物流信息系统的是(　　)。

A. 配送管理系统　　B. 求车求货系统

C. 物流决策支持系统　　D. 订单处理系统

（三）简答题

1. 如何缩短订单周期？
2. 商物流分离与物流信息系统有何关系？
3. 射频技术和条码技术有哪些异同点？
4. 如何理解电子商务和物流的关系？请结合实例回答。

案例分析

信息化革新内外兼修　联华打通上下游经脉

2005 年 4 月 5 日，联华再一次与它天南海北的供应商们会聚一堂，不过，此次联华并没有唱独角戏，因为在这个全新的供应链平台上，还有 IT 巨头 IBM 以及台湾地区零售业大亨特力集团的参与。联华方面称，该项目是一个战略合作的协议，为期 6 年，总投资约 1.2 个亿按照项目进度逐步投入。

一、EDI 解决燃眉之急

中国零售连锁企业对于供应链的改造以及信息系统建设方面，联华向来走在前面，早从1996年就开始了。当时，联华已发展成一家拥有大卖场、标准超市、便利店等多元业态并存的零售连锁企业，但联华的一整套供货系统却仍然处于手工操作的状态。当大卖场、便利店、标准超市需要某种商品时，传递信息的方式只有两种：一是门店通过发传真的方式将信息传递给采购中心，然后采购中心按照收到传真的先后顺序，检查各类商品的仓储情况，确定所能发出货物的数目和种类，再通过传真反馈给各门店，最后完成发货工作；二是对于紧急或特殊商品，门店通过电话直接联系供货商，由供货商直接发货给各门店。这两种供货方式在单一标准超市的模式下，尚可以基本解决供应链问题，但对于多元化后的联华来说，这样的供货方式就举步维艰了。

糟糕的供应链首先让便利店遭到了尴尬。便利店的方便快捷是其最大的优势所在，对供应系统的反应速度也就要求极高。比如雨伞，平时购买的数量极少，但在雨天可能会一下子猛增。然而，由于信息的不及时和不畅通，当时联华很多便利店的状况是“下雨时没有伞，因为伞卖空了；天晴了雨伞积压，因为货来晚了”。

大卖场的供货系统同样厄运难逃。大卖场的典型特点是物品众多、需求复杂。通过电话和传真的方式提供订单的方式，远远不能满足大卖场数以万计不同类别商品的复杂需求。1997年的联华大卖场，许多商品重复订货，而另一些商品则缺货，甚至3天都得不到补充。

这种情况，不但门店对于供应链的抱怨不断，联华的供应商们也同样牢骚满腹，他们称由于联华供应链系统的滞后，他们无法知道自己的商品在联华超市的销售状况，很多商品造成积压或无法及时供应，因此造成了很大的损失。

联华到了必须改变供应链系统的时刻。

这种情况下，联华管理层通过多次商讨决定通过建立电子化采购平台改善其陈旧的供应链系统。1997年底，EDI自动订货系统在联华开始了全面建设，并在1999年3月正式投入使用，联华与上海家化、达能饼干、雀巢公司等十多家长期供应商之间实现联网。

EDI虽然实现了宝洁、联合利华等实力雄厚的跨国供应商在与联华畅通无阻沟通的夙愿，但这种昂贵的信息交换技术对于联华其他众多的中小型供应商却显得高不可攀。因此，EDI实际上并没有帮联华解决根本问题，而且由于没有规模效益，EDI产生的回报也显得微乎其微。为此，2001年2月，上海同振信息技术有限公司（下称“同振”）为联华开发了一个叫做“供应商综合服务平台”的模块，这一模块上线后，采购中心在此平台上，可通过自动传真、发E-mail、EDI等多种方式迅速将订货信息传递给供应商，供应商也可以到此平台上查询自己商品的销售、库存等信息，通过与供应商有效共享各项信息数据，供应商可以参与联华的商品销售管理、库存管理。之后，联华与其近3000家供应商完成了B2B的电子交易平台。

二、打通下游供应链

在联华对其外部供应链紧锣密鼓地进行筹建的同时，内部供应链的风波也正在悄悄酝酿。

随着联华门店膨胀速度日趋加快，截至 2002 年 8 月，联华在全国的门店数已超过 2 000 家，且多态化趋势日益鲜明，内部供应链的矛盾越来越突出。在 B2B 的电子平台上线前，门店有两种进货方式可以选择：向采购中心订货和向供应商直接要货。自电子平台上线后，许多供应商为了简化手续，对联华的供货统一通过电子平台完成，这意味着它们只向采购中心供货，不再单独向各门店供货了。而采购中心和门店之间的供货由于没有采用信息化模式，依然停留在传统的电话和传真方式上，门店要进货，总是需要极大的耐心，因为前面有长长的等候队伍。

而茫然的还不只是各门店，采购中心也一样的困惑。他们与各门店之间没有交易平台，他们不了解各门店的销售状况和需求信息，他们无法及时传递他们的仓储信息。内部供应链的改革被逼到了死角。

而且，恰逢当时联华将“个性生鲜”定为联华的特色，因为它占用资金少，周转速度快，同时也是其他国外大型超市所不具备的，但要求内部供应链的信息化必须立刻跟上。

2002 年 10 月，同振又开始为联华各门店与采购中心之间、各门店与供应商之间建立全面的大规模网络系统，各门店订货又恢复了两条线的方式，而且新的两条线是完全建立在电子平台的基础之上，各门店可以通过 EDI 系统向采购中心或供应商发送订货单，采购中心和供应商也可以在系统中查询自己商品在联华各门店的销售状况，合理安排生产和库存。

据联华总经理办公室主任孙明介绍，内部供应链完善的最大受益者还是生鲜产品。2002 年 11 月，联华超市与光明乳业之间建立了自动订货系统。联华各门店在每天晚上 12 点之前汇总当天光明乳业的牛奶销售和库存信息，并在次日 9 点前将该数据传送至联华总部电子数据交换系统，这些数据处理后在当天 12 点加载到光明乳业有效客户反应系统（ECR）。光明乳业收到数据后，根据天气、销售、促销指标等因素进行订单预测。经预测的订单产生后，该公司开始做发货准备，并将订单数据发送到联华总部电子数据交换系统，联华门店当日晚上 9 点前将收到收货信息，光明乳业在第三天上午 6 点半以前将所订的牛奶送到联华各门店。联华门店在收到货物后，除了在收货单据上签收外，还必须在当日中午 12 点之前将收货信息自动导入管理信息系统。

自动订货系统的推行，使牛奶这一冷链商品在门店销售中既保证了鲜度又扩大了销售。同样的方式，“个性生鲜”的特点逐步在联华扎根生长。

（资料来源：王慧琴．第一财经日报，2005-04-11.）

案例思考题

1. 请你利用订单周期的概念，站在联华超市供应商的角度分析一下在实施EDI技术前影响其销售订单周期的因素。

2. 谈谈联华超市在应用了EDI技术后，在采购订单管理的哪些方面获得了改善？

第七章 运输决策

【学习目标】

1. 掌握不合理运输的表现形式；
2. 掌握运输合理化的影响因素和实现途径；
3. 掌握复合一贯制运输的概念和特点；
4. 掌握集装箱运输的概念及其优势；
5. 理解运输价格的特征及掌握运输成本与价格的关系；
6. 掌握运价制定的方法。

第一节 运输合理化

一、运输合理化的含义及作用

所谓物流运输合理化，是指在包装货物运量、运距、流向和中转环节合理化的前提下，在整个运输过程中确保运输质量，能以适宜的运输工具、最少的运输环节、最佳的运输路线、最低的运输成本，将货物从始发地运送至目的地。

运输合理化的作用体现在以下两个方面：

1. 合理分工，提高效率。物流运输合理化可以充分利用现有的运输能力，促进各种运输方式的合理分工，并以最小的社会运输劳动消耗，提高运输效率，及时满足国民经济发展的运输需求。

2. 降低成本，增加效益。运输合理化能充分发挥运输工具的效能，节约运力和劳力，减少运输环节、选择最佳的运输路线，降低库存物品数量，降低运输总成本，在确保运输质量的前提下，以最快的速度实现运输的目的，从而获得最大的社会效益和经济效益。

二、影响运输合理化的因素

可以从内部因素和外部因素两方面分析影响运输合理化的因素。影响运输合理化的外部因素包括政府、资源分布状况、产业结构的变化、运网布局的变化和运输决策的参与者。影响运输合理化的内部因素包括运输距离、运输环节、运输工具、运输时间和运输费用。

（一）影响运输合理化的外部因素

1. 政府。由于运输对国民经济的发展有至关重要的作用，所以，世界上各国政府一般都要采用规章制度或经济政策等形式，对运输活动进行不同程度的干预和调节。

2. 资源分布状况。各国和各地区普遍存在着资源分布不平衡的现象，这在很大程度上影响了运输布局的合理性。

3. 产业结构的变化。产业结构的变化可直接导致生产结构及产品结构的变化。运输是生产过程的继续，它所运送的货物是工农业产品。因此，不仅工农业产品的增长速度成正比例地影响着货物运输及其增长速度，而且工农业生产结构的变动也会引起货物运输结构及其增长速度的变化。

4. 运网布局的变化。交通运输网络的线路和港站的地区分布及其运输能力，直接影响着运输网络的辐射范围，从而影响货运量在地区上的分布和变化。

5. 运输决策的参与者。运输决策的参与者主要有托运人、承运人、收货人。托运人和收货人有共同的目的，就是要在规定的时间内以最低的成本将货物从起始地转移到目的地。承运人作为中间人，期望以最低的成本完成所需的运输任务，同时获得最大的运输收入，并期望在提取和支付时间上有灵活性，以便于能够使个别的装运整合经济运输批量。

（二）影响物流运输合理化的内部因素

1. 运输距离。在运输过程中，运输时间、货损、运费、车辆或船舶周转等运输的若干技术经济指标，都与运输距离有一定的比例关系。因此，运距长短是运输是否合理的最基本因素。

2. 运输环节。每增加一个运输环节，如装卸、搬运、包装等，必然会增加一些时间、费用，也会增加货损、货差的可能性，所以，减少运输环节或二次运输可以促进运输的合理化。

3. 运输工具。各种运输工具都有其使用的优势领域，对运输工具进行优化选择，根据运输工具特点进行装卸运输作业，是运输合理化的重要内容。

4. 运输时间。运输是物流过程中需要花费较多时间的环节，尤其是远程运输，在全部物流时间中，运输时间占绝大部分，因而运输时间的长短会直接影响到运输的合理化。

5. 运输费用。运费在全部物流成本中占有很大比例，运费高低很大程度上决定了整个物流系统的竞争能力。实际上，降低运输费用无论对货主还是对物流经营企业来说，都是运输合理化的一个重要目标。

三、不合理运输及其表现形式

所谓不合理运输，是指在组织货物运输过程中，违反货物流通规律，不按照经济区域和货物自然流向组织货物运输，忽视运输工具的充分利用和合理分工，装载量少，流转环节多，运输时间长，从而浪费运力、增加运输成本的运输现象。

在实际运输活动中，不合理运输表现为以下四种形式，或是其中几种形式的综合反映。

1. 与运输方向有关的不合理运输，包括对流运输和倒流运输。对流运输是指同类的或可以互相代替的货物，在同一线路或不同运输方式的平行线路上的相向运输，所以又称为相向运输或交错运输。对流运输是不合理运输中最突出、最普遍的一种，它有两种表现形式：明显对流，指同类的（或可以互相代替的）货物沿着同一线路相向运输；隐蔽对流，指同类的（或可以相互代替的）货物以不同运输方式在平行路线上或不同时间内进行相反方向的运输。倒流运输是对流运输的一种派生形式，是指同一批货物或同批货物中的一部分货物，由发送地到目的地后，又从目的地向发送地倒运。

2. 与运输距离有关的不合理运输，包括迂回运输和过远运输。迂回运输是指货物绕道而行的运输现象，也就是平常所说的“近路不走，走远路”。过远运输是一种舍近求远的商品运输，即销地完全有可能由距离较近的供应地购进所需要的相同质量的物美价廉的货物，却超出货物合理流向的范围，从远距离的地区运进来；或两个生产地生产同一种货物，它们不是就近供应邻近的消费地，却调给较远的其他消费地。

3. 与运量有关的不合理运输，包括重复运输、无效运输和返程或起程空驶。重复运输是指同一批货物由产地运抵目的地，不需经过任何加工和必要的作业处理，也不是为联运或中转需要，而在途中停卸重复转运的现象。重复运输虽未延长运输里程，但增加了多余的中间装卸环节，延长了货物的在途时间，增加了装卸、搬运费用，增大了货损的可能，而且降低了运输工具的使用效率，延缓了流通速度。无效运输是指被运输的杂质较多，使运输能力浪费于不必要的物资运输。返程或起程空驶即空车或无货载行使，可以说是最严重的不合理运输形式。在实际运输组织中，有时候必须调运空车，从管理上不能将其看成不合理运输。但调运不当，资源计划不周密而形成的空驶，是不合理运输的主要表现。

4. 与运力有关的不合理运输，包括弃水走陆的运输、运距与运输工具的经济里程不匹配的运输和货运量与运力不相匹配的运输。弃水走陆的运输是指在可以同时利用水运及陆运时，放弃成本费用较低的水运或水路联运，而选择成本费用较高的铁路或公路进行的运输。运距与运输工具的经济里程不匹配的运输是指运距不在铁路、水路大型船舶的经济运行里程内，却选择利用这些运力组织运输的现象。货运量与运力不相匹配的运输是指不根据货物数量或重量要求，使用不相匹配的运输工具所进行的运输。

四、运输合理化的有效途径

可通过下列途径实现运输合理化。

1. 合理配置运输网络。在规划运输网络时，应合理配置仓库、物流中心、配送中心以及中转站、货运站、港口、空港等物流节点。例如，企业为了确保市场占有率，就需要考虑利用多个仓库、配送中心；配送中心、仓库如何布局，密度多大，相距多远；运输业务是全部外包，或者自己承担一部分等。企业对这些问题都需要整体规划，统一考虑，做到既要满足销售的需要，又能减少交叉、迂回、空载运输，降低运输成本，提高运输效率。在设立和利用运输线路时，要进行运输线路优化。在条件允许的情况下，考虑采用集运、直达运输等运输策略与方法，尽量减少运输中的环节，使运输网络中总的运输线路最短。

2. 选择最佳的运输方式。由于铁路、公路、水路、航空、管道等运输方式各具特点，所以在货物运输中要根据实际情况选择适宜的运输方式。例如，长距离、大批量的货物运输宜采用铁路或水路运输；小批量、多品种、近距离的货物运输宜采用公路运输；体积小、价值高的货物运输和紧急救灾、抢险物资的运输适合航空运输方式。在中短距离运输中，可以实施铁路公路分流和“以公代铁”运输。这一措施是指在公路运输经济里程范围内，或者在经过论证、超出通常的平均经济里程范围，尽量利用公路进行货物运输。运输方式确定后，还要考虑具体运输工具的选择问题，如公路运输中要选择什么样的汽车车型，是选择自有车辆还是运输公司的车辆等。

3. 提高车辆运行效率。努力提高车辆的运行率、实载率，减少车辆空载、迂回运输、对流运输、重复运输、倒流运输等现象，缩短等待时间或装运时间，提高有效工作时间，从而可以有效地促进运输的合理化。提高运输工具实载率是运输合理化的一种有效方式。运输工具实载率包括两方面含义：一是单车实际载重与运距之乘积和标定载重与行使里程之乘积的比率；二是车船的统计指标，即一定时期内车船实际完成的货物周转量占车船载重吨位与行使公里乘积的百分比。物流系统的配送和车辆配载是提高车辆实载率的有效方式。

4. 发展社会化运输体系。运输社会化的含义是发展运输的大生产优势，实行专业分工，改变一家一户自成运输体系状况。一家一户的小运输生产，车辆自有、自我服务，不能形成规模，且运量需求有限，难以自我调剂，因而容易经常出现短缺、运力选择不当（由于运输工具有限，选择范围太窄）、不能满载等不合理现象，且配套的接、发货设备和装卸搬运设施也很难有效地运行。目前，我国铁路运输的社会化运输体系较为完善，而公路运输由于小生产作业方式非常普遍，所以是发展社会化运输体系的重点。社会化运输体系中，各种联运体系是水平较高的方式。

5. 采用先进的运输技术设备。不断开发特殊运输技术和采用先进的运输工具是实现运输合理化的重要途径。例如，利用专用散装及罐车可以解决粉状、液态物运输损耗大、安全性差等问题，袋鼠式车皮、大型半挂车可以解决大型设备整体运输问题，滚装船可以解决车载货的运输问题，集装箱船比一般船能容纳更多的箱体等，这些都是通过运用先进的科学技术来实现合理化。运输合理化还要利用现代化信息系统，依靠先进的信息技术的支撑。

6. 采用合理的运输策略和模式。要实现运输合理化，还必须采用合理的运输策略。例如，企业可以根据实际情况，尽量采用直达运输、共同运输、集装箱运输等策略。随着运输业以及物流技术的发展，应大力推广多式联运、智能化运输等先进的运输模式。

第二节　复合一贯制运输和集装箱运输

一、复合一贯制运输

（一）复合一贯制运输的概念和特点

复合一贯制运输是吸取铁路、汽车、船舶、飞机等所有运输方式的长处，把它们有机地复合起来，实行多环节、多区段、多工具相互衔接进行商品运输的一种方式。这种运输方式的主要方向是杂货运输的现代化。集装箱作为连接各种运输工具的通用媒介，起到促进复合直达运输的作用。复合一贯制运输的优势一方面表现在它克服了单个运输方式或手段所固有的缺陷，从而在整体上保证了运输全过程的最优化和效率化；另一方面，从流通渠道来看，复合一贯制运输有效解决了由于地理、气候、基础建设等各种市场环境的差异而造成的商品在产销空间、时间上的分离，从而促进了生产与销售的紧密结合以及企业经营机制的不断循环、有效运转。

复合一贯制运输的主要特点是：

1. 手续简便。在复合运输中发货单位在发货时，只要在起始地一次办理好运输手续，收货方在指定到达站即可提取运达的商品。它具有一次起票、手续简便、全程负责的好处。

2. 能实现门对门运输。复合运输实现全程负责、多种运输方式综合使用，所以，能很便利的实现门对门运输，这对保证供应链管理和产销物结合管理目标的实现，具有积极意义。

3. 运费低廉。交通运输部门的制度规定，凡交通部门直属运输企业，对复合运输的运费一律核减 15%；地方经营船舶运输时，运费一律核减 10%。此外，我国内贸部规定，凡是交通运输部门能办联运的一律不办理中转业务。

（二）复合一贯制运输的形式

目前，我国实现的复合一贯制运输，可分为两大类：一是运输部门之间的联运；二是产供销部门之间的运输复合。前一类是由两种以上的运输方式或是同一运输方式不同区段的联运，其形式有水路联运、水水联运、陆陆联运、陆空联运等；后一类联运目前已发展成为所谓的“一条龙运输”。

1. 水陆联运。水陆联运是指船舶运输与铁路运输相衔接的一种形式，按照距离可划分为陆水、水陆两端联运，水陆水、陆水水三段联运以及水陆水陆四段联运等几种形式。例如，上海—大连—东北三省的运输形式就是水陆联运；此外，还有水路、铁路、公路联运，如南通—上海—漳州—赣西南地区就属于这种形式。

2. 水上联运。水上联运是指同一水系的不同路线，或同一水运路线不同类型船舶之间的接力运输形式。具体形式有：江海联运，如南通—上海—大连；秦皇岛—上海—汉口；江河联运，如上海—汉口—常德（内河驳船）；河海联运（江轮与海轮联运）；海江河（海轮—江轮—内河驳船）联运，如天津—上海—九江—武昌。

3. 陆陆联运。陆陆联运是指铁路与公路相互衔接的运输形式。

4. 陆空联运。陆空联运是指公路与飞机相互衔接的运输形式，一般性是汽车—飞机—汽车（航空集装箱）。

5. “一条龙运输”。“一条龙运输”是指产供销大协作的运输形式，参加部门有路、港、船、货等各方面。“一条龙运输”打破了一切路界、港界、厂界，把产供销多种运输方式及运输企业各环节之间全面贯穿起来。可以说，它是供应链管理的表现形式之一。

二、集装箱运输

（一）集装箱运输的概念

复合一贯制运输中一个重要的媒介是集装箱，可以说在现代运输体系中，没有集装箱的存在，就没有发达的复合运输。集装箱是指具有一定规格和强度的专为运输周转使用的大型货箱。由于这种装货容器与货物的外包装和其他容器不同，它既是一种包装容器又是一种非常有效的运输工具，因此，它有许多特殊要求。根据ISO的标准定义，集装箱通常具有如下特征：

1. 具有耐久性；

2. 为便于商品运输而专门设计；

3. 配有便于装卸和搬运的装置，特别是从一种运输方式转到另一种运输方式，更需要特定的装卸搬运设施；

4. 设计时注意到便于货物装满或卸空；

5. 内容积至少在 1 立方米以上。

集装箱运输是以集装箱作为运输单位，通过一种或几种运输工具进行货物运输的现代化运输方式。集装箱运输改进了运输形式和装卸方式，在现代物流系统中发挥着极其重要的作用。经过半个世纪的飞速发展，2004 年全球集装箱贸易总量已经达到 9 300TEU，占据了国际货物运输的绝大部分市场份额。

现代意义的集装箱运输不仅仅是一种运输容器的应用，更是一项复杂的系统工程，现代集装箱运输系统的主要组成部分包括货物、集装箱、交通运输工具、运输线路、干支线节点、集装箱运输承运人和运输管理子系统。

(二) 集装箱运输的优势

作为一种现代化的运输方式，集装箱运输具有以下几个优点：

1. 提高装载效率，减轻劳动强度。集装箱运输主要是将单件杂货集中成组装入箱内，可以减少重复操作，从而大大提高车船装载效率。此外，集装箱运输还能提高船舶运营率，它不受气候影响，能减少非生产性停泊，大大减少劳动强度。

2. 避免货物倒载，防止货损货差。集装箱本身实际上起到了一个强度很大的外包装作用，因此，即使经过长途运载或多次换装，也不易损坏箱内的货物。此外，集装箱在发货人处签封一单到底，途中不拆箱，这就能大大减少货物丢失。

3. 加速车船周转，加快货物运送。在海运方面，一般实行集装箱化以后，到货期限可缩短 50%。在铁路方面，据德国资料统计，推行集装箱化后，货车的周转时间从原来的 84 小时降到 44 小时。

4. 节省包装费用，简化检货手续。由于集装箱是一种坚固、特殊的运输工具，从而节省了大量商品包装费用。此外，使用集装箱之前，在卸货时必须按照货物外包装上的标志加以分类，逐件检查，而使用集装箱之后，可按箱进行检查，大大加快了检查速度，降低了验收费用。

5. 减少运营费用，降低运输成本。使用集装箱能有效地降低运输成本，例如英国在大西洋航线推行集装箱运输后，运输成本降到普通货船运输成本的 1/9。据西欧一些国家统计，铁路运输实行集装箱化后，运费要降低 40%左右；美国使用集装箱运输后，运费则为普通列车的 40%。

(三) 集装箱运输的发展

集装箱运输已经有了 60 多年的发展历史，近 10 年来又有了飞跃性的发展，从而形成了四大特点：

1. 标准化、系列化。集装箱规格尺寸已形成国际标准，各种配套的运输工具、装卸器具和货物包装尺寸都以集装箱的标准规格作为设计依据，使各种设备的能力得到充分利用，达到高效能、低消耗的效果。

2. 大型化、专用化。集装箱由载重 5 吨向 10 吨、30 吨发展，尺寸由 20 英寸向 40 英尺发展，并为适应各种货物特点设计制造了各种专用集装箱。如今冷藏集装箱、框架集装箱、开盖集装箱、牲畜集装箱、汽车集装箱等都已出现，并有不断发展的趋势。

3. 运输专业化、电子化。现在不少国家集装箱运输已自成体系，如配有集装箱的专用车辆、专用船只、码头等，并开办定时、定点、定编组的集装箱直达列车或专列，从而使货物物流得到很快发展。此外，各种装卸器具和运输设备配套成龙，使集装箱作业和管理可以采用现代的电子技术。

4. 联运化。集装箱和各种运输设备规格配套，扫除了集装箱联运的技术障碍。此外，联运规模已从两种运输方式扩大到“海陆空”立体联运和国际复合运输，大大减少了倒装搬运的次数，既降低货物的在途损耗，又加快了货物周转。

第三节 运输决策

运输决策涉及多项内容，包括运输方式的选择、运输路线的优化、运输服务的选择、运输节点的配置、运输装备的选择等。本节主要对前三项决策进行阐述。

一、运输方式的选择决策

各种运输方式都有各自的特点，不同类的物品对运输的要求也不尽相同，如何选择适当的运输方式是合理组织运输、保证运输质量、实现运输合理化的重要内容。运输实践中，企业可以选择某一种运输方式，也可以选择联运方式。由于使用不同的运输方式会直接影响到企业的经营活动、运输成本的高低及其经济效益，因此应运用多种方法进行科学的决策，选择合理的运输方式。

（一）影响运输方式选择的因素

运输方式的选择受到货物种类、运输量、运输距离、运输时间、运输成本、运输工具的可得性、运输的安全性等多种因素的影响。

1. 货物的种类。货物的价值、单位重量体积、形状、危险性、变质性等都是影响运输方式选择的重要因素。一般来说，价格低、体积大的货物，尤其是散装货物，比较适合于铁路运输或水路运输；重量轻、体积小、价格高以及对时间要求较高的鲜活易腐货物适合于航空运输；石油、天然气、碎煤浆等适宜选择管道运输。

2. 运输量。运输量对运输工具的选择也有重大影响。一般来说，15 吨以下的货物宜采用公路运输；20 吨以上的货物宜采用铁路运输；数百吨以上的粗大笨重货物，可选择船舶运输。

3. 运输距离。运输距离的远近决定了各种运输工具运送货物时间的长短，运输时间的长短对能否及时满足顾客需要，减少资金占用有着重要影响。所以，运输距离是选择运输工具时应考虑的一个重要因素。一般情况下，运距在 300km 以内，宜采用公路运输；300~500km 的可采用铁路运输；500km 以上的可采用船舶运输。

4. 运输时间。运输时间与客户要求的交货日期相联系，与运输企业的服务水平相联系。客户要求的运输期限不同，或运输企业为客户承诺的运输期限不同，就需要考虑选择不同的运输方式。如对于市场急需的商品，承运人必须选择速度快的运输工具，如航空或汽车直达运输，以免贻误时机；反之则可选择成本低而速度较慢的运输工具。

5. 运输成本。运输成本会因货物的种类、重量、容积、运距不同而不同，而且运输工具也会影响运输成本。运输成本的高低将直接受到不同经济实力的运输企业承受能力的制约，并直接影响企业经济效益的高低。因此，企业进行运输决策时，企业经济实力以及运输成本高低是运输方式选择的重要制约因素。在考虑运输成本时，必须注意运输费用与其他物流子系统之间存在的互为利弊的关系，不能只通过运输费用决定运输方式，而要从运输总成本的角度选择适当的运输方式。

6. 运输工具的可得性。由于时间、地点条件的限制，不是所有承运人都能很容易地获得所需的运输工具的。例如，将木材从大兴安岭运到北京，采用水路运输是最经济的，因为木材是散装的，不需要专门的保护，而且能容忍较长时间的运输，但大兴安岭没有水路，因此，只能通过汽车运输到火车站，然后通过铁路运到北京。这个例子说明，在选择运输方式时，往往只能在现有的实际运输工具中进行选择。

7. 运输的安全性。运输的安全性包括所有运输货物的安全、运输人员的安全以及公共安全。货物的特性以及对安全性的要求直接影响到运输工具的选择。同其他运输方式相比，载货卡车由于不需要中途装卸和搬运，所以它能够更好地保护货物的安全。

8. 其他影响因素。运输方式的选择除了受上述列举的因素影响外，还受法律环境、经济环境、社会环境的变化等因素的影响。例如，随着物流量的增大，噪声、振动、大气污染、海洋污染、交通事故等问题日益严重，政府为解决这些问题而制定的法律、法规相继出台，并日益严格；对于公路运输超载货物、超载运行的现象，对于航空、水路、铁路、公路运输中特种物资的运输，分别做出相应的规定等，这些都会影响托运人对运输方式的选择。

对于托运人和承运人来说，上述各种因素的影响是不同的，所以，在具体的运输业务中，承运人对运输方式的选择，可根据货主或托运人的要求，参考比较不同运输方式的不同运输特性进行最优选择。由于上述因素是相互关联、相互作用的，所以，在选择运输方式时应综合考虑和协调各种影响因素的关系。

（二）运输方式选择的决策方法

运输方式的选择包括单一运输方式的选择和联运的选择。在运输方式选择时，可以根据运输环境、运输服务的目标以及其他多方面的要求，运用定性分析法和定量分析法进行分析判断。

1. 运输方式选择的定性分析法。如前所述，公路、铁路、水路、航空和管道运输 5 种基本运输方式各有自身的优点和不足，影响运输方式选择的因素有货物特性、运输批量、运输距离、运输时间和运输成本等，所以在实际中可以以此为依据，结合企业实际情况和运输市场环境，进行综合分析和比较，选择最为合理的运输方式或运输方式组合。在其他影响因素较小、可以不予考虑情况下，也可以就某一方面进行比较，选择合适的运输方式。

选择运输方式时，还应当考虑到发送方式。不同的发送方式不仅运输费用相差较大，而且运输的安全程度和在途时间差别也很大。如铁路运输有整列、成组、整车、零担、包裹等发送方式，成组、整车运输由于配车编组使得在途停滞时间长，而零担、包裹运输费用则较高。

2. 运输方式选择的定量方法。运输方式的选择应满足运输的基本要求，即经济性、安全性、迅速性和便利性。定量的方法有很多种，但由于运输问题影响因素复杂，很难用一种计算结果来决定一切。

由于运输对象、运输距离和货主对运输时限要求不一样，对经济性、安全性、迅速性和便利性四个方面的要求程度也不同，因此可采取综合评价方法进行选择，即从经济性、安全性、迅速性和便利性四个方面出发，将其作为运输方式的评价因素，分别用 F_1、F_2、F_3、F_4 表示。由于这四个因素不可能同等重要，应通过给每个因素赋予权重加以区别。各因素的权重设为 b_1、b_2、b_3、b_4，则运输方式的综合评价值 F 为

$$F=b_1F_1+b_2F_2+b_3F_3+b_4F_4$$

采用综合评价方法进行运输方式选择的具体步骤为：

首先，确定运输方式的评价因素。根据运输系统的目标要求，可以选择运输方式的 4 个因素对各个运输方式进行综合评价与选择。

其次，确定各评价因素的值及其权重。

第三，确定运输方式的综合评价值并最终选择合理的运输方式。

此外，成本比较选择法也是运输方式选择的一种定量分析方法，它主要是根据不同运输方式在一定的运输环境条件下所花费的成本的高低来进行评价与选择运输方式。在选择运输方式时，运输费用、运输速度以及与之相关的库存费用等方面会相互影响、相互作用。因此，应该综合考虑运输速度、运输费用、库存费用等方面形成的总成本的高低以及其他等多种因素的影响，寻求总的运输成本最低的运输方式或运输工具。

二、运输线路的优化决策

运输路线的选择影响到运输设备和人员的利用，确定合理的运输路线可以降低运输成本，提高运输效率，因此运输路线选择是继运输方式选择之后的又一重要运

输决策。尽管路线选择的问题种类很多，但可以将其归为几个基本类型：起讫点不同、起讫点相同、多个起讫点直达和多个起讫点中转。

在起讫点不同的运输路线优化决策中，其中间点相同，具有单个始点和单个终点，在通常不考虑其他运输因素的情况下，最简单和直观的解决方式是最短路法。最短路的度量单位可能是时间、距离或费用等。最短路的具体求解方法有迭代法、标号法两种。

起讫点相同的运输问题主要是指车辆从设施点出发访问一定数量顾客后又回到原来的出发点的线路确定问题。现实生活中存在着类似的问题，如配送车辆送货、邮递员送报、送奶工送牛奶、垃圾车辆收集垃圾等。这些问题求解的目标是寻求访问各点的次序，并使运行时间或距离最小化。求解方法包括经验试探法、多种数学求解法等。

多个起讫点直达运输主要是指将多个供应点的供应分配到多个顾客需求点，常用在产品从工厂到仓库的配送，从仓库向顾客供应等情况。这类经典的运筹学问题被称为物资调运问题，求解这类问题常用线性规划法或表上作业法。

上面所讨论的直达运输问题，都是假定任意产地和销地之间都有直达线路，并且产地只输出货物，销地只输入货物，但实际运输工作可能存在着更为复杂的情况。例如，产地和销地之间不存在直达路线，货物由产地到销地必须通过某中间站转运；某些产地既输出货物，也吸收一部分货物；某销地既吸收货物，又输出部分货物，即产地与销地也可以起中转站的作用，或者既是产地又是销地；产地与销地之间虽有直达线路，但直达运输的费用或运输距离分别比经过某些中转站还要高或远。这些情况统称为多个起讫点中转运输问题或转运问题。解决这类问题的基本思路是先把它转化为无转运的直达产销平衡运输问题，然后运用相应的方法求解。

三、运输承运商的选择决策

在一个不存在垄断的运输市场中，不同的运输方式以及同一运输方式中会有许多运输承运商，这些承运商可能各有特点，能力迥异，所以货主或托运人为了有效地实现货物运输的目的，需要对选择哪个具体的运输承运商做出决策。

（一）运输承运商选择的步骤

1. 确定运输承运商选择的原则。首先，需要根据运输业务的特性选择承运商。例如，考虑货物的性质、体积、运送频率等，将其归类为普通运输、大件运输、零担运输或危险品运输等，并以此选择具有某方面特长的运输承运商。

其次，还应考虑以下两个原则：（1）综合成本最小原则，应考虑运输成本及其对其他因素的影响，使物流整体成本最小。（2）适度原则，所选的承运商规模、综合能力与企业运输业务要求相适应。

同时，根据运输业务发生的主要地理范围，选择一些本地或对该范围的运输业务较为熟悉的承运商。

最后，还应树立全局的和战略的观念，从长远考虑企业自身发展、承运商近期及未来发展以及双方的合作关系。

2. 初步选定运输承运商的范围。可以根据企业自己了解或从本地的企业黄页上找出一些符合自己运输业务类型的承运商；接着通过电话、传真或信函等形式与之取得联系，初次了解承运商的运输类型、运输资源，确认是否是自己需要的承运商；然后初步选定承运商及其数量。

3. 与运输承运商进行洽谈。在洽谈中，双方可以交流本企业的有关信息。客户应详细了解承运商拥有的资源，如拥有的车辆（如车型、吨位、数量、是否安装 GPS 等）、硬件设施（如停车场、维修站、集装箱堆场等）、运输网络的覆盖范围，以及有关运输、报价等方面的具体问题。也可以向承运商发放问卷表，以便更为详细地了解其整体情况。

4. 初步筛选。将运输承运商有关资料及问卷表录入电脑，作为承运商的第一手资料，供以后查询、谈判及进一步调研。然后进行分析，淘汰一些明显不符合企业运输业务要求的承运商，确定进一步评价的承运商的名单。

5. 评价经初步筛选的运输承运商。首先确定评价承运商的方法，如服务质量比较法、运输价格比较法、综合评判法等；然后对经过初步筛选的运输承运商进行评价、比较，确定少数可供选择的承运商。

6. 确定运输承运商。对确定下来的少数运输承运商进行实地考察，并把自己的详细运输标书交给他们，以使他们制定出各自的运输方案。然后，对他们的运输方案进行比较权衡，从而做出最终的选择。或者在经过初步筛选的运输承运商中，进行招投标，从中确定最终的承运商。

（二）运输承运商选择的方法

1. 服务质量比较法。客户在付出同等的运费的情况下，总是希望得到更多的服务，因此，服务质量往往成为客户选择不同运输承运商的首要标准。

客户在选择运输承运商时会将其运输能力作为一个重要的因素来考虑。客户通常从几个方面来考虑：该运输公司提供运输工具的完好程度；该公司所雇佣的装卸公司的服务质量；该公司所雇佣的从业人员的经验及工作责任心；该公司的货物运输控制流程等。

客户在选择不同的运输承运商时还会考虑运输质量。例如，运输的准班率；航班的时间间隔、船舶的发班密度、铁路运输的发车间隔等；单证的准确率；信息查询的方便程度；货运纠纷的处理等。

2. 运输价格比较法。正如前文所述，各运输承运商为了稳定自己的市场份额，都会努力提高运输服务质量。而随着竞争的日益激烈，对于某些货物来说不同的运输承运商所提供的服务质量已近乎相同，因此，运价很容易成为各承运商的最后竞争手段。于是客户在选择时，如面对几乎相同的服务质量，或有些客户对服务质量要求不高时，运输价格则成为另一个重要的决策依据。

3. 综合评价选择法。在实际选择运输承运商时，客户会同时考虑许多对运输业务有影响的因素，如承运商的服务质量、运输价格、承运商的品牌、承运商的经济实力以及承运商的运输网点数量等。如果将这些因素综合考虑，可采用综合评价选择法。

第四节　运输经济效益与定价

一、运输成本

（一）运输成本及其构成

运输成本是运输生产中耗费的物化劳动和活劳动的货币表现，也就是运输生产中耗费的原材料、燃料、动力、固定资产等生产资料的价值，支付劳动者的劳动报酬以及管理费用的货币表现。

通常，运输成本可根据成本的特性划分变动成本、固定成本、联合成本和公共成本。

变动成本是指与每一次运输直接相关的费用，它与运输里程和运输量成正比。因此，只有在运输工具投入运营时才会发生变动成本。变动成本包括与承运人运输每一批货物有关的直接费用，它通常按照每公里每单位重量的费用来衡量。这类成本还包括劳动成本、燃料费用和维修保养费用等。

固定成本是指在短期内不随运输里程和运输量的变化而变化的成本。这类成本在短期内不发生变化，但又必须得到补偿。它一般包括各种设施设备费用、投资、利率、保险和税收等。此外，企业的运输端点站、运输设施、运输工具、信息系统的设立和购置等方面的费用也属于固定成本。

联合成本是指决定提供某种特定的运输服务所发生的不可避免的费用。例如，当承运人决定装载一卡车的货物从 A 地送往 B 地时，卡车从 B 地返回 A 地的费用是不可避免的，这部分费用就是联合成本。联合成本可以从最初决定的由 A 地到 B 地的运输中得到补偿，也可以通过寻找回程货物运输，由回程货物运价给予补偿。联合成本对运输收费有很大的影响，因为承运人索要的运价中必须包括隐含的联合成本，它的确定要考虑托运人有无适当的回程货，后者这种回程费用由原先的托运人来弥补。

公共成本是承运人代表所有托运人或某个分市场的托运人支付的费用。公共成本（如端点站、路桥费或管理部门收取的费用）通常是按照装运处理的数量分摊给托运人，因此，它具有一般管理费用的特征。

（二）不同运输方式成本构成的特点

不同的运输方式其成本构成具有不同的特点。对于铁路运输方式，“与运量无关”的成本费用（指线路、通信设备、大型建筑物等的使用和维护费用，以及管理人员工资等）占铁路运输成本比重高达50%左右，所以，规模经济对于降低铁路运输成本十分重要。同时，始发和终到作业费用约占运输成本的18%，所以运距较短时，铁路运输的平均成本较高。

水路运输成本构成具有高变动成本和低固定成本的特征。高变动成本的主要原因是由于大自然提供航道，水运企业不必自己修建运营线路，而且航道的维护、改善和管理一般由政府负责，水运企业在使用政府提供的基础设施时支付相应的使用费（如船闸费、港口费等），这些费用与运量直接相关。此外，运距的长短对水路运输成本影响较大，运距越长，则平均成本就越大幅下降。

公路运输成本构成具有较高的变动成本和较低的固定成本特征。公路运输使用的公路大多为公共投资，公路运输企业对车站的投资也比较少，其固定成本较低。公路运输成本的大部分属于日常运营支出，即燃油、工资和维修费用等组成的变动成本。由于公路运输一般均是直达运输，无中转费用，而始发和终到作业费占运输成本的比例比铁路运输和水路运输的低得多，使得公路运输的始发费和中转费较低。

航空运输成本具有低变动成本和高固定成本的特征。一般来说，航空运输成本的40%是变动成本，60%是固定成本。航空运输的固定成本包括保险费、飞机大修费等。固定成本之所以较高，主要是因为航空公司使用的飞机价值非常昂贵。变动成本包括煤油消耗费用、飞机维修费、飞机津贴补助费、航路费等。

与铁路运输相似，管道运输的固定成本比较高，而变动成本比较低。管道业需要铺设管道和建设沿线泵站及终端站，且管道运输自动化程度高，它的人工开支很小。这些都使得管道业的固定成本要高于变动成本。

二、运输价格

（一）运输价格的概念和特点

运输价格是指运输企业对特定货物或旅客所提供的运输服务的价格。它是运输产品价值的货币表现。运输产品是具体条件规定下货物与旅客的位移。这个具体条件是运输产品在一定时间内被运送的服务对象的数量和空间位移的距离。同其他产品一样，运输产品的价值也是由生产过程中消耗的生产资料价值、生产者为自己劳动所创造的价值、生产者为社会劳动所创造的价值所组成的。

运输价格能有效地调节运输方式的运输需求。它是基于总体运输能力基本不变的情况下，运输价格的变动会导致运输需求的改变。但货物运输需求在性质上属于“派生需求”，运输总需求的大小，一般决定于社会经济活动的总水平。货物运输价格是商品销售价格中的组成部分，它的高低变动也会影响其他物资生产部门的收入水平，对其运输价格需求产生一定的影响，有时对某一运输需求的调节相当明显。

运输价格具有如下一些特点。

1. 运输价格是一种劳务价格。运输企业为社会提供的效用不是实物形态的产品，而是通过运输工具实现货物或旅客在空间位置上的移动。在运输生产过程中，运输企业向货物或旅客提供了运输劳务，运输价格就是运输劳务的价格。运输价格是销售价格的一种表现形式，但不像其他有形商品可有出厂价、批发价、零售价之分。同时，由于运输产品的不可储存性，因此当运输需求发生变化时，只能靠调整运输能力来达到供求的平衡。而在现实中运输能力的调整一般具有滞后性，因此运输价格因供求关系而产生波动的程度往往较一般有形产品要大。

2. 货物运输价格是商品销售价格的组成部分。社会的生产过程不仅表现在劳动对象形态的改变，也包括劳动对象的空间转移，这样才能使物质产品从生产领域最终进入到消费领域。因此，货物运价就成了商品销售价格的组成部分，货物运价的高低会直接影响商品的销售价乃至实际成交与否。

3. 运输价格具有因不同运输距离或不同航线而不同的特点。货物或旅客按照不同运输距离规定不同的运价，称之为“距离运价”或“里程运价”，是我国沿海、内河、铁路、公路运输中普遍采用的一种运价形式。货物或旅客按照不同航线规定不同的运价，称之为“航线运价”或“线路运价”，航线运价广泛使用于远洋运输和航空运输。

4. 运输价格具有比较复杂的比价关系。因货物或旅客运输，有时可采用不同运输方式或运输工具加以实现，最终达到的运输效果也各不相同。具体表现在所运货物的种类、旅客航位等级、运载数量的大小、距离、方向、时间、速度等都会有所差别。而这些差别均会影响到运输成本和供求关系，在价格上必然会有相应的反映。

（二）影响运输价格的因素

运输价格受到多种因素的影响，运输成本、运输供求关系、运输市场的结构模式、国家有关经济政策以及各种运输方式之间的竞争都影响到了运输成本与价格的关系。但运输成本却是决定运输价格的基础。

1. 运输成本。运输成本是指运输企业在进行运输生产过程中发生的各种耗费的总和。在正常的情况下，运输企业为能抵偿运输成本和扩大再生产，要求运输价格不低于运输成本。因此，运输成本便成为运输价格的重要因素和最低界限。

2. 运输供求关系。运输市场价格调节运输供给和需求，并且运输供给和需求变化调节市场价格。考虑运输供求对运输价格的影响，主要是指后者。运输供给和需求对运输市场价格的调节，通常是由于供求数量不同程度的增长或减少引起的。

3. 运输市场结构模式。根据市场的竞争程度，运输市场结构可分为四种类型，即完全竞争运输市场、完全垄断运输市场、垄断竞争运输市场和寡头垄断运输市场。不同类型的市场有不同的运行机制和特点，对运输价格的形成会产生重大影响。

4. 国家经济政策。国家对运输业实行的税收政策、信贷政策、投资政策等均会直接或间接地影响运输价格水平。长期以来，国家为扶持运输业，在以上诸方面均实行了优惠政策。例如，国家对运输业所征营业税是第三产业中最低的，其税率仅为3%，从运输价格的理论构成看，包括运输成本、利润和营业税金三部分。如果营业税率较低，在运输成本和利润不变的情况下，运输价格随之降低。因此，目前国家对运输业实行的优惠政策有利于稳定运输价格并促进运输业的发展。

5. 各运输方式之间的竞争。影响运输价格水平的竞争因素包括运输速度、货物完好程度以及是否能实现“门到门”运输等。以速度为例，若相同起讫地的货物运输可采用两种不同的运输方式进行，此时运输速度较慢的那一种运输方式只能实行较低的运价。这是因为，就货主而言，它增加了流动资金占用和因货物逾期、丧失市场机会而造成的市场销售损失。与运输速度较快的那一种运输方式相比，其理论降价幅度为流动资金占用差和货物逾期、丧失市场机会而造成的市场销售损失之和。

三、运价的制定

（一）制定运价的基本原则

各种运输方式都有自己的运输条件和运输特性，各种运价也有所不同，但它们制定运价所遵循的基本原则是相同的。

1. 制定各种运价要以运输成本为主要依据。各种货物、旅客运价，应能补偿其运输成本，并能保证运输企业的合理盈利。一般情况下，运输成本高的货物，其运价率也高；运输成本低的货物，其运价率也低。运价虽然以运输成本为主要依据，也并不是说每一种货物运价水平总是与运输成本完全相符的。

2. 制定运价必须反映国家政策的要求。不同种类货物有不同的国家经济意义，不同种类货物在社会生产和人民生活中有不同的经济作用。因此，在制定运价中，必须贯彻反映社会主义经济规律的价格政策和其他经济政策，要把货物划分为重点和一般，有主有次区别对待，规定不同的运价水平。

3. 制定运价应有利于提高运输工具的利用效率和各种运输方式间相互协作。对于水路联运、水水联运或增加返空方向车船载重率，以及为铁路分流短途运输的货物，应制定鼓励性运价。这有利于组织合理运输，加快车船周转，减少货主在途流动资金占用量，降低货物运输费用。

4. 制定运价应合理确定货物、旅客差别运价。运价必须正确地反映运输产品的价值。由于各地区运输条件、运输距离、货物的种类的差异，运输消耗差异较大，为补偿这种差异，在运输价格水平上反映一定的差距。这种按照不同货物制定高低不同的运价是运输企业的差别运价结构。另外，要根据车辆、船舶的利用程度，确定货物、旅客的差别运价。对于能够提高车辆、船舶利用水平的运输，应给予价格优惠。按照货物对车船载重量利用程度的不同，规定不同的运价率，以鼓励发货者充分利用运输工具载重能力，改进货物包装技术和发挥车船运力。

（二）制定运价的基本方法

运输价格一般由运输成本、营业税金和利润构成。但是由于运输企业生产的特点，决定了运输成本和运价的计量单位均为复合单位，运输距离是决定运价的重要因素。因此，运输价格的形式有递远递减运价、均衡里程运价、单一运价、递远递增运价。

1. 递远递减运价。递远递减运价，是指在一定运距内，运距越远，每吨公里（或海里）或人公里的运价越低。所谓“递远递减”，是针对每吨公里运价随运输距离增加而相应减少而言的。递远递减运价是运价中的重要形式，其价格形式基础是运输成本中发运作业费不随运输距离的延长而增加，因而单位运输成本会因运输距离远而呈现递减趋势。货物运输成本与运距的关系，可用下列公式表示

$$C=A/S+B$$

其中，

C 为每吨公里（吨海里）运输成本；

A 为每吨货物发到作业费；

B 为每吨公里（吨海里）的运行作业费和中转作业费之和；

S 为运输距离。

递远递减运价被广泛应用于我国水路和铁路运输中。在公路运输中，因货物在始发地、终到地的作业成本占全部运输成本的比重很小，故每吨公里运输成本基本上不随运输距离的变化而变化。而在水路和铁路运输中，由于运输工具的载重量比汽车大得多，故而在始发地、终到地发生的作业成本也较大。这样，在分析单位运输成本因运输距离的变化而发生变化时，这部分费用不能忽略，在短途运输成本中尤其如此。由于无论在长距离或短距离运输中，若港口（站）的作业条件一样，作为同一运输工具在始发地、终到地的作业成本没有改变。因此随着运输距离的增加，每吨公里的停泊成本（发生在水路运输）或停驶成本（发生在铁路运输）会随之下降，最终使每吨公里运输成本也随之下降。

2. 均衡里程运价。均衡里程运价，是指对于所运输的单位每吨公里均采用单一的运输价格，将场站总成本均分到运输里程之中，完全以平均成本决定价格，即

$$运输总价=运量\times里程\times里程运价$$

铁路货物运输在 1 000 公里以内，每吨公里运价表现为递远递减；而超过1 000

公里，则转变为均衡里程运价，而不再降低，这对限制过远运输有积极意义。

3. 单一运价。单一运价是对于一次运输采取统一的价格的定价方式。这种方式并未考虑具体运输时的成本，而是采取平均的成本决定价格。一般适用于城市内运输的定价方式。对于单一运价，运输距离特短的消费者一般支付超储实际运输成本的价格；而对于运距较长的消费者，获得了更多的消费者剩余，或者称获得超额剩余。

4. 递远递增运价。递远递增运价是指随着运输距离的延长，单位吨公里运费增加的定价方式。这种形式只在特殊情况下运用，目的是限制迂回、相向等不合理运输。另外，我国汽车短途运价（25 公里以内）一般是在基本运价外另加吨次费或按照不同里程分段规定附加费率，所以汽车短途运价表现为递远递增运价。

四、运输经济效益

（一）运输收益

成本收益分析在企业生产行为理论中占有重要地位。收益是指厂商出卖产品所得到的全部收入，收益中既包含有成本，也包括着利润。总收益、平均收益、边际收益与规模收益等，都是成本收益分析的基本范畴。

1. 总收益 TR。总收益是指企业一定时期内出卖产品所获得的全部收入，即产量与价格的乘积。对于交通运输企业而言，它是运价与所完成的运输工作量的乘积，即

$$TR = P \times Q$$

其中：P 为价格，Q 为总产量。

如果有多种产品时，则

$$TP = \sum P_i \times Q_i$$

其中：P_i 为产品 i 的价格，Q_i 为产品 i 的总产量。

2. 平均收益 AR。平均收益是指每一个单位所获得的收益，即

$$AR = TR/Q$$

其中：TR 为总收益，Q 为总产量。

AR 反映了运输企业平均从销售的每一个单位运输工作量所取得的收入。

3. 边际收益 MR。边际收益是指每增加一个单位产品的销售所引起的总收益的改变量。也就是说，在任何给定的销售量中它是最后一个单位产品的售出所取得的收益（可以是正值也可以是负值）。对运输企业来说，边际收益是指增加或减少一个单位运输工作量所带来的总收益的变动额。这一概念主要用于有关企业决定如何能取得最大利润的产量和价格的利润。

$$MR = \triangle TR / \triangle Q$$

其中，

△TR 为总收益的增加（减少），

△Q 为总运量的增加（减少）。

边际收益 MR、平均收益 AR 和需求的价格弹性 E_d 等概念紧密相关。在完全竞争条件下，任何企业的产量变化都不会影响价格水平，需求弹性对个别企业来说是无限的（$E_d=\infty$），总收益 TR 随销售量的增加而同比例增加。此时，边际收益等于平均收益，等于价格。而在非完全竞争（垄断竞争）条件下，销售量同价格成反比。这里有两种情况：一是需求弹性大于 1（$E_d>1$），即销售量增加的百分比大于价格降低的百分比，总收益随销售量增加而增加；二是需求弹性小于 1，此时，总收益随销售量增加而减少，平均收益下降更快，边际收益为负数。

（二）利润最大化

1. 利润最大化的状态。利润 TP 是企业一定时期内的经营成果，指企业总收益与总成本之间的差额（TR－TC）。它是衡量企业生产经营水平的一项综合性指标。企业的生产经营行为，从根本上说，就是利润最大化行为，是企业行为的目标，即以最少的投入换取最多的产出，以最小的支出换取最大的收益。

在经济分析中，利润最大化的原则就是边际收益等于边际成本（MR=MC）。

这是因为，如果边际收益大于边际成本，增加投入的水平是有利可图的，继续增大运量或产量，仍然能为企业带来总收益的增加，也就是说利润还有增大的空间。如果边际收益小于边际成本，此时处于亏损的状态，减少投入的水平是合算的，通过减少产量可以使收益增加。只有当两者相等时，方可实现利润最大化。

2. 利润最大化的运量。交通运输业实现利润最大化的原则就是：在其他条件不变的情况下，企业应选择最佳的运输工作量，使其增加最后一单位运输工作量所带来的边际收益等于其所支付的边际成本。利润最大化条件所对应的产量就是利润最大化时的产量。

3. 利润最大化的价格。企业利润最大化问题，实际上也是确定企业按照什么价格为它的产品定价，或者按照什么价格为它的投入进行支付，以及希望能够按照什么水平进行投入和产出的问题。在完全竞争条件下，企业不可能单方面确定价格水平，它要受到技术和市场的约束，此时，企业只是既定市场价格的接受者，任何想为它的产品索取高于现行市场价格的企业会立即丧失它所有的市场份额。因此，企业在进行价格决策时，必须将市场价格作为给定的条件。即在自由竞争市场，利润最大化的价格就是市场价格。由于平均收益和边际收益是一致的，最大利润原则上可以表达为 MR=MC=P。

在不完全竞争市场上，受边界收益递减的影响，只有在 MR=MC 时，所确定的价格为厂商利润最大化时的定价 P_0。

小　结

1. 运输合理化既受到内部因素的影响，也受到外部因素的影响。可以通过合理配置运输网络、选择最佳的运输方式、提高车辆运行效率、发展社会化运输体系等措施实现运输合理化。

2. 在现代物流发展过程中产生了复合一贯制运输和集装箱运输，这两种运输模式伴随着国际物流和国际贸易迅速发展起来，在现代物流运作中发挥着越来越重要的作用。

3. 运输决策涉及到多项内容，包括运输方式的选择、运输路线的优化、运输服务的选择、运输节点的配置、运输装备的选择等，可应用多种方法进行科学的决策。

4. 运输成本是决定运输价格的基础，运输价格也受到多种因素的影响，通过制定合理的运输价格能够有效地调节各种运输方式的运输需求。

思考与练习

（一）单项选择题

1. 下列关于集装箱运输的说法错误的是(　　)。
   A. 提高装载效率，减轻劳动强度
   B. 避免货物倒载，防止货损货差
   C. 加强车船周转，加快货物运送
   D. 增加包装费用，减少检货手续
2. 运输方式选择需要考虑的基本要求是(　　)。
   A. 经济性、安全性、迅速性和便利性
   B. 经济性、集成性、迅速性和便利性
   C. 安全性、集成性、迅速性和便利性
   D. 经济性、安全性、信息化和便利性

（二）多项选择题

1. 影响运输合理化的因素有(　　)。
   A. 运输距离　　B. 运输环节
   C. 运输工具　　D. 运输时间
2. 下列有关运输价格的说法正确的是(　　)。
   A. 运输价格是一种劳务价格
   B. 运输价格是商品销售价格的组成部分

C. 运输价格具有比较复杂的比价关系

D. 运输供求关系是决定运输价格基础

（三）简答题

1. 不合理运输有哪些形式？如何实现运输合理化？

2. 什么是复合一贯制运输？它有哪些特点？

3. 集装箱作为一种运输容器，其本身构造上的特点与集装箱运输的优越性有哪些内在关系？

4. 集装箱运输在现代物流中的意义是什么？

5. 运输成本和运输价格的关系如何？

6. 制定运价有哪些方法？

案例分析

花王公司的复合运输体系

花王公司复合运输的主要特征表现在自动仓库、特殊车辆、计划运输、组合运输等。花王公司的物流起点是工厂的自动化仓库。20 世纪 70 年代末，花王公司的所有工厂全部导入了自动立体化仓库，从而完全实现了自动机械化作业。商品从各工厂进入仓库时，所有商品用平托盘装载，然后自动进入库存。出货时根据在线供应系统的指令，自动备货分拣，并装载在货车上。

复合运输体系的终点是销售公司的仓库。为了提高销售公司仓库的效率化，花王公司配备了三段式的平托盘和叉车，商品托盘运输比率为 100%，充分发挥了复合运输的优势。除此之外，自动化立体仓库也在花王销售公司中得到大力推进。20 世纪 80 年代中期，近 29 个销售公司的仓库都实现了立体自动化。

在花王公司积极推进工厂仓库和销售公司仓库自动机械化的同时，起着连接作用的运输方式也是花王物流系统变革中的重要一环。这方面的成就主要表现在特殊车辆的开发。这种特殊车辆就是能装载 14. 5t 的轻型货车，该货车可以装载 20 个 T II型的平托盘，并用轻型铝在货车货台配置了起重装置。后来，花王公司又开发出能装载 19t 货物，平面 24 个平托盘的新型货车。与此同时，针对从销售公司到零售店的商品运输，花王公司开发出了“特殊架装车”，特殊架装车是由面向量贩店的厢式车、对应不同的托盘的托盘车等 8 种特种车辆组成，后来又积极开发了集装箱运输车，后者成为了对零售店配送的主力工具。

在花王的物流运输体系中，最有名的是其计划运输系统，所谓计划运输系统就是为了避免交通阻塞，提高物流作业效率，选择最佳的运输路线和最佳的运输时间，以在最短的时间内将商品运抵客户的计划系统。例如，面向日本静冈花王销售公司的货车一般在凌晨2点左右从东京出发，走东京高速公路，于早上7点钟抵达静冈花王，从而使货车能避免交通高峰，顺利通畅的实现商品配送。依此类推，花王公司针对每个销售公司的地理环境，交通道路状况和经营特点，安排了不同的运输时间和运输路线，而且所有这些计划都是用图表的形式表示，真正确保商品的及时配送，最终实现了全公司商品配送的高效率。

花王公司的计划运输体系是与花王公司的另一个系统——商品组合运输系统相联系，商品组合运输系统解决的问题是防止货车往返途中的空载。显然，要真正防止货物空载，就必须搜寻运输的商品。开始时，花王公司主要是与花王的原材料供应商进行组合运输，亦即花王公司将商品从工厂或总公司运抵销售公司后，与当地的花王公司供应商联系，将生产所需的原材料装车运回工厂，这样就不会出现空载。后来，商品运输组合的对象逐渐扩大，已不仅仅限于花王公司经营相联系的企业，所有其他企业都可以利用花王公司的车辆运载商品。现在参与花王组合运输的企业达100多家，花王工厂与销售公司之间近80%的商品运输都实行了组合运输。应当看到的是，花王公司的组合运输之所以能实现和大力发展，一个最大的原因是其计划运输系统确保了商品运输的定时和及时运输，换句话说，正是因为花王的运输系统能确保及时、合理的运输，所以，越来越多的企业都愿意加入组合商品运输。如果没有前者的效率化，是不可能真正实现组合运输的。

（资料来源：宋华．现代物流与供应链管理案例．北京：经济管理出版社，2001.）

案例思考题

1. 请分析花王复合一贯制运输体系的特点。
2. 集合包装在花王复合一贯制运输体系中发挥着怎样的作用？

第八章　库存控制

【学习目标】

1. 理解库存的重要性和库存的类型；
2. 理解库存相关成本；
3. 掌握经济批量模型的推导；
4. 掌握现代库存管理方法；
5. 了解库存管理的新发展。

第一节　库存的重要性及其分类

一、库存的定义及其分类

库存是指由于多种目的而储备的物品和物资。其中，最通常的目的是为了满足正常需求模式，此外，库存还具有整合需求和供给、维持各种活动顺畅进行的功能。库存与保管概念的差别在于，前者是从物流管理的角度出发强调合理化和经济性，后者是从物流作业的角度出发强调效率化。库存可以从用途、目的、存放地点、所处状态等多个方面来分类，可能有些库存类型会有重叠，但把库存进行分类有利于更好地理解库存的不同内涵。在此主要介绍按照用途和目的对库存进行的分类。

（一）按照库存的用途进行分类

按照库存的用途的不同，企业持有的库存可分为原材料库存、在制品库存、产成品库存、维护/维修/作业用品库存、包装物和低值易耗品库存。

1. 原材料库存。原材料库存是指企业通过采购和其他方式取得的用于制造产品并构成产品实体的物品，以及供生产耗用但不构成产品实体的辅助材料、燃料以及外购半成品等，是用于支持企业内制造或装配过程的库存。

2. 在制品库存。在制品库存是指已经过一定生产过程，但尚未全部完工、在销售之前还要进一步加工的中间产品和正在加工中的产品。在制品库存之所以存在，是因为生产一件产品需要时间（称为循环时间）。

3. 产成品库存。产成品库存是指已经制造完成并等待装运，可以对外销售的制成产品的库存。产成品已经以库存的形式存在的原因是用户在某一特定时期的需求是未知的。

4. 维护/维修/作业用品库存。维护/维修/作业用品库存是指用于维护和维修设备而储存的配件、零件、材料等。这类库存的存在是因为维护和维修某些设备的需求和所花的时间具有不确定性，其需求常常是维护计划的一部分。

5. 包装物和低值易耗品库存。包装物和低值易耗品库存是指企业为了包装本企业产品而储备的各种包装容器和由于价值低、易损耗等原因而不能作为固定资产的各种劳动资料的储备。

（二）按照库存的目的进行分类

按照库存的目的的不同，企业持有的库存可以分为基础库存、安全库存、中转库存和投机库存等。

1. 基础库存。基础库存又称为周转库存或周期库存，是指用于正常周转的物品储备，即在前后两批物品正常到达之间，提供生产经营需要的储备。

2. 安全库存。安全库存又称为保险库存，企业持有安全库存的目的是应付时间及需求等方面的不稳定因素的影响。例如，防止和减少因订货期间需求率增长或到货期延误所引起的缺货而设置的储备。在正常情况下一般不动用，一旦动用，必须在下批订货到达之前进行补充。

3. 中转库存。中转库存又称为在途库存，是指物流系统中各种节点之间的库存。例如，为了满足异地销售，从本地工厂发往异地销售仓库的库存。

4. 投机库存。持有这部分库存的目的有很多种，包括满足季节需求、囤积商品以从价格上涨中获利、防止原材料潜在的短缺等。

二、库存的重要性

从上述库存的定义和分类中可以看到企业有必要保持适量的库存。下面，从原材料库存和产成品库存两个方面来讨论企业保持库存的重要性。

（一）原材料库存的重要性

原材料库存是指用于支持企业内制造或装配过程的库存。保持这种库存的原因主要有以下几个方面。

1. 获得大量购买的价格折扣。企业大量采购可以得到价格折扣，因增购的部分不是立即用于生产，所以就会增加库存成本。只要库存成本的增加低于购买价格的节约，企业就愿意增加原材料库存。

2. 大量运输降低运输成本。大批量采购导致了大批量运输，许多企业整车皮、整卡车甚至整船运输原材料。整车运输的运费率比零担运输低许多，从而减少运输成本。运输成本通常是原材料最终售价的一个重要组成部分，运输费率的降低对企业是非常重要的。

3. 避免由于紧急情况而出现停产。企业通常保持一定数量的库存作为缓冲，即保险库存，以防止在运输或订货方面出现问题而影响生产。许多企业不愿意因为原材料缺货而关闭装配线，因为这种成本是相当高的。保险库存的数量将根据延迟交货的概率以及原材料的使用数量来确定。

4. 应对涨价、政策的改变以及延迟交货等情况的发生。一些企业面临原材料供应的不确定性，例如，当黄金有涨价征兆时，珠宝制造商就会提前购买和存储黄金；对于从国外进口原材料的企业来说，如果供应国发生政变或经济危机，那么供应就会中断，从而导致缺货。

5. 调整供需之间的季节差异。农产品，如小麦或其他谷物，在一年中的某些时期生产，因此需要存储这些产品以满足全年的需求。在一些情况下，运输方式也可能造成季节供给，如在冬季一些航道和港口封冻，使得物品的供应受阻。在这种情况下，公司需要增加库存以维持生产的连续进行。

6. 保持供应来源。大型制造企业从小供应商处购买本企业也能制造的装配件或半成品是非常有利的。当他们没有足够的生产能力满足高峰需求时，可以从小供应商处购买。如果大制造商在一年中的某个时期不从小供应商那里购买产品，小制造商可能就会关闭工厂并辞掉所有员工。当大制造商再次需要从小供应商进货时，小制造商就要重新招聘员工。这样不仅提高成本，还会降低产品质量。因此，大制造商在淡季给小供应商一些订单使其维持生产或部分生产能力是有必要的。这样做对于大型企业来说，虽然会增加库存，但比改变供应商或使小供应商重新生产的成本更低。

（二）产成品库存的重要性

产成品库存是指已经制造完成并等待装运，可以对外销售的制成产品的库存。企业保持一定数量产成品库存的原因也主要有以下几个方面。

1. 节约运费。保持产成品库存的一个原因与前面提到的原材料库存原因类似，即运输的经济性。整车运输比零担运输的运输费率低，只要运费低于仓储成本，那么大批量运输就对企业有利。许多企业在市场附近建立面向市场的仓库，公司将产品由工厂大批量运送到仓库，然后将产品以零担方式短距离运送给客户。这样企业不仅可以缩短运送时间、提高服务水平，而且可以降低运输成本、失销成本及在途库存成本。

2. 获得生产的节约。长期连续生产会降低产品的生产成本，但这意味着生产先于需求，产品不能马上全部销售出去，企业需要权衡考虑降低的生产成本与增加的库存成本之间的关系，对于技术含量高，生产周期短的产品尤其要慎重考虑。

3. 调整季节差异。对于任何企业来说，根据季节性高峰需求设计生产能力是没有效率的，而且风险极大，较好的方法是全面有规律地小规模生产，当然，这也就形成在非高峰需求期间的产成品库存。

4. 提高客户服务水平。由于市场竞争的日益加剧，企业必须不断提高服务水平，才能保持和提高竞争力。许多企业采取的一个策略就是将产成品库存靠近客户以利于及时交货，尤其对于可替代性很高的产品，这种策略更为重要。

5. 保留技术工人。在非高峰时期，为了不让技术工人停工失业，就必须继续生产，从而产生库存，在一定时期可起到保留技术工人的作用。

第二节　库存相关成本

库存管理的任务是以最低的费用在适当的时间和适当的地点取得适当数量的原材料、消耗品和最终产品。在许多企业中，库存成本是物流总成本的一个重要组成部分，物流成本的高低常常取决于库存管理成本的大小，而且，企业物流系统所保持的库存水平对于企业提供的客户服务水平起着重要作用。库存成本主要包括以下几个方面：库存持有成本、订货或生产准备成本、缺货成本和在途库存持有成本。

一、库存持有成本

库存持有成本是指为保持库存而发生的成本，它可以分为固定成本和变动成本两部分。固定成本与库存数量的多少无关，如仓库折旧、仓库职工的固定月工资等；变动成本和库存数量的多少有关，如库存占用资金的应计利息、破损和变质损失、保险费用等。变动成本主要包括以下四项成本：资金占用成本、存储空间成本、库存服务成本和库存风险成本。由于库存持有成本中的固定成本是相对固定的，与库存数量无直接关系，它不影响库存控制的决策，在此仅讨论变动成本。

1. 资金占用成本。资金占用成本有时也称为利息成本或机会成本，是库存成本的隐含价值。资金占用成本反映失去的盈利能力。如果资金投入到其他方面，就会要求取得投资回报，因此资金占用成本就是这种尚未获得回报的费用。

一般来说，资金占用成本是库存持有成本最大的一个组成部分，通常用持有库存的货币价值的百分比来表示。也有用确定企业新投资最低回报率来计算资金占用成本的，因为，从投资的角度来说，库存决策与作广告、建新工厂、增加新的机器设备等投资决策是一样的。

2. 存储空间成本。存储空间成本包括与产品运入、运出仓库有关的搬运成本以及储存成本，如租赁、取暖、照明等，即实物存储与搬运成本。这项成本将随情况不同而有很大变化。例如，原材料经常是直接从火车卸货并露天存储，而产成品则要求更安全的搬运设备及更复杂的存储设备。

存储空间成本仅随库存水平的提高或降低而增加或减少。如果利用公共仓库，有关搬运及存储的所有成本将直接随库存的数量而变化，在作库存决策时，这些成

本都要考虑。如果利用自有仓库，大部分存储空间成本是固定的（例如建筑物的折旧）。

3. 库存服务成本。库存服务成本主要是指保险和税金。根据产品的价值和类型，产品丢失或损坏的风险高，就需要较高的风险金。另外，许多国家将库存列入应税的财产，高水平库存导致高税费。保险及税金随产品不同而有很大变化，但在计算库存储存成本时，必须要考虑它们。

4. 库存风险成本。库存风险成本反映了一种非常现实的可能性，即由于企业无法控制的原因，造成的库存贬值。

二、订货或生产准备成本

订货成本或生产准备成本，是指企业向外部的供应商发出采购订单的成本或企业内部的生产准备成本。

订货成本就是企业为了实现一次订货而进行的各种活动的费用，包括处理订货的差旅费、邮资、电报电话费、文书等支出。订货成本中有一部分与订货次数无关，如常设采购机构的基本开支等，称为订货的固定成本；另一部分与订货的次数有关，如差旅费、邮资等，称为订货的变动成本。具体来讲，订货成本包含与下列活动相关的费用：检查库存水平；编制并提出订货申请；对多个供应商进行调查比较，选择最合适的供应商；填写并发出订货单；填写、核对收货单；验收发来的物品；筹备资金并进行付款。这些成本很容易被忽视，但在考虑涉及订货、收货的全部活动时，这些成本都很重要。

生产准备成本是指当库存的某些产品不由外部供应而是企业自己生产时，企业为生产一批物品而进行改线准备的成本。其中，更换模具、夹具需要的工时或添置某些专用设备等属于固定成本，与生产产品的数量有关的费用如材料费、加工费等属于变动成本。

订货成本和持有成本随着订货次数或订货规模的变化而呈现反方向变化，期初随着订货批量的增加，订货成本的下降比持有成本的增加要快，即订货成本的边际节约额比持有成本的边际增加额要多，使得总成本下降。当订货批量增加到某一点时，订货成本的边际节约额与持有成本的边际增加额相等，这时总成本最小。此后，随着订货批量的不断增加，订货成本的边际节约额比持有成本的边际增加额要小，导致总成本不断增加。总之，随着订货规模（或生产数量）的增加，持有成本增加，而订货（或生产准备）成本降低，总成本呈现 U 形如图 8.1 所示。

三、缺货成本

库存决策中另一项主要成本是缺货成本，是指由于库存供应中断而造成的损失，包括原材料供应中断造成的停工损失、产成品库存缺货造成的延迟发货损失和

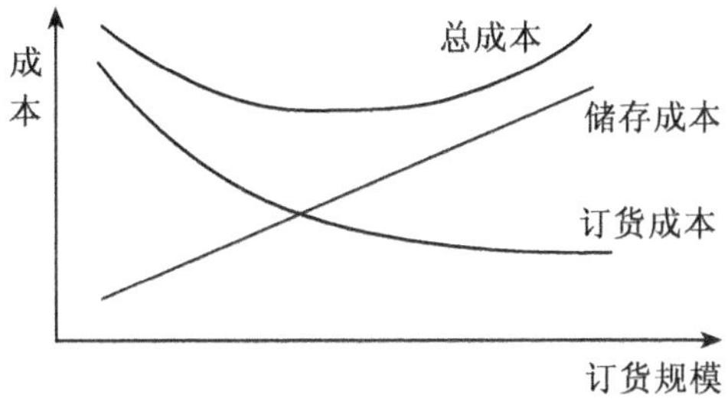

图 8.1 库存成本与订货规模的关系

丧失销售机会的损失（还应包括商誉损失）。如果生产企业以紧急采购代用材料来解决库存材料的中断之急，那么缺货成本表现为紧急采购成本（紧急采购成本大于正常采购成本的部分）。当一种产品缺货时，客户就会购买竞争对手的产品，那么就对企业产生直接利润损失，如果失去客户，还可能给企业造成间接或长期成本。在供应物流方面，原材料或半成品或零配件的缺货，意味着机器空闲甚至关闭全部生产设备。

许多企业都会考虑保持一定数量的安全库存，即缓冲库存以防在需求或提前期方面的不确定性。而困难在于需要确定在每个时段保持多少保险库存，保险库存太多就意味着多余的库存，而保险库存不足则意味着缺货或失销。

保险库存每一追加的增量都造成效益的递减。超过期望需求量的第一个单位的保险库存所提供的防止缺货的预防效能的增值最大，第二个单位所提供的预防效能比第一个单位小，依此类推。如果保险库存量增加，那么缺货概率就会减少。在某一保险库存水平，储存额外数量的成本加上期望缺货成本会有一个最小值，这个水平就是最优水平。高于或低于这个水平，都会产生净损失。

零售业保持保险库存可以在客户的需求率不规律或不可预测的情况下，有能力供应他们。生产企业保持产成品保险库存可以在零售和中转仓库的需求量超过平均值时有能力补充其库存，半成品的额外库存可以在工作负荷不平衡的情况下，使各制造部门的生产正常化。准备这些追加库存是要不失时机地为客户及内部需要服务，以保证企业的长期效益。

缺货成本是由于外部或内部供应中断所产生的。当企业的客户得不到全部订货时，叫做外部缺货；当企业内部某个部门得不到全部订货时，叫做内部缺货。如果发生外部缺货，将导致延期交货、失销，甚至失去客户。

延期交货可以有两种形式，缺货商品可以在下次规则订货中得到补充，或者利用快速延期订货。如果客户愿意等到下一次规则订货，那么公司实际上没有什么损失。但如果经常缺货，客户可能就会转向其他供货商。如果缺货商品延期交货，那

么就发生特殊订单处理和运输费用，延期交货的特殊订单处理费用要比普通处理费用高。由于延期交货经常是小规模装运，运输费率相对要高。而且，延期交货的商品可能需要从另一地区的一个工厂仓库供货，进行长距离运输。另外，可能需要利用速度快、收费高的运输方式运送延期交货商品。因此，延期交货成本可根据额外订单处理费用和额外运费来计算。

尽管一些客户可以允许延期交货，但是仍有一些客户会转向其他供货商。换句话说，许多公司都有生产替代产品的竞争者，当一个供货商没有客户所需的产品时，客户就会从其他供应商那里订货，在这种情况下，缺货导致失销。对于卖方的直接损失是这种产品的利润损失。这样，可以通过计算这种产品的利润乘以客户的订货数量来确定直接损失。关于失销，需要指出以下三点：首先，除了利润的损失，还包括当初负责这笔业务的销售人员的精力浪费，这就是机会损失。其次，很难确定在一些情况下的失销总量。例如，许多客户习惯电话订货，在这种情况下，客户只是询问是否有货，而未指明要订货多少，如果这种产品缺货，那么客户就不会说明需要多少，卖方也就不会知道损失的总量。再次，很难估计一次缺货对未来销售的影响。

第三种可能发生的情况是由于缺货而失去客户，也就是说，客户永远转向另一个供货商。如果失去了客户，企业也就失去了未来一系列的收入，这种缺货造成的损失很难估计，需要用管理科学的技术以及市场营销的研究方法来分析和计算。除了利润损失，还有由于缺货造成的信誉损失。信誉损失很难度量，在库存决策中常被忽略，但它对企业未来销售及经营活动非常重要。

四、在途库存持有成本

在途库存持有成本不像前面讨论的三项成本那么明显，然而在某种情况下，企业必须考虑这项成本。如果企业以目的地交货价出售产品，就意味着企业要负责将产品运达客户，当客户收到订货产品时，产品的所有权才转移。从财务观点来看，产品仍是卖方的库存。因为这种在途库存直到交给客户之前仍然属于企业所有，运货方式以及所需的时间是储存成本的一部分，企业应该对运输成本与在途库存持有成本进行分析。

在途库存的资金占用成本一般等于仓库中库存的资金占用成本，假定在运输过程中所讨论的库存具有所有权，那么资金占用成本就要考虑。

存储空间成本一般与在途库存不相关，因为运输服务部门提供设备及必要的装卸搬运活动，其费用已计入运价。

对于库存服务成本，一般不对在途物品征税，但对保险的要求还要认真分析。例如，当使用承运人时，承运人的责任相当明确，没有必要考虑附加保险，当使用自有车辆或使用出租运输工具时，那么就需要上保险。

由于运输服务具有短暂性，物品过时或变质的风险要小一些，因此库存风险成本可以认为不存在。

第三节 库存管理方法

一、库存管理的涵义

库存管理是指在库存理论的指导下，在经济、合理或某些特定的前提下（例如，不允许缺货与降低服务水平等）建立库存数量的界限，即需求量、库存量、库存水平、订货量等数据界限。简单地说，库存管理主要是企业经营者解决何时补充订货、补充订货多少，以及库存系统的安全库存量、平均库存量、周转率、缺货次数各是多少等问题所采取的方法。库存管理是对在库物品品种及其存量的管理和控制，它只考虑其合理性、经济性与最优性，而不是从技术上去考虑库存的保管与储藏以及如何运输。

（一）库存管理的目标

在企业经营过程的每个环节之间存在库存，但对于库存在企业中的角色，不同的部门存在着不同的看法。库存管理部门和其他部门的目标存在冲突，为了实现最佳库存管理，需要协调各个部门的活动，使得各个部门不仅是以有效实现本部门的功能为目标，更要以实现企业的整体效益为目标。

库存管理应当基于两点进行考虑：一是客户服务水平，即在正确的地点、正确的时间、有足够数量的合适商品；另一个则是库存相关成本。库存管理者需要在库存成本和客户服务水平之间寻找平衡点，100%的客户服务水平往往不是最佳选择，企业总是寻找维持系统完整运行所需的最小库存而达到“满意”的客户服务水平基础上的最低库存。换言之，库存管理的总目标是在库存成本的合理范围内达到满意的顾客服务水平。过去，高的顾客服务水平和低的库存投资似乎是一对相互冲突的目标。现在，通过应用创新的物流管理技术，同时伴随改进企业内部管理和强化部门协调，企业可同时实现这一目标。

（二）库存管理的基本问题

为达到上述目标，应尽量使库存平衡，库存管理人员必须做出许多决策。这里不一一列举，仅重点针对库存控制的两个关键问题进行介绍：何时订货和订货多少。这两个问题的答案决定了库存的主要特点。

对于“何时订货”这个问题，有三种不同的回答方式。第一种方式是进行阶段性回顾，以固定的时间间隔实现订货，通过改变订单批量，企业就可以应对任何需求的变化。第二种方式是采取固定数量的订货，企业对于库存水平进行连续性的监控，一旦库存下降到一定的水平，企业立即实施固定数量的订货。第三种方式是直接把供给与需求相联系，进行较大量的订货，以满足一定时间内的已知的需求。在这种情况下，订货时间和订货数都直接取决于市场的需求。

每一次订货，都会产生相应的管理成本和送货成本。如果企业总是以大批量和低频率的方式订货，订货和送货的成本就可以被控制在较低的水平。但是，库存水平和平均库存价值会比较高。如果企业总是以小批量和高频率的方式订货，订货和送货的成本就可以被控制在较高的水平，但平均库存水平会比较低。企业需要研究“订货多少”这一问题。在通常情况下，企业往往会在这两个方法之间进行折中，以实现总成本最小化。

另一个重要的问题是在库存中应当包括哪些物品。因为保持库存的代价是昂贵的，企业需要在客户服务保持在可以接受的水平的基础上，使库存水平实现最小化。这就意味着：把所有物品的库存控制在合理水平上，杜绝向库存中加入不必要的物品，把那些不再使用的物品从库存中清除出去。

此外，企业可能还关注平均库存水平应该设定在什么水平上，应该在库存上投入多少，可以提供什么样的服务水平，经过多长时间会出现缺货。事实上，上述这些问题的答案都存在于前述的两个基本问题中。一旦在订货的频率和数量方面做出了决策，实际上就自动地设定了平均库存水平、成本、服务水平、出现缺货的可能性等一系列情况。

（三）库存管理方法的类型

库存管理方法的类型有很多分类方法，可按照库存决策的重复性、供应来源、对未来需求量的确定程度、对提前期的确定程度以及库存系统的类型等来划分。

1. 库存决策按照重复性可分为一次性订货和重复性订货。一次性订货（又称为单周期订货）是指物品一次购齐，在通常情况下不再重复订货。作为一次性订货的例子有营造房屋的建筑材料、圣诞树和某些农产品的季节性订货。重复性订货（又称为周期订货）是指一次又一次重复订购同一物品。

2. 库存决策按照供应来源可分为内部供应和外部供应。内部供应是指公司本身生产这种物品，其实质是公司内一个部门向另一个生产该物品的部门提出订货。外部供应是指向另外一家公司订货，需将购货订单送给供应商。

3. 库存决策按照未来库存量的确定程度可分为不变需求量和可变需求量。或者分为确定型、风险型和不确定型三类。当确切知道未来需求量时，库存问题属于确定型。假定知道未来需求量的概率分布，库存问题属于风险型，可以从需求量的历史资料中获得有关信息。对未来的需求没有一个确定的概念时，则为不确定型，例如投入初期的新产品。

4. 库存决策按照提前期的确定程度可分为固定提前期和可变提前期订货。提前期可以是不变的或者是变动的。如属于前者，则提前期的分布可根据经验或通过精确测算来确定。

5. 库存决策按照库存系统的类型可分为连续、周期和物料需求计划、准时制库存系统。连续性库存系统是指每当库存余额降至订货点时就进行订货，全部库存作业都要保持记录。这种库存系统之所以称为“连续性”的原因就是不断更新库存记录，以确定库存现状和历史情况。周期性库存系统是指按照一定的时间周期进行订货。这种库存系统的状况仅在间隔，通常是相等的间隔（定期）的时点内进行测定。补充库存的决策只能在检查库存状况时做出，通常决策者在检查期以外的其他时间并不了解系统的状况。物料需求计划系统订购的库存仅满足已预先计划的生产需求。准时制生产系统订购的库存只在需要时才订货及送达。

二、传统的库存管理方法

传统的库存管理方法是相对于 MRP、JIT 等生产库存管理方法而言的，以单个企业为对象，主要的目的是对企业的库存进行分类及重点管理，同时确定订货时点以及订货数量，使得企业的库存总成本最小。传统的库存管理方法主要有 ABC 分类管理法、固定订货批量法、固定订货周期法、经济订货批量法等。

每种库存管理方法都有假设条件，这是因为在企业的决策中，少数几种关键性因素发挥决定性作用。库存管理模型的假设条件决定了该模型的复杂程度与精确程度。选择库存管理方法的原则是要适合本企业的实际特点，本企业的实际情况必须能够近似于库存管理方法的假设条件。

（一）ABC 分类法

要对库存进行有效的管理和控制，首先要对库存进行分类，常用的方法之一是 ABC 分类法。ABC 分类法又称为重点管理法或 ABC 分析法，源于 ABC 曲线（又称为帕累托曲线）分析，将 ABC 分类法引入库存管理就形成了 ABC 库存分类管理法。这种简单而有效的科学管理方法运用 ABC 曲线分析所揭示的“关键的少数和次要的多数”的规律在库存管理中加以应用的，从名目众多、错综复杂的客观事物或经济规律中，通过分析，找出主次，分类排队，以便根据库存物资重要程度的不同分别进行不同的管理。

ABC 分类法包括两个步骤：一是如何进行分类；二是如何进行管理。通常将手头的库存按照年度货币占用量分为三类：A 类是年度货币量最高的库存，这些品种可能只占库存总数的 15%，但用于它们的库存成本占到总数的 70%~80%。B 类是年度货币量中等的库存，这些品种占全部库存的 30%，占总价值的 15%~25%。那些年度货币量较低的为 C 类库存品种，它们只占全部年度货币量的 5%，但却占库存总数的 55%。除货币量指标外，企业还可以按照销售量、销售额、订货提前期、缺货成本等指标将库存进行分类。

在分类的基础上，管理者为每一类的库存品种制定不同的管理策略，实施不同的控制。A 类库存物资数量虽少但对企业却最为重要，是最需要严格管理和控制的库存。企业必须对这类库存定时进行盘点，详细记录及经常检查分析物资使用、存量增减、质量维持等信息，加强进货、发货、运送管理，在满足企业内部需要和顾客需要的前提下维持尽可能低的经常库存量和安全库存量，加强与供应链上下游企业合作降低库存水平，加快库存周转率。B 类库存属于一般重要的库存，对于这类库存的管理强度介于 A 类库存和 C 类库存之间。对 B 类库存一般进行正常的例行管理和控制。C 类库存物资数量最大但对企业的重要性最低，因而被视为不重要的库存。对于这类库存一般进行简单的管理和控制。

（二）固定订货批量法和固定订货周期法

采用固定订货批量法时，当库存量下降到预先确定的最低库存数量（再订货点或订货点）时，按照预先确定的订货量发出订货，经过订货到交货周期（或称提前期），收到订货，库存水平上升。通常，订货点的确定主要取决于需求率和提前期两个因素。在需求固定和提前期不变的情况下，再订货点等于需求率和提前期的乘积。当需求发生波动，或者提前期变动时，订货点的计算方法类似，但需要考虑安全库存等因素。影响订货批量的主要因素是需求率和库存成本。在确定订货批量时，需要综合考虑可能发生的各种费用。在不同的库存管理模型中，所考虑的库存成本的种类不同，根据总成本最小的原则确定订货批量的经济批量模型得到了广泛采用。

固定订货批量法易于应用，同时由于每次订货都要详细检查和盘点库存，有利于及时了解和掌握库存的状态。其缺点是需要经常对库存进行详细检查和盘点，工作量大且需要花费大量时间，从而增加了库存保管成本。由于该方法要求对每种物品单独进行订货作业，增加订货成本和运输成本。固定订货批量法适用于库存数量少但占用资金大的 A 类库存。

固定订货周期法是指按照预先确定的订货间隔进行订货补充库存的一种库存管理方式。企业根据过去的经验或者经营目标预先确定一个订货时间间隔，每经过一个订货时间间隔就进行订货，每次订货数量不同。订货周期决定着订货的时机，相当于固定订货批量法中的订货点。订货周期表现为订货间隔时间。

订货周期的长短直接影响着最高库存量的大小，进而决定了库存成本的高低。严格来说，固定订货周期法中订货周期的制定原则，应该使得在采用该订货周期订货过程中发生的总费用最低。实际上，订货周期也可根据具体情况进行调整。例如，根据自然日历习惯，以月、季、年等进行调整，或者根据企业的生产周期或供应周期进行调整等。

固定订货周期法是从时间上控制订货周期，从而达到控制库存量目的的方法。只要订货周期控制得当，既可以不造成缺货，又可以控制最高的库存量，从而达到库存管理的目的。固定订货周期法的优点是订货时间间隔确定，因而多种物品可同时进行采购，这样不仅可以降低订货成本，还可以降低送货成本。另外，这种方式不需要经常检查和盘点库存，可节省这方面的费用。但另一方面，由于不经常检查和盘点库存，对货物的库存状态不能及时掌握，遇到突发性的大量需求，容易造成缺货现象所带来的损失，因而企业为了对应订货时间间隔内的突然变动，往往库存水平较高。固定订货周期法适用于品种数量大、占用资金较少的C类和B类库存。

（三）经济订货批量法（Economic Order Quantity，EOQ）

企业每次订货的数量直接关系到库存的水平和库存总成本的大小。因此，企业希望找到一个合适的订货数量使它的库存总成本最小。经济订货批量模型能满足这一要求。经济批量模型就是通过平衡订货成本和库存持有成本，确定一个最佳的订货数量来实现最低总库存成本的方法。经济批量模型由Harris于1915年首次提出，但由于Wilson于1934年进行独立再创新并将其引入市场，因此，人们往往把威尔森视为经济批量模型的创始人。

库存水平通常是随着时间的变化而上下浮动的。由于实际情况过于复杂，不妨从简单之处着手，进行一些假设：假定市场对产品的需求是已知的并具有延续性，而且在一段时间内不会发生变化；假定成本已知，并且不会变化；假定不会出现缺货的情况；假定订货提前期为零，即在订单下达之际，立刻到货。此外，经济批量模型还隐含着一些其他的假设条件：只对某一种物品进行分析，无法以其他物品代替或者把几种物品合并成为一个订单的方式降低成本；采购价格和订货成本不会随着订货数量的大小而变化；每次送货均为同一订单；补货运作是即时的，因此，同一订单下的所有物品同时到达，并且可以立即投入使用。

这些假设条件中最重要的一条莫过于需求已知，并且具有持久和不变的特点。这些假设条件看上去不完全符合实际情况，但是，可以认识到两点：第一，一切模型都是实际情况的简化，设立这些模型的目的是展示一些有用的结果，而不是为了准确地模仿实际情况。经济批量模型被广泛使用的事实表明这个模型是有用的。第二，这是一个基本模型，可以对其在许多方面进行拓展。经济批量模型根据订货、到货间隔时间等条件是否处于确定状态，可分为确定条件下的模型和概率统计条件下的模型。经济批量模型按照不同订货批量中期段成本总量的最小值估计最大订货批量，同时根据实际情况必须对该模型进行修正，这种修正的情况主要有数量折扣、缺货情况下的购买延迟、价格上涨和多品种等四种。这里只介绍确定条件下不考虑订货批量调整的简单经济批量模型。

在前述假设的前提下，简单EOQ模型只考虑两类成本：库存持有成本与订货或生产准备成本。简单模型的决策涉及两种成本之间的权衡分析。如图8.1所示，库存持有成本随订货批量的增加而线性增加，如果只考虑库存持有成本，则订货批量越小越好。而总订货成本随订货批量的增加而减少，如果只考虑订货成本，则订货批量越大越好。因此，应权衡考虑两种成本，使总成本达到最小的订货批量即为最优订货批量。

为了建立 EOQ 模型，首先假定以下变量，

R：每年需求量（件），

Q：订货批量（件），

A：每次的订货成本或生产准备成本（元/每次订货），

V：每件物品的价值，

W：每件物品的年持有成本占物品价值的百分比（%），

$S=VW=$每件物品的年储存成本（元/件），

t：时间（天），

TAC：年库存总成本（元）。

已知上述假设，年库存 TAC 总成本可以表示如下，

$$TAC=QVW/2+RA/Q$$

年库存总成本 TAC 的第一部分是库存持有成本，等于在订货周期中，经济订货批量的平均单位数（$Q/2$）乘以每单位价值（V），再乘以持有成本（W）。每一个订货周期开始的库存总量为 Q，需求是已知并均衡的，在订货周期（t）中，库存物品以相同速率减少，那么持有库存的平均值是初始值（Q）的一半。一个周期的库存持有成本受到这一周期平均库存量的影响。

只确定库存的平均数量是不够的，还必须知道每单位的价值，它随物品的性质而改变，以及储存成本的百分比，它将随物品及企业的仓储运行情况而改变。Q 越大，库存持有成本越高，即持有成本随着订货批量的增加而增加，这是因为大批量的库存持续的时间较长，平均库存将随着经济订货批量的增加而增加，因此持有成本就增加。

年库存总成本 TAC 的第一部分是订货成本或生产准备成本。如前所述，假设每次订货或生产准备成本是固定的，因此如果 Q 的数值增加，那么每年的订货次数就会减少，因为年需求量是已知的，也就是说，订货批量越大，年订货成本就越小。

为了获得使总成本最小的 Q，即经济订货批量，将 TAC 函数对 Q 微分，得到导数为零时，

$$Q^2=2RA/S$$

订货批量确定后，还必须知道什么时候订货，这就是再订货时点。在确定性条件下，在提前期内需要保持足够的库存，因此如果提前期已知，可以用提前期乘以日需求量确定出再订货时点。

三、现代的库存管理方法

在今天的经济环境中，企业的生产目标、生产组织结构、生产方式和方法都发生了巨大的变化，同时也对传统的库存管理方法提出了挑战。随着计算机技术的发

展，创新性的现代库存管理方法得到普及和推广，这些方法主要包括物料需求计划和准时制方法。

（一）物料需求计划

MRP 采用独立需求和相关需求的概念，把原料和零部件的需求看成是最终产品需求量的派生需求。其出发点是根据成品的需求，自动地计算出构成这些产品的零件、部件，以及原材料的相关需求量；根据成品的交货期计算出各部件、零件生产进度日程与外购件的采购日程。MRP 系统依据主生产计划、产品结构、库存状态计算出每种材料的净需求量，并把需求量分配到每个时期。

MRP 系统的目的可以归纳为：

1. 保证在客户需要或生产需要时，能够立即提供足量的材料、零部件、产成品；

2. 保持尽可能低的库存水平；

3. 合理安排采购、运输、生产等活动，使各车间生产的零部件、外购件与装配的要求在时间和数量上精确衔接。

因此，MRP 系统可以指明现在、未来某时的原料、零部件、产成品的库存水平。MRP 系统的起点是需要多少最终产品，何时需要，然后再分解到每一种材料、零部件，并确定需求时间。MRP 把物料供应与已知的需求直接对应起来，因此能够保证库存的数量刚好能够满足生产需求。因此，MRP 的一个显而易见的优势就是其较低的平均库存水平。

MRP 需要三项输入信息，即主生产计划、产品结构信息和库存状态。MRP 首先根据主生产计划规定最终产品需求总量和产品结构信息，对产品的需求进行分解，生成对部件、零部件及原材料的毛需求量计划。然后根据库存状态信息计算出上述物料的净需求量及期限，并发出订单。MRP 程序可以为管理者提供的信息主要有：订货数量和时间；是否需要改变所需产品的数量和时间；是否需要取消产品的需求；MRP 系统自身的状态等。

只要建立了主生产计划，MRP 系统就可以确定不同时期的库存计划。MRP 产生物料需求计划以满足装配或制造特定数量产成品的要求，因此，它是一种推动方式的系统。当对材料、零部件的需求是最终产品的派生需求时，MRP 比较适用。MRP 是从系统的角度来解决材料供应的。

MRP 系统的主要优点是：

1. 维持合理的保险库存，尽可能地降低库存水平；

2. 能够较早地发现问题和可能发生的供应中断，及早采取预防措施；

3. 它的生产计划是基于现实需求和对最终产品的预测；

4. 它并不是孤立地考虑某一个设施，而是统筹考虑整个系统的订货量；

5. 它适合于批量生产或间歇生产或装配过程。

MRP 系统的不足是：

1. 在使用中，它是高度计算机化的，难以调整；

2. 降低库存导致的小批量购买使得订货成本和运输成本增大；

3. 它对短期的需求变动不如再订货点敏感；

4. 系统很复杂，有时不像预想的那样有效。

学术界和商业界试图对基本 MRP 进行改进。拓展的方向之一是在 MRP 完成对生产的计划与控制的基础上，进一步扩展，将经营、财务与生产管理子系统相结合，形成制造资源计划。拓展的另一个方向是将 MRP 应用于物流计划的分销资源计划，计划对象是最终产品向客户那里的流出。

在对 MRP 系统进行研究，并吸取净化、克服缺点以后，制造资源计划应运而生。一些专家和学者认为，运用现代生产管理思想和方法建立的 MRP II 是一个先进的生产管理系统。MRP II 是计划和管理企业所有资源的技术，它超越了库存控制和生产控制，综合了几乎所有的功能，是一个面向未来的计划技术。它不仅减少了缺货，提高了客户服务水平，还使运输更高效、更能适应需求的改变，减少了库存成本，减少生产线的停工，使计划更灵活。

分销资源计划是把 MRP 的原则和技术推广到最终产品的存储和运输领域。DRP 从最终用户的需求量开始（这是一种独立需求），向生产企业倒推，建立一个经济的、可行的系统化计划，来满足客户需求。利用准确可靠的需求预测，DRP 制定一个分阶段的产品从工厂到仓库到最终客户的分销计划。DRP 和 MRP 的区别在于 DRP 可以反复地调整它的订货方式，使之能够适应变化不定的环境。

（二）JIT

JIT 形成于日本丰田公司，在日本被称为“看板”管理。日本企业有效地使用这一概念，并由供应商按期（如按天或小时）准时给厂商送货。在 JIT 体系下对库存控制方面的关键问题是消除对库存的依赖。根据 JIT 观点，与其通过持有库存的方式来应对运作中可能出现的问题，不如正视这些问题，并设法予以解决。因此，可将 JIT 体系关于库存的观点归纳为：企业持有的库存是为了应对供给和需求之间的短期变化和不确定性因素；这些库存是没有实际用途的，它们之所以仍然存在仅仅是由于在物料供给和需求之间无法协调一致；库存的存在会把运作中的一些明显的问题掩盖起来，这会降低管理者们改善物料运转环节的积极性；随之而来的结果就是，运作现状无法得到改善，运作中的问题仍然由于库存的存在而被掩盖起来；解决这些问题的唯一方法是，提高运作水平，找到导致供给和需求不平衡的原因，尽力解决这些问题。

但是，对 JIT 较为广义的理解可以是，JIT 代表的是一种理念，它包含着生产过程的各个方面，从产品的设计到售后服务，无所不包。在这种理念的指导下，系统运行的库存水平最低、浪费最小、空间占用最小而且事务量最少。

JIT 的优点包括:

1. 原材料和在制品库存的减少;
2. 订货至交货周期的缩短;
3. 产品生产所需时间的缩短;
4. 生产力的提高;
5. 设备运作能力和利用率的提高;
6. 计划和安排环节的简化;
7. 文案工作的减少;
8. 物料和产品质量的提高;
9. 废品和浪费的减少;
10. 员工队伍的士气和参与程度的提高;
11. 与供应商关系的加强;
12. 注重在作业中解决问题。

然而, JIT 的某些优点只有在付出较高代价的基础上才能实现。此外, 引入一套 JIT 体系是非常困难的, 往往需要企业经过许多年的调整, 才能够使作业步入正轨。而 JIT 体系在需求不确定、生产数量少等情况下, 往往不会取得好的效果。

由此可见, JIT 与其他库存控制方法一样, 都认为库存影响着运作的各个侧面, 应该设法在保持服务水平的基础上, 把库存水平降低。不同的是, JIT 必须要在现有的运作模式大量改变的基础上, 才能顺利进行。在 JIT 中, 成本、需求、订货至交互周期等都是可以优化的, 然而在其他的库存控制方法中, 这些方面都是一成不变的。JIT 积极寻求消除库存的方法, 而其他的库存控制方法则在寻找控制库存的最佳方法。JIT 对运作进行了简化, 因此在日常工作中并不需要计算机的帮助, 而其他的库存控制方法, 尤其是物料需求计划, 则在许多方面都要借助于计算机的帮助。

第四节　库存管理的新发展

在供应链管理环境下, 出现了 VMI (Vendor Managed Inventory) 管理系统、联合库存管理等新型库存管理方法, 目的是实现供应链上各个环节的同步, 降低供应链上的总体库存。

一、供应商管理库存

近年来, 在国外, 出现了一种新的供应链库存管理方法——供应商管理库存, 即 VMI, 这种库存管理策略打破了传统的各自为政的库存管理模式, 体现了供应链的集成化管理思想, 适应市场变化的要求, 是一种新的有代表性库存管理思想。

关于VMI的定义，国外有学者认为：VMI是一种在客户和供应商之间的合作性策略，以对双方来说都是最低的成本优化产品的可获性，在一个相互同意的目标框架下由供应商管理库存，这样的目标框架被经常性监督和修正，以产生一种连续改进的环境。精心设计与开发的VMI系统，不仅可以降低供应链的库存水平，降低成本，而且，客户还可获得高水平的服务，改善资金流，与供应商共享需求变化的透明性和获得更高的客户信任度。

归纳起来，VMI策略的关键措施主要体现在如下几个原则中。

1. 合作精神（合作性原则）。在实施该策略时，相互信任与信息透明是很重要的，供应商和客户都要有较好的合作精神，才能够相互保持较好的合作。

2. 使双方成本最小（互惠原则）。VMI不是关于成本如何分配或谁来支付的问题，而是关于减少成本的问题。通过该策略使双方的成本都获得减少。

3. 框架协议（目标一致性原则）。双方都明白各自的责任，观念上达成一致的目标。如库存放在哪里，什么时候支付，是否要管理费，要花费多少等问题都要回答，并且体现在框架协议中。

4. 连续改进原则。使供需双方能共享利益和消除浪费。VMI的主要思想是供应商在客户的允许下设立库存，确定库存水平和补给策略，拥有库存控制权。

VMI策略可以按照如下几个步骤实施：

1. 供应商建立顾客情报信息系统，及时掌握顾客需求变化的情况，把顾客进行的需求预测与分析功能集成到供应商的系统中来。

2. 供应商建立销售网络管理系统（例如，通过采用MRPII或ERP）保证自己的产品需求信息和物流畅通。

3. 建立供应商与顾客的合作框架协议，确定处理订单的业务流程以及控制库存的有关参数、库存信息的传递方式等。

4. 实现供应商和顾客两方组织机构的变革，以适应VMI所要求的新的组织模式。

二、联合库存管理

VMI是一种供应链集成化运作的决策代理模式，它把客户的库存决策权代理给供应商，由供应商代理分销商或批发商行使库存决策的权力。联合库存管理则是一种风险分担的库存管理模式，其思想来源于分销中心的联合库存功能。

地区分销中心体现了一种简单的联合库存管理思想。传统的分销模式是分销商根据市场需求直接向工厂订货，为了提高顾客服务水平，各个经销商不得不进行库存备货，这样大量的库存使经销商难以承受。采用地区分销中心的销售模式后，各个经销商只需要少量的库存，大量的库存由地区分销中心储备，从而减轻了各个经销商的库存压力。分销中心起到了联合库存管理的职能，分销中心既是一个商品的联合库存中心，也是需求信息的交流与传递中枢。

采用上述思想对现有的供应链库存管理模式进行拓展和重构就提出了联合库存管理新模式——基于协调中心的联合库存管理系统。联合库存管理和 VMI 不同，它强调双方同时参与，共同制定库存计划，使供应链过程中的每个库存管理者（供应商、制造商、分销商）都从相互之间的协调性考虑，供应链相邻的两个节点之间的库存管理者对需求的预期保持一致，从而消除了需求变异放大现象。

小　结

1. 库存是指由于多种目的而储备的物品和物资。其中，最通常的目的是为了满足正常需求模式，此外，还具有整合需求和供给、维持各种活动顺畅进行的功能。

2. 库存管理的任务是以最低的费用在适当的时间和适当的地点取得适当数量的原材料、消耗品和最终产品。

3. 库存成本是物流总成本的一个重要组成部分，主要包括库存持有成本、订货或生产准备成本、缺货成本和在途库存持有成本。

4. 传统库存管理方法以单个企业为对象，主要的目的是对企业的库存进行分类及重点管理，同时确定订货时点以及订货数量，使得企业的库存总成本最少，包括 ABC 分类管理法、固定订货批量法、固定订货周期法、经济订货批量法等。

5. 随着计算机技术的发展，创新性的现代库存管理方法得到普及和推广，这些方法主要包括物料需求计划和准时制方法。

6. 在供应链管理环境下，出现了 VMI 管理系统、联合库存管理等新型库存管理方法，目的是实现供应链上各个环节的同步，降低供应链上的总体库存。

思考与练习

（一）单项选择题

1. 库存管理的目标是(　　)。

A. 降低库存成本

B. 满足顾客服务水平

C. 降低库存投资

D. 在库存成本的合理范围内达到满意的顾客服务水平

2. 下列有关 ABC 分类的说法正确的是(　　)。

A. C 类库存物质最为重要

B. A 类库存物质数量最多

C. A 类库存物质最需要进行严格管理和控制

D. C 类库存物质数量最少

（二）多项选择题

1. 企业保持一定数量产成品库存的原因包括(　　)。

A. 节约运费　　B. 获得生产的节约

C. 调整季节差异　　D. 提高客户服务水平

2. 库存持有成本包括(　　)。

A. 仓库折旧　　B. 存储空间成本

C. 库存风险成本　　D. 库存保险及税金

（三）简答题

1. 持有库存有哪些意义？

2. 库存成本的构成如何？

3. 固定订货批量法和固定订货周期法的适用性如何？请举例回答。

4. 什么是独立需求物料？什么是相关需求物料？请举例回答。

5. 物料需求计划的主要好处和主要缺陷分别是什么？如何能够拓展物料需求计划的适用范围？

6. 从库存管理的角度来看，JIT 和其他方法有什么区别？

案例分析

JAM 电子的服务水平危机

詹姆（JAM）电子是韩国一家生产工业继电器的企业。公司在远东拥有 5 家制造厂，每个都位于不同的国家，总部设在韩国的汉城。

詹姆美国公司是詹姆电子在美国的子公司，成立于 1978 年。美国子公司提供公司产品在美国的配送和服务。它在芝加哥有一个中央仓库，为两类客户服务：分销商和原始设备制造商。分销商一般持有詹姆公司产品的库存，并在其客户需要时供应。原始设备制造商使用詹姆公司的产品来生产不同类型的产品，如车库门自动开启器。

詹姆电子生产大约 2 500 种不同的产品，这些产品都在远东生产。成品首先被存放在韩国的中央仓库，然后再运送到其他国家。其中，将要销售到美国的产品通过海运运到芝加哥的仓库。

在最近几年里，詹姆美国公司同时注意到竞争的加剧，以及来自客户和分销商要求改进服务水平并降低成本的巨大压力。不幸的是，如库存水平经理 Al Jones 所提出的：服务水平一直都很低，只有 70%的客户能按时收货。另外，库存中许多滞销产品却在不断增加。

最近，在詹姆美国公司的总裁 Chan Moon、副总裁兼总经理 Ken Hall 和韩国总部代理 Li Chan 的会谈中，AI Jones 指出导致低服务水平的几个原因：

1. 预测客户需求的困难。实际上，许多因素，包括经济的变化和客户行为的变化对需求都有很大的影响，很难进行预测。

2. 供应链提前期太长。从伊利诺伊州仓库发出的订单一般要经过 6~7 周才能到货。提前期太长的两个主要原因是：首先，韩国中央配送中心的处理时间需要一周；其次，海运时间太长。

3. 詹姆美国公司处理的库存种类太多。詹姆美国公司要向客户配送 2 500 种不同的产品，从小型继电器到大型可编程控制器。

4. 美国子公司在韩国总部的优先权太低。来自日本或韩国客户的订单通常比美国的有更高的优先权，因此，美国的提前期有时会比 7 周更长。

为了说明客户需求预测的困难，AI Jones 提供了一个有关 xx-1534 型继电器月需求信息的图表（如图 8.2），该产品用于冰箱制造。客户需求变化很大——需求每个月都在变，即使有很成熟的预测技术，也很难预测将要到来的客户需求。

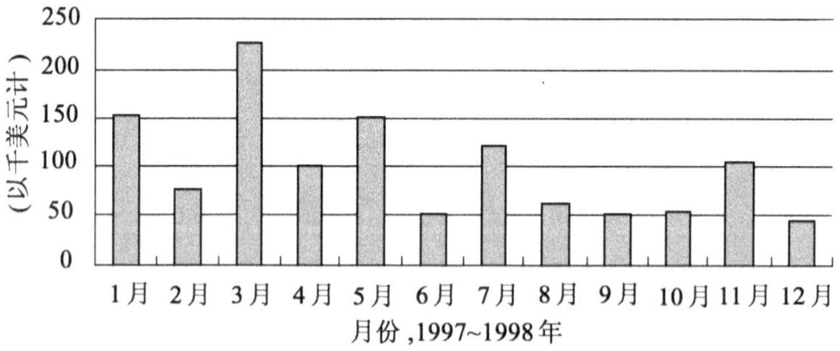

图 8.2 xx-1534 型继电器的月需求

总经理非常重视上述分析。他指出如果提前期长是一个问题，那么美国公司就要缩短它，可能需要使用空运，这样可能将提前期缩减至两个星期。但是，总经理不确定这些变化是否会影响到整个供应链。他提出：运输成本肯定会增加，在哪里能节约成本？

会议结束后，詹姆美国公司决定成立一个由总经理领导的任务小组来解决服务水平危机。当 AI Jones 离开会议室时，他不由自主地想到许多公司一定会碰到类似的问题：高需求变动、提前期过长、不可靠的供应过程、库存种类过多等。他想知道竞争会给这些问题的处理带来什么影响。

（资料来源：大卫，辛奇，利维，等，著. 供应链设计与管理——概念、战略与案例研究．季建华，等，译．北京：中国财政经济出版，2004.）

案例思考题

1. 提前期和提前期的变动对库存有什么影响？詹姆电子公司该怎么处理？
2. 对于詹姆电子公司，什么是有效的库存管理策略？

第九章　配送与配送中心管理

【学习目标】

1. 掌握配送的类型和模式、配送中心的功能和类型；
2. 理解配送中心的作业流程及其管理；
3. 了解配送中心的规划与建设。

第一节　配送与配送中心概述

一、配送的涵义

（一）配送的定义

配送作为一种现代流通组织形式，是集商流、物流、信息流于一身，具有独特的运作模式的物流活动。2001 年 4 月，中国国家标准《物流术语》将配送定义为："在经济合理区域范围内，根据用户要求，对物品进行拣选、加工、包装、分割、组配等作业，并按时送达指定地点的物流活动。"从配送的定义可以看出，作为一项重要的物流活动，配送具有以下特点：

1. 配送是从物流据点至需求顾客的一种特殊的"中转型"送货形式。配送的表现形式虽然是向顾客送货，但和一般送货有区别：一般送货是企业生产什么就送什么，而配送则是依据顾客要求送货；一般送货，尤其是从工厂至顾客的送货往往是直达型送货，配送要做到顾客需要什么送什么，就必须在一定中转环节筹集这种需要，从而使配送必然以中转形式出现。

2. 配送是"配"和"送"有机结合的形式。配送是根据顾客订货所要求的商品在物流结点中经过拣选、组配后，将配好的商品送交顾客。因此配送中除了各种"运"和"送"的活动之外，还要从事大量的分拣、配货、配装等工作。"配"是"送"的前提和条件；"送"是"配"的实现和完成。"配"与"送"两者相辅相成，缺一不可。

3. 配送是一种门到门的服务形式。配送是按照顾客订货的要求，以供给者送货到户的服务方式，将货物从物流结点送到顾客指定的交货地点，如顾客仓库、营业所、车间等。因此从其服务方式来看，配送是一种门到门的服务方式，这也决定了配送中顾客的主导地位和配送企业的服务地位。

4. 配送活动受地域和空间限制。这是从配送经济合理的角度考虑的。因为随着销售市场的扩大，就需要按一定的经济区域来划分目标市场，建立起高效快捷的配送网络来满足客户的要求，同时尽可能降低配送成本，因此配送大多数情况下体现为一种末端的有计划的支线送货活动。

（二）配送与运输

从物流概念来讲，配送几乎包括了所有的物流功能要素，是物流的一个缩影或在某小范围中物流全部活动的体现。一般的配送集装卸、包装、保管、运输于一身，通过这一系列活动的完成以实现将货物送达的目的，特殊的配送则还要以加工活动为支撑。但是，配送的主体活动与一般物流却有不同，一般物流是运输及仓储，而配送则是运输及分拣配货，分拣配货是配送的独特要求，以送货为目的的运输则是最后实现配送的主要手段，从这一主要手段出发，常常将配送简化地看成运输中的一种。但从本质上讲，配送与运输是有明显区别的，这种区别主要表现在以下几个方面：

第一，配送不是单纯地进行货物运输或输送。在向顾客送货之前要进行货物储存、包装、加工、分拣、配货，因此配送比单纯的运输要复杂得多。

第二，配送中的送货仅指从物流据点至需求顾客之间的货物配送，货物运输在整个物流过程中是处于“终端运输”的地位。例如，某工厂通过配送中心向顾客交货时，工厂至配送中心之间的货物输送称为运输，而从配送中心至顾客之间的货物输送称为配送。

第三，由于配送运输的距离短、批量小、品种多、时间性强，因而送货运输时所采用的主要运输工具是汽车，与一般的货物运输相比，其运输方式、运输工具比较单一。

总而言之，配送处于“二次运输”或者“末端运输”的地位。与运输相比，配送更直接面向并靠近客户，运输一般是干线输送和直达送货，批量大，品种相对单一。配送同运输的区别不仅仅表现在数量、种类、距离、复杂程度等方面，还表现在其需要现代技术和装备的支持。如果运输和配送都不能兼顾运输效率原则和优质服务原则的话，那么运输则重视效率，即尽可能优先考虑装载率，而配送则多以服务为目标，在能力许可的情况下以满足客户服务要求为优先。

二、配送分类

为满足不同产品、不同企业、不同流通环境的要求，企业物流活动可采用各种不同形式的配送。配送的种类可以从配送组织者、组织方式及配送商品的特点等多个角度进行划分。

（一）按配送主体行业分类

1. 制造业配送。制造业配送是指围绕制造企业所进行的原材料、零部件的供应配送，各生产工序上的生产配送以及企业为销售产品而进行的对客户的销售配送。也就是说，制造业配送由供应配送、生产配送和销售配送三部分组成，各个部分在客户需求信息的驱动下连成一体，通过各自的职能分工与合作，贯穿于整个制造业生产经营活动中。

2. 农业配送。农业配送是一种特殊的、综合的农业物流活动，是在农业生产资料、农产品的送货基础上发展起来的。农业配送是指在与农业相关的经济合理区域范围内，根据客户要求，对农业生产资料、农产品进行分拣、加工、包装、分割、组配等作业，并按时送达指定地点的农业物流活动。

3. 商业配送。商业企业的主体包括批发企业和零售企业，两者对于配送的理解、要求、管理等都不相同。批发企业配送的客户不是流通环节的终点消费者，而是零售商业企业。因此，批发企业必然要求配送系统不断满足其零售客户多批次、少批量的订货及流通加工等方面的需求。而对于零售企业来说，其配送的客户是流通环节终点的各类消费者，因此，一方面，由于经营场所的面积有限，它们希望上游供应商（包括批发企业）能向其提供小批量的商品配送；另一方面，为了满足各种不同客户的需要，它们又都希望尽可能多地配备多种类的商品。

4. 物流企业配送。物流企业是专门从事物流活动的企业，因此物流企业配送并不像前面三类企业一样拥有货物的所有权，而是根据所服务客户的需求，为客户提供配送支持服务。现在，比较常见的物流企业配送形式是快递业提供的门到门的物流服务。

（二）按配送商品的批量特征不同分类

1. 单（少）品种、大批量配送。这种配送形式适合于需要量较大的商品。单独一个品种或少数几个品种就可以达到较大的送货量，实行整车运输，而不需要再与其他商品搭配，由配送中心进行配送。这种配送形式由于商品送货量大，车辆满载率高，加之配货简便，配送中心的业务组织和计划工作也比较简单，因而配送成本较低。

2. 多品种、少批量配送。这种配送形式是按顾客订货的要求，将其所需要的各种数量不大的商品配备齐全，凑成整车后由配送企业送达顾客指定之处。这种配送方式要求配送中心设施设备齐全，配货送货的计划性强，并具有较高的配货作业水平。在各种配送方式中，这是一种高水平、高技术的组织方式。

3. 成套配套配送。成套配套配送是指配送中心按企业生产、尤其是装配型企业生产的需要，将生产每一台所需要的全部零部件配齐后，按生产节奏定时送达生产企业，生产企业随即将成套部件送入生产线装配产品的配送方式。这种配送由于配送企业承担了生产企业大部分供应工作，使生产企业可以专心致力于生产，有利于提高生产效率。

（三）按配送的时间和数量分类

1. 定时配送。定时配送是指按规定的时间间隔进行配送，如数天或数小时一次。配送商品的品种和数量可以按计划执行，也可以在配送之前以商定的联络方式（如电话、计算机网络等）加以确定。这种配送方式由于配送时间固定，配送企业便于安排工作计划和使用车辆。对于客户来讲，也易于安排接运力量。但是由于配送商品的种类变化，使配货配装的工作难度较大，并且当配送商品数量变化较大时，也会造成配送运力不均衡的状况。

2. 定量配送。定量配送是指按规定的商品数量在一个指定的时间范围内进行配送。这种配送方式数量固定，备货工作较为简单，可以采用按托盘、集装箱及车辆的装载能力规定配送数量的方法，也可以采取整车配送，提高配送效率。由于配送时间上没有严格的限定，可以将不同客户所需的商品凑成整车后配送，提高车辆利用率和节省运力。对于客户来说，每次接货作业处理的是固定数量的货物，有利于人力、物力的调度和准备。

3. 定时定量配送。定时定量配送是指按规定的配送时间和配送数量进行配送。这种配送方式兼有定时、定量两种配送方式的优点，但计划性强，对操作准确性要求高。

4. 定时定路线配送。定时定路线配送是指在规定的运行路线上指定送货到达时间表，按运输时间表进行配送。客户可以按规定的路线及规定的时间接货，并提出具体的配送要求。这种配送方式有利于计划安排送货车辆和调度驾驶人员。客户既可以在一定的路线、一定的时间上进行选择，又可以有计划地安排接货力量。

5. 即时配送。即时配送是指完全按客户临时提出的配送时间和数量进行配送的方式。这种配送方式具有极强的随机性和很强的灵活性，是服务水平最高的一种配送方式。但由于其计划性差，车辆利用率低，因而配送成本较高。

除以上分类角度外，配送按经营形式不同可分为销售配送、供应配送、销售供应一体化配送和代存代供配送；按加工程度的不同可分为加工配送与集疏配送；按配送企业专业化程度的不同可分为综合配送与专业配送。

三、配送模式

不同企业由于其行业环境、战略定位、企业规模、核心能力等方面的差异，在进行企业物流配送时，可能独自建立配送中心实现自营配送；也可能集中精力于企业的核心业务，而将非核心业务的物流配送业务外包出去，实施外包型配送；也可能与其他企业联合，各取所长，整合资源实施共同配送。

（一）自营型配送模式

自营型配送模式是目前生产流通或综合性企业（集团）所广泛采用的一种配

送模式。企业（集团）通过独立组建配送中心，实现内部各部门、厂、店的物品供应的配送，这种配送模式虽然因为揉合了传统的“自给自足”的“小农意识”，形成了新型的“大而全”、“小而全”的局面，从而造成了社会资源的浪费。但是，就目前来看，自营型配送模式在满足企业（集团）内部生产材料供应、产品外销、零售场店供货和区域外市场拓展等企业自身需求方面发挥了重要作用。

较典型的企业（集团）内自营配送模式，就是连锁企业的配送。大大小小的连锁公司或集团基本上都是通过组建自己的配送中心来完成对内部各场、店的统一采购、统一配送和统一结算的。

（二）外包型配送模式

外包型配送模式主要是由具有一定规模的物流设施设备（库房、站台、车辆等）及专业经验与技能的批发、储运或其他物流业务经营企业，利用自身业务优势，承担其他生产性企业在该区域内市场开拓、产品营销而开展的纯服务性的配送。在这种配送模式中，生产企业租用批发、储运等企业的库房，作为存储商品的场所，并将其中的一部分改造成为办公场所，设置自己的业务代表机构，并配置内部的信息处理系统。通过这种现场办公式的决策组织，生产企业在该区域的业务代表控制着信息处理和决策权，独立组织营销、配送业务活动。提供场所的物流业务经营企业，只是在生产企业这种派驻机构的指示下，提供相应的仓储、运输、加工和配送服务，收取相对于全部物流利润的极小比率的业务服务费。

（三）综合型配送模式

在综合型配送模式中，从事配送业务的企业，通过与上家（生产、加工企业）建立广泛的代理或买断关系，与下家（零售店铺）形成稳定的契约关系，从而将生产、加工企业的商品或信息进行统一组织、处理后，按客户订单的要求，配送到店铺。这种模式的配送，还表现为在客户间交流供应信息，从而起到调剂余缺、合理利用资源的作用，综合化的中介型配送模式是一种意义上比较完整的配送模式。

（四）共同配送模式

这是一种配送经营企业间为实现整体的配送合理化，以互惠互利为原则，互相提供便利的配送业务的协作型配送模式。它以契约的方式达成合作配送的协议，互用对方配送资源。其优点在于企业无需投入较大的资金和人力，就可以扩大自身的配送规模和范围，但需要企业有较高的管理水平以及与相关企业的组织协调能力，以保证这种共同合作配送关系的长期稳定的存在。多家企业实行共同配送的前提条件是功能互补和互惠互利。

四、配送中心

配送和其他经济活动一样，通常也是由专业化的组织来进行安排和操作的。配送中心就是从事货物配备（集货、加工、分货、拣选、配货等），将按需求者订货要求配齐的货物送交顾客的组织机构和物流设施。配送中心是基于物流合理化和发展市场两个需要而发展的，它能很好地解决客户多样化需求和厂商大批量专业化生产的矛盾。因此，配送中心已成为现代物流不可缺少的物流结点。

（一）配送中心的作用

作为现代流通中不可缺少的物流结点，配送中心是配送活动的主要承担者，是一种多功能集约化的物流据点。配送中心的顺利运转可以减少流通环节，降低交易费用，产生规模效益，提高库存保证程度，并在一定程度上能有助于商品质量的控制。

配送中心最主要的作用就在于大大减少了流通领域中供需双方的接触次数，从而减少了流通环节。配送中心在批量进货时，可以获得较低的进价，并与客户共同分享这部分优惠，使双方获利。此外，配送中心可以根据顾客的订单，对许多商品进行统一加工和包装，降低加工成本，节省包装材料，从而产生规模效益。配送中心通过建立高效的信息情报网以沟通信息、能够迅速、准确地掌握流通过程中的库存情况，从而避免库存积压和库存量的分布不均，同时配送中心建立的集中库存能够形成比单个企业保险库存大得多的保险库存，提高了保证供应程度，并且配送中心与多家厂商建立了业务联系，对购进商品质量控制和质量信息的反馈都相对有效和极为迅速。

（二）配送中心的功能

配送中心与传统的仓库、运输是不一样的，一般的仓库只重视商品的储存保管，一般传统的运输只是提供商品运输配送而已，而配送中心是重视商品流通的全方位功能，同时具有商品采购进货、储存保管、流通行销、分拣配送、流通加工及信息提供等功能。

1. 采购进货功能。为了满足需求者的多品种、小批量的订货和消费者在任何时间都能买到所需商品的要求，配送中心必须从众多的供应商那里购进大量的品种齐全的商品，以备齐所需的商品，此项工作称为进货。进货是配送的准备阶段和基础性工作，是决定配送经济效益的重要因素。配送中心进货业务包括：筹集货源、订货或购货、筹货以及有关的商品质量检查、财务结算、交接等工作。

2. 储存保管功能。通过配送中心的储存功能，可以有效地分配货源，调节商品生产与消费、进货与销售之间的时间差异。虽然配送中心并不是以储存商品为目的，但是为了保证市场销售的需要，以及配货、流通加工等环节的正常运转，也必须保持一定量的库存。通过配送中心的集中储存和提供的及时制配送，客户企业就不需要建立自己的库存或只需保持少量的保险储备，从而实现客户企业的零库存或低库存，大大降低了全社会的库存总量，解放了大量的储备资金，减少了流动资金的占用和利息的支付。同时，集中库存能够形成比单个企业保险库存大得多的保险储备，提高了供应保证的程度。

3. 流通行销功能。流通行销是配送中心的一个重要功能，尤其是现代化的工业时代，各项信息媒体的发达，再加上商品品质的稳定及信用，因此有许多的直销业者利用配送中心，通过有线电视或互联网等配合进行商品行销。此种商品行销方式可以大大降低购买成本，因此，广受消费者喜爱。而批发商型的配送中心、制造商型的配送中心与进口商型的配送中心也都拥有行销的功能。

4. 分拣配送功能。配送中心另一个重要的功能就是分拣配送，因为配送中心就是为了满足多品种小批量的客户需求而发展起来的，因此配送中心必须根据客户的要求进行分拣配货作业，并以最快的速度送达客户手中或者是指定时间内配送到客户。配送中心的分拣配送效率是物流质量的集中体现，是配送中心最重要的功能。

5. 流通加工功能。流通加工是指商品从生产领域向消费领域转移的过程中，为了提高物流效率，维护商品质量和促进销售，而对商品进行的加工处理活动。配送中心的流通加工作业包含分类、大包装拆箱改包装、产品组合包装、标签补贴作业等。这些作业是提升配送中心服务品质的重要手段。

6. 信息处理功能。配送中心作为集物流各项功能于一身的组织机构和主体，必须建立完整、高效、灵敏的信息处理系统，以高效地为整个流通过程的决策组织、控制运转提供依据，并使进货、存储、拣选、流通加工等活动能够连续、有条不紊地进行。同时，配送中心还要与客户企业建立直接的信息交流，及时得到客户的销售信息，既有利于企业组织货源，保持最佳库存量，又可将销售和库存信息迅速及时地反馈给制造商，以指导生产，使商品适销对路。因此，配送中心又成了整个流通过程中信息传递和交换的枢纽。

（三）配送中心的类型

配送中心是一种新兴的经营管理形态，具有满足多量少样的市场需求及降低流通成本的作用，但是由于企业的背景不同，配送中心的功能、构成和运营方式有很大区别。因此，在配送中心的规划与管理必须充分考虑配送中心的类别及其特点。具体而言，配送中心可从主要功能、运营主体、服务范围、配送品种类别等不同的角度进行分类。配送中心按其运营主体的不同，可分为制造商配送中心、批发商配送中心、零售商配送中心以及专业物流配送中心；按其配送的服务范围的不同，可分为城市配送中心、区域配送中心与国际配送中心；按其主要功能的不同，可分为储存型配送中心、流通型配送中心与加工型配送中心等几种类型；按配送货物的种类属性的不同，可分为不同类型的专业配送中心，如日用品配送中心、食品配送中心、生鲜品配送中心、化妆品配送中心、医药品配送中心、图书配送中心、服饰配送中心、电子产品配送中心、农产品配送中心等。

对于不同种类与行业形态的配送中心，其作业内容、设备类型、营运范围可能完全不同，但是系统规划分析的方法与步骤有其共同之处。配送中心的发展已逐渐由以仓库为主体的配送中心向信息化、自动化的整合型配送中心发展。

第二节　配送中心作业流程及其管理

在配送中心的运作中，不论是人力化、机械化的物流系统，还是自动化、智能化的物流系统，若没有正确且有效率的作业方法配合，则不论是多么先进的系统、设备，也未必能达到最佳的效果。

当采购来的物品由车辆送达配送中心开始，经“进货”作业确认购进物品后，便依序将物品入库“储存”，此后为确保库存得到妥善保管，再进行定期或不定期的“盘点”检查。当配送中心接到客户订单或要货信息后，先将订单按其性质做“订单处理”，之后就可根据处理后的订单信息，将客户订购品从仓库中取出做“拣货”作业。拣货完成后，若发现拣货区剩余的存货量过低，则由储存货区来“补货”，若整个储存货区的存量也低于标准，便需向上游供货商采购进货。而从仓库拣出的物品经整理后即可准备“出货”，等到一切出货动作就绪，便可将出货配载上车进行运输，将其“配送”到各个客户点交货。因此，配送中心的作业流程主要可分为进货入库作业、在库保管作业、订单处理作业、分拣补货作业、运输配送作业等六项作业。

一、进货入库作业管理

进货入库作业主要包括收货、检验和入库三个流程。收货是指配送中心接收厂家按照进货指令送过来的货物。收货工作一定要慎之又慎，因为一旦商品入库，配送中心就要担负起商品完整的责任。一般来说，配送中心收货人员应及时分析配送中心进货计划，准确掌握配送中心计划中或在途中的进货量、可用的库房空储仓位和装卸人力等情况，并及时与有关部门和人员进行沟通，做好以下接货工作：核对采购订单与供货商发货单是否相符，开包检查商品有无损坏、商品分类，所购商品的品质与数量比较等。经检查准确无误后，方可在厂商发货单上签字，将商品入库，并及时登录有关入库信息，转达采购部，经采购部确认后开具收货单，从而使已入库的商品及时进入可配送状态。进货入库作业流程主要包括进货计划分析、收货准备、卸货搬运、货物验收、登记入库等环节，其中进货计划分析和货物验收是关键。

（一）进货计划分析

进货计划分析是在采购物品运输到达配送中心之前就必须完成的工作，以便于掌握在途的到货时间、货物数量和特点，从而做好接货的相关准备工作。配送中心收货人员分析进货计划必须准确掌握采购物品、数量和运输工具的类型，并尽可能准确预测货车到达时间，配合停泊信息，处理协调进出货的交通问题，并根据预先计划的货物临时存放位置来安排货车停靠位置，并预排装卸搬运人员和机械。

（二）货物验收检查

供应商送来的商品来自各工厂和仓库，在送货过程中相互有个交接关系，验收的目的之一，首先在于与送货单位分清责任；其次在商品运输过程中，因种种原因，可能造成商品溢缺损坏，更应供需双方当面查点交接分清责任。物品的验收工作包括品质检验和数量点收双重任务。

物品要合乎要求才准许入库，因而验收要符合预定的标准。验收物品时，可根据采购合约或订购单所规定的条件、以询价或议价时的合格样品为准据、采购合约中的规格图解或各种产品的国家质量标准来进行检查。货物验收检查主要包括包装检查、质量检查和数量清点等三方面的工作，其中包装检查主要是采用看、闻、听、摇、拍、摸等感官检验方法，来检查包装外表；质量检验方法主要是包括物理试验法、化学仪器分析法和主观鉴定法；数量清点则主要包括称重法和计数法，其中前者一般允许有误差，而后者则不允许有误差。货物验收检查的方式主要包括抽检方式、全检方式和免检方式。

二、在库保管作业管理

商品在库保管的主要目的是在充分考虑最大限度的利用库容进行存储的同时，加强库存品养护，确保商品质量安全，加强储位合理化工作和储存商品的数量管理工作。

（一）存储策略的选择

良好的存储策略可以减少出入库移动距离，缩短作业时间，充分利用储存空间。常见的存储策略主要有定位存放、随机存放、分类存放、分类随机存放和共同存放等五种。定位存储策略是指每一类货物都有自己固定的储位，不同的货物不能互用储位；随机存储策略是指每一项货物的储位不是固定的，而是随机产生的，货物一般是由存储人员按习惯来存放的，通常可按货物入库的时间顺序存放于靠近出入口的货位上；在分类存储策略下，所有的储存货品按照一定特性加以分类，每一类货物都有固定存放的位置，而同属一类的不同货物又按一定的规则来指派储位；所谓的分类随机存储策略是指每一类货物有固定存放的储区，但在各类储区内，每个储位的指派是随机的；共同存储策略是指在确定知道各货物的进出仓库时刻，不同的货物可共用相同储位的存储方式。

（二）盘点作业

在配送中心作业中，由于货物的不断进出，长期累计情况下理论库存和实际库存可能出现不相符的情况，为了有效地掌握货品的数量和质量，必须定期对各存储区域进行清点活动，这就是所谓的盘点作业。盘点的目的主要有：确定现存量并修正货账不符产生的误差；确认库存损益；提高库存管理绩效等。

盘点作业通常依照以下步骤进行：盘点前准备——盘点时间和方法确定——盘点人员的集训——储存场所的清理——正式盘点——差异原因调查——盘盈、盘亏的处理。其作业的关键是盘点时间与频次的确定以及盘点方法的采用。一般性物品就货账相符的目标而言，盘点次数越多越好，但因每次盘点要耗费大量的人、财、物，所以也难以经常实施。实际上，导致盘点误差的关键原因在于出入库的过程，可能是出入库作业单据的输入、检查点数的错误或是出入库搬运造成的损失，出入库作业次数多时，误差也就随之增加。所以，在配送中心物品流动速度很快的情况下，既要防止过久盘点对公司造成的损失，但又碍于可用资源的限制，因而最好能视配送中心各物品的性质制定不同的盘点时间表。

三、订单处理作业管理

所谓订单处理作业是指以接到客户订单开始一直到开始拣选货品为止的活动，其中包括有关用户和订单的资料确认、存货查询和单据处理等内容。配送中心的订单处理作业应注意简化接单和确认作业，快捷处理量多繁杂的订货资料，准确掌握订单进度等三个方面的问题。

（一）接单及其确认

目前，国际上主流的接单方式是电子订货系统，它是采用电子数据交换方式取代传统商业下单和接单的自动化订货系统。

订单确认的主要目的是提高订单处理的正确性和效率性。订单的确认主要包括需求品项数量和日期的确认、客户信用的确认、订单形态的确认、订货价格的确认和加工包装的确认。订货品种数量、日期和价格的确认是指对订单项目的基本检查，以避免遗漏、笔误或不符合要求的情况。客户信用的确认是指检查客户的应付账款是否已超过其信用额度，以确定其是否有能力支付该订单的账款。当然某些企业有可能不会授权其物流部门来核实客户信用。由于同一配送中心可能针对不同的客户或不同的商品采用不同的交易处理方式，所谓订单形态的确认，是指确认不同订单的交易处理方式。加工包装的确认是指确认订购商品是否有特殊的包装、分装或贴标要求。

（二）订单处理

订单处理是指对确认无误的订单进行一定的运算处理，并输出有关的分拣单据、配送单据和缺货资料的过程。订单处理的过程包括设定订单处理的优先级别、建立客户配送文件、存货查询、依订单优先级别分配存货、计算分拣所需的大概时间、按订单排定出货时程及拣货顺序、分配存货不足的异常处理等步骤。

（三）订单进度管理

订单经由接单作业进入配送中心，经过输入、查核确认、库存分配等处理，最后产生出货指示资料，开始拣货、出货配送最后经由客户签收、取款结案等整个循环作业，整个订单资料的处理才算结束，才能成为历史资料。接单之后，订单是否如期出货、如数出货、缺货如何处理、客户订单资料变动如何处理、客户查询订单状况时是否能告知等，这些订单的进度、交货期和例外管理都是提升客户服务水准的表现。因此，对于订单进度以及实际作业上无可避免的订单变动情况，配送管理人员应可借助计算机信息进行追踪查询、调整修正，以保证订单的按时履行以及避免因变动造成损失。

订单进入配送中心后，其状态随着作业流程的进行相对的变动。一般可分为下面几种状态：已输入状态、已确认状态、已分配状态、已拣货状态、已出货状态和已收款状态以及已结算状态。处于任一状态的订单，配送管理人员都应准确掌握其进度，并能随时信息以供客户查询。订单进度管理的另一主要工作内容就是订单变动处理。常见的订单变动包括客户取消订单、客户增订、拣货时发生缺货、装车清点时发生缺货、送货时客户拒收等。针对订单不同的变动情况，配送人员应具体分析，采取有针对性的措施，灵活处理。

四、分拣补货作业管理

分拣补货作业是运输配送作业最主要的前置工作。它分为分拣活动和补货活动，这两种作业活动是密切相关的。只有在经过分拣后，拣货区的存货低于设定标准的情况下，才会发生补货活动，其目的是保证分拣作业的按时进行。

（一）分拣作业

配送中心接到配送指示后，及时组织分拣作业人员，按照出货优先顺序、储位区域别、配送车辆趟次别、门店别、先进先出等方法和原则，把出货商品分拣出来，经复核人员确认无误后，放置到暂存区，准备装货上车。分拣作业主要有两种方式：一是“播种方式”；二是“摘果方式”。所谓播种方式，是指把所要配送的同一品种货物集中搬运到理货场所，然后按每一货位（按门店或客户区分）所需的数量分别放置，直到分拣完毕。在保管的货物较易移动、门店数量多且需要量较大时，可采用此种方法。所谓摘果方式（又称为挑选方式），是指分拣人员或分拣机械巡回于保管场所，按分拣要求取出货物，然后将分拣好的货物放置到配货场所指定的位置或直接发货。在保管的商品不易移动、门店数量较少且要货比较分散的情况下，常采用此种方法。

（二）补货作业

补货是指在拣货区的存货低于设定标准的情况下，将货物从仓库保管区域搬运到拣货区的工作。其目的是将正确的产品在正确的时间和正确的地点以正确的数量和最有效的方式送到指定的拣货区。补货作业的目的是确保商品能保质、保量、按时送到指定的拣货区，以保证分拣作业的按时进行。补货的基本方式主要有整箱补货、托盘补货、货架上下层补货等。

整箱补货是指作业员到货架保管区取货箱，用手推车载箱至拣货区进行补货，它一般适合于体积小且少量多样出货的货品。托盘补货是指以托盘为单位由地板堆放保管区补充到地板堆放分拣区或货架分拣区的补货方式，这种补货方式适合于体积大或出货量多的货品。货架上下层补货是指保管区与分拣区属于同一货架，也就是将同一货架上的中下层作为分拣区，上层作为保管区，而补货时则将保管区的货物补充到中下层货架来，这种补货方式适合于体积不大、存货量不多，且多为中小量出货的货物。补货作业的发生与否应视分拣区的货量是否符合要求，因而究竟何时检查分拣区存量，何时将保管区的货补至分拣区，则取决于补货时机的掌握。常见的补货时机有批次补货、定时补货、随机补货等三种。

五、运输配送作业管理

配送作业是指利用配送车辆把客户订单所描述的商品按时按量从配送中心送到客户手中的活动。配送作业在配送体系成本中占有重要地位，因此，配送规划良好与否将直接影响到运作成本和效益。在配送过程中，配送规则受到许多动态和静态因素的影响。静态因素包括客户的区域分布、道路交通网络、车辆行驶限制、送达时间要求等。动态因素包括车流量变化、道路施工、用户变动、车辆变化等。因此，配送组织必须充分考虑各种影响因素进行科学规划，才能提高配送效率和效益。

制定配送计划是配货作业管理的前提。在制定具体的配送计划时应考虑以下几个要素：各客户的远近及订货要求，如品种、规格、数量及送货时间、地点等；配送的性质和特点以及由此决定的运输方式、车辆种类；现有库存的保证能力；现时的交通条件。然后，依据这些要素条件决定配送时间，选定配送车辆，规定装车货物的比例和最佳配送路线、配送频率。配送计划制定后，接下来便可以进入配送实施阶段，首先将到货时间、到货品种、规格、数量以及车辆型号通知各门店（客户）作好接车准备；同时向各职能部门，如仓储、分货包装、运输及财务等部门下达配送任务，各部门作好配送准备；然后组织配送发运，分拣部门按要求将各客户所需的各种货物进行分货及配货，然后进行适当的包装并详细标明门店名称、地址、送达时间以及货物明细；最后按计划将各客户货物组合、装车，运输部门按指定的路线运送至各客户，完成配送工作。如果客户有退货、调货的要求，则应将退调商品随车带回，并完成有关单据手续。

第三节 配送中心的规划与建设

根据不同行业、不同用途的需要设计的配送中心，其运作思路、作业内容、设施设备类型、营业范围是完全不同的，但就其系统规划分析方法和步骤而言，有许多共同之处。配送中心也逐步由传统的仓库型过渡到机械化、信息化、自动化的综合型配送中心。为了降低成本，合理利用资金，使现代化配送中心迅速收回投资，必须对新建配送中心进行科学的规划与设计。

一、配送中心的规划与建设概述

配送中心的规划是指在一个城市或在一个省区甚至更大的范围内考虑配送中心网点的分布，合理地选择配送中心的设置地点，对配送中心各功能区域进行总体布局设计，并考虑内部物流设施与机械的配置，在规划完成后就进行土木建筑施工和设备购置、安装与调试。在规划和建设配送中心之前，必须明确规划与建设的基本原则与影响规划的主要因素。

配送中心的建设是一项规模大、投资额高、涉及面广的系统工程。要建设一个高效率、高服务水平的现代化配送中心，物流系统设计乃是成败的关键。配送中心一旦建成就很难再改变其性质和用途，所以，在规划与建设配送中心时必须切实遵循系统工程原则、价值工程原则、因地制宜原则、交通便利原则和动态发展原则。所谓配送中心规划与建设要素，是指影响配送中心系统规划与建设的基础数据与背景资料。总的来说，影响配送中心规划与建设的要素主要包括配送对象、配送的货品种类、货品的配送数量、物流配送路线、配送的物流服务水平要求、配送的货品价值和建造资金预算等。对这些要素的分析与论证，将成为配送中心规划与建设的依据，也直接影响配送决策。

二、配送中心的规划与建设程序

为避免由于规划错误而产生的投资风险，规划者必须遵循正确的规划程序对配送中心建设进行规划。一般来说，配送中心的规划与建设可以分为五个阶段，即计划筹备阶段、系统规划设计阶段、方案评估阶段、详细规划设计阶段和工程施工阶段。下面分别说明各阶段的主要工作。

（一）计划筹备阶段

计划筹备阶段的主要工作就是明确工程任务，组建专门的组织负责规划和建设工作，并实地调研，开始进行概念设计。

在本阶段，还应确认配送系统的背景条件，包括配送对象的地点和数量、配送中心的位置和规模、配送商品的类型与特性、库存标准、配送中心的作业内容等，还要考虑将来的发展，对于配送中心所处的环境以及法规方面的限制也应有所考虑。概念设计阶段也是项目的详细论证阶段，将为以后的设计打下一个可靠的基础，这一阶段所进行的工作如果证明原先决策有误，可能导致项目终止或有方向性的变更。由于本阶段要进行大量的调研，同时也需要对资料数据进行科学分析，因此，必须给予足够重视，投入必要的人力和费用。

（二）系统规划设计阶段

本阶段，需要对配送中心的基本流程、设施配备、运营体制、项目进度计划以及预算等进行全面的规划与设计。基本流程设计就是完成配送中心的作业流程顺序图、状态图和转换图等。配送中心要素与能力设计就是根据配送中心各作业环节的功能要求，选定各作业环节的设备类型，并初步确定其能力。运营系统设计主要完成包括作业程序与标准、管理方法和各项规章制度、各种票据以及各种作业指示图、设备的维修制度与系统异常事故的对策的设计与制定。平面布置阶段就是确定各业务活动所需要的占地面积及其相互关系，考虑到物流量、搬运手段、货物状态等因素，完成物流配送中心功能区域布局规划图。最后，对项目的基本设计、详细设计、土建、机械设施订货安装与调试、人员培训等都要制定初步的进度计划，并以基本设计为基础，对于设计研制费及其后所需作业人员的劳务费等作出费用概算。

（三）方案评估阶段

在基本设计阶段往往产生几个可行的系统方案，应该根据各方案的特点，采用各种系统评价方法或计算机仿真的方法，对各方案进行比较和评估，从中选择一个最优的方案进行详细设计。

（四）详细规划设计阶段

此阶段应对所使用的设备类型、能力等做出规定，决定作业场所的详细配置，办公及信息系统的设施规格与数量，制定设计施工计划等。物流设备的定型一般是通过投标竞争的方式来确定，并与中标厂家一起确定装卸、搬运、保管所用的机械和辅助机械的型号与规格以及办公与信息系统的有关设施规格、数量等。

（五）工程施工阶段

为了保证系统的统一性和系统目标与功能的完整性，在对参与设计施工各方所设计的内容从性能、操作、安全性、可靠性、可维护性等方面进行全面的评价和审查后，就可以开始土建工程了，在建筑施工方和监理方入场施工和监理后，企业负责配送中心规划与建设的人员应经常深入施工现场，对生产环境、质量管理以至外协件管理体制等进行考察，如发现问题应提出改善要求。通过投标方式确定物流机械设备制造厂家后，在其设备制造期间也需进行现场了解，对质量和交货日期等进行检查。由于物流系统的复杂性，在计划阶段不清楚的问题在工程施工过程中就有可能暴露出来。这需要采取相应措施，并增加一定的改善费用。

三、配送中心规划和建设的主要内容

在配送中心的投资建设中，其规划的起点是在市场调查的基础上，对顾客及订单、辐射范围及经营品种、配送服务要求等进行分析处理，从而为配送中心选择合适的地理位置，进而分析配送业务流程，为配送中心内部功能区域分割和物流设备

选型提供依据，最后对整个配送中心建成投入使用后的相关作业程序、管理规章制度等进行设计。

（一）配送中心选址

配送中心位置的选择，将显著影响实际营运的效率与成本，以及日后仓储规模的扩充与发展。因此企业在决定配送中心设置的位置方案时，必须谨慎参考相关因素，并采用合适的选址方法来确定配送中心地址。配送中心选址时应该考虑的主要因素有客户分布、供应商分布、交通条件、土地条件、气象条件、政策条件等。

配送中心的选址应以物流量和物流路线为依据，使配送中心与其供货工厂之间的运输距离最短或运输费用最少。因此，在选址前需要对物流量及费用等资料进行研究，既要分析研究现有的资料，也要预测将来物流的发展和变化，为配送中心的选址设施的配备提供依据。单一配送中心常用的选址方法主要有重心法、坐标分析法等，而多配送中心的选址方法主要有 CELP 法和 Kuehn-Hamburger 法。

（二）配送中心物流工艺设计

配送中心规模的确定取决于物流量的大小，必须调查过去的物流量的最大值、最小值和平均值，年、月、日间的变化情况。在此基础上，预测将要建立的配送中心的物流量，以及将来可能发生的各种变化因素，在此基础上来进行物流流程和工艺设备的规划设计。

一般需要根据配送中心的作业情况来设计其物流工艺，主要作业有收验货、储存、盘点、拣选、搬运、配送等。首先将配送中心的作业流程如进货、保管、流通加工、拣取、分货、配货等作业设计出顺序图、状态图和转换图等，而且初步设定各作业环节的相关作业方法。如进货环节是用铁路专用线还是卡车进货，是用人力还是运用机械进行卸货，机械卸货又要考虑用传送带或叉车，再根据卸货点到仓库的距离，确定搬运作业方法。配送中心工艺流程的规划还必须结合托盘、叉车等机械设备以及拣选设备的选用。根据配送中心各作业环节的功能要求，选定各作业环节的设备类型，并根据设定条件，初步确定各设备应具备的能力。

（三）配送中心功能区域规划

配送中心功能强大、占地面积多且规模较大，为了物流作业连续顺畅进行，充分发挥配送中心的效用，就必须在配送中心总面积一定的前提下，来分配各作业区域面积及其相互位置关系，这就是所谓的配送中心功能区域规划。在完成配送中心选址和物流工艺的规划设计基础上，要对配送中心整体布局进行设计，分割出临时存储区、办公区、存储区、分拣区、接出货区等作业功能区域。首先，要根据业务量、业务性质水平、内容和作业要求确定配送中心总体规模。其次，要根据规范服务和经验，确定单位面积的作业量定额以便确定各项物流活动所需的作业场所面积，并考虑各作业环节逻辑联系来确定各区域的位置邻近关系。

配送中心功能区域的规划和布置应根据其使用特点进行设计，在满足防火安全间距的原则下，做到布置紧凑合理、交通运输线路短捷和商品出入方便。然后是作业站台与停车场地的设计，根据配送中心的车流情况，设置足够的停车车位和装卸场地，并形成正式的功能区域位置相关图。在平面设计中还要考虑到将来可能发生的变化，要留有余地。然后，在位置相关图的基础上进行建筑规划，既要确定建筑物的类型，采用平面或是多层建筑，还应对车辆的行驶路线、停车场地等因素进行规划。最后，结合有关法规限制与周围环境决定建筑物的最终形态与配置。

(四) 配送中心机械设备的配置

配送中心内部的机械设备需要根据配送中心的规模及其配送业务要求而设置，它主要包括完成装卸、搬运、输送、检验、分货、储存、加工、包装等作业的机械和设备。机械设备配置合理可以提高配送效率，确保货物的完整，有效地利用仓库容积以及以较少的耗费在规定时间内保质保量地完成配送任务。

物流机械设备类型的选择受到多种因素的制约，如商品的特性、运输方式、储存条件等。商品的物理、化学性质以及包装的尺寸、重量不一，所要求的保管方法、储存条件以及装卸搬运方式等也就各不相同。商品的种类及其特性决定了机械设备的类型。货运量较大的配送中心，分货工作可由自动分拣系统完成；一般的配送中心的分拣作业，可考虑采用人工方式完成。在选择装卸机械时，必须考虑运输方式与运输工具相适应；不同运输工具其外形、尺寸、构造、载重量、容积等各不相同，因而需要采用不同的装卸机械。在确定装卸机械的类型后，还可根据货运量确定所需机械设备的数量。配送中心对货物的储存大多采用各种类型的货架，如通用式、托盘式、重力式、移动式、旋转式等货架，货架高度随储存量增加而加大。因此，选用机械进行存取作业时，应结合货架的类型及货架高度确定堆垛机械的类型和型号。流通加工机械的选择取决于被加工物资的类型、要求和加工方法。

(五) 配送中心运营系统的设计

配送中心运营系统的设计包含两层含义：一方面是指以项目规划内容为基础，对项目的基本设计、详细设计、土建、机械设备的订货安装与调试、人员培训等都要制定初步的进度计划，这些属于配送中心建设工程施工前的进度安排管理内容；另一方面是指对作业程序与标准、管理方法和各项规章制度、对各种票据的处理及各种作业指示图、设备的维修制度与系统异常事故的对策设计以及其他有关配送中心的业务规划与设计。

小　结

1. 配送处于“二次运输”或者“末端运输”的地位，与运输相比，配送更直接靠近并面向客户。一般来讲，配送活动主要是由配送中心开展的，一个配送中心，可以说是物流的一个缩影，满足客户（门店）送货需求是配送中心的主要任务。为了实现这一目标，配送中心还要具备一些其他附属物流功能：流通行销功能、集货补货功能、加工功能、储存功能、分拣功能、装卸功能、配送功能和信息功能等。

2. 配送类型可以从配送组织者、组织方式及配送商品的特点等多个角度进行划分。相应的是，配送中心也可从主要功能、运营主体、服务范围、配送品种类别等不同进行分类。配送中心的作业流程主要可分为进货入库作业、在库保管作业、订单处理作业、分拣补货作业、运输配送作业等六项作业。

3. 配送中心的规划要素主要有配送的对象或客户、配送的货品种类、货品的配送数量或库存量、物流通路和配送路线、配送的物流服务水平要求、配送的物流交货周期要求、配送的货品价值和建造资金预算。配送中心的规划与建设主要内容包括配送中心的选址、配送工艺流程分析与设计、配送中心功能区域划分、配送机械设施配置和配送中心运营系统设计等。

思考与练习

（一）填空题

1. 配送与物流有着明显的不同。物流是(　　)的产物，而配送则是(　　)的产物；配送是(　　)的有机结合体。

2. 定时定量配送是指按(　　)时间间隔进行配送，每次配送的品种及数量(　　)，也可以临时进行调整。

3. 分货即(　　)，是要把集中拣选出来的商品按店铺和配送车辆、配送路线等分组，并分组码放在(　　)。

（二）选择题

1. 确定好运输车辆和运输线路后就要按(　　)原则装车。

A. 后送先装　　B. 先送先装

C. 先小件后大件　　D. 先轻件后重件

2. 配送作业难度大，技术要求高，使用设备复杂的配送类型为(　　)。

A. 小批量配送　　B. 大批量配送

C. 企业内部配送　　D. 企业对企业的配送

3. 下列对摘取方式的表述正确的是(　　)。

A. 摘取方式又叫播种方式　　B. 摘取方式又叫拣选方式

C. 摘取方式又叫分货方式　　D. 摘取方式优点是工作重复程度小

4. 配送的特点主要有(　　)。

A. 配送是以终端客户为出发点　　B. 配送是末端运输

C. 以满足客户需求为出发点　　D. 配送追求综合的合理效用

5. 分拣作业的两种基本形式是(　　)。

A. 送货方式　　B. 摘取方式

C. 播种方式　　D. 理货方式

6. 下列属于自动分拣机组成部分的有(　　)。

A. 输入装置　　B. 分拣装置

C. 计算机控制器　　D. 货架信号设定装置

(三) 简答题

1. 运输与配送有哪些区别?

2. 简述配送中心的工作流程。

3. 具体说明分拣作业的两种基本方式。

案例分析

"长春一汽" 汽车配件配送中心规划

一汽及其一汽大众均采取 JIT 供应系统，其数以千计的配套件生产协作厂分布在全国各地，为了及时为主机厂提供配套件，各个协作厂不得不采取各种措施来满足一汽的配件供应需求。长期以来，由于没有高效率的配送中心和现代化的信息系统，供求双方的信息交流十分困难，相应的物流作业环节也十分复杂和落后，由此造成的大量库存使得各个协作厂商占用了大量的流动资金。为此，一汽将采购处和协作处合并，成立采购协作处，对原材料和配套件进行统一管理；并且为了降低管理成本，减少配套件储存和配送的人力和资源的投入，实现零库存管理，将部分配套件的储存和配送交由第三方物流企业来完成。另外，长春汽车交易市场和汽车配件批发市场发展势头良好，这也为汽车配件配送项目的建设提供了广阔的市场和发展空间。基于以上原因，吉林××贸易有限公司下属的吉林省××物流有限公司决定投资建设"一汽汽车配件"配送中心。

一、项目主导业务分析

(一) "汽车配件" 配送市场的分析与预测

1. 一汽集团配套件的工位配送。一汽集团公司是我国目前最大的汽车生产基地之一，主要产品有解放牌中重型载货汽车、红旗轿车、捷达轿车、奥迪轿车和轻型载货汽车，年产汽车 37 万辆，年销售额 400 多亿元。一汽每年用于配套件采购的资金约 50 多亿元，配套件协作厂达 1 182 家，这些协作厂分布于全国各地，其中长春地区有近 200 家。一汽决定将部分配套件的储存和配送交由第三方物流企业完成。

2. 汽车配件厂的物流业务。该项目的另一个服务业务是为长春地区的汽车配件厂提供全方位的物流服务。该项目建成后可以为汽车配件厂提供从原材料储存到成品储存、发运的全方位的物流服务。长春地区汽车配件厂商云集，专业化的分工提供了较为广阔的第三方物流配送市场前景。

3. 长春市汽贸城潜在业务。长春市汽贸城以一汽集团和全国各汽车配件厂生产的汽车零配件的批发和销售为主营业务，是全国最大的汽车零配件集散地。该贸易城约有500家批发商，年批发销售额约50亿元，占全国汽车零配件市场总交易额的50%。该市场也蕴藏着极大的市场空间。

4. 备品和备件的配送。一汽品牌汽车的维修服务系统遍布全国各地，每年所需的备品和备件数量可观，年销售额可达4个多亿。备品和备件实现社会化，也是该项目进行配送的一个潜在市场。

（二）筹建的配送中心功能

1. 运输配送功能。该配送中心可以为客户提供短途运输和门到门的配送服务，根据客户的要求将货物送到客户生产线工位。

2. 储存功能。该配送中心配备有高效率的储存、搬运和拣选设备，向客户提供储存服务，储存主要是为零配件的配送和流通服务的，通过仓储保证供应配送的需求。

3. 装卸搬运服务。该配送中心配备有专业化的装载、卸载、提升、运送、码垛等装卸搬运机械，可以大大提高装卸搬运作业效率，减少作业对货物造成的破损。

4. 包装服务。该项目的包装服务，根据生产线或客户的要求，对货物包装进行组合、拼配、加固，形成满足生产需求和适宜运输配送的组合包装单元。

5. 流通加工服务。为了方便生产或销售，该配送中心通过与固定的制造商或分销商进行长期合作，为制造商或分销商完成一定的加工作业，比如贴标签、制作并粘贴条形码等。

6. 物流信息处理功能。该配送中心可以对各个物流环节的信息进行实时采集、分析、传递，并向货主提供各种作业明细信息及咨询信息。

7. 增值性物流服务。该配送中心除提供传统的物流服务外，还可以提供许多增值性的物流服务。增值性的物流服务包括以下内容：从信息到物流的全方位物流服务、JIT配送服务以及其他增值服务。该配送中心所提供的所有物流服务，能够保证该项目建成后在市场上有强大的竞争力和广阔的生存空间。

二、配送项目发展方案

（一）货物种类

该项目的主要配送产品为汽车零配件，可以将其分为四大类：非金属件（塑料和橡胶件）、金属件（轴承、螺钉、螺母等标准件）、电器件和附件。

（二）货源分布

一汽所需零配件由分布于全国各地的 1 182 家协作厂供货。

（三）供货渠道

1. 汽车供应配送物流渠道：一汽协作厂——配送中心——汽车装配线。

2. 汽车配件厂物流总代理物流渠道：原材料供货厂——配送中心——汽车配件厂——配送中心——汽车生产厂。

3. 汽车销售配送的物流渠道：汽车配件厂——配送中心——配件批发商——配件零售商——消费者或汽车配件厂——配送中心——配件零售商——消费者。

（四）供货方式

配送中心的货源有两种供货方式，外地配件厂的货由客户直接送货或委托交通运输部门运输；长春市的配件厂由配送中心安排运输。进货的主要运输方式是汽车运输，少数采用铁路运输或水路运输。在特殊情况下，也采用航空运输方式。

（五）配送系统运作模式

××物流公司下辖一个信息中心和一个配送中心。客户（一汽、配件厂、配件批发或零售商）可以通过互联网、电话或传真直接向信息中心下发配送指令或订单，信息中心将配送指令或订单信息传给配送中心，配送中心根据客户的要求进行分拣配货作业，并按时间要求向客户进行实物配送，同时配送中心将库存情况和配送执行的信息实时反馈给信息中心，信息中心处理后传给各服务客户，客户根据配送中心的库存情况决定配送中心的进货时机和供应商，并通过互联网、电话或传真向相应的供应商下进货订单，供应商确认订单后，向信息中心发送交货通知和交货单，信息中心向配送中心下发接货指令，由配送中心（或供应商）组织进货运输，将货物运至配适中心。

（资料来源：刘昌祺．物流配送中心设计．北京：机械工业出版社，2001.）

案例思考题

1. 一汽在筹建“一汽汽车配件配送中心”之前，其汽车零配件物流配送存在什么问题？

2. 请结合案例谈谈汽车零配件配送中心的物流运作过程。

第 三 编

微观物流管理

第十章　企业物流管理

【学习目标】

1. 掌握企业物流的内涵；
2. 理解企业物流的特点、分类和企业物流管理的内容；
3. 了解供应物品的种类、供应物流管理的内容和供料管理；
4. 掌握采购流程的变革、管理和控制；
5. 掌握企业生产物流的影响因素、特征和类型；
6. 理解企业生产物流的组织形式、计划与控制方法；
7. 理解销售管理重要性、主要环节和管理方法；
8. 掌握销售物流服务的要素；
9. 理解企业逆物流的特点和处理流程。

第一节　企业物流概述

企业是为社会提供产品或某些服务的经济实体，也是开展物流活动的主要场所。一个生产企业要购进原材料，经过加工，形成产品后再销售出去；一个零售企业要根据用户的要求购进商品，进行流通加工后再销售出去；一个运输企业要按客户的要求将货物输送到指定的地点；即使像银行这样提供服务性产品的企业，也存在大量的物流活动，比如，充足的货币满足客户提款需求，办公设备的购置和维修等。企业物流研究的内容就是在企业经营范围内由生产或服务活动所形成的企业内部的物品实物运动。

一、企业物流的内涵

从物流系统的性质看，企业物流是与社会大物流相对应的概念，它是微观的物流系统。具体地说，企业物流是指企业生产经营过程中，物品从原材料的采购供应，经过生产加工到产成品和销售，以及废弃物的回收和再利用所发生的运输、储存、装卸、搬运、包装、流通加工、配送及信息处理等活动。按企业中物流活动的环节的不同，企业物流可分为供应物流、生产物流、销售物流和逆物流。然而，生产企业和流通企业性质不同，其各环节物流特点也不同，而生产企业的物流具有典型意义，下面以生产企业为例分析企业物流的内涵。

（一）供应物流（Supply Logistics）

供应物流是企业物流过程的起始阶段，是指为企业提供生产经营所需的物品（原材料、配件、设备等）时，物品在提供者与需求者之间的实体流通，具体包括一切物品的采购、运输、库存管理、用料管理和供应输送，所以，供应物流又称为采购与供应物流。供应物流是保证企业生产经营活动正常进行的前提条件，适时、适量、齐备和成套地完成供应活动是供应物流的主要任务。供应物流包括采购、供应和库存管理三个重要环节：

1. 采购。采购是供应物流与社会物流的衔接点，是根据企业生产计划所要求的供应计划制定采购计划并进行原材料外购的作业。在完成将采购物资输送到企业内的物流活动的同时，它还要承担市场资源、供应商、市场变化、供求信息的采集和反馈任务。

2. 供应。供应是供应物流与生产物流的衔接点。它是根据材料供应计划、物资消耗定额、生产作业计划进行生产作业的活动组织。供应方式一般有两种基本形式：一是传统的领料制，即用料单位根据生产计划到供应部门（或供应仓库）领取生产资料；二是供应部门根据生产作业信息和作业安排，按生产中材料需要的物流信息、时间、次序和生产进度进行配送供应的方式。

3. 库存管理。库存管理是供应物流的核心部分。库存管理的功能主要有两个方面：一方面，它要依据企业生产计划的要求和库存的控制情况，制定物资采购计划、库存数量和结构的控制，并指导供应物流的合理运行；另一方面，库存管理又是供应物流的转折点，它需要具有完成生产资料的接货、验收、保管和保养等具体功能。

供应物流包括组织物料或设备生产者送达本企业的企业外部物流和本企业仓库将物资送达生产线的内部物流，其表现形式如图 10.1 所示。

（二）生产物流（Production Logistics）

企业生产物流，又称为厂区物流或车间物流，它是企业物流的核心部分。生产物流是指企业按照生产流程的要求，组织和安排原材料、在制品、半成品和产成品等在各生产环节之间进行内部的流动。

生产物流包括：各专业工厂或车间的半成品或成品流转的微观物流；各专业工厂或车间之间以及它们与总厂之间的半成品、成品的流转。工厂物流的外沿部分，是指厂外运输衔接部分，它包括：原材料、部件、半成品的流转和存放；产成品的包装、存放、发运和回收。生产物流系统的边界是始于原材料、配件、设备的投入，经过制造过程转换为成品，止于从成品库再运到中转部门或直接配送给客户。生产物流是一个向社会输送产品或劳务的开放的系统。图 10.2 为某机械加工企业

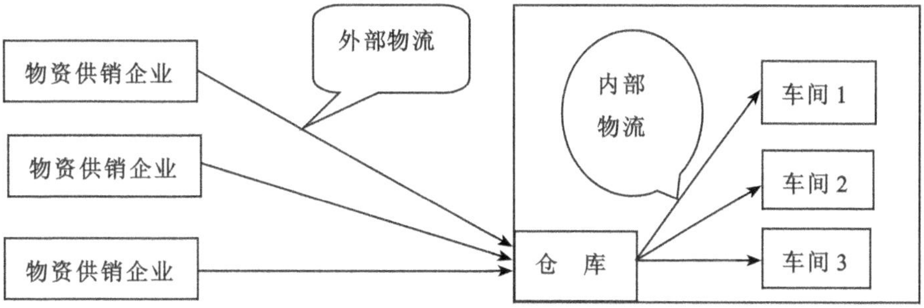

图 10.1　原材料及设备采购供应阶段的物流

生产阶段的物流情况。

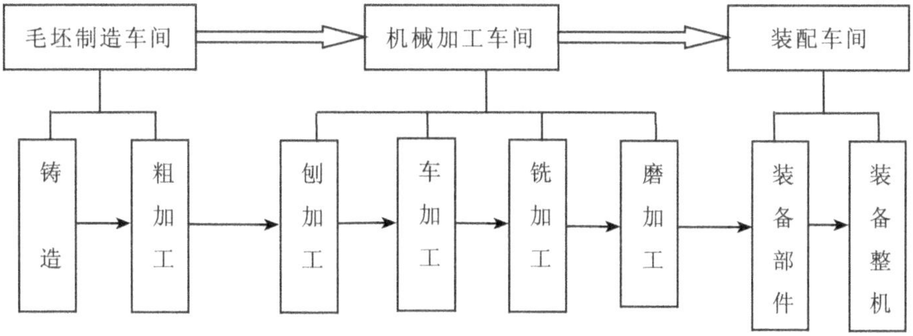

图 10.2　某机械加工企业生产阶段的物流

（三）销售物流（Distribution Logistics）

销售物流是企业物流的输出系统，承担完成企业产品的输出任务，并形成对生产经营活动的反馈。销售物流是企业物流的终点，同时又是宏观物流的始点。宏观物流接受它所传递的企业产品、信息以及辐射的经济能量，进行社会经济范围的信息、交易、实物流通活动，把一个个相对独立的企业系统联系起来，形成社会再生产系统。如果不能很好地组织企业的销售物流，企业生产的产品滞销或脱销时，系统的功能则无法实现，经济能量辐射被破坏，产品的劳动价值将无法得以补偿和实现，产品也不能最终成为现实有用的产品。

销售物流是服务于客户的企业物流，其运行的优劣不仅直接影响到客户的生产经营活动，也会对企业自身的经济效益产生很大的影响。所以，销售物流是企业物流研究和改进的重点。

（四）逆物流（Reverse Logistics）

供应物流将原材料从供应商运送到工厂车间，然后经过从原材料转化为半成品再形成产成品的生产物流，最后销售物流将产成品递交给用户，这个过程描述了企业中大部分物品流动的路径，是一种正向的物流过程，也是企业物流的主要内容。但是，企业在生产经营过程中，还有一部分物品是按照正向物流相反方向流动，这个过程称为逆向物流，简称逆物流。

根据物品产生的来源不同，逆物流可分为两类：一类是回收物流；一类是废弃物物流。

1. 回收物流（Returned Logistics）。回收物流是指不合格物品的返修、退货及周转使用的包装容器从需方返回到供方所形成的实体流动。所谓返品的回收物流，是指由于产品本身质量问题或用户因各种原因拒收，而使产品返回原工厂或发生结点而形成的物流，其流程如图 10.3 所示。

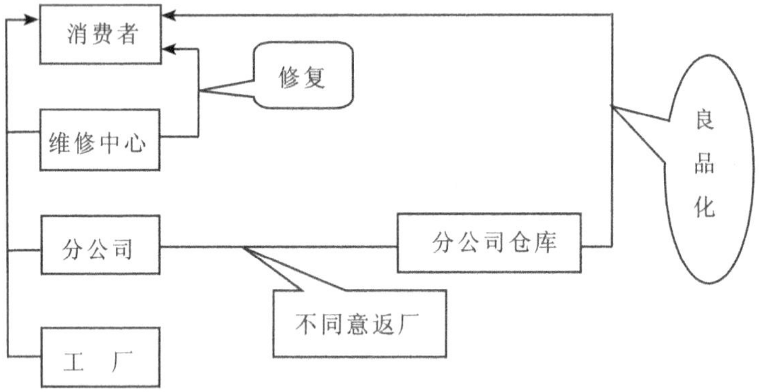

图 10.3　返品回收物流流程

2. 废弃物物流（Waste Material Logistics）。废弃物物流是指将经济活动中失去原有使用价值的物品，根据实际需要进行收集、分类、加工、包装、搬运、储存等，并分送到专门处理场所时所形成的物品实体流动。即，不能回收利用的废弃物只能通过销毁、填埋等方式予以处理的过程。

综上所述，企业物流是供应物流、生产物流、销售物流和逆物流四个部分组成的微观系统，其结构如图 10.4 所示。

二、企业物流的特点

供应物流及销售物流是企业物流与社会物流的接口，这两种物流形态虽然是为企业经营服务的，是企业生产物流（或内部物流）向两个方向的延伸，但是，其物流特点和社会物流很相近。真正反映企业物流特点的是企业内部物流，尤其是生

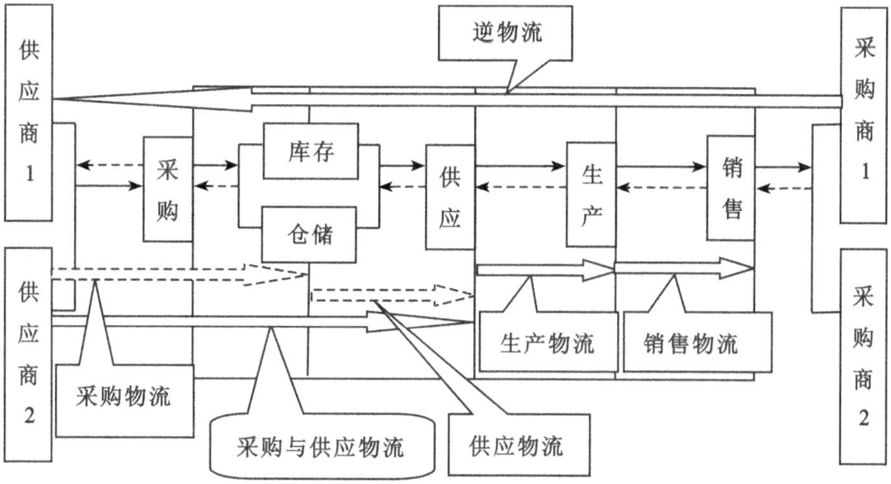

图 10.4 企业物流结构

产物流。企业物流的特点，便是企业生产物流的特点。由于企业的种类多种多样，其特点也不尽相同，现在以工业企业为例讨论企业物流的特点。

1. 企业物流主要创造形态价值。企业物流的本质特点是创造形态价值，而并不是如社会物流一样“实现时间价值和空间价值”。企业中的物流伴随加工活动而发生，以实现加工附加价值。由于企业物流通常在一个较小范围内完成，空间距离的变化不大，因此创造空间价值不大。同样，在企业内部的储存主要是保证生产，而不是追求利润的独立功能，它是企业成本发生的主要因素之一。因此，企业物流创造时间价值不高。

2. 企业物流是一种工艺性物流。企业生产工艺、生产设备及生产流程是确定的，企业物流也因而成了一种稳定的物流，物流成了工艺流程的重要组成部分。由于具备这种稳定性，企业物流的可控性、计划性便很强，一旦进入这一物流过程，选择性和可变性便很小。

3. 企业物流的运行具有极强的伴生性。企业物流是生产的组成部分或一个伴生部分。这一点决定了企业物流很难与生产过程分开而形成独立的系统，尤其是生产企业内部生产物流更是如此。但是，在具有总体的伴生性的同时，企业物流中也有与生产工艺可分的局部物流活动。比如，车间仓库的储存活动、接货物流活动、车间或分厂之间的运输活动等。

物流企业内部物流和生产企业内部物流在运行方面不同，批发企业、配送企业的内部工艺过程，是一个典型的包含着若干个功能要素的物流活动，而不是伴生性的物流活动。

4. 企业生产物流的连续性。企业生产物流不但充实、完善了企业生产过程中的作业活动，而且把整个生产企业所有孤立的作业点、作业区域有机地联系在一起，构成一个连续不断的企业内部物流。企业生产物流是由静态的点和动态的点相结合连接在一起形成的网络结构。静态的“点”，表示物料处在空间位置不变的状态，如相关的装卸、搬运、运输等企业的厂区配置、运输条件、生产布局等，而生产物流动态运动的方向、流量、流速等正是使企业生产处于有节奏、有次序、连续不断地运行的基础。

5. 物料流转是企业生产物流的关键特征。不同于以运输、存储和配送为主要功能要素的社会物流，企业物流主要的功能要素是搬运活动。生产企业的生产过程，实际上是物料不停的搬运过程。在此过程中，物料得到了加工，改变了形态，发生了各种各样的物理的、化学的和机械的变化，变化是在不断地“搬”、不断地“运”的流动过程中实现的。

物料搬运实现了物料的流转，物料流转形成了企业生产物流的关键特征。在企业生产中，物料流转贯穿于生产、加工制造过程的始终。无论是在厂区、库区、车间与车间之间、工序与工序之间、机台之间，都存在着大量频繁的原材料、零部件、半成品和成品的流转运动。生产过程物流的目标应该是以提供畅通无阻的物料流转，保证生产过程顺利、高效率地进行。为此，必须对物料的流转进行研究，明确对物料搬运的要求。通过物料流转分析可以确切地知道需要搬运物料的种类、数量、频繁连续性、机动性等方面的要求，以及搬运作业的起讫地点、空间限制、次序等。对于大多数企业，他们的生产供货次序是：下一道工序生产过程需要的零部件由前一道工序供给，需要什么、需要多少、何时需要等都由下一道生产工序所决定。这种供货方式改变了过去前一道工序的产品全部流入后道工序而形成后道工序半成品和配件大量积压的情况。采用“看板管理”，在工厂内和工厂与工厂之间使这种“何时、何物、多少”的信息流恰当地统一管理生产物流。这样，后道工序要多少，前道工序做多少，使生产物流合理化而减少不必要的搬运，尽可能地消灭相向、迂回搬运，使搬运与生产、供应、分发等形成流水作业。因此，合理选择与运用搬运设备，对充分利用物流空间、提高物流效率和减少物流费用是极其重要的。

6. 企业物流成本的“二律背反”。“二律背反”主要是指企业物流功能要素间或物流成本与服务之间的二重矛盾，即追求一方必须舍弃另一方的一种状态，是两者之间的对立状态。企业物流成本的二律背反关系实质上是研究企业物流的经营管理问题，即将管理目标定位于降低物流成本的投入并取得较大的经营效益。企业物流管理肩负着“降低企业物流成本”和“提高客户服务水平”两大任务，它们是相互矛盾的对立关系。整个物流合理化，需要用总成本评价，这反映出企业物流成本管理的二律背反特征及企业整体概念的重要性。

三、企业物流的分类

不同企业在供应物流、生产物流、销售物流和逆物流等方面表现出不同的特征，因此，产生了不同种类的企业物流。即便是同类的生产企业，物流活动也有差异。

（一）工业生产企业物流

1. 供应物流突出的类型。这种物流系统供应物流较为突出，组织和操作难度较大，而其他物流则较为简单。例如，采取外协方式生产的机械、汽车制造等工业企业，一台机械需要几千甚至几万个零部件，有时来自全国各地甚至全球，供应物流范围广、难度大，但产成品（如汽车）的销售物流便简单得多。

2. 生产物流突出的类型。这种物流系统生产物流突出而供应、销售物流较为简单。典型的例子是冶金工业企业，供应大宗矿石，销售的是大宗冶金产品，而从原材料转化为产品的生产过程及伴随的物流过程都很复杂，有些化工企业（如化肥企业）也具有这种特点。

3. 销售物流突出的类型。例如，很多小商品、小五金等，大宗原材料进货，加工不复杂，但销售却要遍及全国或很大的地域范围，是属于销售物流比较突出的工业企业物流类型。此外，如水泥、玻璃、化工危险品等，虽然生产物流也很复杂，但销售物流难度更大，处理不当会带来更为严重的后果，所以，将它们包含在销售物流突出的类型中。

4. 废弃物物流突出的类型。有一些工业企业几乎不存在废弃物问题，但有些废弃物物流却十分突出，如制糖、选煤、造纸、印染等工业企业。废弃物物流组织的好坏甚至会决定企业能否生存。

（二）农业生产企业物流

1. 供应物流。以组织农业生产资料（化肥、种子、农药、农业机具等）的物流为主要内容，除物流对象不同外，这种物流与工业企业生产物流类似，没有大的特殊性。

2. 生产物流。种植业的生产物流与工业企业生产物流区别极大。首先，工业企业生产对象要不断位移，而种植业的生产对象在生产过程中不需要反复搬运、装放、暂存，而进行这些物流活动的是劳动手段，如化肥、水和农药等。其次，种植业一个周期的生产物流活动，停滞时间长而运动时间短，而工业企业的生产物流几乎是不停滞的。最后，生产物流周期长短不同，一般工业企业生产物流周期较短，而种植业生产物流时间长且有季节性。

3. 销售物流。农业销售物流以组织农业产品（如粮食、棉花等）为主要内容，在物流的诸功能要素中，储存功能的需求较高，储存量较大，且储存时间长，“蓄水池”功能要求较高。

4. 废弃物物流。种植生产的废弃物物流量远远高于销售物流量，这跟一般的工业企业的废弃物物流相比有特殊性。

（三）商贸企业物流

1. 批发企业物流。批发企业物流是以批发据点为核心，由批发经营活动所派生的物流活动。这一物流活动对应于批发的投入，是组织大量物流活动对象的运进，产出是组织同量物流对象物的运出，但是，批量变小，批次变多。在批发点中的转换是包装形态及包装批量的转换。

商物合一型的批发企业和商物分离型批发企业的上述物流过程同样存在，只是发生地点有所区别。而大型企业销售网络中的批发企业与独立的批发企业相比，由于具有规定的销售网络，销售物流可以进行更为有效的规划和组织，水平较高。

2. 零售企业物流。零售企业物流是以零售店或零售据点为核心，以实现零星销售为主体的物流活动。不同零售业态具有不同性质的企业物流。

（1）一般多品种零售企业。既要保证不缺货，又不能以库存支持销售，所以，这种类型企业重点在于多品种、小批量、多批次的供应物流。由于零售企业地处“黄金地域”，库存场地占用机会成本大，因此，企业内部物流关键是降低库存以保证最大的售货面积。相比而言，销售物流不是这种类型企业主要的物流形态，因为大部分零售企业的销售物流由客户自己完成，企业主要进行大件商品的送货和售后服务。

（2）连锁型零售企业。这种企业的物流特点集中在供应物流，由于连锁店的品种是相同的、有特色的，内部供应具有规模经济性，因此，供应物流通常由本企业的共同配送中心完成。

（3）直销企业。直销企业所经营的品种不多，供应物流及企业内部物流较简单，销售物流直接决定了销售业绩，因此，其重点集中于销售物流。

（四）物流企业的物流

物流企业以物流活动为主要业务，其物流特点与一般生产企业按工艺路线进行物料流转的物流活动不同。另外，不同类型的物流企业也具有不同特点。

1. 配送企业物流。以配送中心为核心，主要从事配送中心内部的分货、拣选、配货等物流活动。

2. 仓储企业物流。以接运、入库、保管保养、发运或运输为流动过程的物流活动，其中储存保管是其主要的物流功能。

3. 第三方物流企业的物流。第三方物流企业本身不拥有商品，而是通过签订合作协定或结成物流联盟，向客户提供个性化的物流代理服务。具体的内容包括商品运输、储存、配送以及附加的增值服务等。

四、企业物流管理的内容

企业物流管理是对企业内部的物流活动（诸如物资的采购、运输、配送、储备等）进行计划、组织、指挥、协调、控制和监督的活动。现代企业物流管理的根本任务就是保证企业物流合理化的实现。所谓物流的合理化，是指对物流设备配置和物流活动进行调整改进，实现物流系统整体优化的过程。它具体表现在兼顾成本与服务上。物流成本是物流系统为提高物流服务所投入的活劳动和物化劳动的体现，物流服务是物流系统的产出。合理化是投入和产出比的合理化，即以尽可能低的物流成本，获得可以接受的物流服务，或以可以接受的物流成本达到尽可能高的服务水平。物流合理化的一个基本的思想就是系统和“权衡”的思想，即从物流总成本的角度权衡得失。

物流合理化不仅包括供应物流、生产物流、销售物流和逆物流等企业物流的各个环节，而且必须涉及从不同角度形成企业物流管理的内容，比如物流活动要素、系统要素以及物流活动具体职能等。

（一）物流活动诸要素的管理内容

1. 运输管理。运输方式及服务方式的选择；运输线路的选择；车辆的调度与组织等。

2. 储存管理。原料、半成品和成品的储存策略；储存统计、库存控制、养护等。

3. 装卸搬运管理。装卸搬运系统的设计、设备规划与配置和作业组织等。

4. 包装管理。包装容器和包装材料的选择与设计；包装技术和方法的改进；包装系列化、标准化、自动化等。

5. 流通加工管理。加工场所选定；加工机械的配置；加工技术与方法的研究和改进；加工作业流程的制定与优化等。

6. 配送管理。配送中心选址及优化布局；配送机械的合理配置与调度；配送作业流程的制定与优化等。

7. 物流信息管理。对反映物流活动内容、物流要求、物流作业的信息和物流特点的信息进行的搜集、加工、处理、存储和传输等。

8. 客户服务管理。调查和分析顾客对物流活动的反映，决定顾客所需要的物流服务项目和服务水平等。

（二）物流系统诸要素管理内容

1. 人的管理。物流从业人员的选拔和录用；物流专业人才的培训和提高；物流教育与物流人才培养规划与措施的制定等。

2. 物的管理。涉及物流活动的诸要素，即物的运输、储存、包装和流通加工等。

3. 财的管理。物流成本的计算与控制；物流经济效益指标体系的建立；资金的筹措与运用；提高经济效益的方法等。

4. 设备管理。各种物流设备的选型和优化配置；各种设备的合理使用和更新改造；各种设备的研制、开发与引进等。

5. 方法管理。各种物流技术的研究、推广普及；物流科研工作的组织与开展；新技术的推广普及；现代管理方法应用等。

6. 信息管理。物流系统的神经中枢，对上述五种要素的管理起决定性作用。

（三）物流活动中具体的职能管理

1. 物流计划管理。物流计划管理是指对物质生产、分配、交换、流通整个过程的计划管理。具体体现在对物流系统内各种计划的编制、执行、修正及监督的全过程。

2. 物流质量管理。物流质量管理包括对物流服务质量、物流工作质量和物流工程质量等的管理。物流质量提高意味着服务水平的提高，意味着企业竞争力的提高。因此，物流质量管理是物流管理工作的中心问题。

3. 物流技术管理。物流技术管理包括对物流硬技术和物流软技术的管理。对物流硬技术的管理就是对物流基础设施和设备的管理。例如，物流设施的规划、建设、维修、运用；物流设备的购置、安装、使用、维修与更新；提高设备的利用效率，日常工具管理等。对物流软技术的管理主要是软技术：各种专业技术的开发、推广和引进，物流作业流程的制定，技术情报和技术文件的管理，物流技术人员的培训等。

4. 物流经济管理。物流经济管理包括物流费用的计算和控制，物流劳动价格的确定和管理，物流活动的经济核算、分析等。其中，成本费用管理是核心。

第二节　企业供应物流管理

所谓供应物流管理，是指为了保质、保量、经济、及时地供应生产经营所需的各种物品，对采购、储存、供料等一系列供应过程进行计划、组织、协调与控制，以确保企业经营目标的实现。要进行有效的供应物流管理，首先必须对供应物品的种类有所了解。

一、供应物品的种类

本书多次提到物品的概念，但都没有给出它的定义。物品是指经济活动中涉及实体流动的物质资料。在国际制造业中，人们一般把物品分为三个类别。

1. 产品材料（BOM）。BOM（Bill of Material）是指直接进入产品的生产所用的原材料、零部件以及半成品等。原材料是指直接进入产品生产并构成产品主体的基本材料，既包括煤、棉花、铁矿石等未经加工的初级原材料，也包括钢材、汽油、橡胶等经适度加工或提炼的原材料。零部件包括单个零件以及由多个零件组成的部件，如汽车的发动机、冰箱用的压缩机、电子元器件等。而半成品则是指经组装或加工但仍处于生产过程中的物品。

2. 非产品材料（NON-BOM）。非产品材料又称为 NPR（Non-Production Related），是指不直接进入产品本身的所有物品。它包括车床、锅炉等机械设备；润滑油、冷却液、电焊条、工具等耗品；家具、电脑、文具等办公用品。

3. 转卖品（Resale Product）。转卖品是指不在本企业生产制造，而从供应商处采购的印有本企业商标的成品。最具代表性的是 OEM（Original Equipment Manufacturer）产品。随着经济全球化进程的加快，一些技术或品牌优势明显的企业采用这种方式的比重越来越大。

二、供应物流管理的内容

生产企业供应物流管理包括三方面的内容：业务性活动、支持性活动和拓展性活动（如图 10.5）。

（一）业务性活动

1. 计划。根据企业总体战略以及内外部顾客的需求，制定供应战略规划和物品的供应计划。

2. 采购。提出采购需求，选定供应商，进行价格谈判，确定交货及相关条件，签订合同并按要求收货付款。

3. 储存。物品验收入库、保管保养、发货，确定合理库存量并对库存量进行控制。

4. 供料。编制供料计划，领料审批，定额供料，回收利用，消耗控制与管理。

（二）支持性活动

1. 人员管理。制定供应岗位职责，对供应人员进行能力考察、素质培养、工作评价、绩效考核与激励等。

2. 资金管理。物品采购价格的控制，采购成本的管理以及储备资金的核定与控制等。

3. 信息管理。在物品编码的基础上对供应信息进行管理，在 MRPII、ERP 系统中进行供应物流管理。

（三）拓展性活动

在生产企业中，占其成本最大比例的物品以及相关信息都发生于或来自于供应商。所以，将供应物流管理从内部管理拓展到对供应商的管理，包括对供应商的选择与认证、与供应商建立合作伙伴关系以及对供应商绩效的考评等，以此来降低成本，提高供应的可靠性和灵活性，提升企业的市场竞争力。

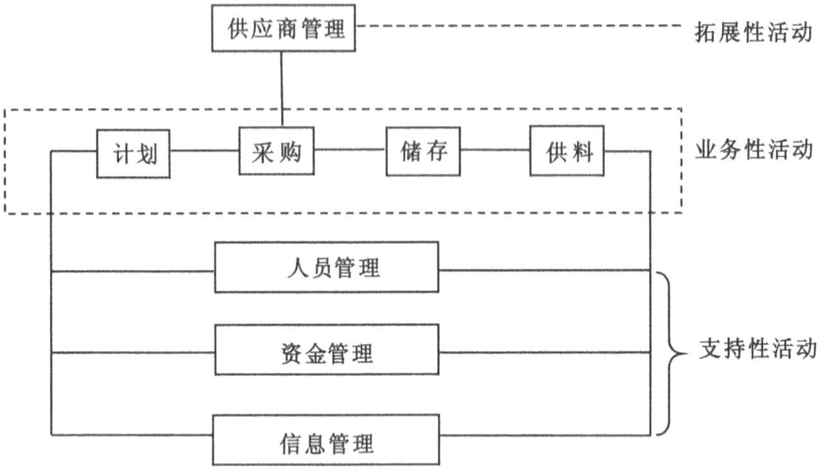

图 10.5 供应物流管理的内容

三、采购管理

采购是企业生产经营中一项重要的经济活动。在大型制造企业中，物料和服务的采购费用通常占产品成本的 55%以上。采购的基本作用，就是将资源从供应者手中转移到用户手中的过程。采购既是一个实现将资源的所有权转移的商流过程，也是一个实现将资源的物质实体转移的物流过程。即，采购是商流和物流的统一，二者缺一不可。

（一）采购流程的变革

企业采购流程通常是指由厂家选择和购买生产所需的各种原材料、零部件等物料的全过程。在这个过程中，作为购买方，首先，要寻找相应的供应商，调查其产品在数量、质量、价格、信誉等方面是否满足购买要求。其次，在选定了供应商后，要以订单方式传递详细的购买计划和需求信息给供应商并商定付款方式，以便供应商能够准确地按照客户的性能指标进行生产和供货。最后，要定期对采购物料的管理工作进行评价，寻求提高效率的采购流程创新模式。

在传统的采购流程下，采购双方信息私有化、不共享，双方的关系是临时的或短期的合作，供应商对客户需求反应迟钝，采购商对物品的质量和交货期只能进行事后的把关。由于经济环境的变化，传统采购流程受到挑战，需要变革重组。同传统的采购流程相比，现在许多企业已经采取供应链管理环境下的采购，强调协调采购的理念。它包括企业内部协同、外部协同、“为库存采购”转化到“为订单采购”、采购过程中的外部资源管理等内容。

1. 企业内部协同。由于企业采购的信息来自销售和市场部门、设计部门、生产部门、采购部门等，企业要进行高效的采购行为，就需要企业内部各部门的协同合作。此外，新产品急剧增加，需要采购的新的数量也大大增加，各部门需要及时整理相关数据（如 BOM 数据、供应商数据等），才可达到物料数据的一致性协同。

2. 企业外部协同。企业外部协同是指企业和供应商在共享库存、需求等方面信息的基础上，企业和供应商调整自己的计划，可以在不牺牲服务水平的基础上降低库存。

3. "为库存采购"转化到"为订单采购"。传统采购的目的是为了补充库存，即为库存采购。供应链管理环境下的采购是以订单驱动的方式进行的，客户订单驱动着制造订单，为订单采购既准时地响应了客户的需求，又降低了库存成本。

4. 采购过程中的外部资源管理。制造商在采购活动中，建立一种新的、有不同层次的供应商网络，并通过逐步减少供应商的数量，致力于与供应商建立一种长期的、互惠互利的合作关系。

（二）采购流程的控制与管理

控制采购成本关键要把握几个"控制点"。首先，采购计划是企业采购的基本依据，根据生产计划、物料需求计划、资金条件、采购手段等信息编制严格的采购计划，做到无采购计划不采购，可以有效地控制盲目采购。其次，采购订单是与供应商签订的采购合同，严格按采购订单管理，可确保供应商"按时、按质、按价"地供货。再次，当供应商的物料到达后，做好采购业务的确认和付款等企业采购中的日常工作，也可以有效控制采购成本。最后，选择正确的供应商对于稳定物料来源、保证物料质量十分重要。

从运用战略成本核算角度控制采购流程。战略成本核算流程由四个步骤组成：（1）估计供应商的产品或服务成本；（2）估计竞争对手的产品或服务成本；（3）设定本企业的成本并发现产品和流程需要改进的领域；（4）确定作出这些流程和产品改变并持续改进给本企业带来的价值。通过这些工作，有助于企业确定是否应该扩大生产能力，了解竞争对手的长处和弱点，确定先发制人的竞争战略，充分认识流程的改变对企业的底线收益和现金流产生什么影响。

（三）不同战略下的企业采购

1. 全球统一采购战略下的采购。随着全球经济一体化的发展，采购国际化不仅是大势所趋，而且是带动全球经济发展的一个重要的利益点。全球化战略下的统一采购是指制造商通过联合多家公司的购买力量，将触角伸向国际市场并得到更有竞争力的采购合同。这种采购模式是降低采购成本、提高整体竞争力的最有效的方式，避免了分散采购中存在的物料灰色价格和交易回扣等现象。

由于全球化战略所涉及的供应商地域分布广泛，为最有效地实施统一采购，目前在业界一般提倡招标采购和在线采购等方式。招标采购是指采购企业作为招标方，事先提出采购的条件和要求，邀请众多企业参加投标，并按照规定的程序和标准一次性地从中择优选择交易对象的一系列程序。由于招标采购的最大特点是公开、公平、公正和择优，从而保证了物料采购质量，提高了经济效益。在线采购利用网络和信息技术，缩短了采购时间，降低采购流程费用，是企业借助信息技术引入电子商务提升竞争力的有力保证。这两种方式可以综合利用，例如网上竞价采购方式。

2. 准时战略下的采购。准时战略根源于多品种小批量生产线的生产需求，是为了生产中消除库存和不必要的浪费而进行持续性改进的结果。在 JIT 中，要保持生产物流连续性、平行性、均衡节奏性、柔性等组织生产的要求，位于生产物流前端的采购物流必须是准时化的。准时采购又称为 JIT 采购，其物流体系的基本思想是"在需要的时候，向需要的地点，提供能保证质量的所需要数量的物料"，其核心要素是减小批量、频繁而可靠地交货、提前期压缩并且可靠、一贯地保持采购物料的高质量。

准时采购的物流体系是建立在以订单为驱动力的采购流程上的，库存为零是准时采购的"最高境界"。为实现这个"境界"，需要对供应商的采购活动进行以下方面的改进与提高：（1）和供应商建立一种新的、有不同层次的、长期的、互惠互利的稳定合作关系；（2）通过提供信息反馈和教育培训，促使供应商保证质量和改善产品质量；（3）参与供应商的产品设计和产品质量控制过程；（4）协调供应商的资源分配计划。

四、供料管理

（一）供料方式

供料方式主要有两种：领料和送料。

领料是指车间及其他用料部门派人到仓库领取各种物品。领料对仓库保管员来讲，永远处于被动状态，事先不知道谁要来领料以及领什么料。但对于车间班组的工人来讲，可以需要多少就领取多少，比较方便。但是，去领料时的等待时间却占用了生产时间，降低了劳动生产率和设备利用率。

送料是指由仓库保管员根据供料计划和供料进度，将事先配齐的各种物品，送到车间和其他用料部门。送料方式体现了供应物流管理部门为生产服务的宗旨，其优点是节省了生产工人领料的等待时间，使生产工人能集中精力搞好生产，提高了劳动生产率和设备利用率。但是，实施送料需要一定的条件。例如，如要有供料计划，要有一定的运输工具，对大型笨重物品的送料，要有运输部门的密切配合。

送料与领料相比较，送料的优点较多，应该逐步推广。但是，并不是一切物品都要实行送料，而是要根据实际情况灵活采用，达到既方便生产，又利于管理的目的。

（二）供料方法

供料方法归纳起来主要有三种：定额供料、限额供料和非限额供料。

定额供料是指由企业供应管理部门根据物品消耗工艺定额向车间及其他用料部门供料的方法。凡是有消耗定额的物品，均应实行定额供料方法。按定额供料，可以杜绝串领（发）的现象，堵塞供料中的漏洞。

限额供料是指根据任务量的多少、时间长短和物品的历史消耗统计资料，规定供料数量的限额的方法。凡是暂时没有消耗定额的物品，均可实行限额供料方法。限额供料又可分为数量限额和金额限额两种。数量限额是指供应物流管理部门对所供物品的具体名称、规格、型号和数量的控制。金额限额是对所供物品的名称、规格、型号和数量不加以控制，只对金额加以控制。只要所供物品的金额不超过规定的金额，在一定的范围内，领料人要什么物品都可以。不过，在实际工作中，一般采用数量限额，很少采用金额定额。因为数量限额便于实现组织资源和及时供料，也有利于控制车间班组和其他用料部门节约用料。

非限额供料是指非计划内的供料，车间班组和其他用料部门出现临时需要物品，要求供应物流管理部门供料时，领料单经过有关主管领导审批，并在领料单上签名，然后交供应物流管理部门的计划人员审核同意并签名后，再到仓库去领料。仓库保管员按审批统一数量予以供料。

第三节　企业生产物流管理

企业生产物流是企业物流的关键环节，认识生产物流的基本原理，理解生产物流的特征、类型和组织方式，将有利于优化企业物流，有利于推动企业竞争力。而企业生产物流，特别是制造企业的生产物流，是伴随着产品生产制造过程发生的。也就是说，产品的生产制造实质上是一个物流过程。企业生产物流的控制主要体现在对生产物料流动速度的进度控制以及对生产物料数量的控制，即根据实际进度与计划进度的差异以及实际情况的变动来控制生产物料的数量与流动速度。

一、企业生产物流的定位

“工艺是龙头，物流是支柱”。企业生产物流是指伴随企业内部生产过程的物流活动，即按照工厂布局、产品生产过程和工艺流程的要求，实现原材料、配件、半成品等物料在工厂内部供应库与车间、车间与车间、工序与工序、车间与成品库之间流转的物流活动。

（一）影响生产物流的主要因素

1. 生产类型。不同生产类型的企业，在产品品种、结构的复杂程度、精度等级、工艺要求以及原料准备方面不尽相同，这些特点影响着生产物流的构成以及相互间的比例关系。

2. 生产规模。生产规模是指单位时间内的产品产量，通常以年产量来表示。生产规模越大，生产过程的构成越齐全，物流量越大。反之，生产规模越小，物流量也越小。

3. 专业化与协作水平。社会专业化和协作水平提高，企业内部生产过程就趋于简化，物流流程缩短。某些基本的工艺阶段的半成品，如毛坯、零件、部件等，就可由厂外其他专业工厂提供。

（二）生产物流的基本特征

1. 连续性、流畅性。它是指物料总是处于不停流动之中，包括空间上的连续性和时间上的流畅性。连续性要求生产过程各个环节在布置上合理紧凑，使物料的流程尽可能短，没有迂回往返的现象。流畅性要求物料在生产过程的各个环节的运动，自始至终处于连续流畅的状态，没有或很少有不必要的停顿与等待现象。

2. 平行性。它是指物料在生产中应平行交叉流动。平行是指相同的在制品同时在数道相同的工序（机床）加工流动。交叉是指一批在制品在上道工序未加工完时，将已完成的部分在制品转到下道工序加工。平行交叉流动可以大大缩短产品的生产周期。

3. 比例性、协调性。它是指生产过程的各个工艺阶段之间、各工序之间在生产能力上要保持一定的比例以适应产品制造的要求。

4. 均衡性、节奏性。它是指产品从投料到最后完工都能按预定的计划（一定的节拍、批次）均衡地进行，能够在相等的时间间隔完成大体相等的工作量或稳定递增的工作量。

5. 准时性。它是指生产的各阶段、各工序都按后续阶段和工序的需要生产，即在需要的时候，按需要的数量，生产需要的零部件。只有保证准时性，才能推动上述的几个属性。

6. 柔性、适应性。它是指加工制造的灵活性、可变性和可调节性。即在短时间内以最少的资源从一种产品的生产转换为另一种产品的生产，从而适应市场多样化和个性化的要求。

（三）生产物流的类型

由于生产物流类型与决定生产类型的产品产量、品种和专业化程度有着内在的联系，所以可以把生产物流的类型与生产类型看成是同一问题的两种说法。

1. 从生产专业化的角度分类。它可以根据产品在工作中生产的重复程度把物料生产过程划分为单件生产、大量生产和成批生产三种类型。单件生产的生产品种繁多，但每种仅生产一台，生产重复程度低；大量生产的生产品种单一，产量大，生产重复度高；介于二者之间的是成批生产，即品种不单一，生产有一定的重复性。成批生产通常又可分为大批生产、中批生产和小批生产。

2. 从物料流向的角度分类。从物料在生产工艺过程中的特点，把生产物流划分为项目型、连续型和离散型三种类型。

项目型生产物流（固定式生产）的特点是生产过程中物料的流动性不强。它分为两种状态，一种是物料进入生产场地后就被凝固在场地中和生产场地一起形成最终产品，如住宅、厂房、公路等；另一种是物料流入生产场地后，“滞留”时间很长，形成最终产品后再流出，如大型的水电设备、飞机等。管理的重点是按照项目的生命周期对每阶段所需的物料在质量、费用以及时间进度等方面进行严格的计划和控制。

连续型生产物流（流程式生产）的特点是物料均匀、连续地进行，不能中断；生产出的产品和使用的设备和工艺流程都是固定且是标准化的；工序之间几乎没有在制品库存。管理的重点是保证连续供应物料和确保每一个生产环节的正常运行。

离散型生产物流（加工装配式生产）的特点是各个零部件的加工过程彼此独立；制成的零件通过部件装配和总装配，最后成为产品，整个产品生产工艺是离散的，各个生产环节之间要求有一定的在制品储备。管理的重点是在保证及时供料和零件、部件的加工质量基础上，准确控制零部件的生产进度，缩短生产周期，既要减少在制品积压，又要保证生产的成套性。

3. 从物料流经的区域和功能角度分类。它可以把生产过程的物流细分为两部分：工厂间物流和工序间物流（车间物流）。工厂间物流是指大型企业各专业工厂之间的物流或独立工厂与材料、配件供应厂之间的物流。工序间物流也称为工位间物流或车间物流，是指生产过程中车间内部和车间、仓库之间各工序、工位上的物流，其内容主要包括原材料、零部件、在制品和成品的储存及搬运活动。一些典型制造业的调查资料显示，按其工艺过程，零件在机床上全部切削时间只占生产过程全部时间的10%左右，工序间物流时间占了90%，主要用于生产过程中的等待、装卸、搬运和包装等物流活动上。所以，如果从时间上考虑，工序间物流已成为生产物流的代名词。

二、企业生产物流的组织形式

从物料投入到成品出产的生产物流过程，通常包括工艺过程、检验过程、运输过程、等待停歇过程和自然过程。为了提高生产效率，一般从空间、时间、人员三个角度组织生产物流。生产物流的人员组织主要体现在人员的岗位设计上，它是实现生产物流在空间、时间两方面组织方式的基础。下面主要讨论企业生产物流的空间组织和时间组织等。

（一）生产物流的空间组织

生产物流的空间组织是相对于企业生产区域而言，目标是如何缩短物料在工艺流程中的移动距离。一般有三种专业化的组织形式，即工艺专业化、对象专业化和成组工艺。

1. 按工艺专业化形式组织生产物流。工艺专业化也称为工艺原则或功能型生产物流体系。其特点是把同类生产设备集中在一起，对企业欲生产的各种产品进行相同工艺的加工，即对象多样化但加工工艺、方法雷同。其优点是对产品品种的变化和加工顺序的变化适应能力强；生产系统的可靠性较高；工艺及设备管理较方便。其缺点是物料在加工过程中物流次数及路线复杂、难以协调。该方法适用于企业生产规模不大，生产专业化程度低，产品品种不稳定的单件小批生产条件。

2. 按对象专业化组织生产物流。对象专业化形式也称为产品专业化原则或流水线。其特点是把生产设备、辅助设备按生产对象的加工率先组织起来，即加工对象单一，但加工工艺和方法多样化。其优点包括可减少运输次数，缩短运输路线；协作关系简单从而简化了生产管理；在制品少，生产周期短等。其缺点是对品种的变化适应性差；生产系统的可靠性较低；工艺及设备管理较复杂。该方法适用于企业专业方向已经确定，产品品种比较稳定，大批生产，设备比较齐全并能充分负荷的生产条件。

3. 按成组工艺形式组织生产物流。成组工艺结合了上述两种形式的特点，按成组技术原理，把具有相似性的零件分成一个成组生产单元，并根据其加工路线组织设备。其主要优点是可以大大地简化零件的加工流程，减少物流迂回路线，在满足多品种变化的基础上有一定的批量生产，具有柔性和适应性。

上述三种组织生产物流形式各有特色，如何选择主要取决于生产系统中产品品种多少和产量大小。一般的规律，如图 10.6 所示。

(二) 生产物流的时间组织

生产物流的时间组织是指一批物料在生产过程中各生产单位、各道工序之间在时间上的衔接和结合方式。要合理组织生产物流，不但要缩短物料流程的距离，而且要加快物料流程的速度，减少物料成批等待，实现物流的节奏性和连续性。一般，一批物料有三种典型的移动组织方式，即顺序移动、平行移动和平行顺序移动。

1. 顺序移动。顺序移动方式是指一批物料在上道工序全部加工完毕后才整批转移到下道工序加工。其优点是一批物料连续加工，设备不停顿，物料整批转入工序，便于组织生产。其缺点是不同的物料之间有等待加工、运输的时间，因而生产周期较长。

2. 平行移动。平行移动方式是指一批物料在前道工序加工一个物料以后，立即送到后道工序去继续加工，形成前后交叉作业。其优点是不会出现物料成批等待现象，因而整批物料的生产周期最短。其缺点是当物料在各道工序加工时间不相等时，会出现人力和设备停工现象。另外，运输频繁会加大运输量。

3. 平行顺序移动。平行顺序移动方式是指每批物料在每一道工序上连续加工

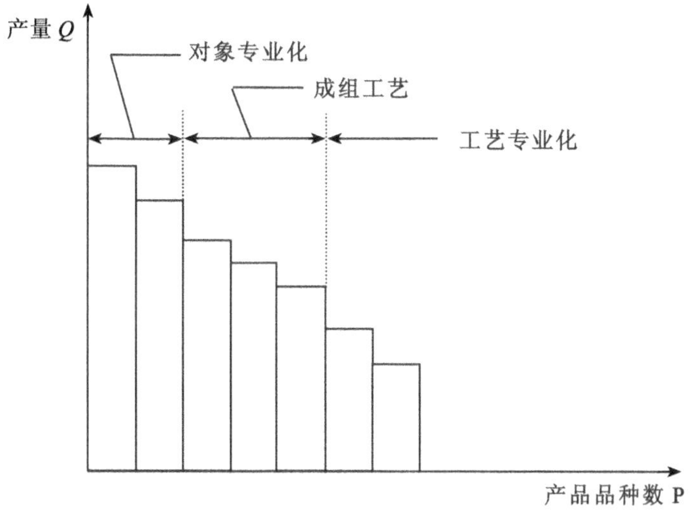

图 10.6　P-Q 分析图

没有停顿，并且物料在各道工序的加工尽可能做到平行。该方式既考虑了相邻工序上加工时间尽量重合，又保持了该批物料在工序上的顺序加工。该方式吸取了前两种的优点，消除了间歇停顿现象，能使工作充分负荷。工序周期较短，但安排进度时比较复杂。

上述三种移动方式各有利弊。在安排物料进度时，需要考虑物料的大小、物料加工时间的长短、批量的大小以及生产物流的空间组织形式。一般来讲，批量小、物料体积小或重量轻而加工时间短的物料，适宜采用顺序移动的方式。对生产中紧缺件、急件、可以采用平行或平行顺序移动的方式。对于不同的企业，生产物流的时间组织形式可以灵活多变。例如，项目型的生产物流主要表现在工人的顺序移动上，连续型生产物流采用顺序移动方式，离散型装配企业则可按平行顺序移动方式进行。

三、企业生产物流的计划与控制

在生产物流的计划与控制中，计划的对象是物料，计划执行的结果通过对物料的监控来考核。对生产物流进行计划就是根据计划期内规定的出产产品的品种、数量、期限，具体安排物料在各工艺阶段的生产进度，并使各环节上的在制品的结构、数量和时间相协调。而对生产物流进行控制则主要体现在物流进度控制和在制品管理两方面。以下介绍三种典型的生产物流计划与控制方法。

（一）以 MRP、MRPⅡ、ERP 原理为指导的生产物流运营方式

20 世纪 60 年代中期，美国 IMB 公司率先提出了物料需求计划（Material Requiring Planning，MRP）的生产管理模式，并在 20 世纪 70 年代得到不断地完善。MRP 根据产品结构的物料需求组织生产，根据产品完工日期和产品结构规定生产计划，即，根据产品结构的层次从属关系，以产品零件为计划对象，以完工日期为计划基准倒排计划，按各种零件与部件的生产周期反推出他们的生产与投入的时间和数量，按提前期长短区别各个物料下达订单的优先级，从而保证生产需要时所有物料都能配套齐备，不到需要的时刻不要过早积压，达到减少库存量和减少资金占用的目的。

1977 年，美国著名生产管理专家奥利夫·怀特提出了一种对制造企业全部资源进行系统综合计划的一种方法，即制造资源计划（Manufacturing Resources Planning，MRPⅡ）。MRPⅡ的基本思想是把 MRP 同所有其他与生产经营活动直接相关的工作和资源，以及财务计划连成一个整体，实现企业管理的系统化。MRPⅡ将企业的经营计划、销售计划、主生产计划、物料需求计划和生产能力计划、现金流计划，以及物流需求和生产能力需求计划的实施等通过计算机有机地结合起来，实现了物流与资金流的统一。

20 世纪 90 年代初，美国加特纳公司（Gartner Group Inc.）又提出了企业资源计划（Enterprise Resources Planning，ERP）。其核心思想是供应链管理。即在 MRPⅡ的基础上通过前馈的物流与反馈的信息流和资金流，把客户需求和企业内部的生产活动以及供应商的制造资源整合在一起，体现完全按客户需求制造的一种供应链管理思想的功能网络结构模式。它强调企业间的合作，强调对市场需求快速反应、高度柔性的战略管理以及降低风险成本、实现高收益目标等优势，从集成化的角度管理供应链问题。

从 MRP 到 MRPⅡ，然后再到 ERP，资源概念的内涵不断扩大，体现了不同时期人们对生产物流的认识和发展，归纳起来是基于一种“推动”生产物流的物流管理观念。即，从构成一个产品的所有物料出发，通过产品结构，一级一级地制定不同阶段的 MRP，生产物流的计划与控制也逐步从企业内部发展到上下物料供应的企业之间。

（二）以 JIT 思想为宗旨的生产物流运营方式

1953 年，日本丰田公司首先创造了一种在多品种小批量混合生产条件下高质量、低消耗的生产方式，即准时生产、及时配送（JIT）。该方式可表述为：“只在需要的时候，按需要的量，生产所需的产品”，也就是追求一种无库存，或库存达到最小的生产物流系统。

JIT 生产物流系统是一种积极和动态的系统，它强调在批量、准备时间、提前期、废品率、成本及质量方面的持续改进，对整个生产过程进行全面的分析，消除

一切浪费，减少不必要的操作，降低库存，减少工件等待和移动的时间，对问题采取事前预防而不是事后检查。

JIT是基于“拉动”的生产物流的物流管理理念，即它从订货需求出发，根据市场需求确定应该生产的品种和数量，以看板管理为手段，采用“取料制”，实现产品“无多余库存”甚至“零库存”，最大限度地提高了生产过程的有效性。

（三）TOC理论为依据的生产物流运营方式

约束理论（Theory of Constraint，TOC）是以色列物理学家于20世纪70年代提出的又一项组织生产的新方式。约束理论把企业看作是一个完整的系统，认为任何一种体制至少都会有一个约束因素，正是各种各样的制约（瓶颈）因素限制了企业出产产品的数量和利润的增长。因此，企业的目标是逐个识别和消除这些约束，实现企业“有效产出”（即产品通过销售获得的货币）。

为了达到这个目标，约束理论强调：首先，在能力管理和现场作业管理方面寻找约束因素。约束是多方面的，有市场、物料、能力、工作流程、资金、管理体制，员工行为等。其中，市场、物料和能力是主要的约束。其次，应该把重点放在瓶颈工序上，保证瓶颈工序不发生停工待料，提高瓶颈工作中心的利用率，从而得到最大的有效产出。第三，根据不同的产品结构类型、工艺流程和物料流动的总体情况，设定管理的控制点。

TOC非常重视物流在企业系统中的作用，其中的一个重要原则就是系统应该平衡物流，而不是平衡生产能力，优先保证瓶颈环节的物流需求。另外，根据不同类型“物流”的特点对企业进行分类，为企业准确识别各自的约束提供了帮助，并对其实施有针对的计划与控制。

第四节　企业销售物流管理

销售物流是企业物流系统的最后一个环节，是企业物流与社会物流的一个衔接点，它与企业销售系统配合共同完成产成品的销售任务。

一、销售物流的重要性

销售物流的组织及其合理化对企业的生产和经营具有重要影响，具体如下。

1. 提高销售收入。随着市场竞争日趋激烈，差异化成为企业广泛采用的发展战略，销售物流服务可以为客户提供增值服务，形成差异化的产品，从而有效地使本企业与竞争对手有所区别。一般来说，提高客户服务水平，可以增加企业的销售收入，提高市场占有率。

2. 提高客户满意度。客户服务是由企业向购买其产品或服务的人提供的一系列活动。从现代营销学的观念看，产品有三层含义：核心含义、形式含义和延伸含义。产品的核心含义是指产品提供给客户的基本效用或利益，是客户要求的中心内容。产品的形式含义即产品的本体，是指产品向市场提供的实体和劳务的外观，是扩大化了的核心产品，也是一种实质性的东西，它由五个标志构成：产品的质量、款式、特点、商标和包装。产品的延伸含义是指客户购买产品时得到的其他利益的总和，这是企业另外附加上的东西，它能够给客户带来更多的利益或更大的满足，如维修服务、咨询服务、交货安排等。从这个角度看，销售物流服务是一种增值产品，增加购买者所获得的效用。良好的销售物流服务会提高产品价值和客户的满意程度。

3. 留住老客户。研究资料表明留住老客户的战略越来越重要，留住客户和公司利润率之间有着非常高的相关性。高水平的销售物流服务能够吸引客户并留住客户。因为，对客户来说，频繁地改变供应来源会增加其物流成本及风险。

4. 制约物流成本。由于物流中的二律背反，销售物流的服务水平对物流系统起着制约作用，运输、仓储、订单处理等各项物流成本的增加或减少都依赖于客户所期望的服务水平。因此，为了保持企业在市场中的竞争优势，企业所作的每一项降低物流成本的决策都必须考虑所维持的服务水平，物流管理者必须全面衡量客户需求、服务水平和服务成本之间的关系。

二、销售物流的主要环节

企业在产品制造完成后，需要及时组织销售物流，使产品能够及时、准确、完好地送达客户指定的地点。为了保证销售物流的顺利完成，实现企业以最少的物流成本满足客户需要的目的，企业需要在产成品包装、储存、发送运输、订单及信息处理、装卸搬运等方面做好工作。

1. 产成品包装。包装是企业生产物流系统的终点，也是销售物流的起点。产品包装，尤其是产成品运输包装在销售物流过程中起到保护产品、方便储运和利于装卸搬运的作用。在包装材料、包装形式上，既要考虑储存、运输等环节的方便，又要考虑材料及工艺的成本费用。

2. 产品储存。保持合理库存水平，及时满足客户要求，是产成品储存最重要的内容。客户对企业产成品的可得性非常敏感，缺货不仅使客户要求得不到满足，而且还会提高企业进行销售服务的物流成本。为避免缺货，企业一方面可以提高自己的存货水平，另一方面可以帮助客户进行库存管理。当一个客户的生产线上需要流进成百甚至上千种不同的零部件时，其供应阶段的库存控制任务十分复杂，在这种情况下，企业帮助客户管理库存能够稳定客源、便于与客户的长期合作。

3. 订单处理。为使库存保持最低水平，客户会在考虑批量折扣、订货费用和存货成本的基础上，合理地频繁订货。企业为客户提供的订货方式越方便、越经济，越能影响客户，如免费电话服务、预先打印好的订货表、了解订货与装运状态等，甚至为客户提供远程通讯设备。此外，客户非常关心交货日期，尤其是购买生产线产品的工业客户，需要保持生产原料可靠的连续供应，所以，他们最关心交货日期的可靠性。

4. 发送运输。不论销售渠道如何，产成品需要通过运输才能到达客户指定的地点。运输方式的确定需要参考产成品的批量、运送的距离、地理等条件。对于由生产者或供应者送货的情况，应考虑发货批量大小问题，它将直接影响到物流成本费用。

5. 装卸搬运。客户希望在物料装卸搬运设备方面的投资最小化。例如，客户要求供应商以其方便的那个尺寸的托盘交货，也有可能要求将特殊货物集中装车，这样他们就可以直接再装运，而不需要重新分类。

三、销售物流服务的要素

销售服务有四个要素，即时间、可靠性、通信和方便性。这些要素无论对卖方成本还是对买方成本都有影响。

1. 时间。时间要素通常是指订货周期时间。订货周期（Order Cycle）是指从客户确定对某种产品有需求到需求被满足之间的时间间隔，也称为提前期（Lead Time）。时间要素主要受以下几个变量的影响：订货传递、订单处理、订单准备和订单装运。订单传递时间是指从客户发出订单到卖方收到订单的时间间隔。订单处理时间是指处理客户订单并准备装运的时间，它涉及客户资信调查、销售记录的处理、订单移交到仓库以及装运文件的准备。订货准备时间涉及挑选订货并包装以备装运，主要受系统的自动化程度、客户订货的复杂性、分拣设备的大小及复杂性，以及是否托盘化或者托盘尺寸是否匹配。订单装运时间是指从将订货装上运输工具到买方收到订货的时间间隔，受运输时间长短的影响。

2. 可靠性。可靠性是根据客户订单的要求、按照预定的提前期、安全地将订货送达客户指定的地方。对于客户来说，在许多情况下可靠性比提前期更重要。可靠性主要有三类：提前期的可靠性、安全交货的可靠性和正确供货的可靠性。提前期的可靠性对于客户的库存水平和缺货损失有直接影响，可靠的提前期可以减少客户面临的供应不确定性；安全交货是销售物流系统的最终目的，如果货物破损或丢失，客户不仅不能如期使用这些产品，还会增加库存、生产和销售成本；可靠性还包括正确的交货，当客户收到的订货与所订货物不符时，将给客户造成失销或停工待料的损失。

3. 通信。与客户通信是监控客户服务可靠性的关键手段。通讯渠道应对所有客户开放并准入，因为这是摆脱销售物流外部约束的信息来源。然而，通信必须是双方的，卖方必须能把关键的服务信息传递给客户。例如，供应方应该把降低服务水平的信息及时通知客户，使买方能够作必要的调整。另外，许多客户需要了解装运状态的信息，询问有关装运时间和运输路线等情况。

4. 方便性。方便性是指服务水平必须灵活。从销售物流服务的观点看，所有客户对系统有相同的要求，有一个或几个标准的服务水平适用于所有客户是最理想的，但却是不现实的。为了更好地满足客户要求，就必须确认客户的不同要求，根据客户规模、市场区域、购买的产品及其他因素将客户细分，为不同客户提供适宜的服务，这样可以使管理者针对不同客户以最经济方式满足其要求。

四、销售物流的管理

销售物流管理的目标是追求销售物流的合理化，也就是要做到：

1. 在适当的交货期，准确地向顾客发送商品；
2. 对于顾客订单，尽量减少商品缺货；
3. 合理设置仓库和配送中心，保持合理的商品库存；
4. 运输、装卸、保管和包装等操作省力化；
5. 维持合理的物流费用；
6. 从订单到发货的信息流动畅通无阻；
7. 将销售额信息迅速提供给采购部门、生产部门和销售部门。

为此，企业销售物流管理主要包括两方面的工作，即进行销售运输决策和实行销售配送。

（一）对企业销售运输进行决策

运输是销售物流的重要组成部分，高效的运输能使商品得到及时地供应，同时运输费用也是销售费用的重要组成部分。因此，运输通常是企业销售物流管理的一个主要因素。

对企业销售运输进行管理首先要选择合理的运输方式和承运人。管理者要根据销售系统要求从铁路、公路、航空、水路、管道运输等方式或联合运输中作出选择，其中包括对不同方式的运价和服务水平的评价。运输方式的运作特征包括服务可靠性、运送速度、服务频率、服务可得性和处理货物的能力等，这些因素和所付运费都是选择运输方式的重要因素。在选定了运输方式之后，就要选择具体的承运人。从一种运输方式中选择承运人时，承运人服务水平的高低是企业选择的重要因素，主要从运输时间、可靠性、运输能力、可接近性和安全性等方面考察承运人的服务水平。

选择了合适的运输方式和承运人以后，企业还要努力寻求提高销售物流中的运输效率和效益的方法。比如，对运输实行集约化管理，就是在制定运输策略、计划安排、成本预算以及协调企业销售物流等方面，预先进行集中管理，而不是反应式运输管理。其意义在于预先分析运输中存在的问题，寻找解决问题的方式，以利于企业整体效率的提高。再如，减少承运人的数量，可以使企业销售运输业务相对集中于一些运输公司，使其业务量和营业收入增加，这样，企业便可在承运人提供企业要求的运价与服务方面占据主动。此外，企业还可与承运人签订运输合同，来消除承运人提供的服务和运价的不确定性。

（二）实行销售配送

企业之所以要构筑自身的物流配送系统是因为：（1）目前的流通体系正在发生排除中间商，实现单阶段流通的变革。（2）在物流服务差异化日益重要的今天，企业拥有良好的物流服务供给能力对促进企业销售有着积极意义。（3）如果流通过程中介过多、过于复杂，将不利于企业正确把握商品在库或在途情况，从而影响物流系统的效率，使企业生产经营的决策受到影响。

配送形式多种多样，各有特点，使用多种不同的情况。如果按照配送商品种类及数量分，有单（少）品种大批量配送，多品种、少批量配送和配套成套配送。如果按照配送时间及数量分，则有定时配送、定量配送、定时定量配送、定时定线路配送和及时配送。在各种配送形式中，要大量推行共同配送（包括横向共同配送和纵向共同配送）。因为共同配送在发挥企业人、财、物、时间等物流经营资源最大效率的同时，促进了企业销售物流服务效果以及社会效果的提高。

第五节　企业逆物流管理

企业逆物流形成原因有多种，而这些原因决定了它至少有以下几个特点。

1. 逆返性。即产品或报废产品通过逆向物流渠道从消费者流向经销商或生产商。

2. 对于退货和召回产品，具有价值递减性。即产品从消费者流向经销商或生产商，其中产生的一系列运输、仓储、处理等费用都会冲减回流产品的价值。

3. 对于已报废产品，具有价值递增性。即报废产品对于消费者而言，没有什么价值，随着逆向回流，报废产品在生产商终端可以实现价值再造。

4. 信息传递失真性递增。即产品从客户流回企业的过程中，退货原因的多级传递会造成信息扭曲失真，产生“长鞭”效应。

逆向物流业务流程包括回收、检验、分类和处理四个过程，详见图 10.7。

1. 回收。回收分为内部回收和外部回收，前者主要指报废零部件及边角材料的回收，后者主要指退货、召回产品和报废产品回收。

2. 检验。各级节点对于流经该级的逆向物流要做检验，以控制逆向物流的不合理形成。如零售商通过检验退货，控制客户的无理由退货；配送中心通过检验，决定产品是否再分销。

3. 分类。在每个检验的过程中，都需要分类，确定产品回流的原因，以便对

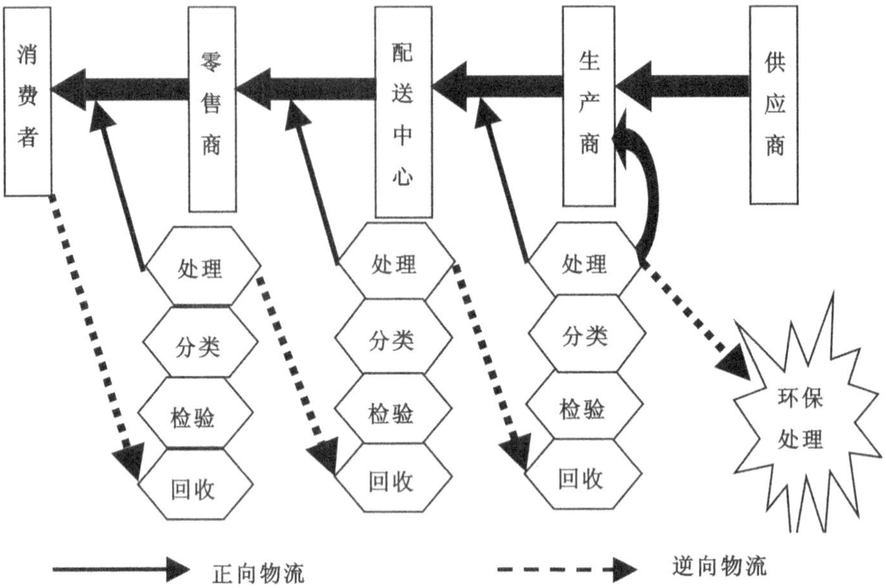

图 10.7 企业逆物流业务流程

流经该级节点的逆向物流进行分流处理。

4. 处理。流经各级节点的逆向物流，经各级节点分类后，先由自身节点处理，对不能处理的向下一级节点转移，由下一级节点处理，直到生产商终端。

零售商对逆向物流中的可再销售产品继续转销，对无法再销售产品交由配送中心处理；配送中心对可再分销产品继续分销，无法销售产品转移到生产商处理；生产商对可维修产品进行维修，然后再销售，对不可维修产品、回收报废产品及零部件、生产中的报废零部件以及边角材料通过分拆、整理重新进入原料供应系统；对召回产品通过分拆，进行更换零部件或技术改造等补救措施，重塑产品价值；对于产品包装物，以及分解后的不可再利用部件，要采取填埋、机械处理等环保方式处理。

小 结

1. 企业物流包括供应物流、生产物流、销售物流和逆物流四个部分。生产物流是企业物流的核心。

2. 企业物流的本质特点是创造形态价值，同时具有工艺性、极强的伴随性、连续性等特征。物料流转是企业生产物流的关键特征。企业物流成本与服务之间存在二律背反。

3. 供应物品包括产品材料、非产品材料和转卖品；供应物流管理包括业务性活动、支持性活动和拓展性活动；供应链环境下的采购是协同采购，全球统一采购战略和准时战略下的采购是企业采购管理的发展趋势。

4. 企业生产物流可以从生产专业化、物料流向以及物料流经的区域和功能等角度进行分类；企业生产物流按工艺专业化、对象专业化和成组工艺进行空间组织，也可以有顺序移动、平行移动和平行顺序移动多种时间组织方式；企业可以依据 ERP、JIT 和 TOC 等不同的理论进行计划和控制生产物流。

5. 销售物流的组织及其合理化对企业的生产和经营具有重要影响，企业需要在产成品包装、储存、发送运输、订单及信息处理、装卸搬运等方面做好工作；影响销售物流服务的要素有四个：时间、可靠性、通信和方便性。

6. 企业逆物流包括回收物流和废弃物物流两个部分。逆向物流的业务流程主要体现为回收、检验、分类和处理四个过程。

思考与练习

（一）填空题

1. 从创造价值角度看，企业物流的本质特点是________。

2. 根据物品产生的来源不同，逆物流可分为两类，一类是________，一类是________。

3. 从物流活动中具体的职能管理角度看，企业物流管理包括________、________、________和________。

4. 供料主要有________和________两种方式；供料方法归纳起来主要有三种：________、________、________。

5. 在国际制造业中，人们一般把物品分为________、________和________三个类别。

6. 生产物流的空间组织是相对于企业生产区域而言，一般有三种专业化的组织形式，即________、________和________。

7. 生产物流的时间组织是指一批物料在生产过程中各生产单位、各道工序之间在时间上的衔接和结合方式。通常而言，一批物料有________、________和________三种典型的移动组织方式。

8. 影响销售物流服务的要素有四个：________、________、________和________。

9. 逆向物流的业务流程主要体现为________、________、________和

________四个过程。

10. 20 世纪 90 年代初，美国加特纳公司提出了 ERP，其核心思想是________。

（二）选择题

1. 以下哪个环节是企业物流的核心部分(　　)。

A. 供应物流　　B. 生产物流

C. 销售物流　　D. 逆物流

2. 以下哪种活动是供应物流的核心部分(　　)。

A. 采购　　B. 运输

C. 供应　　D. 库存管理

3. 下列有关生产物流的说法正确的是(　　)。

A. 生产物流是指企业在生产工艺中的物流活动。这种物流活动是与整个生产工艺过程相伴生的，实际上已构成了生产工艺过程的一部分。

B. 企业生产系统中物流的边界起于原材料、外购件的投入，止于成品仓库。

C. 企业生产物流是指生产所需物资在空间和时间上的运动过程，是生产系统的动态表现。

D. 企业生产物流所流经的范围是全厂性的、全过程的。

4. 影响生产物流的主要因素有(　　)。

A. 企业的生产类型　　B. 企业的生产规模

C. 企业的专业化　　D. 企业的协作水平

5. 企业生产物流的关键特征是(　　)。

A. 连续性　　B. 平行性

C. 物料流转　　D. 柔性

（三）简答题

1. 以生产企业为例，分析企业物流的内涵，并以图形示意。

2. 农业生产企业物流具有哪些特殊性？

3. 简述供应物流管理的主要内容。

4. 谈谈供应链管理环境下采购的特点和主要内容。

5. 举例说明生产物流的类型。

6. 简述以 MRP、MRPⅡ、ERP 原理为指导的生产物流运营方式的特点。

7. 简述以 JIT 思想为宗旨的生产物流运营方式。

8. 简述以 TOC 理论为依据的生产物流运营方式。

9. 销售物流主要有哪些环节？企业如何进行销售物流管理工作？

10. 简述企业逆物流的特点。

案例分析

宝马的三大秘笈

汽车制造工业对物流供应要求相当高，其中最难的地方在于有效提供生产所需的千万种零件器材。居世界汽车领导地位的德国宝马（BMW）汽车公司，针对顾客个别需求生产多样车型，其3个在德国境内负责3、5、7系列车型的工厂，每天装配所需的零件高达4万个，供货商有上千家。面对如此庞大的供应链，相关报道称德国宝马的成功有赖于其成功的物流秘笈。

1. 在订单方面，BMW挖掘“当日需要量”潜力。在汽车组装零件的送货控制中，最重要的是提出订货需求，也就是把货物的需要量和日期通知物流采购中心。与丰田公司、戴尔公司等全球知名企业施行JIT制相比，BMW在生产规划过程中，可以针对10个月后所需提出订货需求，供货商也可借此预估本身对上游供货商所需提出货物的种类及数量。当然，这得随着生产日期的接近，双方才会更明确地知道需要量。

针对送货控制而言，一般可分为两种不同形式：一种为根据生产步骤所需提出订单，另一种为视当日需要量提出需求。前者为由生产顺序决定需要量，其零件大多在极短时间内多次运送，由于此种提出订单的方式对整个送货链的控制及时间要求相当严格，因此适用在大量、高价值或是变化大的零件。

对于大多数的组装程序而言，只要确定当天需要量就足够了，区域性货运公司在前一天从供货商处取货，隔天就抵达BMW组装工厂。在送抵BMW工厂的之前取货并停放在转运点的过程称为“前置运送”，而第二阶段送达BMW工厂的步骤称为“主要运送”。在过去的几年里，BMW公司已把根据生产顺序所需的订货方式最佳化。视当日需要量提出订单方式仍有极大发展潜能，所以，BMW公司目前积极对此项最佳化进行研究。

2. 在仓储方面，BMW积极处理低存货带来的运输成本。为了降低BMW的仓储设备成本，该公司向来积极减少本身存货数量，如此导致供货商送货频率的提高，造成货运成本提高。“前置运送”及“主要运送”的费用计算有所不同，前者的费用计算是把转运点到供货商的路程、等待及装载时间都列入计算，与运送次数成正比，但与装载数量的多少无关；而后者的费用计算是与货物量成正比，不受送货次数影响。

大多数供货商接到BMW不同工厂的订单，可由同一个货运公司把货物集中到统一的转运站，然后由此再配送到各所需工厂，这样由产地安排取货路径，降低前置运送所需成本。同时也考虑各工厂间整合性仓储设备及运送的供应链管理、各个价值创造的部分程序及次系统，使其产生互动影响，出发点不再只限于局部最佳化，而是以整体成本为决定的依归。

3. 在供应链方面，BMW 已把合作伙伴纳入成本考量因子。现代企业的竞争已不是企业与企业之间的竞争，而是供应链与供应链之间的竞争。BMW 公司很审慎地选择自己的合作伙伴，它把其供应链上的合作伙伴，纳入成本节约的考量因子，这也是物流链管理的意义所在。在此基础上，他们建立成本方程式，例如，在一次的前置运送中，安排从几个供货商处同时取货。这个成本方程式是建立在最佳化计算法的基础上，考虑因素为对供货商成本最小化之送货频率等条件，例如尽可能让运输工具满载、每周固定时间送货等。如果同一货运公司替多个 BMW 工厂送货，则必须安排送货先后次序，以达到成本最小化。此外，运送货量最好一星期内平均分配，让运输工具及仓储达到最高使用率，这样就不会影响等待进货时间。

事实上在这个 BMW 的案例中，仅仅优化了物流链管理的第一步——采购送货，其他部分也具有最佳潜能。例如供货商的处理程序及成本，更进一步是考虑供货商的制造及库存状况。如此，可以降低整个价值创造链上的库存成本，这也是整个物流供应链里提高竞争力的最佳利器。

（资料来源：根据 http：//www. gx56. com. cn 改编而来）

案例思考题

1. 试分析 BMW 的供应物流系统管理，它体现了什么样的管理思想？
2. 此案例对企业物品供应计划管理方面有何启示？

第十一章　企业物流成本管理

【学习目标】

1. 掌握物流成本的概念、构成及分类；
2. 理解物流成本管理的内容；
3. 了解物流成本核算的方法；
4. 了解物流成本控制的内容。

第一节　物流成本概述

长期以来，企业在财务会计中把企业生产和营运费用大致划分为生产成本、管理费用、营业费用、财务费用和营业外费用，再把营业费用按各种支付形态进行归集和分配。这样，在财务损益表中，物流成本占企业全部生产运营成本的比例就很小，因此，物流的重要性当然不会被认识到。这就是物流被称为经济领域的“黑暗大陆”的重要原因。

一、物流成本的概念

成本是企业为生产商品和提供劳务等所耗费物化劳动、活劳动中必要劳动的价值的货币表现，是商品价值的重要组成部分。对成本含义的不同理解，使得成本在企业经济活动中有着不同的作用。成本是企业补偿生产耗费的尺度，是制定产品价格的基础，是计算企业盈亏的依据，是综合反映企业工作业绩的重要指标。物流成本是指物流过程中所耗费的活劳动和物化劳动中必要劳动价值的货币表现。物流成本有广义和狭义之分。

所谓狭义的物流成本，是指在物流过程中，企业为了提供有关的物流服务，占用和耗费一定的活劳动和物化劳动中必要劳动价值的货币表现，是物流服务价值的重要组成部分。所谓广义的物流成本，包括狭义的物流成本和客户服务成本。物流活动是企业追求客户满意，提高客户服务水平的关键因素和重要保障。客户服务是连接所有物流管理活动的重要方面，现实当中常有企业因为物流服务水平低，造成客户不满意，甚至失去现有客户与潜在客户的情况，这种情况所带来的损失，就是客户服务成本。广义物流成本中的客户服务成本实际上是一种隐性成本。该成本影响着客户对企业物流服务的感受、客户满意水平以及最终能否产生客户信任。

二、物流成本的构成

狭义物流成本包括了从原材料采购与供应开始的，经过生产制造中的半成品与产成品的仓储、搬运、装卸、包装、运输以及在消费领域发生的验收、分类、仓储、保管、配送、逆向回收等过程发生的所有成本。广义的物流成本包括狭义的物流成本和客户服务成本，而客户服务成本实际上是一种由于企业物流服务质量低下而导致失销的成本，它具有强烈的事后隐蔽性，这导致客户服务成本难以核算。因此，阐述物流成本的构成主要是指狭义物流成本的构成。具体来讲，狭义物流成本由以下几部分构成：

（1）物流活动中的物质消耗，主要包括电力、燃料、包装耗材和物流固定资产的折旧；

（2）物资在物流活动中发生的合理耗损；

（3）企业为了开展物流活动的合理耗损；

（4）物流活动中发生的其他费用，包括与物流活动有关的办公费用和差旅支出等；

（5）用于保证物流系统运作顺畅的资金成本；

（6）研究设计、重建与优化物流过程的费用。

三、物流成本的分类

因为客户服务成本是一种隐性成本，所以企业在进行物流成本管理时，通常只考虑狭义的物流成本。目前，对物流成本的分类研究也主要是针对狭义物流成本而言的。具体来说，狭义物流成本可从物流范围、支付形态、经济用途、计入成本对象的方式、成本与业务量的关系、转化为现行财务会计费用的方式等多个角度进行分类。

（一）按物流范围分类

企业物流活动几乎渗入到所有的生产活动和流通管理工作中，按照物流在整个生产制造过程中的作用来看，物流可分为供应物流、生产物流、销售物流、回收物流和废弃物物流。狭义物流成本按物流范围分类就可以分为以下几类。

1. 供应物流成本。供应物流成本包括生产企业和销售企业购入原材料、零部件或商品的物流过程中所发生的所有费用。企业的流动资金大部分是被购入的物质材料及（半）成品等所占用，因此供应物流成本的严格管理对于企业物流成本控制有着重要影响。

2. 生产物流成本。生产物流成本是指从原材料购进入库起，直到工厂成品库的产成品发送出库为止这一过程中所产生的所有物流费用，包括在制品和制成品的装卸搬运、包装、保管等活动耗费的费用。保证在制品的顺畅流转和设备负荷均衡，压缩在制品库存，缩短生产周期，对于降低生产物流费用意义重大。

3. 销售物流成本。销售物流成本是指生产企业或流通企业售出产品过程中的物流费用支出。具体而言，它包括从确定销售对象开始直到商品送交客户为止的物流过程中产品包装、商品出库、订单处理、配送等活动发生的费用。

4. 回收物流成本。回收物流成本是指对生产与流通活动中的一些包装材料、容器、原材料加工形成的边角余料和中间品等进行回收再利用过程中所耗费的费用。

5. 废弃物物流成本。废弃物物流成本包括对生产和流通中所产生的无用废弃物进行妥善处理过程中产生的所有物流费用。

（二）按支付形态分类

物流成本按支付形态的不同进行分类，是以财务会计中发生的费用为基础将物流成本分为本企业支付的物流费用和其他企业支付的物流费用。本企业支付的物流费用又可以分为企业本身的物流费和委托物流费。其中，企业本身的物流费又分为材料费、人工费、公益费、维护费、一般经费和特殊经费等。

1. 材料费。材料费是指因物料的消耗而发生的费用，由原材料费、燃料费、消耗性工具、低值易耗品摊销以及其他物料消耗等费用组成。

2. 人工费。人工费包括职工工资和企业根据规定按工资总额的一定比例计提的职工福利费、医药费、劳动保护费、职工教育培训费和工会经费等。

3. 公益费。公益费是指为企业公益服务而支付的费用，包括水费、电费、煤气费、冬季取暖费、绿化费和其他费用。

4. 维护费。维护费是指土地、建筑物、机械设备、车辆、船舶、搬运工具、器具备件等固定资产的使用、运转和维修保养所产生的费用，包括维修保养费、折旧费、房产税、土地车船使用税、租赁费、保险费等。

5. 一般经营费。一般经营费是指差旅费、交通费、会议费、书报资料费、文具费、邮电费、零星购进费、城市维护建设税、能源建设税、其他税款等。

6. 特别经费。特别经费是指采用不同于财务会计的计算方法所计算出来的物流费用，包括按实际使用年限的折旧费和企业内利息等。

委托物流费是指将物流业务委托给第三方物流企业时向其支付的费用，包括支付的包装费、运费、保管费、出入库手续费、装卸费、特殊服务费等。

其他企业支付的物流费用是指在物流成本中还应当包括本由企业自己支付的，但形式上是其他企业支付的物流费用。比如，商品购进采用送货制时包括在购进价格中的运费，以及商品销售采用提货制时从销售价格中扣除的运费等。其他企业支付的物流费用，从表面上看本企业并未发生物流活动，但实际上却发生了物流费用，这些费用也应该计入物流成本之内。

（三）按经济用途分类

狭义物流成本按其经济用途的不同可分为以下类别。

1. 运输成本。物流运输成本主要包括：人工费用，如工资、福利费、奖金、津贴和补贴等；营运费用，如营运车辆的燃料费、折旧费、维修费、养路费、过路费、保险费等；其他费用如差旅费、事故损失、相关税金等。

2. 流通加工成本。流通加工成本主要包括流通加工设备费用，比如购置这些设备所支出的费用；材料费用，即投入到加工过程中的一些材料消费的费用；劳务费用，即从事加工活动的工作人员的工资和相关福利；其他在流通加工中耗用的电力、燃料、油料、管理费用等。

3. 配送成本。配送是一种小范围内的物流活动。一般的配送活动集装卸、分拣、配货、送货于一身。配送成本是企业的配送中心在进行分拣、配货、送货过程中所发生的各项费用的总和，其成本包括配送运输费用、分拣费用、配装费用等。

4. 包装成本。包装成本一般包括以下几个方面的费用：包装材料费用、包装机械费用、包装技术费用、包装辅助费用、包装人工费用等。其中包装材料费用因材料不同，其成本差异很大；包装机械费用包括设备折旧费、机械养护品的摊销、维修费等。

5. 装卸搬运成本。装卸搬运是指在指定的地点以人力或机械设备装入或卸下物品，一般发生在同一地域范围内（如车站、工厂、仓库等）。装卸搬运成本主要包括：人工费用、固定资产折旧费、维修费、能源消耗费、材料费以及其他费用如办公费、差旅费、保险费、相关税金等。

6. 仓储成本。仓储成本主要由仓储持有成本、缺货成本和在途库存持有成本等组成。其中，库存持有成本是企业为了保持适当的库存而发生的成本，如仓储设备的折旧费、维修费、库存商品占用的资金、仓储商品的养护费用等；缺货成本是由于库存供应中断而造成的损失，包括原材料供应中断造成的停工损失、产成品库存缺货造成的延迟发货损失和丧失销售机会损失等。

（四）按狭义成本计入成本对象的方式分类

成本对象是指需要对成本进行单独测定的一项活动或实体，是进行成本分配与归属的依据。成本对象可以是产品类别、服务项目、客户群体、职能部门或作业种类。狭义物流成本按其计入成本对象的方式的不同可分为直接成本和间接成本，这种分类的目的是为了经济合理地把成本归属于不同的成本对象。

1. 直接成本。直接成本也可称为可追溯成本，是指与某一特定的成本对象存在直接关系的成本。它们之间存在明显的因果关系或受益关系，直接成本是为某一特定的成本对象所消耗的，故可直接计入该成本对象的成本。直接成本可以说是与成本对象直接相关的成本中可用经济合理的方式追溯到成本对象中的那部分成本。

大部分的直接材料费用和直接人工成本属于直接成本。

2. 间接成本。同直接成本相反，间接成本是指与某一特定成本对象没有直接联系的成本，它为多种成本对象所共同消耗，不能直接计入某一特定成本对象的成本。间接成本是与成本对象相关联的成本中不能用经济合理的方式追溯到成本对象的那一部分成本。间接成本应当先按地点或用途进行归集，然后按照适当合理的标准进行分配，计入各种成本对象。制造费用、期间费用通常属于间接成本。

（五）按成本转化为财务会计费用的方式分类

1. 产品成本。产品成本是指可计入存货价值的成本，包括按特定目的分配给一项产品的成本总和。在现行企业财务会计制度中，产品成本一般包括直接材料成本、直接人工成本、燃料和动力成本和制造费用等四个成本项目。其中，直接材料成本是指为获取直接用于产品生产、构成产品实体的原料及外购半成品、有助于产品形成的辅助材料以及其他直接材料所发生的所有费用；直接人工成本是指直接参加产品生产的工人工资以及按生产工人工资总额和规定的比例计算提取的职工福利费用等；燃料和动力成本指直接用于产品生产的外购和自制的燃料与动力费用；制造费用是指为生产产品和提供劳务所发生的各项间接费用。

2. 期间成本。期间成本是指不计入产品成本的生产经营成本，包括除产品成本以外的一切生产经营成本。期间成本在发生当期就应立即转化为费用，是“不可存储的”成本。正因为期间成本当期转化的这一特性，因此也称为“期间费用”。

按照我国的企业会计制度的规定，企业的期间成本包括营业费用、管理费用和财务费用。其中，营业费用是指企业在销售商品过程中发生的费用，包括销售商品过程中发生的运输费、包装费、保险费、展览费和广告费以及为销售本企业商品而专设的销售机构的职工工资和福利费等；管理费用是指企业组织和管理企业生产经营而发生的管理开支，包括企业的办公经费、工会经费、失业保险费、聘请中介机构费、咨询费、土地使用税等；财务费用是指企业为筹集生产经营所需资金而发生的费用，包括应作为期间费用的利息支出（减去利息收入）和汇兑损失（扣除汇兑收益）等。

四、影响物流成本的因素

企业要实施现代化的物流管理，首要的是全面正确地把握企业内外部发生的所有物流成本，准确掌握本企业物流成本的构成及其影响因素，从而做到有的放矢的控制企业物流成本。

（一）竞争因素

市场环境变幻莫测，充满了激烈的竞争。企业处于这样一个复杂的市场环境中，企业之间的竞争也不是单方面的。它不仅包括产品价格的竞争，还包括顾客服务的竞争，而高效的物流系统是提高顾客服务水平的重要途径。如果企业能够及时可靠地提供产品和服务则可以有效地提高顾客的服务水平这都依赖物流系统的合理化。而顾客的服务水平又直接决定物流成本的多少，物流成本在很大程度上由于日趋激烈的竞争而不断发生变化。企业必须对竞争者做出反应，影响顾客服务，从而影响物流成本的竞争因素主要包括订货周期、库存水平和运输能力。

（二）产品因素

产品的特性不同也会影响物流成本。具体而言，产品价值、产品密度、产品废损率、产品搬运难易程度都对企业物流成本有着一定影响。产品价值的高低直接影响物流成本的大小。一般来说，随着产品价值的增加，每一物流环节的成本都会增加。产品密度越大，相同运输工具所装载的货物越多，就越容易达到运输规模经济，运输的成本就越低。同理，一定仓储空间存放的货物越多，库存成本就越低。

生产高质量、产品废损率低的产品，可以降低因次品与废品等回收和退换货而发生的各种物流成本。另一方面，容易损坏的物品对运输、包装和仓储都提出了更高的要求，这也导致物流成本的增加。

（三）环境因素

影响企业物流成本的环境因素包括空间位置、交通状况和气候条件等。空间位置因素主要是指企业制造工厂或仓库相对于目标市场或供货点的位置远近等。若企业距离目标市场太远，交通状况较差，则必然会增加运输与包装等成本。企业物流区域内的气候条件对物流成本也有明显影响，比如多雨雪天气，必然要求对在途运输的货物进行加厚遮盖，也势必会影响运输速度，从而影响运输成本。

（四）管理因素

企业的管理水平与企业的生产和流通业务量没有因果必然关系，但却直接影响物流成本大小。企业管理水平高，则可降低办公费、水电费、差旅费和招待费等管理成本，从而相应地降低物流成本总水平。

第二节　企业物流成本管理

物流对企业的生产经营起着重要的支持作用，企业有很多价值蕴藏在物流作业当中，同时也存在着巨大的浪费。物流成为企业的“第三利润源泉”，物流运营与管理则成为企业扩大市场、降低成本、获得竞争优势和经济效益的关键。

一、物流成本管理的概念

企业要想大幅度地降低成本提高质量，就必须注重物流这个“第三利润源”的管理，就必须加强物流成本管理。但目前，我国对物流成本管理的研究还处于起步阶段，因此，物流成本管理至今没有一个确切的定义。从物流成本管理的内容来看，物流成本管理是以物流成本信息的产生和利用为基础，按照物流成本最优化的要求有组织地进行预测、决策、计划、控制、分析和考核等一系列的科学管理活动。

对物流成本管理的概念，学术界目前普遍存在着两种观点。一种观点认为物流成本管理就是“管理物流成本”，人们把注意力单纯地集中在掌控物流成本上，所要达到的目的是物流成本控制本身。在大多数情况下，一味地注重“怎样控制”，却忘记了为什么要控制，完全是本末倒置。学术界的另一种观点认为：物流成本管理不单是一项具体的可操作的任务，物流成本管理不仅仅是管理物流成本，而是通过成本去管理物流，可以说是以成本为手段的物流管理方法，通过对物流活动的管理，从而在既定的服务水平下达到降低物流成本的目的。

二、物流成本管理的意义

一些专家认为：“物流既是主要成本的产生点，又是降低成本的关注点，物流是降低成本的宝库。”物流管理对于降低资源消耗、提高生产效率、增进企业经营效果、降低总体费用的作用已引起了企业的普遍关注，物流成本管理正在成为企业物流管理的核心。实行物流成本管理，降低物流成本，提高效益，对于各种类型的企业都具有非常重要的现实意义。

物流成本在企业的总成本中占有不小的比重。从中国仓储协会 2000 年 3 月对中国家电、电子、日化、食品等行业具有代表性的 450 家大中型企业的调查结果可以看出，物流成本占销售费用的比例很高，比例在 12%以上的占总数的 48.5%。显然，物流成本的下降所带来的利润是巨大的。物流成本占了企业总成本很大的比重，企业为了维持其发展，迫切需要加强物流成本管理来降低生产费用、增加销售额，因此，物流成本管理越来越受到企业的重视。从微观的角度看，进行物流成本管理给企业带来的经济效益主要体现在以下两个方面。

（一）降低成本，提高利润

由于物流成本在产品成本中占有很大的比例，在其他条件不变的情况下，降低物流成本意味着扩大企业的利润空间，提高利润水平。

由经济学的基本原理可知，在充分竞争的市场环境下，产品的价格由市场的供求关系所决定，但价格背后体现的还是产品的价值量，即产品中所凝结的人类抽象劳动的数量。商品价值并不取决于个别企业的劳动时间，而是由行业平均必要劳动时间所决定。当某个企业的物流活动效率高于同行业的平均物流活动效率，物流成本低于所属行业平均物流成本的时候，物流成本的降低部分就转化为企业的“第三利润”；反之，企业的利润水平就会下降。正是由于这种与降低物流成本相关的超额利润的存在，而且物流成本具有较大的降低空间，企业才积极关注物流成本管理，致力于降低物流成本。

（二）增强竞争优势

物流成本的降低，首先，可以增强企业在产品价格方面的竞争优势，企业可以利用相对低廉的价格在市场上出售自己的产品，扩大销售，并以此为企业带来更多的利润。在进货价格、销售价格不变的情况下，降低物流成本就可增加企业盈利；若进货价格和盈利保持不变，降低物流成本就可降低商品的销售价格，从而就可以提高企业的竞争力。

其次，可以增强时间和质量上的竞争力。根据物流成本计算结果，不仅可以知道物流成本占企业生产总成本的份额，而且还可以发现物流活动中存在的问题，通过对问题的进一步分析，可以有针对性地加以改进，达到物流的合理化。同时，通过对物流成本的分析可以与先前的预算进行比较，根据比较结果来重新进行物流计划的调整、分析和评价，以对物流成本进行更好的控制。

从宏观角度讲，进行物流成本管理，可以提高国家经济运行质量，节约社会财富，增强国家总体竞争力，可以促进产业结构加快调整，支撑国家新型工业化，推动以城市为中心的区域市场的快速形成和健康发展。

三、物流成本管理的内容

物流成本管理是以把握物流成本，分析物流成本为手段而进行的物流管理活动。从本质上讲，物流成本管理仍然是一个成本管理体系，但同时又兼有物流管理的特性。物流成本管理的内容主要包括物流成本分析与预测、物流成本决策与计划、物流成本核算和物流成本控制。

（一）物流成本分析与预测

物流成本分析与预测是指在有关物流成本数据与其他有关资料的基础上，运用一定的技术方法，揭示物流成本水平的变动，进一步查明影响物流成本变动的各种因素，对未来的物流成本水平及其变动趋势做出科学的估计。通过物流成本分析，检查和考核成本计划的完成情况，总结经验，找出实际与计划差异的原因，及时发现问题，查明原因，揭露物流环节中的主要矛盾。物流成本分析的方法主要有指标对比分析法和因素分析法。物流成本分析过程同时也是对前一阶段物流成本管理业绩的评估过程。

（二）物流成本决策与计划

物流成本决策与计划是指在成本分析与预测的基础上，结合其他技术、经济因素等有关资料，运用一定的科学方法进行研究、分析，决定采取的行动方针，并进行可行性分析，然后从若干个方案中选择一个满意的方案；在此基础上根据决策的结果来制定物流成本计划。决策模块是进行物流成本控制的依据和准则，决策的科学性和可行性直接影响到物流成本计划实施的成功与否。

科学地进行物流成本决策是编制物流成本计划的前提。物流成本计划是根据成本决策所确定的方案、计划期的生产任务、降低成本的要求以及有关资料，通过一定的程序，运用一定的方法，以货币形式规定计划期物流各环节耗费水平和成本水平，并提出保证成本计划顺利实现所采取的措施。

（三）物流成本核算

物流成本核算是指在物流成本计划执行后，根据企业确定的成本计算对象，对产生的生产耗费进行归纳，采用相应的成本计算方法，按规定的成本项目，通过一系列的物流费用归集与分配，从而计算出各物流活动成本计算对象的实际总成本和单位成本。通过物流成本计算，可以如实地反映生产经营过程中的实际耗费，同时，也可反映出各种活动费用实际支出与计划支出的差异。物流成本核算是对物流成本计划执行情况的检验。物流成本核算的方法主要有会计核算方法和统计核算方法，其中，前者又分为单轨核算制和双轨核算制。

（四）物流成本控制

物流成本控制是指根据物流成本计划和控制过程中的实时信息反馈，及时调整控制手段，以保证计划的实现。

物流成本控制的基本内容主要有运输费用控制、储存费用的控制、装卸搬运费用的控制、包装费用控制和流通加工费用的控制。运输费用的控制措施主要包括加强运输的经济核算、防止运输过程中的差错事故、做到安全运输等。装卸搬运费用的控制措施主要包括合理选择装卸搬运设备、防止机械设备的无效作业、合理规划装卸方式和装卸作业过程、减少装卸次数、缩短操作距离、提高被装卸物资纯度等。包装费用的控制活动主要有选择包装材料时要进行经济分析；运用成本核算降低包装费用；包装的回收和旧包装的再利用；实现包装尺寸的标准化和包装作业的机械化；有条件时组织散装物流等。流通加工费用的控制主要着力于合理确定流通加工的方式；合理确定加工能力；加强流通加工的生产管理等。

四、物流成本管理的方法

一般情况下，企业物流成本管理的出发点是：通过掌握物流成本现状，发现企业物流活动中存在的主要问题；对各个物流相关部门进行比较和评价；依据物流成本计算结果，制定物流规划，确立物流管理战略；通过物流成本管理，发现降低物流成本的环节，强化总体物流管理。具体而言，物流成本管理的方法主要有物流成本横向管理法和物流成本纵向管理法。

（一）物流成本横向管理法

物流成本横向管理即对物流成本进行预测和编制计划。物流成本预测是在编制物流计划之前进行的。它是在对本年度物流成本进行分析，充分挖掘降低物流成本的潜力的基础上，寻求降低物流成本的有关技术经济措施，以保证物流成本计划的先进性和可靠性。物流成本计划按时间标准进行划分，有短期计划（半年或一年）、中期计划和长期计划。

（二）物流成本纵向管理法

物流成本纵向管理即对物流过程的优化管理。物流过程是一个创造时间性和空间性价值的经济活动过程。为使其能提供最佳的价值效能，就必须保证物流各个环节的合理化和物流过程的迅速、通畅。物流系统是一个庞大而复杂的系统，要对它进行优化，需要借助于先进的管理方法和管理手段。物流成本纵向管理法包括运用线性规划、非线性规划制定最优运输计划，实现物品运输优化；运用系统分析技术，如节约里程法、图上作业法、表上作业法等，选择货物最佳的配比和配送线路，实现货物配送优化；运用存储论确定经济合理的库存量，实现物资存储优化；运用模拟技术对整个物流系统进行研究，实现物流系统的最优化。

第三节　企业物流成本核算

物流成本核算是指对企业在生产经营过程中发生的各项物流费用，按照成本核算的要求，逐步进行归集和分配，最后计算出各项期间费用、物流总成本和各种成本对象的物流成本。只有通过物流成本核算，将企业的物流成本的现状揭示出来，才有可能看到西泽修教授所说的“水面下的冰山”，才能充分挖掘物流成本节约的潜力，才能为企业物流业务决策提供可靠的依据。

一、物流成本核算的特点

根据著名物流管理学家西泽修教授的物流冰山理论，如果企业仅把物流成本理解为露在水面上的冰山一角，而忽视全部的冰山，企业就会面临险境。只有对物流成本进行全面的计算，分析出混杂在有关成本费用中的物流成本，才能对物流成本进行全面、有效地管理。物流成本的计算与传统的生产成本的计算相比，其特点可以归纳为以下几个方面。

（一）计算要素难以确定

物流成本计算要素难以确定主要有以下四个原因。

1. 物流成本的计算范围太大。从供应链管理的角度来看，物流包括原材料的物流、工厂内部的物流、从工厂到仓库和配送中心的物流、从配送中心到商店的物流等，涉及的单位很多，应用范围很广，实践跨度大，在计算物流成本时难免有所遗漏，很难做到准确无误。

2. 以不同的对象计算物流成本的结果相差很大。按照国家标准规定的物流的定义，物流涉及的过程较多，在以物流的过程为对象计算物流成本时，哪些过程应该作为成本的计算对象，哪些过程不应该作为成本的计算对象，难以确定。如果只将运输和保管费用计入物流成本和将运输、保管、装卸、信息等各个物流过程以及各物流过程间的协调费用全部计入物流成本进行计算，两者的计算结果相差极大。

3. 物流成本的计算内容难以归集。向外部支付的运输费、保管费、装卸费等费用各企业一般都会计入物流成本，而且也比较容易计入物流成本。但是企业内部发生的物流费用，如与物流有关的人工费、设施建设费、设备购置费及折旧费、维修费等是混入企业所发生的所有人工费、设施建设费、设备购置费以及折旧费、维修费中，是否也计入物流成本以及怎样取舍，企业在实际操作计算时，无统一规范，难以实现。

4. 一些非物流费用与物流费用很难清楚界定。有些企业的物流部门对于一些物流成本无法掌握和控制。例如，物流成本中过度服务所发生的费用与标准服务所发生的费用是混合在一起的；很多企业将促销费用列在物流成本中；对于保管费用中的过量进货、过量生产等在库维持费用，紧急送达等产生的费用，一般也是纳入物流成本的，这无疑增加了物流成本的计算与管理的难度。

（二）按照现行会计核算制度计算物流成本难度很大

由于现行的财务会计制度和会计核算方法对物流成本没有分列记账，物流费用在企业财务会计制度中没有单独的科目，一般采用的方法是将企业所有的成本都列在不同的成本费用项目中，如将其分散到“材料采购”、“管理费用”、“销售费用”及“财务费用”等账户中进行混合核算，所以不能掌握物流费用的实际情况。按照现行会计核算制度，购买原材料所支付的物流费用是计算在原材料成本中的，工厂生产的产品从工厂运到商业部门的物流成本是计算在主营业务成本中的，自运运输费用和自用保管费是计入营业费用中的，另外与物流有关的利息是计入财务费用中的。传统的会计体系不能提供足够的物流成本分摊数据，如果把这些由“原材料”、“主营业务成本”、“营业费用”、“财务费用”等科目核算的与物流有关的费用划分出来，并单独加以汇总计算，在操作上存在很大的难度，操作成本也会很高。

（三）核算方法难以统一

我国对物流成本计算的范围和具体计算方法还没有形成统一的规范，不同企业的物流成本项目不同，在如何统一物流成本计算项目方面尚无统一的标准。各企业对物流成本的计算与控制是分散进行的，也就是说各企业根据自己不同的理解和认识计算本企业的物流成本，企业间就无法进行物流成本横向比较，也无法得出行业平均物流成本值。

二、物流成本核算的原则

为了提高成本核算的质量，发挥成本核算的作用，物流成本核算时主要应遵循合法性原则、可靠性原则、分期核算原则、相关性原则、权责发生制原则、按实际成本计价原则以及一致性和重要性原则。

合法性原则是指计入成本的支出都必须符合国家法律、法令、制度等关于成本支出范围和标准的规定，不符合规定的支出不能计入成本。

可靠性原则包括真实性和可核实性。真实性是指所提供的物流成本信息与客观的经济事项相一致，不应掺假，人为地提高或降低物流成本。可核实性是指成本核算资料按一定的原则由不同的会计人员加以核算，都能得到相同的结果。

分期核算原则要求企业分别计算各期的物流成本。成本核算的分期，必须与会计年度的分月、分季、分年相一致，这样可以便于利润的计算。

相关性原则包括成本信息的有用性和及时性。有用性是指物流成本核算要为管理当局提供有用的信息，为成本管理、预测、决策服务。及时性强调信息取得的时间性。

遵循权责发生制原则是为了划分支出发生时间及支出受益时间的界限，以便正确处理各项待摊费用和预提费用，进而为正确划分各期物流成本的界限提供保证，以准确地提供各项物流成本信息。

物流成本核算应遵循按实际成本计价的原则。企业在生产经营过程中所发生的各项费用，应当以实际发生数计入成本、费用。生产经营所耗用的原材料、燃料、动力要按实际耗用数量和实际单价计算成本。

物流成本核算应遵循一致性的原则，成本核算对象、成本项目和成本计算方法前后各期一致，其目的是为了使各期的成本资料有统一的口径，前后连贯，互相可比，以提高成本信息的利用程度。重要性原则是指在物流成本核算过程中，应基于管理要求，区分主次，对于那些对物流成本有重大影响的项目应作为管理重点，力求精确，而对于那些不太重要的琐碎项目，则可以从简处理。

三、物流成本核算的步骤

物流成本核算就是按照国家有关的法规、制度和企业经营管理的要求，对物流服务过程中实际发生的各种劳动耗费进行计算，提供真实、有用的物流成本信息。成本核算的一般程序是指对企业在生产经营过程中发生的各项物流费用，按照成本核算的要求，逐步进行归集和分配，最后计算出各项期间费用、物流总成本和各种成本对象的物流成本的基本过程。根据前述的物流成本计算原则以及要求和费用的分类，物流成本核算首先是从原始成本数据记录的审核开始，确认成本计算对象和成本项目，分摊计提跨期费用，归集和分配各种成本，最后设置和登记成本明细账。

（一）审核原始成本数据

审核原始记录要对企业发生的各项支出进行严格的审核和控制，并按照国家的有关规定确定其应否计入物流成本，以及应计入生产成本还是期间费用。也就是说，要在对各项支出的合理性、合法性进行严格审核、控制的基础上，对不符合制度和规定的费用，以及各种浪费、损失等加以制止或追究经济责任。

（二）确定成本核算对象和成本项目

确定成本核算对象是合理设置成本项目的前提。为了正确反映成本的构成必须要根据具体情况与需要设置，既要有利于加强成本管理，又要便于正确核算物流成本。企业一般应设置直接材料、燃料及动力、直接人工和间接费用等物流成本项目。在实际工作中为了使物流成本项目更好地适应企业的生产经营特点和管理要求，企业可以对上述成本项目进行适当的调整。

（三）分摊计提跨期费用

跨期费用是指按照权责发生制原则虽在本期支付但应由本期和以后各期共同负担的物流费用以及本期尚未支付但应由本期负担的物流费用。对于这类物流费用在会计核算上采用待摊或预提的办法处理。将在本月开支的成本和费用中应该留待以后月份摊销的费用计作待摊费用；将在以前月份开支的待摊费用中本月应摊销的成本和费用摊入本月成本和费用；将本月尚未开支但应由本月负担的成本和费用预提计入本月的成本和费用。

（四）归集和分配成本

将应计入本月物流成本的各项物流费用，在各种成本对象之间按照成本项目进行分配和归集，计算出按成本项目反映的各种成本对象的成本。这是本月物流费用在各种成本对象之间横向的分配和归集。

（五）设置和登记成本明细账

物流成本的归集是指对企业生产经营过程中所发生的各种物流费用按一定的对象如各种产品、作业、各个车间或部门所进行的成本数据的收集或汇总。收集某类成本的聚集环节称为成本归集点。物流成本分配是在有多个物流成本计算对象的情况下，为求得各成本计算对象的成本，对不能直接计入成本计算对象的费用在按照费用发生的地点和用途归集后按一定分配标准所进行的分配。成本的分配是指将归集的间接成本分配给成本对象的过程，也称为间接成本的分摊或分派。成本分配要使用某种参数作为成本分配基础。成本分配基础是指能联系成本对象和成本的参数。可供选择的物流成本分配基础主要有人工工时、机器台时、占用面积、直接人工工资、定货次数、采购价值、品种数、直接材料成本、直接材料数量等。

四、物流成本核算的方法

目前，物流成本核算比较成熟的核算方法主要有会计核算方法和统计核算方法。

（一）物流成本会计核算方法

采用会计核算方法计算物流成本，就是通过凭证、账户、报表对物流耗费予以连续、系统、全面地记录、计算和报告的方法。物流成本的会计核算方法具体包括两种形式：其一是双轨制，即把物流成本核算与其他成本核算截然分开，单独建立物流成本核算的凭证、账户、报表体系。在单独核算形式下，物流成本的内容在传统成本核算和物流成本核算中得到双重反映。其二是单轨制，即物流成本核算与企业现行的其他成本核算如产品成本核算、责任成本核算、变动成本核算等联合进行，建立一套能提供多种成本信息的共同凭证、账户、报表核算体系。在这种情况下，要对现有的凭证、账户、报表体系进行较大的改革，需要对某些凭证、账户、报表的内容进行调整，同时还需要增加一些凭证、账户和报表。

采用会计核算方法计算物流成本，提供的成本信息比较系统、全面、连续准确和真实。但采用这种方法计算物流成本复杂，工作量大，需要在不违反现行财务会计制度的前提下，设计新的凭证、账户和报表体系，或者需要对现有的体系进行较大的甚至是彻底的调整。

（二）物流成本统计核算方法

采用统计方法核算物流成本，就是说它不要求设置完整的凭证、账户、报表体系，而主要是通过对企业现有成本核算资料的解构分析，从中抽出物流耗费部分（即物流成本的主体部分），再加上一部分现行成本核算没有包括进去，但要归入物流成本的费用，如物流利息、外部企业支付物流费等等，然后再按物流管理要求对上述费用重新归集、分配、汇总，加工成物流管理所需要的成本信息。采用统计核算方法来计算物流成本时，总的原则就是单独为物流作业所耗费的费用直接计入物流成本，间接为物流作业所耗费的费用，以及物流作业与非物流作业共同耗费的费用，应按一定比例，如从事物流作业人员比例、物流工作量比例、物流作业所占资金比例等进行分配计算。

由于物流成本核算的统计方法没有对物流耗费进行连续、全面、系统的核算，据此得来的信息其精确程度受到影响。但正因如此，这种方法运用起来比较简单、方便。

五、物流成本核算的账簿设置

为了使物流成本核算结果真实、可靠、有据可查，不论采用哪种核算方法，物流成本核算的过程必须要有完整的记录，即通过有关的明细账或计算表来完成计算的全过程。要正确核算各种对象的物流成本，企业一般可以设置“物流成本”和“委托物流费”科目及相应账簿。这两个科目属于成本（费用）类科目，分别用以核算、记录企业自身从事物流业务所发生的费用以及企业委托第三方从事物流业务所发生的费用。其借方登记计入本期发生的物流费用，贷方登记计入成本对象的物流费。明细科目可根据物流功能设置，如表 11.1 所示。

表 11.1 **物流成本核算会计科目表**

一级科目	二级科目	三级科目	核算内容
物流成本	库存费	仓储费、折旧费、人力费、维护费、保险费、税费及利息	除核算仓储费、折旧费、人力费、维护费、保险费及税费外，还包括库存占用资金的利息
	运输费	公路运输费、其他运输费、维护费和货主费	核算公路运输费、其他运输方式和货主方面的费用；公路运输费包括城市内运输费和区域间卡车运输费；其他运输费包括铁路运输费、国际国内空运费；货主方面的费用包括运输部门运作及装卸费
	物流管理费	差旅费、交通费、会议费、交际费、教育费以及其他杂费	核算企业为物流管理所发生的差旅费、交通费、会议费、交际费、教育费及其他杂费
	物流信息费	财务、管理信息系统	核算企业为物流管理所发生的财务和管理信息系统费
委托物流费	库存费		核算企业向外支付的库存费
	运输费		核算企业向外支付的运输费
	包装费		核算企业向外支付的包装费
	装卸费		核算企业向外支付的装卸费
	手续费		核算企业向外支付的手续费
	管理费		核算企业办理委托事项发生的管理费

第四节　企业物流成本控制

企业物流成本控制是企业在物流活动中依据物流成本标准，对实际发生的物流成本进行严格审核和监督，发现物流成本不良差异，进而采取不断降低物流成本的措施，实现预定的物流成本目标。

一、物流成本控制意识

现代物流成本控制是企业全员控制、全过程控制制、全环节控制和全方位控制。在现代企业管理中，物流成本控制占有十分重要的地位，它突破传统物流成本管理的局限，把成本管理的重心转向企业整体战略这一更为广阔的研究领域。这就要求企业管理人员对物流成本管理和控制应该有足够的重视，不受“物流成本控制即降低物流成本，物流成本到一定程度即无法再降低”的传统思维定式的束缚，充分认识到企业物流成本降低的潜力是无穷无尽的。因此，现代企业物流成本控制的内容不仅仅是孤立地降低物流成本，其目的是从成本与效益的对比中寻找物流成本的最小化。

必须指出，这种无穷尽降低物流成本的思想必须依靠战略构筑、组织措施的配合才能形成现代完整意义上的物流成本意识。其表现为一方面将降低物流成本的工作扩展到供应、生产和设计等各个部门，形成全企业、全员式的降低物流成本格局，形成贯穿企业各部门的物流成本控制意识；另一方面将降低物流成本从战略布局的高度加以定位，即从选择开发项目种类、进行可行性研究起就注入对物流成本的思考，确立具有长期发展观的成本意识。

二、物流成本控制的内容

（一）物流成本的局部控制

物流成本的局部控制主要是以物流功能作为控制对象。它是对各种物流功能活动环节发生的成本，运用成本会计的方法，预定费用限额，将实际物流费用与限额作比较，纠正不利的差异，提高经济效益。物流成本的局部控制主要包括运输费用的控制、装卸搬运费用的控制、存储费用的控制、包装费用的控制和流通加工费用的控制等。

1. 运输费用的控制。运输费用控制的控制点主要在运输时间、运输的准确性和可靠性以及运输批量水平等方面，控制方式通常是加强运输的经济核算，从而选择最佳的运输方案，防止运输过程中的差错事故，做到安全运输等。

2. 装卸搬运费用的控制。装卸搬运费用控制的关键在于管理好储存物资、减少装卸搬运过程中商品的损耗率、装卸时间、装卸搬运次数等。控制方式有：对装卸搬运设备的合理选择、防止机械设备的无效作业以及合理规划装卸方式和装卸作业过程，如减少装卸次数、缩短操作距离、提高被装卸物资纯度等。

3. 储存费用的控制。仓储费用控制的关键在于优化仓库布局，运用存储理论确定经济合理的库存结构和数量，采用 ABC 分类管理，简化出入库手续、加强仓库内部管理等。控制方式主要有强化仓储各种费用的核算和管理。

4. 包装费用的控制。包装起着保护产品、方便储运和促进销售的作用。控制方式有选择包装材料时要进行经济分析；运用成本核算降低包装费用；如包装的回收和旧包装的再利用，努力实现包装尺寸的标准化、包装作业的机械化，有条件时组织散装物流等。

5. 流通加工费用的控制。不同企业的流通加工费用是有所不同的，首先应选择反映流通加工特征的经济指标，如流通加工的速度。观察、测算这些指标，必要时进行适当的控制。控制方式有合理确定流通加工的形式，合理确定加工能力和改进流通加工的生产管理等。

物流成本局部控制方式的选择依赖于企业物流的运作模式。如果企业部门之间的联系不紧密，物流成本的控制效果就不会令人满意。只有按照物流系统化的思想，规划和实施物流各环节成本的控制策略，方可避免企业仅满足于降低局部成本而忽视物流系统化给企业带来的成本增加。因此，企业管理者必须协调各个部门，在符合经济原则和因地制宜原则的前提下努力实现企业物流过程的综合控制。

（二）物流成本的综合控制

物流成本的综合控制一般以物流成本形成的整个过程为控制对象，是一种系统性的和连续性的成本管理活动。它通过对物流成本形成的整个过程中发生的全部物流费用进行预测、计划、分析、反馈、决策等全过程的系统控制，以达到预期成本目标。综合控制有别于局部控制，具有系统性、综合性和战略性的特点，它是局部控制的集成，促使物流费用趋向最小化。

企业物流费用综合控制的主体是企业的物流管理组织和结构，客体是企业经济活动中发生的整体物流费用。它一般包括投资阶段的物流成本控制、产品设计阶段的物流成本控制、供应阶段的物流成本控制、生产过程的物流成本控制、对销售物流过程中的成本控制等。

在企业的财务会计中，向企业外部支付的物流费用能够从账面上反映出来，而企业内消耗的物流费用一般是计入制造费用而难以从账面上反映出来，这一部分的物流费比人们想象的要大得多。因此，物流成本控制不仅仅针对向外支付的物流费用，还要控制企业内部的物流费用。具体而言，对物流成本的控制，除了以上提到的局部控制外，还包括流通过程中的基础设施、商品在库维持、企业物流信息系统的投资等一系列的费用。企业物流成本控制需将物流成本放在一个企业产品生命周期的背景中来考察，控制全面的物流成本。

三、物流成本控制的环节

物流成本控制的环节按控制的时间的不同，具体可分为物流成本事前控制、物流成本事中控制和物流成本事后控制三个环节。

（一）物流成本事前控制

物流成本事前控制是指在物流活动或提供物流作业前对影响物流成本的经济活动进行事前的规划、审核，确定目标物流成本，它是物流成本的前馈控制。

（二）物流成本事中控制

物流成本事中控制是指在物流成本形成过程中，随时对实际发生的物流成本与目标物流成本进行对比，及时发现差异并采取相应措施予以纠正，以保证物流成本目标的实现，它是物流成本的过程控制。物流成本事中控制应在物流成本目标的归类分级管理的基础上进行，严格按照物流成本目标对一切生产经营耗费进行随时随地的检查审核，把可能产生损失浪费的苗头消灭在萌芽状态，并且把各种成本偏差的信息，及时地反馈给有关的责任单位，以利于及时采取纠正措施。

（三）物流成本事后控制

物流成本事后控制是指在物流成本发生之后，对实际物流成本的核算、分析和考核，它是物流成本的后馈控制。物流成本事后控制通过实际物流成本和一定标准的比较，确定物流成本的节约或浪费，并进行深入的分析，查明物流成本节约或超支的主客观原因，确定其责任归属，对物流成本责任单位进行相应的考核和奖惩。通过物流成本分析，为日后的物流成本控制提出积极改进意见和措施，进一步修订物流成本控制标准，改进各项物流成本的控制制度，以达到降低物流成本的目的。物流成本的事中控制主要是针对各个具体物流成本费用项目进行实地实时的分散控制。而物流成本的综合性分析控制，一般只能在事后才可能进行。物流成本事后控制的意义并非是消极的，大量的物流成本控制工作有赖于物流成本事后控制来实现。从某种意义上讲，控制的事前与事后是相对而言的，本期的事后控制，也就是下期的事前控制。

小　　结

1. 物流成本是指为组织、实施、管理物流活动所发生的各种费用及其物资消耗的货币表现，即物品在包装、装卸、运输、储存、流通加工、配送等实体流动过程中所支出的人力、财力和物力的总和。

2. 物流成本具有核算难、可比性差、成本项目间的“二律背反”现象多、成本原因难以区分等特性。物流成本由人事费用、作业消耗、物品损耗、利息支出和管理费用等五个部分构成，通常可以从物流范围、支付形态、物流功能等多个角度对物流成本进行分类。

3. 物流成本管理是现代物流管理的重要组成部分，也是物流管理的基础。它是一切有关物流成本方面的管理工作的总称，即对物流成本所进行的计划、组织、指挥、监督和调控，包括物流成本核算、物流成本预测、物流成本计划、物流成本决策、物流成本分析、物流成本控制等具体内容。物流成本核算的前提是物流成本核算对象的选择。物流成本核算的主要类型有形态型物流成本核算、功能型物流成本核算、范围型物流成本核算和适用对象型物流成本核算。会计方法、统计方法及会计与统计相结合的方法是物流成本核算的主要方法。

4. 物流成本控制目标要服从于企业的竞争战略，服从于企业最大限度地取得利润、降低物流成本的需要。物流成本控制的环节可分为事前控制、事中控制和事后控制。

思考与练习

（一）填空题

1. 影响物流成本的因素有(　　)、(　　)、(　　)和(　　)。

2. 物流成本管理的内容主要包括(　　)、(　　)、(　　)和(　　)。

3. (　　)、(　　)和(　　)是物流成本核算的主要方法。

4. 现代企业物流成本控制的内容不仅仅是孤立地降低物流成本，其目的是(　　)。

（二）选择题

1. 物流成本核算的步骤有①确认成本计算对象和成本项目；②分摊计提跨期费用；③从原始成本数据记录；④设置和登记成本明细账；⑤归集和分配各种成本的审核。其正确顺序应为(　　)。

A. ①②③④⑤

B. ③①②⑤④

C. ③①②④⑤

D. ①③②⑤④

2. 物流成本的计算与传统的生产成本的计算相比，其特点可以归纳为以下几个方面(　　)。

A. 物流成本计算要素难以确定

B. 按照现行会计核算制度计算物流成本难度很大

C. 核算方法难以统一

D. 一些非物流费用与物流费用很难清楚界定

E. 以不同的对象计算物流成本的结果相差很大

（三）简答题

1. 物流成本可分为哪些类型？这些不同的分类方法，对企业进行成本控制有何作用？

2. 如何计算物流成本？各种计算方法之间有何差别？

3. 当前我国企业物流成本管理中主要存在哪些问题？降低物流成本的途径有哪些？

4. 为什么要进行物流成本控制？

案例分析

安利降低物流成本的秘诀

同样面临物流资讯奇缺、物流基建落后、第三方物流公司资质参差不齐的实际情况，国内同行物流成本居高不下，而安利（中国）的储运成本仅占全部经营成本的4.6%。2003年1月21日，在安利的新物流中心正式启用之日，安利（中国）大中华区储运店营运总监许绍明透露了安利降低物流成本的秘诀：全方位物流战略的成功运用。

据许绍明介绍，安利的“店铺+推销员”的销售方式，对物流储运有非常高的要求。安利的物流储运系统的主要功能是将安利工厂生产的产品及向其他供应商采购的印刷品、辅销产品等先转运到位于广州的储运中心，然后通过不同的运输方式运抵各地的区域仓库（主要包括沈阳、北京及上海外仓）暂时储存，再根据需求转运至设在各省市的店铺，并通过家居送货或店铺等销售渠道推向市场。与其他公司所不同的是，安利储运部同时还兼管着全国近百家店铺的营运、家居送货及电话订货等服务。所以，物流系统的完善与效率，在很大程度上影响着整个市场的有效运作。

但是，由于目前国内的物流资讯极为短缺，他们很难获得物流企业的详细信息，如从业公司的数量、资质和信用等，而国内的第三方物流供应商在专业化方面也有所欠缺，很难达到企业的要求。在这样的状况下，安利采用了适应中国国情的“安利团队+第三方物流供应商”的全方位运作模式。核心业务如库存控制等由安利统筹管理，实施信息资源最大范围的共享，使企业价值链发挥最大的效益。而非核心环节则通过外包形式完成。比如，以广州为中心的珠三角地区主要由安利的车队运输，其他绝大部分货物运输都是由第三方物流公司来承担。另外，全国几乎所有的仓库均为外租第三方物流公司的仓库，而核心业务，如库存设计、调配指令及储运中心的主体设施与运作则主要由安利自身的团队统筹管理。目前已有多家大型第三方物流公司承担安利公司大部分的配送业务。公司会派员定期监督和进行市场调查，以评估服务供货商是否提供具有竞争力的价格，并符合公司要求的服务标准。这样，既能整合第三方物流的资源优势，与其建立坚固的合作伙伴关系，同时又通过对企业供应链的核心环节——管理系统、设施和团队的掌控，保持安利的自身优势。

从安利的物流运作模式来看，至少有两个方面是值得国内企业借鉴的。首先，是投资决策的实用主义。在美国，安利仓库的自动化程度相当高，而在中国，很多现代化的物流设备并没有被采用，因为美国的土地和人工成本非常高，而中国这方面的成本比较低。两相权衡，安利弃高就低。“如果安利中国的销售上去了，有了需要，我们才考虑引进自动化仓库”，许绍明说道。刚刚启用的安利新的物流中心也很好地反映出安利的“实用”哲学。新物流中心占地面积达 40 000 平方米，是原来仓库的 4 倍，而建筑面积达 16 000 平方米。这样大的物流中心如果全部自建的话，仅土地和库房等基础设施方面的投资就需要数千万元。安利采取和另一物业发展商合作的模式，合作方提供土地和库房，安利租用仓库并负责内部的设施投入。只用了 1 年时间，投入 1 500 万元，安利就拥有了一个面积充足、设备先进的新物流中心。而国内不少企业，在建自己的物流中心时将主要精力都放在了基建上，不仅占用了企业大量的周转资金，而且费时费力，效果并不见得很好。

其次，是核心环节的大手笔投入。安利单在信息管理系统上就投资了 9 000 多万元，其中主要的部分之一，就是用于物流、库存管理的 AS400 系统，它使公司的物流配送运作效率得到了很大的提升，同时大大地降低了各种成本。安利先进的计算机系统将全球各个分公司的存货数据联系在一起，各分公司与美国总部直接联机，详细储存每项产品的生产日期、销售数量、库存状态、有效日期、存放位置、销售价值和成本等数据。有关数据通过数据专线与各批发中心直接联机，使总部及仓库能及时了解各地区、各店铺的销售和存货状况，并按各店铺的实际情况及时安排补货。在仓库库存不足时，公司的库存及生产系统亦会实时安排生产，并预定补给计划，以避免个别产品出现断货情况。

（资料来源：傅桂林．物流成本管理．北京：中国物资出版社，2007.）

案例思考题

1. 安利公司的物流成本主要由哪些费用构成？
2. 安利公司通过哪些途径降低物流成本？

第十二章　企业物流质量管理

【学习目标】

1. 掌握物流质量管理的基本概念；
2. 掌握物流质量管理的主要内容；
3. 掌握物流质量改进的原则和基本途径；
4. 理解物流标准化的相关概念；
5. 了解物流标准体系。

第一节　物 流 质 量

一、物流质量的概念

物流质量是一个整体概念，既包含物流对象质量，又包含物流手段和物流方法的质量，还包含工作质量，内涵十分丰富。一方面，物流活动过程需要的各种资源和技术是完全可以控制的，很容易确定质量规格和操作标准；另一方面，物流是为物流客户提供时间、空间效用的物流服务，需要根据客户的不同需要提供差异化的服务，其质量是客户根据期望评价的。因此，物流质量就是根据物流运动规律所确定的物流工作量化标准与根据物流经营需要而评估物流服务的客户期望满足程度的有机结合。

衡量物流质量是物流质量管理的一项内容。物流质量首先是建立在准确有效的质量衡量的基础上的。大致说来，物流质量主要从以下三个方面来衡量。

（一）物流时间

时间的价值在现代社会的竞争中越来越凸显出来，谁能保证时间的准确性和及时性，谁就获得了客户。由于物流的重要目标是保证及时送交商品，因此时间成为衡量物流质量的重要因素。然而，在货物运输中，中国现行运输管理体制在一定程度上制约了不同运输方式之间的高效衔接，减缓了物流速度。目前，全国铁路货运列车的平均技术速度仅为45km/h，而且散装、集装箱运输技术尚未普及，装卸效率低，铁路货车中转停留时间约5h。公路运输营运货车平均每车日行仅200km左右，车辆工作率约为60%，城市内运输由于道路面积增长与车辆增长不相适应，因而车辆运输速度不断下降。在一些大城市，平均车速下降到15km/h，严重影响了城市物流效率。由此可见，物流质量的提高还依赖于物流大环境的改善。

（二）物流成本

物流成本的降低不仅是企业获得利润的源泉，也是节约社会资源的有效途径。以运输费用为例，在国民经济各部门中，因各部门产品对运输的依赖程度不同，运输费用在生产费用中所占比重也不同。根据1992年国家投入产出表，运输费用在农业生产总费用中占3.29%，在工业生产总费用中占7.15%，在建筑业总费用中占8.63%，在商业饮食业总费用中占14.98%，在其他服务部门总费用占7.8%。有关资料显示，如果从物流业总体费用考虑，物流费用占商品总成本的比重，从账面反映已超过40%。

（三）物流效率

物流效率对于企业来说，是指物流系统能否在一定的服务水平下满足客户的要求，也是指物流系统的整体构建。对于社会来说，衡量物流效率是一件复杂的事情。因为社会经济活动中的物流过程非常复杂，物流活动内容和形式不同，必须采用不同的方法来分析物流效率。一般用物流相关行业的成本费用和与GDP的比值来评价物流总体效率。据有关资料介绍，1986年美国物流费用支出为4 430亿美元，约占当年国民生产总值39 800亿美元的11.1%。1979～1986年，美国物流费用支出占当年国民生产总值的比重变化呈现下降趋势，1981年为最高，达到14.7%，1985年下降到11.1%，这说明物流效率提高了。

二、物流质量的内容

物流质量内涵丰富，其主要内容包括：商品质量、物流服务质量、物流工作质量和物流工程质量。

（一）商品质量保证及改善

物流的对象是具有一定质量的实体，具有合乎要求的等级、尺寸、规格、性质、外观。这些质量是在生产过程中形成的，物流过程在于转移和保护这些质量，最后实现对客户的质量保证。因此，对客户的质量保证既依赖于生产，又依赖于流通。现代物流过程不单是消极地保护和转移物流对象，还可以采用流通加工等手段改善和提高商品的质量。因此，物流过程在一定程度上就是商品质量的“形成过程”。

（二）物流服务质量

现代企业物流活动具有服务的本质特性，既要为现代企业生产经营过程服务，也要为现代企业产品和顾客提供全面的物流服务。甚至可以说，整个物流的质量目标就是现代企业物流的服务质量。服务质量因客户不同而要求各异，要掌握和了解客户要求；商品狭义质量的保持程度；流通加工对商品质量的提高程度；批量及数量的满足程度；配送额度、间隔期及交货期的保证程度；配送、运输方式的满足程度；成本水平及物流费用的满足程度；相关服务（如信息提供、索赔及纠纷处理）的满足程度等。此外，现代企业物流服务质量是变化发展的，将在社会发展进程中依赖顾客需要而提出绿色物流、柔性物流等新的服务概念，形成新的服务质量要求。同时，需要适应经济全球化发展，引进国际物流服务标准，不断提高物流服务质量，积极开展国际化物流经营活动。

（三）物流工作质量

物流工作质量是指物流各环节、各工种、各岗位的具体工作质量。以仓库作业的工作质量为例，可归纳为许多内容，包括商品损坏、变质、挥发等影响商品质量因素的控制与管理；商品丢失、错发、报损等影响商品数量因素的控制与管理；商品维护、保养；商品入库、出库检查与验收；商品入库、出库计划管理，计划完成及兑现的控制；商品标签、标示、货位、账目管理；质量成本的管理与控制；仓储仓库工作制度、温度湿度控制制度；工作标准化管理；各工序设备正常运转、完好程度管理等。为实现总的服务质量，要确定具体的工作要求，以质量指标形式确定下来形成工作质量目标。这是将物流服务总的质量目标分解成各个工作岗位可以具体实现的质量，是以提高物流服务质量的责任行为保证。

物流工作质量和物流服务质量是两个有关联但又不大相同的概念，物流服务质量水平取决于各种工作质量的总和。所以，物流工作质量是物流服务质量的某种保证和基础。重点抓好物流工作质量，物流服务质量也就有了一定程度的保证。同时，提高物流服务质量需要强化现代企业物流管理，建立科学合理的管理制度，充分调动员工积极性，不断提高物流工作质量。

（四）物流工程质量

物流工程是指流通领域及其他物流领域的工程系统。在物流过程中，将对产品质量发生影响的各种因素（人的因素、体制的因素、设备因素、工艺方法因素、计量与测试因素、环境因素等）统称为"工程"。物流工程是支撑物流活动的总体的工程系统，可以分为总体的网络工程系统和具体的技术工程系统两大类。实际上，物流运作，包括第三方物流都必须依靠有效的工程系统才能实现。工程系统的质量水平可以从根本上决定物流的质量水平。例如，采用大型集装箱联运系统后，可基本杜绝物流过程中单件货物的丢失。

和产品生产过程类似，物流质量不但取决于工作质量，也取决于工程质量。优良的工作质量对于物流质量的保证程度，受到物流管理技术水平、技术设备的限制。好的物流质量，是整个物流过程中形成的，要想做到"事前控制"物流质量，防止物流损失，必须对影响物流质量的诸多因素进行有效控制。很明显，提高工程质量是进行物流质量管理的基础工作。只要能提高工程质量，就能做到"预防为主”的质量管理。

第二节　物流质量管理

一、物流质量管理的概念和特点

（一）物流质量管理的概念

物流质量管理是指以全面质量管理的思想，运用科学的管理方法和手段，对物流过程的质量及其影响因素进行计划、控制，使物流质量不断得以改善和提高的过程。物流质量管理是物流管理的重要组成部分。

加强物流质量管理，是降低物流成本提高物流服务效益的有效途径。物流质量管理必须满足两个方面的要求：一方面是满足生产者的要求，必须保护生产者的产品能保质保量地转移给用户；另一方面是满足客户的要求，按照用户的要求将其所需的商品送交给客户。这两方面的要求基本上是一致的，但有时也有矛盾。例如，过分强调生产者的要求，使商品以非常高的质量保证成本交给客户，有时会出现客户难以承担的过高成本。物流质量管理的目的，就是“向客户提供满足要求的质量服务”和“以最经济的手段来提供”两者之间找到一条优化的途径，同时满足上述两个要求。为此，必须全面了解生产者、消费者、流通者等各方面所提出的要求，从中分析出真正合理、各方面都能接受的要求，作为管理的具体目标。从这个意义上说，物流质量可以定义为：用经济的方法向客户提供满足其要求的物流质量的方法与手段体系。

（二）物流质量管理的特点

物流质量管理与一般质量管理的主要区别是：一方面要满足生产者的要求，使其产品及时准确地运送给客户；另一方面要满足客户的要求，即按客户要求将其所需的商品送达，并使二者在经济效益上求得一致。

物流质量管理主要包括两个方面的内容：质量保证和质量控制。对客户来讲，质量保证就是维护客户的利益，使客户满意，并取得客户信赖而进行的一系列有组织、有计划的活动。质量保证是企业物流质量管理的核心。质量控制是对企业内部来说的，是为了保证某一工作、过程和服务的质量所采取的作业技术标准和有关活动。质量控制是将实际的质量结果与标准进行对比，对某些差异采取措施的调节管理过程。质量控制是质量保证的基础。

物流活动具有内在的客观规律，在质量管理方面同样反映出相应的基本要求。归纳起来有四大特点。

1. 全面管理。影响企业物流质量的因素具有综合性、复杂性和多变性，加强企业物流质量管理就必须全面分析各种相关因素，把握内在规律。企业物流质量管理不仅管理物流对象本身，而且还管理工作质量和工程质量，最终对成本及交货期起到质量作用，具有很强的全面性。

2. 全程控制。企业物流质量管理对商品的包装、储存、运输、配送、流通加工等若干过程进行全过程的质量管理，同时又是对产品在社会再生产全过程中进行全面质量管理的重要一环。在这一全过程中，必须一环扣一环地进行过程管理才能保证最终的物流质量，达到目标质量。

3. 全员参与。保证物流质量涉及企业物流活动的相关环节、相关部门和相关人员，需要依赖各个环节、各个部门和广大员工的共同努力。物流管理的全员性，正是物流的综合性、物流质量问题的重要性和复杂性所决定的，它反映了企业质量管理的客观要求。

4. 整体发展。企业物流是一个完整统一的系统，加强企业物流质量管理就必须从系统的各个环节、各种资源以及整个物流活动的相互配合和相互协调做起，通过强化整个企业基本质量素质来促进企业质量的整体发展。可以肯定地讲，只有增强企业素质才能实现企业物流质量管理的整体发展，只有管理的整体发展才能最终实现企业物流管理目标。

二、物流质量改进的概念和方法

物流质量改进是指企业在整个企业范围内所采取的提高物流质量的所有措施。企业物流服务的质量是由顾客的满意度决定的并取决于整个物流服务过程的效果和效率。物流质量改进通过改进过程来实现。企业物流系统内的每一项活动或每一项工作均包括一个或多个过程。质量改进是一种以追求更高的效果和效率为目的的持续活动。质量改进必须不断寻求改进机会，通过纠正措施来防范、消除或减少质量下降的情况。

（一）物流质量改进的方法

物流质量改进的方法包括以下几种。

1. 建立物流整体质量管理的思想。一般来说，物流活动就是为生产经营服务的服务性活动。不同的企业物流服务，服务功能构成和重要性不同，其质量都会影响整体服务质量和客户的满足程度。因此，必须建立物流整体质量管理的思想，强化物流质量管理。物流管理人员必须深入了解物流服务全过程，并根据客户要求，认真做好物流服务网络体系设计工作和服务质量管理工作，不断创新物流价值，增加客户的信任感和忠诚度，确定物流服务质量的标准，做好每一个关键环节的质量管理工作，促使服务实际符合或超过客户的期望。从整体角度客观地衡量物流服务质量管理水平，积极采用高新技术加强质量管理，对企业员工的物流服务行为进行管理，从而提升企业物流服务的整体质量水平。

2. 物流质量改进的基本方法。主要包括要求重点明确；提出企业物流质量改进的方针、策略、主要目标、指导思想、支持和广泛协调企业物流质量改进的活动；确定物流质量改进的需要和目标以及为满足需要和实现目标而配置资源的方法；通过质量小组活动，找到实现质量改进目标的方法；鼓励企业员工开展和工作有关的质量改进活动并找出协调相关活动的方法等。

3. 企业物流纵向层次的质量改进方法。主要包括对物流过程进行管理，具体确定各部门任务，制定战略计划，明确作用和职责，获取和配置资源，提供教育和培训等；确定并策划各部门工作过程的持续质量改进；创造并保持一个部门全体员工有权力、有能力和有责任持续改进质量的环境等。

4. 企业物流跨部门过程的质量改进方法。一般包括在企业物流各部门之间建立并保持紧密联系；识别企业物流过程内部和外部的顾客，确定他们的要求和期望；把顾客的需要和期望转化为具体的顾客要求；识别物流各过程的供方，将顾客的需要和期望传达给他们；寻求物流各过程的质量改进机会，配置改进所需要的资源，并监督改进的实施等。

（二）物流质量改进的环境和进程

企业需要为物流创造质量持续改进的环境，需要明确企业物流质量改进的目的和目标，持续地改进企业物流的运作过程，培育一种广泛交流、相互合作、尊重个人和鼓励创新的环境。同时，企业还需要为物流质量改进创造必需的价值观和文化基础，主要包括重视和满足企业内部和外部顾客的需要；使质量改进贯穿从供方到顾客的整个供应链；不论是集体还是个人，始终强调物流质量改进工作的基本内容；通过改进过程来解决物流质量问题；持续地改进所有过程等。

许多在顾客中已享有良好声誉的公司，仍坚持开发一套正规的质量过程，以便使长期与持续的质量改善成为可能。质量的改善适合整个公司，也适合物流过程。发展物流质量体系的 6 个主要步骤如下所述。

1. 组织承诺。高级管理层必须是质量承诺的推动力的来源，这种承诺不仅是对公司最高管理者而言，也是对负责物流的副总裁而言。在这个层次上的人员必须完全致力于目标的达成，并采取行动，总裁也必须提供把质量承诺转化成现实成果的资源和激励手段。质量过程失败的原因通常是因为缺少高层管理的承诺。例如，不情愿牺牲短期利润或生产率，就是管理者可能放弃努力的信号。实际上，物流体系实现经营承诺，可以通过质量提高生产率，通过坚持使用正规的质量体系降低业务成本。

2. 理解顾客的需求。在此强调科学地理解物流过程中顾客的需求，公司不仅要注重其外部顾客的物流需求，同时也应了解其内部顾客的物流需求。这种观点还应用到市场营销、生产、财务和物流合作者等多个方面。

对顾客需求的识别在很多情况下不是轻而易举的，可以采用一些调查方法对顾客及其需要进行调查（如顾客研究、重点顾客分析和客户访谈等）。对顾客需求有了一定的认识之后，公司还应当周期性地监测市场的变化和重点。公司可以利用内部资源完成上述任务，也可以根据实际情况利用外部资源（如聘请外部顾问或服务，定期提供客观信息）。最后，若要通过一个成功的质量过程，公司应当把供应商、零售商及渠道伙伴当作“顾客”，在真正的综合供应链中，各个组织必须保持目标的统一和协调。目光短浅的公司往往认识不到其他的组织同时也是公司的顾客，这些顾客可能会对企业的整体努力起到负面影响。

3. 衡量绩效水平。本步骤包括与步骤2直接有关的、认识到的特殊需求，对当前绩效水平进行准确而有意义的衡量。为了使这些衡量得到的信息有效而且有用，公司必须有一套专门的科学方法。除了衡量领域的绩效水平，如运输、仓储、信息过程、包装等外，建立某种形式的物流基准水平对物流质量过程将是有益的。

步骤2和步骤3完成后，会发现当前绩效水平与顾客需求之间有某些差距，原因主要有如下几种：供应商对顾客需求的误解，服务质量的过程设计达不到要求，实际服务水平与计划的不一致，供应商缺乏有效的一致性，服务过程结束后与顾客缺乏有效的沟通，或者可能是顾客没有充分认识到他们真正的物流需要，而且他们表达的要求与他们的实际要求并不一致。

4. 提出质量战略。质量战略这一术语特指物流质量过程中所包含的特别的创意。首先在研究质量的指导思想的同时，公司应当考虑到多种途径。但最终重点应放在对顾客需要的理解，对教育和培训中适当的创造精神的鼓励，对绩效水平的衡量以及对变动因素的监测以及总的公司责任上。

5. 质量过程的实施。在任何正式的质量过程中，平衡和有效地贯彻实施是成功的必要条件。因此，公司应当花费相当心血设计一个能平稳进行的综合质量战略计划。

本步骤具有重要的物流含义。下面是对质量过程实施有影响的重要人物：存货控制专家、仓库人员、装卸工人、司机、产品包装人员及订单检查人员等。这些人能轻易地影响公司内外顾客感受到的服务质量，因此，应鼓励他们为整个质量程序的完成真正做出积极的贡献。

一个有意义的实施计划应当包括一个时间表和一个所需资源的综合列表，这将有利于保证经过精心设计和精心实施的质量程序取得成功。

6. 持续改进物流的质量。这一步骤是改进和实现的过程，包括渐进式和突破式两种方式。尽管渐进式的改进每天都在追求达到物流质量目标，但突破式改进的完成对于保持和增长物流竞争力是非常重要的。

尽管改进过程在实现质量过程中放在第6步，但真正的利益远远超出改进过程本身，它增强了企业的营销和作业战略。虽然我们认为改进是物流质量过程的最后一步，但是它是个不断前进的过程，一个有效的和有意义的物流质量过程是永远不能结束的。从为顾客创造价值这个角度来说，对质量的承诺意味着物流的服务质量对一个企业在当今市场上的竞争是至关重要的。

第三节 物流标准化

一、物流标准化的概念

（一）物流标准化的概念

标准是指为取得全局的最佳效果，在总结实践和充分协商的基础上，对人类生活和生产技术活动中具有多样性和重复性特征的事物和概念，以特定的程序和形式颁发的统一规定。

物流标准化是指以物流为一个大系统，制定系统内部物流设施、机械装备、专用工具等各个分系统的技术标准；制定系统内部各物流环节、物流功能要素如包装、装卸、运输等方面的工作标准；以系统为出发点，研究各分系统与分领域中技术标准与工作标准的配合性要求，统一整个物流系统的标准；研究物流系统与相关其他系统的配合性，进一步谋求物流大系统的标准统一。

发达国家为了提高物流运作效率和效益，正在积极致力于建立与之适应的现代物流系统并使该系统标准化和规范化。尤其是随着全球经济一体化和物流国际化的发展，物流标准化和规范化作为实现物流合理化、高效化的基础，对促进我国现代物流发展、提高物流服务质量和效率具有重要意义。

（二）物流标准化的特点

与一般标准化系统不同，物流系统的标准化涉及面更为广泛。物流系统的标准化对象不像一般标准化那样单一，而且还包括了机电、建筑、工具、工作方法等许多种类。虽然处于一个大系统中，但缺乏共性，从而造成标准种类繁多，标准内容复杂，也给标准的统一性及配合性带来很大困难。

物流标准化属于二次系统，或称为后标准化系统。这是由于物流及物流管理思想诞生较晚，组成物流大系统的各个分系统，过去没有归入物流系统之前，早已分别实现了本系统的标准化，并经多年的使用、发展和巩固，已很难改变。在推行物流标准化时，必须以此为依据，个别情况也可以把旧版标准推翻，按照物流系统所提出的要求重新建立标准化体系。总的来说，通常是在各个分系统标准化基础上建立物流标准化系统。这就必然从适应及协调角度建立新的物流标准化系统，而不可能全部创新。

物流标准化更应体现科学性、民主性和经济性。这是标准的三性，是物流标准化特殊性所要求的。科学性是指要体现现代科技成果，以科学实验为基础，在物流中还要求与物流现代化相适应，要求能将现代科技成果联结成物流大系统。这里既要包括单项技术的高水平，还表现在协调与适应能力方面，使综合的科学水平最优。民主性是指标准的制定，采用协商一致的方法，广泛考虑各种现实条件，广泛听取意见，使标准更具有权威，减少阻力，易于贯彻执行。经济性是标准化主要目的之一，也是标准生命力的决定因素，物流过程增值是有限度的，物流中的多支出，必然影响经济效益。不能片面追求科技水平，引起物流成本的增加，自然会使标准失去生命力。

物流标准化具有非常强的国际性。由于我国执行对外开放政策，对外贸易和交流有了大幅度的上升，特别是加入 WTO 以后国际性交往、对外贸易越来越重要，而国际贸易都是靠国际物流来完成的。这就要求各国之间的物流相衔接，力求使本国标准与国际物流标准体系相一致，否则会加大国际交往的难度。更重要的是在很高的国际物流费用的基础上又增加了标准化不统一造成的损失，增加国际贸易成本。因此，物流标准化的国际性也是区别于其他产品标准的重要特点。

（三）物流标准化的作用

标准化是物流管理的重要手段。物流标准化对物流成本、效益有重大决定作用。托盘标准化、集装箱标准化、运输工具的标准化等手段对生产、流通都起到了很大作用。它能加快流通速度，保证物流质量，减少物流环节，降低物流成本，从而较大地提高经济效益。同时，物流标准化对国际物流也是非常重要的保证。

在物流技术发展和实施物流管理工作的过程中，物流标准化是有效的保证。主要体现在以下几个方面。

1. 物流标准化是物流管理，尤其是大系统物流管理的重要手段。在进行系统管理时，系统的统一性、一致性，系统内部各环节的有机联系是系统能否生存的首要条件。保证统一性、一致性及各环节的有机联系，除了需要一个适合的体系形式和有效的指挥、决策、协调的机构领导体制外，还需要许多方法手段，标准化就是手段之一。方法、手段健全与否又会反过来影响指挥能力及决策水平。

2. 物流标准化对物流成本、效益有重大决定作用。标准化可以带来效益，这在技术领域是早已被公认了的，在物流领域也是如此。标准化的效益通过以下几个方面可以得到体现：实行标准化后贯穿于全系统，实现一贯到客户物流，做到速度快、中转费用低、装卸作业费用降低以及中间损失降低而获得经济效益。

3. 物流标准化是加快物流系统建设，迅速推行物流管理的捷径。物流系统涉及面广，难度非常大，推行标准化，可以少走弯路，加快我国物流管理的进程。

4. 物流标准化也给物流系统与物流以外系统的连接创造了条件。物流本身不是孤立地存在，它位于流通领域，上接生产系统，下接消费系统。从生产物流看，物流和相关工序相连接，彼此有许多交叉点。要使本系统与外系统衔接，通过标准化简化和统一衔接点是非常重要的。

二、物流标准体系

物流行业的经济活动与商品流通相关联，涉及交通运输业、储运业、货运代理业、配送业等行业的专业领域，并与一般标准化系统不同，更具有种类繁多、少共性、交叉重叠和内容复杂的特性。因此，现实表明建立物流行业的标准体系是一项极其复杂的系统工程。

物流标准体系要突出与时俱进的特点，其目的是为了构筑一个物流业标准的有机体系，能反映出物流标准的现状、未来应该发展和制定的标准，所以要有一定的前瞻性。为此，专家学者们在参考了大量资料的情况下，按照标准化原理的指导并结合物流业本身的特点，对其进行系统的分析和相对合理的分类，勾画出物流国家标准体系的整体轮廓。物流国家标准按照其内在的联系所形成的科学有机整体称为物流国家标准体系，这个体系必然有一个从复杂的交叉与重叠状态，向科学、简化合理的方向发展的过程，必须经过多次修订与调整才能逐步形成层次分明、结构合理、划分明确的物流国家标准体系。

目前构筑的这个物流标准体系，突出了发展的特点。这主要体现在该体系所包含的内容上。物流国家标准体系按照现在使用和将要发展和制定的标准，大体分为物流业通用基础标准和有关物流系统建设、物流作业、物流管理、物流信息技术、物流服务和物流发展等专业领域的标准，以及相对应的门类和个性化标准体系。因考虑物流标准的特点，又分别将专门和门类标准划分为相应的子集标准。在这几部分的内容中，除了物流作业标准比较接近传统的物流相关内容之外，另外的几个部分，物流系统建设、物流管理、物流信息技术、物流服务和物流发展都是物流现代化的产物，是现代物流的新的研究对象，而且这几个方面对我国现代物流的系统化、标准化的发展起到至关重要的作用。将传统的物流各作业环节涉及的作业流程、作业技术以及装备和设施放在了物流作业这一个大部分中，而将单独的物流信息技术作为一个大部分提高了一个层次，是因为物流信息技术是整个物流系统现代化的最重要的标志。随着物流现代化的快速发展，会出现很多区别于传统物流的新的概念，而原有的专业基础标准不一定都能涵盖这些内容，所以开辟物流发展标准，可以陆续补充新鲜的、对物流发展有着很大影响的物流理念。

1. 通用基础标准。在现代物流标准化体系表中需要协调统一的基础性物流事项所制定的标准，称为通用基础标准。例如，物流专业计量单位标准、物流基础模数尺寸标准、物流建筑基础模数尺寸标准、物流术语标准、优先数及优先数系标准、物流单元的编码与符号标记标准等。物流基础标准在物流行业内作为其他标准的基础，具有通用性和广泛指导意义。

2. 物流系统建设标准。成功的物流在很大程度上依赖于低成本、高效率的物品运输能力，而这在很大程度上受到基础设施的质量的影响。我国在过去 20 年里一直致力于这方面的建设，但是我国对于专门的物流设施的认识、资金投入和规划还是刚刚起步，物流基地、物流中心、配送中心，这些都是我国以后若干年内重点投入和建设的物流系统，对此尚未形成统一的、系统性的设计规划方法，关于这些物流系统的标准在目前还是一项空白。其中，基础性的物流系统标准包括物流系统总体设计与规划的标准、物流系统分析和物流系统评价方面的标准。

3. 物流管理标准。在物流标准化领域中对需要协调统一的通用管理事项所制定的标准被称为物流管理标准。从一般属性上来概括，管理标准是管理机构为行使其管理职能而制定的具有特定管理功能的标准。例如，物流主管部门对物流相关业务行使其进行计划、组织、监督、调节、控制等管理职能而制定的管理功能的标准。物流标准体系中加入管理标准，是从物流业的特点出发的，也是适应标准化发展需要而定的。物流管理标准可以划分为六大部分，即物流成本管理、物流质量管理、物流业务管理、供应链管理、电子商务物流管理和国际物流管理，基本上涵盖了传统的和先进的物流管理的思想。

4. 物流作业标准。物流作业标准是这六大部分中和传统物流业关系最为密切的专业标准。这部分内容包括物流的运输、储存、包装、装卸搬运、流通加工和配送等要素相关作业的系列标准，主要是物流相关工作标准、相关技术标准和相关的设备和设施标准。物流作业标准是标准体系中不可或缺的一部分，因为物流的这些传统要素是物流实务的重要组成部分，构成了物流提供服务的各项内容。把这些内容放在一个部分里，主要是考虑到现代物流标准体系的要求，在整个体系中现代物流的内容要占有较大的比例，而且传统物流的相关标准在相关部门的行业标准中已经有了一部分，属于较为完备的标准，只需要将这些标准列入标准体系，直接引用即可。

5. 物流信息技术标准。物流信息是物流不可缺少的要素之一，物流信息技术是物流现代化的重要标志，在现代物流中占有极其重要的位置。物流信息技术的标准化对于推动整个物流行业的发展起到了至关重要的作用。为了突出其重要性，在现代物流标准体系中将物流信息技术标准作为一个与物流管理和物流作业等并列的大类专业标准。这个专业标准包括物流单证标准、物流代码标准、物流标识标准、自动识别与自动采集技术标准、自动传输技术标准、数据储存技术标准、自动跟踪技术标准和物流信息系统标准等门类标准。

6. 物流服务标准。企业的任何业务，其产生和发展的基础是向顾客提供服务并满足其需要。在当前市场竞争激烈的时代，很多企业都提供了在价格、特性和质量方面雷同的产品，这时，物流服务的差异将为企业提供超越竞争对手的竞争优势。制定与实施企业服务标准，是企业拥有旺盛的竞争力与盈利能力的表现。企业管理者已经发现加强物流管理，改进物流服务是创造持久的竞争优势的有效手段。物流服务水平直接影响着企业的市场份额和物流总成本，并最终影响其盈利能力。

物流服务标准主要包括物流服务通用标准、物流服务内容标准、增值物流服务标准、物流服务管理标准、物流服务营销标准、物流服务考核指标标准体系和物流服务评价方法标准。

三、国内外物流标准化发展

（一）我国物流标准化发展

鉴于物流标准化的重要性，我国的物流标准化工作无论从组织管理上、标准制定和企业的推广应用上都取得了很大的发展。

从组织上，我国已经成立了“全国标准化技术委员会”和“全国物流信息管理标准化技术委员会”两个标准化技术委员会，分别负责物流信息基础、物流信息系统、物流信息安全、物流信息管理、物流信息应用以及物流基础、物流技术、物流管理和物流服务等领域标准化工作。

从标准的制定修订上，我国有关部门已经制定了我国的物流标准体系框架、电子商务标准体系框架以及发展现代物流的关键标准。

《国家物流标准体系表》给出了我国物流国家标准的体系框架，并进行了系统分析，针对当前我国物流相关的国家标准的应用现状，提出了当前亟待制定和推广的物流国家标准。

《物流标准化总体规范》规定了物流相关术语及概念、物流设施与装备、物流作业流程、关键支撑技术、物流系统建设等内容，是物流系统建设的基础。

快速发展的物流产业呼唤物流标准。近年来，我国已经制定了一些包括《物流术语》、《储运单元条码》、《商品条码》、《物流单元的编码与符号标记》、《店内条码》、《大宗商品电子交易规范》和《数码仓库应用系统规范》等在内的国家标准。

随着当前电子商务的应用，利用互联网进行物流信息交换将逐步替代传统 EDI 方式而成为新型的物流信息交换模式。在物流领域，基于 XML 的物流信息交换成为趋势。2003 年，有关的科研机构已经制定了一些物流行业的 XML 标准，系统开展物流信息交换标准化。

物流标准化工作的开展为我国物流产业今后的发展奠定了一定的技术基础，但总体来讲，距我国现代物流业的发展需求还相差很远。

（二）国外物流标准化发展

随着贸易的国际化，标准也日趋国际化。以国际标准为基础制定本国标准，已经成为 WTO 对各成员国的要求。目前，世界上有近 300 个国际和区域性组织制定了标准和技术规则。其中最大的是国际标准化组织（ISO）、国际电工委员会（IEC）、国际电信联盟（ITU）、国际物品编码协会（EAN）和美国统一代码委员会（UCC）联盟等，它们创立的 ISO、IEC、ITU、EAN. UCC 均为国际标准。

从世界范围看，物流体系的标准化，各个国家处于不同阶段，标准化的重点在于通过制定标准规格尺寸来实现全物流系统的贯通，提高物流效率。与物流密切相关的有两大标准体系：ISO 和 EAN. UCC。

1. ISO。目前，ISO. IEC 下设了多个物流标准化的技术委员会负责全球的物流相关标准的制定修订工作，制定了 200 多项与物流设施、运作模式与管理、基础模数、物流标识、数据信息交换相关的标准。ISO 与联合国欧洲委员会（UN/ECE）共同承担电子数据交换标准制定，ISO 负责语法规则和数据标准制定，UC/ECE 负责报文标准的制定。在 ISO 现有的标准体系中，与物流相关的标准约有 2 000 条。其中，运输 18 条、包装 42 条、流通 2 条、仓储 93 条、配送 53 条以及信息 1 605 条。

2. EAN. UCC。物流标准化的很重要的一个方面是物流信息的标准化，包括物流信息标识标准化、物流信息自动采集标准化、自动交换标准化等。

EAN 是管理除美国之外的对货物、运输、服务和位置进行唯一有效编码并推动其应用的管理组织，是国际上从事物流信息标准化的重要组织。美国统一代码委员会（UCC）是北美地区与 EAN 对应的组织。近两年来，两个组织加强合作，结成了 EAN/UCC 联盟，以共同管理和推广 EAN/UCC 系统，意在全球范围内推广物流信息标准化。其中推广商品条码技术是其系统的核心，它为商品提供了用标准条码表示有效的、标准的编码，而且商品编码的唯一性使得它们可以在世界范围内被跟踪。

EAN 的开发对物流单元和物流节点的编码，可以用确定的报文格式通信，国际化的 EAN/UCC 标准是 EDI 的保证，是电子商务的前提，也是物流现代化的基础。

小　　结

1. 物流质量是一个整体概念，既包含物流对象质量，又包含物流手段和物流方法的质量，还包含工作质量，内涵十分丰富。其主要内容包括商品质量、物流服务质量、物流工作质量物流工程质量。

2. 物流质量管理是指以全面质量管理的思想，运用科学的管理方法和手段，对物流过程的质量及其影响因素进行计划、控制，使物流质量不断得以改善和提高的过程。物流质量管理是物流管理的重要组成部分。

3. 物流标准化是指以物流为一个大系统制定各项标准，研究标准的配合，谋求标准的统一。物流标准具有广泛性、二次性、民主性、经济性、国际性等特点，这些特点使得建立物流行业的标准体系成为一项极其复杂的系统工程。

思考与练习

（一）单项选择题

1. 物流质量可以从物流时间、物流成本和(　　)三个方面进行衡量。
   A. 物流效率　　B. 物流速度
   C. 物流工程　　D. 物流标准
2. 下列关于物流标准化的说法错误的是(　　)。
   A. 物流标准化属于二次系统
   B. 物流标准化属于后标准系统
   C. 物流标准化要体现科学性、民主性和经济性
   D. 物流标准化具有非常强的国际性

（二）多项选择题

1. 物流质量的内涵丰富，其内容包括(　　)。
   A. 商品质量保证及改善　　B. 物流服务质量
   C. 物流工作质量　　D. 物流工程质量
2. 物流质量管理的特点是(　　)。
   A. 全面管理　　B. 全程控制
   C. 全员参与　　D. 整体发展

（三）简答题

1. 物流质量管理应当满足哪些方面的基本要求？请结合实例进行回答。
2. 物流质量管理和一般质量管理有哪些主要区别？
3. 物流质量管理的途径是什么？
4. 物流标准化的作用有哪些？
5. 物流标准体系的基本框架是怎样的？
6. 我国物流标准化近年来取得了哪些进展？

案例分析

JC Penney 公司的仓库质量管理体系

JC Penney 公司位于俄亥俄州哥伦布的配送中心，每年要处理 900 万种订货，或每天处理 25 000 笔订货。

该配送中心为 264 家地区零售店装运货物，无论是零售商还是消费者的家中，都做到 48 小时之内把货物送到所需的地点。

哥伦布配送中心有 200 万平方米设施，雇用了 1 300 名全日制员工，旺季时有 500 名兼职雇员。

JC Penney 公司感到其真正的竞争优势在于优质的服务。管理部门认为，这种服务上的优势应归功于 20 世纪 80 年代中期该公司所采取的三项创新活动，即质量循环、精确至上以及激光技术。

1982 年，JC Penney 公司首先启动了质量循环活动，以期维持和改善服务水准。管理部门担心，质量服务的想法会导致管理人员企图简单地花点钱来“解决问题”。然而，代之以这些解决办法的，是经慎重考虑后提出的一系列小改革，解决了工作场所中存在的一些主要问题，其中包括工人们建议创建的中央工具库、用以提高工作效率和工具的可获得性。

第二项精确至上的创新活动旨在通过排除收取、提取和装运活动中存在的缺陷，以提高服务的精确性。因此，提供精确的顾客信息和完成订货承诺被视为头等大事。显然，在该层次上讲求服务的精确性，意味着该公司随时可以说出某个产品项目是否有现货，并且当有电话订货时，便可以告知对方何时送货上门。该公司需要提高的另一个精确性与在卖主处提取产品有关。为了确保产品在质量和数量上的正确，JC Penney 公司针对每次装运中的某个项目，进行质量控制和实际点数检查。如果存在着差异，将对订货进行 100%的检查。与此同时将对 2.5%的装运进行审计。订货承诺的完成需要把主要精力放在提高精确性上，为此该公司的配送中心经理罗杰·库克曼（Roger Kerkman）说道：“我们曾一直在犯错误，想在商品交付给顾客之前就能够进行精确的检查。”但问题是，在质量循环中是否已找到了解决办法，或者能够对该过程进行自动化。对此，库克曼感到：“只有依赖计算机，人们才有能力进行精确的检查。”于是，该公司开始利用计算机系统进行协调，把订购商品转移到“转送提取（Forward Pick）”区域，以减少订货提取者的步行时间。

第三项创新活动是应用激光扫描技术，以 99.9%的精确性来跟踪 230 000 个存货单位（SKU）的存货。JC Penney 公司最初在密尔沃基的配送中心是用手工来处理各种产品项目的储存和跟踪的，接着便开始用计算机键盘操作替代手工操作，这一举动使产品项目的精确性接近了 80%。而扫描技术则被看作是既提高记录精度，又提高记录速度的手段。但是，刚开始启动扫描技术时的结果并不理想，因为一系列的扫描过程需要精确地读取每一个包装盒上的信息。然而，在某些情况下，往往需要扫描四次才获得一次读取信息。看来，JC Penney 公司需要一种系统，能够按每秒三次的速度，从任何角度读取各种包装尺寸的产品信息。于是，公司内部的系统支持小组优化了硬件和软件来满足这一目的。其结果是，该配送中心的四个扫描站耗资 12 000 美元，削减了每个扫描站所需的 16 个键盘操作人员。

看来，“加重工作”的质量循环与“减轻工作”的技术应用之间，会产生一种有趣的尴尬境地。JC Penney 公司需要在引进扫描技术的同时，还要保持其既得利益和改进成果。然而，该公司在时间上的选择却是完美的，因为公司在大举扩展的同时将需要增加雇员。于是，该公司告诉其雇员，技术进步将不会导致裁员。接下来，JC Penney 公司接着在其位于密苏里州的堪萨斯城、内华达州的雷诺以及康涅狄格州的曼彻斯特的其他三个配送中心里成功地实施了上述的质量创新活动，使他们能够连续 24 小时地为全国 90%的地区提供服务。

根据供应链的思想和上面的分析论述，可总结出解决问题的办法与步骤如下。

1. 建立节点，物流归集。收购点的设置不应依据行政区划和级别，而应依据收购量和收购范围，做到收购成本低，同时也要考虑方便群众。储备点的设立主要考虑建在产棉区，以省为规划范围，依据产棉区的产棉量而确定储备点的个数、吨位和位置。

2. 加强供应链管理，实现集成。供应链一般都有一个核心企业，并由核心企业来实施供应链管理，实现集成。棉花收购链的核心企业应该由储备点来充当，但是目前没有形成这一核心企业的管理功能。

3. 收购网络行为企业化。目前收购网络是政府机构的一部分，收购工作实际上是由政府代替完成。应该看到，收购网络是一个有利可图、极具潜力的经济资源，应该为国民经济做出贡献，而不应视而不见，被定义为非盈利性、由政府包办。这样，一方面损失了经济效益，浪费了经济资源；另一方面加重政府负担，导致政府更为庞大。收购网络的企业化可以解放出这一经济潜力，形成一个行业。收购网络企业化后，村镇提留和农业税仍然可以利用这个网络征收，战略储备也可以通过法律规定而得到确保。

（资料来源：MULLER F J. Warehousing: JC Penny. 1986（12）.）

案例思考题

1. JC Penny 公司是如何改进其物流质量的？
2. JC Penny 公司在改进其物流质量时物流成本是否增加？为什么？

第十三章　企业物流组织与绩效评估

【学习目标】

1. 了解企业物流组织的类型及其演变的特点；
2. 掌握在供应链管理环境下物流组织发生的变革；
3. 了解物流绩效评价系统的内容；
4. 了解建立物流绩效评价体系遵循的原则；
5. 掌握物流职能绩效评估指标。

第一节　企业物流组织结构的类型

一、物流组织的分类

物流组织的产生和发展与企业对物流职能的认识是紧密结合在一起的。在商品经济发展初期，尽管物流活动已经存在，但由于规模小，其功能和作用并未被人们所认识。20 世纪 50 年代，随着物流概念的提出以及其对生产经营的重要作用，作为物流活动的组织者和承担者——物流组织也产生了，但其大都以非独立形式存在，主要表现在生产企业内部，从属于其他职能部门如采购部门、销售部门等，在组织管理方式上以分散的管理形式存在。进入 20 世纪 60 年代，企业逐渐将获取利润、降低费用的重点放在了流通领域，物流成为“第三利润源泉”。企业设立物流部、物流管理部、物流战略室等机构，构造企业内部物流，旨在降低企业物流成本、提高物流效益与企业效益。进入 20 世纪 80 年代，市场激烈的竞争迫使企业在物流方面采取强有力的对策和措施，以大幅度地降低物流费用弥补原材料、燃料和人力费用上涨造成的利润损失，企业基于核心竞争力的考虑，将其并不擅长的物流业务外包给专业化的物流企业，物流逐步向社会化的方向发展，以独立形式存在于社会经济中。

物流组织一般是指以物流经营和管理活动为核心内容的实体型组织。物流组织可以划分为以下两大类。

1. 非社会化物流组织——物流部门。如储运部门、运输部门，或隶属于某一部门比如采购部门之下、在该部门完成着物流职能的物流组织。从物流组织的发展过程来看，非社会化物流组织——物流部门是先于社会化物流组织——物流企业存在的。在初期，它是以隐含的方式存在于其他业务部门（如生产部门和销售部门等）之下的，之后随着企业生产经营活动的发展，物流的地位和作用也日益显现出来。在此情况下，企业就需要一个强有力的物流部门，为其生产经营活动的顺利进行提供物流保障，促进物流效率的提高和物流费用的降低，物流部门也就从以隐含方式存在于其他业务部门中独立出来，成为一个具有特定职能的部门。

物流部门的特定职能，主要是为企业生产经营活动提供物流服务的。从严格意义上说，其职能仍然是从属于企业生产经营活动的其他职能，如生产职能、采购职能和销售职能等。从交易方面来看，物流从属于商流，是为商流服务的。

按照企业性质的不同，企业内部的物流又可分为生产企业物流和流通企业物流。生产企业物流是指从采购生产所需要的原材料、设备开始，到生产加工，形成新的产品直到供应给需求方的物流的全过程。流通企业物流是指从组织货源，将物资从生产厂家集中到流通部门的采购物流，到企业内部的库存、保管、装卸、加工的流通企业内部物流，最后将物资转移到消费者手中的配送物流。相应地，生产企业和流通企业对自营物流进行管理的组织就是企业内部的物流管理组织。这种组织通常是通过职能型、分部型、矩阵型、网络型、团队、委员会等形式存在。

2. 社会化物流组织——物流企业。物流企业是物流部门发展的结果，以独立形式存在于社会经济中，最早产生于流通领域的交易活动，主要是为企业的采购和销售业务提供物流配送服务的，旨在节约交易过程中的物流费用、提高物流效率。与非社会化的物流组织相比较，社会化物流组织具有独立性，物流运作的一体化程度有了较大提高。社会化物流组织的独立性为其有效地完成社会赋予其特有的职能，高效、科学合理地进行物流运作奠定了基础，也为全社会物流费用的降低创造了条件。第三方物流组织就是一种典型的社会化物流组织。所谓第三方物流，是指企业或其他经济组织为了强化其核心竞争力，把非核心业务的物流管理、物流作业或物流设施等部分的或全部的外包出去，与专业物流公司建立双赢的协作关系。在某种意义上，它是物流专业化、社会化的一种形式。提供第三方物流服务的企业就是第三方物流组织，它代替企业完成物流职能，也是一种物流组织的形式。

二、企业物流组织的类型

（一）传统的企业物流组织模式

1. 职能型组织。早期的物流管理方式是以职能划分为中心进行管理的。职能型组织将生产、营销、财务、物流等活动划分为企业的单个职能或部门，各职能部门的调整全部由最高经营层决策。例如，几个职能性物流活动的主管向负责物流的副总裁汇报工作，负责物流的副总裁又向总裁汇报工作。职能型结构可以拥有专业化优势，通过将同类专业人员组合在一起，可从劳动分工中取得效率。但是在职能型结构中，组织中各部门常常会因为追求职能目标而看不到全局的最佳利益，没有一项职能对最终结果负全部责任。同时，这种结构无法实现从生产到经营等各阶段成本的控制和价格的计算，因而根本无法实现物流成本控制。

2. 事业部组织。事业部制是一种分权式的管理方式，每一个事业部一般都是自治的，由事业部经理对全面绩效负责，同时拥有充分的战略和运营决策的权利。其中，对物流活动的管理也被分配到各个事业部单独进行。事业部制的优点在于，分部经理对一种产品或服务负完全的责任，管理责任明确并容易实施成本控制，同时提高了企业经营的灵活性。但是随着市场变化的加速，消费者需求的多样化，事业部制组织结构也在某些方面显现出不足。从事业部自身所负责的业务来看，事业部虽能灵活应对市场变化，并有效地进行盈亏管理，但事业部层次的效率化对整个企业来说并不一定是最有效的。如新产品开发已不是单个事业部的活动，而是一种跨越事业部界限的整个企业的战略行为，这就使完全的事业部制存在着很多制约因素。此外，事业部结构的另一主要缺陷就是出现活动和资源的重复配置。

（二）现代企业物流组织的发展

一般而言，现代企业物流组织结构可以分为四种形态：矩阵型组织、委员会结构和任务小组、网络结构以及战略联盟。

1. 矩阵型组织。矩阵结构的设置可以是临时性的，也可以是永久性的。在此结构中，物流管理者负责包括物流与其他几个职能部门相交叉的合作项目。物流经理负责整个物流系统但对其中的活动并没有直接的管辖权。企业传统的组织结构没有改变，但物流经理分享职能部门的决策权。各项活动费用不仅要通过各职能部门的审查，还要通过物流经理的审查，各部门协调合作以完成特定的物流项目。这种新型的组织兼有了职能型组织和事业部组织二者的优势。

2. 委员会结构和任务小组。物流组织的主要目标是计划不同的物流活动并保持这些活动的协调一致，这种协作可以通过非正式的具有很大灵活性的物流组织达成，如委员会结构和任务小组。委员会结构可将多个人不同的经验和背景结合起来，跨越职能界限处理一些问题。委员会可以是临时性的，也可以是永久性的。委员会的成员由各主要物流环节的人员组成，委员会提供沟通的平台，成员们定期或不定期地聚集在一起分析问题，提出建议，协调活动，做出决策或监控项目的进行。任务小组是一种临时性结构，涉及许多组织单位人员的介入，其设计用来达成某种特定的、明确规定的复杂任务。任务小组的成员一直服务到目标达成为止。

3. 网络结构。随着信息时代的来临，企业组织的结构已由原先讲求“职能间分工，组织部门间整合”的传统组织，转变为“专业价值创造，跨组织间整合”的网状组织。基于专业化分工和核心竞争力的考虑，企业往往把一些自身不擅长的职能外包给其他的企业来完成，依靠其他企业组织以合同为基础进行制造、分销、物流或其他经营活动。著名的耐克公司就是一家采用这种结构的公司。这种组织结构可使企业对于瞬息万变的市场、信息和技术具有更大的适应性和应变能力。但是，企业管理者对这些外包活动缺乏传统组织所具有的那种紧密的控制力，所以需要网络组织间有更加有效的相互协调与合作。

4. 战略联盟。前述的组织结构主要适用于企业内部组织，但随着供应链管理等物流一体化战略的兴起，企业的注意力开始转向企业之间的关系，企业的组织形式随之改变。根据供应链管理的特点，战略联盟成为一种新型的组织形式。由于供应链成员之间既相互独立又相互依存，彼此间需要展开合作。供应商与客户之间，同行业企业之间，相关行业企业之间，甚至不相关行业的企业之间，都可能在物流领域实现战略联盟，特别是生产型企业与专业物流企业之间较为容易建立战略联盟，通常被称为“第三方物流”合作。

第二节　企业物流组织结构的演变

随着企业对物流职能的重要性认识不断加深，企业内部的物流组织也不断进行着创新和演变。每一次组织变革都体现了某种管理思想的变革，每一次管理思想的变革必将带来企业组织的变革。一般认为企业内物流组织的演变遵循的是“功能分散——职能整合——过程整合”这一大致过程。唐纳德·J·鲍尔索克斯（Donald J. Bowersox）和戴维·J·克劳斯（Daviad J. Closs）用图 13.1 描绘了企业内物流组织从功能分散到过程信息一体化演变的全过程。

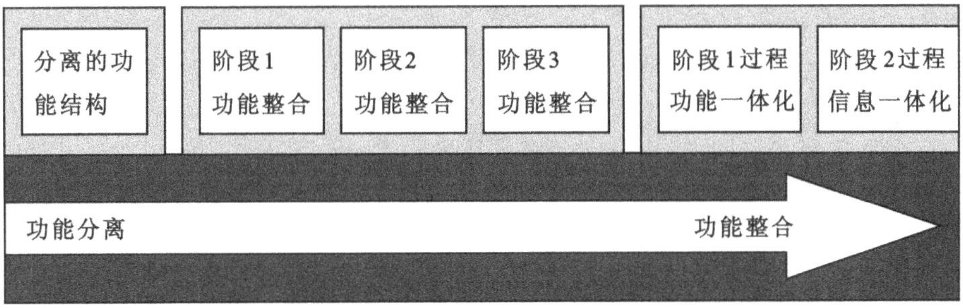

图 13.1　企业内物流组织发展的周期

资料来源：唐纳德 J. 鲍尔索克斯，戴维 J. 克劳斯，等，著. 供应链物流管理. 李习文，王增东，等，译. 北京：机械工业出版社，2004.

具体来说，企业物流组织发展经历了如下三个阶段。

（一）功能分散阶段

20 世纪 50 年代以前的物流组织是分散的组织结构。一般而言，物流运作的各功能如库存控制、订单处理、信贷授权、制造物料需求计划、采购、预测、顾客销售订货服务等都分散到财务、制造、市场营销各部门。在这一阶段，企业只注重对产成品运输和仓储的管理，除这两个活动的协调之外，整个物流作业定位为可操作性，没有一点一体化的迹象，如图 13.2 所示。

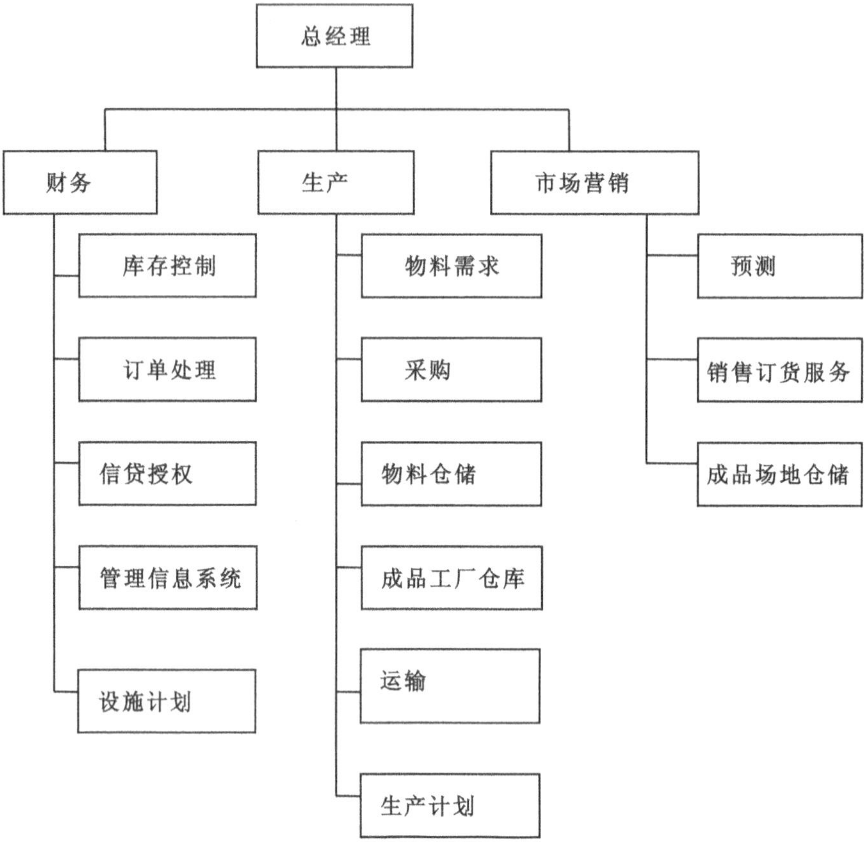

图 13.2　功能分散的企业物流组织结构

在这一阶段，物流没有实现专业化，各部门都有物流人员，物流业务处于从属地位，业务水平较差。由于没有专门的组织统一指挥，缺乏跨职能的协调，从而导致重复和浪费，权利界限和责任模糊，因而物流效率较低。

（二）职能整合阶段

20 世纪 50 年代，社会开始盛行垂直一体化、命令和控制的企业管理模式。同时，物流职能分离的种种弊端逐渐显现，企业开始通过物流重组对总成本进行控制，把具有物流职能的机构整合为单独的管理组织。即，将传统的由财务部门和营销部门负责的物流工作和制造的物流工作整合在一起，并成立专门的物流部门对其进行管理。此时，物流部门和财务、营销等其他部门在组织结构中的地位相当。这种组织结构寻求将实际中所能操作的尽可能多的物流规划和运作职能归在一个权力和责任下运作，目的是对企业所有的材料和成品运输及存储进行战略管理，使企业获得最大的利益。

在物流职能整合过程中，企业物流组织结构经历了三个阶段。

1. 第一阶段。最初将物流职能整合的想法出现在 20 世纪 50 年代和 60 年代初期。典型的演化模式是在对总体上的组织层次不作重大改变，而将两个以上的物流职能在运作上进行归组。在这个最初的发展阶段，组织单位很少介入采购和市场分销的整合。

最早出现的物流管理组织是实物配送（Physical Distribution）组织和物料管理（Material Management）组织，分别从属于市场营销部门和生产制造部门。第一阶段组织的大部分变化涉及有关传统营销和制造领域内的职能集合归组。在营销领域，这种归组以客户服务为中心；在制造领域，则以获得入库材料或零件采购为中心。除了少数例外情况，大部分的传统部门并未改变，组织的级别也没有大的改变。

2. 第二阶段。第二阶段物流组织出现于 20 世纪 60 年代末 70 年代初。组织的显著特征就是物流被单独划分出来，并定位在组织权力和责任的领域，主要集中在分拨分销或物料管理上。其意图很简单，那就是，将物流定位在一个更高更可见的组织层次上，增加了它战略影响的可能性。独立的地位使物流成为管理中的核心，但与第一阶段相同，第二阶段组织没有实现完全整合的物流。未能将物流管理综合进整合系统中的部分原因是由于人们专注于诸如订单处理或采购等特定职能的绩效。在那时，这些被视为至关重要的传统运作。企业对物流功能的认识不全面，缺乏整体性和系统性。同时，缺乏跨职能的信息系统的支持，物流各作业活动间难以进行信息共享，组织的整合流于形式。

3. 第三阶段。20 世纪 80 年代，物流发展到了综合物流（Integrated Logistics），真正意义上的物流管理组织开始出现了。这个组织结构试图在一个高层经理的领导下，统一所有的物流功能和运作。图 13.3 所展示的是这一阶段的组织结构的示例，它把物流作为一项职能，将实际上可操作的许多物流计划和运作功能归类于一个权力和责任下，目的是对所有原料和制成产品的运输和储存进行战略管理，使其对企业产生最大的利益。

在该阶段，物流组织呈现出以下特点。

首先，物流信息系统的迅速发展。物流组织中广泛采用的技术，包括电子数据交换（EDI）、个人电脑、人工智能/专家系统、通信、条形码和扫描仪等，不断提高物流速度和效率，同时又降低成本。它们已成为提高生产率和竞争能力的主要来源。信息技术可用来对充分整合的物流运作系统进行规划和运作，必然也促使物流组织必须适应这种变化。

其次，物流的各个领域——采购、制造支持和分拨分销——被构建为一个独立的直线运作单元。直线运作的权力和责任使得每一项支持性服务作为总的整合物流框架的一部分来直接操作。由于运作的责任区域十分明确，每个单元在运作上都是自给自足的，所以每个单位都有灵活性，可以提供各自的运作领域所要求的关键服务。除此之外，由于物流活动可以在整合的基础上进行计划和协调，因此，可以在开发地区之间的协同运作。

再次，物流资源规划包含了由管理信息进行计划和协调运作的全部内容。订单处理引发了物流运作，生成了整合控制所需的数据库。物流资源规划促成了整合。物流资源规划是在进行了产品/市场预测、订货处理和掌握库存状况的基础上，对一个计划阶段总需求的全面规划。这样，在确定需求的基础上，计划单位可通过协调生产进度计划、能力计划和物料需求计划进行生产运作。

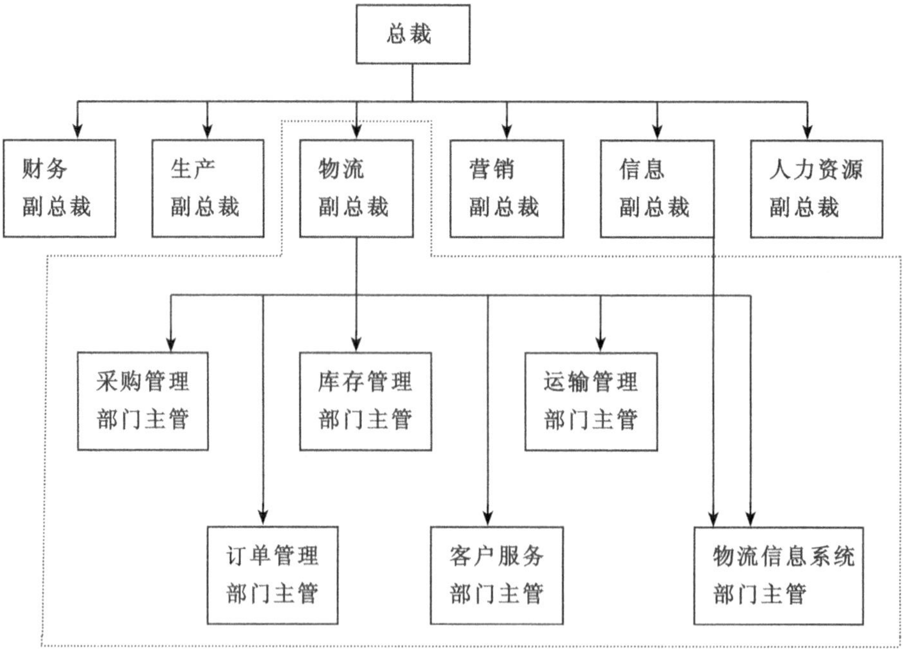

图 13.3　综合物流管理组织结构

最后，整体规划和控制成为组织的最高层次，有利于实现物流一体化。

物流一体化运作方式成为企业管理领域的主流，其主旨是用系统的观点，整合物流的各项功能，通过所有功能之间的平衡降低企业整个物流系统的总成本，或者在一定的服务水平上使物流成本合理化。诸多因素对物流一体化产生影响，传统的组织因其按照职能划分为权利结构和责任结构往往阻碍物流管理一体化过程。物流活动管理的惯例是把所有承担具体工作的人组合成诸如存货控制、仓储或运输之类的职能部门，部门分割下的部门利益驱使职能部门一般都会在某种程度上把注意力集中在如何取得自己的职能优势上。一体化的目的则是要在各功能领域之间进行协调，综合物流中各个过程，需要经理们超越其组织结构和设施，致力于交叉职能的协调。规划组织关注的是长期的战略定位，并对物流系统的质量改善和重组负责。而物流控制集中在对成本、客户服务绩效的衡量上，并为管理决策的制定提供信息。

（三）过程整合阶段

20 世纪 90 年代，物流职能也受到进一步重视，甚至被许多企业提到了战略的高度，认为它是企业的“第三利润源泉”。由于市场竞争越来越激烈，为了灵活应变，企业的管理模式从传统的强调命令和控制的垂直一体化转向了强调过程效率和核心能力的水平一体化，现代信息技术业推动了企业组织结构再造，改变了传统的垂直职能组织分割形式。物流的重点开始从职能转换到过程上，并关注物流能力在创造客户价值的整个过程中所发挥的作用。这就引入了如何获得最佳的整合物流绩效的新思想——整个物流过程的管理。

过程整合的思想来源于三个方面：（1）开发一个全员参与的工作环境，在这个环境中，以自我指导工作小组的方式激发雇员，使其发挥最大潜能；（2）通过过程管理而非职能管理提高生产力；（3）信息、技术代替组织层次成为新企业的承载结构，并能在成员之间获得准确快速的共享。

基于过程策略下的组织结构由于从纵向管理变为横向管理而迎合了企业组织结构向水平型组织发展的趋势。将焦点集中在过程上，在很大程度上减轻了将功能集聚到无所不包的组织单元中去的压力。至关重要的问题不是如何去组织个别的功能，而是如何最好地管理整个物流过程。

为了实现不同的物流绩效目标，如降低成本、缩短交货周期、提高客户满意度等，需要构建基于不同流程的专项小组即团队，并由项目经理即过程管理者带领团队达成组织目标。由于物流过程几乎涉及公司的所有部门，完成每个物流绩效目标都需要各部门的合作，所以专项小组的成员来源于各个职能部门，各成员间的信息交流和共享在“管理信息系统”或企业内部局域网平台上进行。图 13.4 就是以过程为导向而构建的组织结构。

从图中可以看出，对于每个过程都要组成一个特定的团队来完成具体的工作，公司高层管理人员所组成的过程管理者对团队进行领导。这种物流组织结构具有灵活性和多样性，可以针对不同物流绩效目标组成不同的过程整合团队，其组织结构和组织成员也可以根据需求而变化。同时，基于过程整合的运作贯通了整个物流流

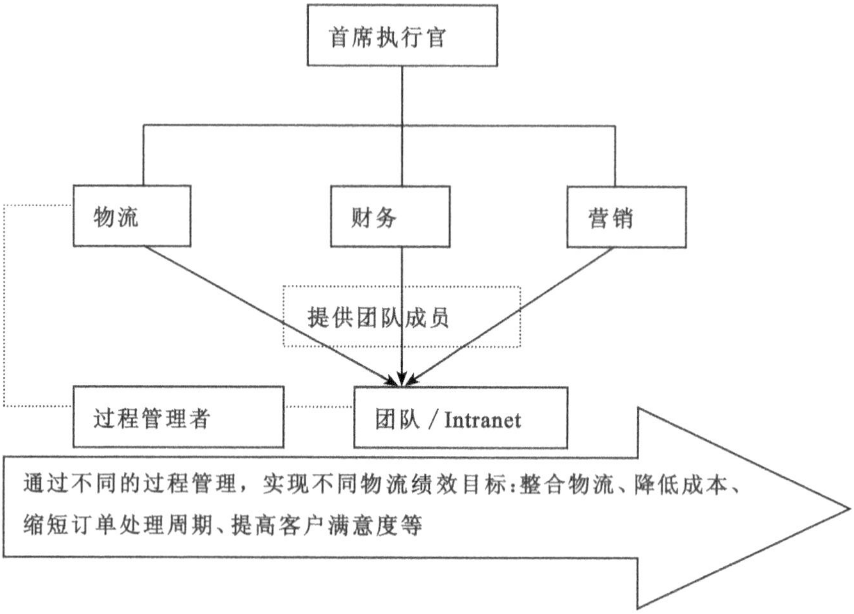

图 13.4 过程整合阶段企业组织结构

程，实现了管理的扁平化，各部门衔接紧密，加快了物流和信息流的流通速度，减少了信息失真和延误，从而最终降低了物流成本。

第三节 供应链管理中的物流组织变革

供应链是指从原料采购到制成品，从生产厂家、批发商、经销商、零售商直至消费者之间的营销渠道。实施供应链管理是为了维持生产系统全过程合理的最小库存，并力求达到全过程总成本最小化。信息共享、灵活反应和过程导向是构筑供应链的三个关键点。

供应链管理的目标就是以最优的资源为最终客户提供最有价值的产品，即最终客户价值最大化。这一目标是在产品价值最终生成各环节中实现的，所以它是一个整体创造过程。在供应链的组织管理上，要求参与管理的人员要有开阔的视野和流程式思维方式。传统组织结构，无论是职能型结构、分部型结构、矩阵型组织结构，还是直线职能型组织结构，其集权化程度较高，组织结构柔性较低，管理组织的规范性及复杂性都较高。市场信息在管理组织中流动速度慢、路线长、失真性大，不适合供应链管理快速反应和柔性的要求。

一、供应链管理环境下企业组织创新目标

创建面向市场的组织，使企业快速响应客户需求，不断降低企业及供应链的成本，提高企业竞争力，创造市场价值最大化是实行供应链管理企业组织创新的最终目标。供应链企业应变革传统的组织结构，创建面向市场的组织。这种组织应是与动态竞争和战略合作条件相适应的具有不断适应环境和自我调整能力的组织，其基本特征主要表现为以下几点。

1. 柔性。面对日益激烈的市场竞争，企业组织要不断提高自身适应环境能力和自我改善能力，在不断变革创新中保持组织肌体的弹性。

2. 决策权分散。组织竞争力的提升，在很大程度上依赖于全体成员创造力的发挥，因此组织必然强调每个员工或团队能够独立进行经营决策，承担管理任务，并主动连接形成一个完整的价值链系统，最终实现组织的目标。这就要求组织的各种生产和经营权力必须下放到基层，让每个员工或团队获得独立处理问题、独立履行职责的权力，以应对各种突变情况和适应各种变化。

3. 横向沟通增多。与迅速变化的市场相适应，组织追求运作过程中的松散灵活。在市场不稳定性的牵动下，各种责任、职能、权力和工作方法常常需要各部门间和岗位间通过横向沟通加以协商、明确和调整。

4. 结构网络化。信息技术的发展使传统的几何空间被计算机网络空间所取代，竞争环境的快速变化要求企业有迅速响应变化的能力，这些都直接导致企业的反应速度成为其竞争胜败的决定因素。

二、供应链管理环境下企业组织创新的内容

组织创新本质上是组织在其所面临的环境中所做的一种改变，因此，创新是组织适应环境的一种学习过程。在此过程中，创新会造成组织结构和功能某种程度的改变，以适应不断变化的市场环境。基于供应链环境下的组织创新就是要全面系统地解决企业组织结构与运行以及企业间组织联系方面所存在的问题，使之适应供应链发展的需要，具体内容包括企业组织的流程设置、职能设置、运行机制和横向协调四个方面的变革和创新。

1. 流程设置创新。根据企业再造（BPR）的思想，从整体流程最优的系统思想出发，面向客户和供应商理顺和优化业务流程，强调流程中的每一个环节上的活动尽可能实现最大化增值，尽可能减少无效的或不增值的活动，并以整体流程全局最优为目标，设计和优化流程中的各项活动，消除本位主义和利益分散主义。

2. 职能设置创新。设计好流程之后再依流程建立企业组织职能，职能设置的目标是组织扁平化，即尽量消除纯粹的中层管理层，缩短组织内部上下级之间的距离，构建一种具有最少层次的结构，这不仅降低了管理费用和成本，更重要的是提

高了组织的运转效率及对市场的反应速度。

3. 运行机制创新。实现从职能管理到面向业务流程管理的转变，强调管理面向业务流程，将业务的审核与决策点定位于业务流程执行的地方，缩短信息沟通的渠道和时间，从而有利于提高内、外部顾客的满意度。

4. 横向协调创新。建立企业内部的“价值链①”，上下工序之间、服务与被服务的环节之间，用一定的价值形式联结起来，相互制约，力求降低成本、节约费用，最终提高企业整体效益。

三、物流组织的战略联盟与虚拟化趋势

1. 战略联盟。随着社会分工的进一步发展，在经济全球化的背景下，市场竞争越来越激烈，分工后产生的专业化物流企业为了适应竞争的需要，从竞争走向合作的趋势越来越明显。供应链管理强调的是不同的市场竞争主体在供应链共同利益的驱使下进行广泛的合作，塑造供应链的竞争力，对抗来自于其他供应链的竞争。这本身就包含了战略联盟的理念，只是强调基于供应链上的合作联盟。形成战略联盟或虚拟经营的物流组织可以是不同层次间的物流组织，也可以是同层次的物流企业，还可以是物流组织、工商企业之间。物流产业与其他产业具有很高的渗透性和融合性，物流企业与制造企业、流通企业的战略联盟有着共同的利益基础。物流产业内部分工深化，企业提供的服务呈现多元化和层次性，这也为不同物流企业之间的战略联盟创造了可能。不同种类的物流组织采取战略联盟方式是适应市场环境激烈变化的有效途径，也是物流组织长远分工的发展趋势。

2. 组织的虚拟化。所谓虚拟企业，是指当市场出现新机遇时，具有不同资源与优势的企业为了共同开拓市场，共同对付其他的竞争者所组织的、建立在信息网络基础之上的共享技术与信息，分担费用，联合开发的、互利的企业联盟体。面对全球化经济的飞速发展和日益激烈的市场竞争，任何一个企业都无法集中精力于企业所有业务，即使能够全盘掌握，也会出现得不偿失的结果，因为相对于该项业务的专业公司，他们没有任何的竞争优势。虚拟企业的出现使企业能够借助外力来发展自己。在一些情况下，企业物流相对于其他业务来说，并不是主核心业务，相对于专业的第三方物流公司，无论在成本还是在灵活性上都无法与其相比。在这种情况下，企业可以将物流功能剥离，与第三方物流公司建立企业联盟，第三方物流公司内部成立专门项目组对其物流负责，而项目组就如同企业的一个虚拟组织。

---

① 波特提出的公司价值链理论。他把公司的整体经营活动分解为一个个单独的、具体的价值活动，包括基本活动（含生产、营销、运输和售后服务等）和支持性活动（含原材料供应、技术、人力资源和财务等），这些活动形成公司价值创造的过程。

第四节 物流绩效评估系统

一、物流绩效评价的定义

在过去的20年里，市场全球化、一体化加强，企业管理运营逐步成熟完善，企业间竞争加剧，绩效评价正成为企业管理领域中的重要议题。在本书中，绩效评价被定义为“通过对适当数据的采集、整理、分类、分析、解释和传播，来对以往行为的效力和/或效率进行量化，并据此做出相应决策，采取相应行动的过程”。

绩效评价的这一定义包括了以下两个方面的内容。

1. 效率（Efficiency）与效益（Effectiveness）是衡量绩效的两个基本尺度。效率是指从经济意义上测量，在达到既定顾客满意度的前提下，企业如何对其资源进行使用；而效益是指对顾客需求的满足程度，企业创造的价值。这两者实际上说明的是，在实施某一具体行动过程中，可能存在内因和外因的共同驱使。

2. 绩效评价还囊括了一个支持其作用的基础结构。相关数据必须被采集、整理、分析、解释和传播，在整个数据处理的过程中，无论缺少了哪一个步骤，都会使整个绩效评价不完善，使预定的决策和行为不能如期发生。在这里，信息处理行为包括了收集原始材料的数据采集过程，将原始材料编辑成单一数据集合的数据整理过程，将数据系列中的各个原始材料划归到不同的有意义的类别中进行分析的数据分类过程，在各分类数据中寻找统一模式的数据分析过程，以及对分类数据的模式的含义进行交流的数据传播过程。

二、物流绩效评价

物流绩效的定义一直都没有一个统一的结论。大量文献中对物流绩效提出了许多不同的衡量尺度，包括效益、效率、质量、生产率、创新性、利润率以及预算性等。明确给出物流绩效的定义是一项比较困难的工作。

Keeber 对这项工作给出了五项建议①：

1. 研究者们需要更加明确绩效指标的定义与缺陷；

2. 更多地具有创新性的研究应对企业财务绩效评价体系进行补充；

3. 物流绩效评价动态模型需要进行开发，以适应由行业、企业以及产品变革所引起的绩效衡量尺度的变化；

4. 应该考虑在供应链下进行绩效评价，而不是单纯地对单个企业进行评价；

① 唐纳德 J. 鲍尔索克斯，戴维 J. 克劳斯，等，著. 供应链物流管理. 李习文，王增东，等，译. 北京：机械工业出版社，2004.

5. 需要建立理论与实践相结合的桥梁。

考虑这五项建议，并与绩效评价的定义相结合，可将物流绩效评价定义如下：物流绩效评价是指通过对生产经营过程中企业物流活动（客户反应、存货计划与管理、采购、仓储、配送等）数据的采集、整理、分类、分析、解释和传播，来对以往行为的效益和/或效率进行量化，并据此做出相应决策，采取相应行动的过程。

三、物流绩效评价系统

要构造物流绩效评价体系，必须明确企业物流绩效评价系统的基本组成要素。具体地说，企业物流绩效评价系统要解决评价什么，如何评价，评价结果是什么等问题。结合物流绩效评价目标，可将物流绩效评价系统分为以下七个方面。

1. 物流绩效评价对象。物流绩效评价对象是物流战略目标的执行对象，主要涉及物流运作的具体流程。物流流程比较复杂，难以对其进行全面评价，必须对其进行分解，并把物流战略目标和物流关键业务流程结合起来，再将关键业务流程分解成具体的活动和任务，对其进行绩效测量、分析、综合，并得到物流整体绩效。因此，物流绩效评价对象实际上是与企业战略目标相关的企业物流活动。

2. 物流绩效评价模型。物流绩效评价模型是依据企业物流战略目标划分而形成的能进行度量的物流绩效指标体系。在企业物流运作中常用的参考模型有物流计分卡，而在供应链中常用的方法有平衡计分卡模型（Balanced Scorecard，BSC）和供应链运作参考模型（Supply Chain Operational Reference，SCOR）。

3. 物流绩效评价指标体系。物流绩效评价指标体系是指通过一些关键指标来反映企业物流绩效，它是实施企业物流绩效评价的基础。这些指标有的是定性的，有的是定量的，有的是两者结合。这些指标既应该包括财务方面的也应该包括非财务方面的，这样进行平衡的评价才能得出更为客观的结论。企业物流绩效评价指标体系可以通过层次结构来描述，将战略层次的指标分解为战术层次的具体可操作性指标。

4. 物流绩效评价标准。物流绩效评价标准，有的文献也称为“标杆（Benchmark）”，是判断评价对象绩效优劣的基准。选择什么标准作为评价的基准取决于评价的目的。评价企业物流绩效也必须有评价度量标准，供评价时参考。这样其评价判断结果对决策者来说才有可比性。物流绩效评价标准一方面可用企业过去的绩效评价数据为标准进行比较，来反映绩效的改进程度；另一方面也可以与同行业竞争者企业物流绩效进行比较。在具体选用标准时，应与评价对象紧密联系。

5. 物流绩效评价方法。物流绩效评价方法是企业物流绩效评价的具体手段，主要是将各具体指标的评价值通过适当的计算，得出最终目标评价值，最后再与评价标准比较，得出评价结论。没有科学的评价方法，对评价指标和评价标准进行的运用就不能得出正确的结论。

6. 物流绩效评价组织。物流绩效评价组织是反映由什么样的组织来负责构造企业物流绩效评价系统，包括企业物流绩效评价模型的选择，评价指标体系的建立，评价标准的设定等问题。企业物流绩效评价是企业绩效评价的组成部分，它可以在企业内部进行，由管理层来制定与实施绩效评价；也可以由独立于企业的专业组织来组织进行绩效评价。两种方式各有优劣，应结合企业实际进行适当选择。

7. 物流绩效评价报告。物流绩效评价报告是绩效评价系统的输出信息，也是绩效评价系统的结论性文件。绩效评价系统通过各种方式获取的评价信息，经过加工、整理后得出绩效评价对象的评价指标数值或状况，对这些评价指标进行计算得出企业物流整体绩效。并对评价指标以及计算结果的数值状况与预先确定的评价标准以及历史评价报告进行对比，得出评价对象绩效优劣及发展趋势的结论，形成企业物流绩效评价报告，提供给企业决策参考。

这七个基本组成部分共同组成了一个完整的物流绩效评价系统基础。它们之间相互联系、相互影响，服务于企业物流绩效评价系统的目标。

四、建立物流绩效评价体系应当遵循的原则

建立物流绩效评价体系应当遵循以下几个原则。

1. 整体性原则。根据以往的会计数据，对物流各个部门进行单独的评价已经不能适应现在的物流发展的需求，随着供应链理念的逐步深入，物流的整合和各个阶段、各个主体的协调力度的加大，物流的绩效评价体系不应当只局限于对局部的成本的考察和控制，还应当从整体上对物流管理的绩效进行评价。

2. 可比性原则。评价指标体系的建立不但要考虑到数据在时间上纵向的可比性，还应当考虑到与其他企业甚至是国外企业的物流绩效评价体系的兼容和横向的可比性，所以，在建立体系的时候要参照国际和国内同行业的物流管理基准。

3. 经济性原则。绩效评价过程是需要付出成本的。评价体系应当考虑到操作时的成本收益，因此，建立指标体系时大小必须适宜，指标体系过小则评价结果会不全面，过大则会因所需要采集的数据过多导致成本上升和操作过程的复杂结果得不偿失。因此，结合我国企业的实际，应当在国内现有的评价体系和国际先进体系之间找到一个均衡点。

4. 定量与定性结合的原则。物流提供的是服务产品，其性质决定了物流管理的绩效涉及物流的风险和客户满意度等企业形象问题，而这两个方面很难进行量化，所以，评价指标体系的建立除了要对物流管理的绩效进行量化外，还应当使用一些定性的指标对定量指标进行修正。

第五节　物流职能绩效评估指标

物流是一项综合性的作业活动，物流系统按照具体分工可以划分为不同的职能，绩效评估系统首先需要一个职能视角。物流绩效的职能性评估指标可以分成以下五种。表 13.1 对这五个方面的评估作了概述。

表 13.1　**典型的绩效评价标准**

成本管理	客户服务	质量	生产率	资产管理
总成本	完成比率	损坏频率	运送产品数量/雇员	库存周转
成本/单个产品	缺货	订单进入准确性	产品数量/为劳力支付的成本	库存水平，供应天数
成本/销售额	运输误差	选货/运输准确性	订单数量/销售代表	陈旧库存
运入运费率	准时交货	单据/发票准确性	与历史水平比较	净资产回报
运出运费	延迟交货	信息可用性	目标程序计划	投资回报率
行政管理	周转时间	信息准确性	生产力指数	库存分类（ABC）
仓库订单处理	交货一致性	信用索求次数	设备停工期	经济价值增值（EVA）
直接劳动	询价反应时间	客户退货数量	订单输入生产力	
实际与预算比较	反应准确性		仓库劳动生产力	
成本趋势分析	完成订单		运输劳动生产力	
直接产品利益率	客户投诉			
客户部分利益率	销货人员投诉			
库存持有	整体可靠性			
退回商品成本	整体满意度			
损坏成本				
无效服务成本				
延迟交货成本				

资料来源：唐纳德 J. 鲍尔索克斯，戴维 J. 克劳斯，等，著. 供应链物流管理 . 李习文，王增东，等，译 . 北京：机械工业出版社，2004.

1. 成本。为完成特定的运作指标而发生的实际成本是最直接反映物流绩效的指标。成本绩效经常是以每一项职能所花费的总额作为衡量指标，所以，常常需要对具体的物流职能，如仓储、运输和订单的处理等的成本数据进行监控和汇报。物流职能成本可以进一步细化，成本数据可以是依据每一项具体的物流活动，如对仓库选货、订购装载和其他类似的活动进行汇报。

除绝对指标外，企业也常常需要对成本占销售额的百分比数或每个单位产品的成本消耗等相对指标进行评价。比如，运输成本常常是以其在销售额中所占百分比以及其在每一笔交割的订单中所占费用金额为基础而支出的，而仓储成本也常常是依据其销售额的百分比以及将其计入某个具体活动的成本，例如分拣每项货物的成本或装载每份订单的成本，而汇报的。与传统的绩效衡量标准相比较，这种评估方式可以为采取更加准确的行动提供所需的关键信息。然而，当考虑到大量不同的具体物流活动，包括签约订单、分拣货物、卸载运货车辆等，以及考虑到各种数量的不同计算方式，包括销售额、订单数量以及货物的重量等的时候，我们就需要一个长长的、涵盖各种可能的成本衡量标准的清单，其中的关键是物流执行官能寻求到最适合于他们的组织的衡量标准，并始终如一地运用这些标准来管理和指导物流活动。

2. 基础客户服务。基础客户服务包括服务的可得性、运作绩效和服务可靠性。服务作为一种无形的产品，针对基础服务的有效评价需要一个特定的衡量标准来评估每一方面的绩效。

可得性和可靠性可以通过组织的操作的完成比率得到反映，有很多种方法可以对完成比率进行衡量。

货物完成比率=客户定购的货物数量/交付给客户的货物数量×100%

产品线完成比率=客户订购的订单产品线数量/完全交付给客户的订单产品线数量×100%

价值完成比率=客户订单总价值/交付给客户的总价值×100%

订单完成比率=客户订单数量/完全交付的订单数量×100%

使用订单完成比率来衡量与产品可得性有关的公司的绩效，是一种最严格的方法。根据这种衡量标准，如果在某个产品线上哪怕仅仅遗漏了一件货物，订单也被看做没有完成。因此，公司也常常会特别跟踪某个时期内出现的缺货数目和延迟交货的数目，并将它们作为服务可得性的衡量指标。

运作绩效解决和时间有关的问题。在一般情况下，可以通过平均订货周期时间、订货周期时间的一致性和/或准时交货来衡量运作绩效。平均订货周期时间是指从接到订单到交货给客户平均所用天数（或其他时间单位）。订货周期一致性是对大量的订货周期进行衡量，并把实际绩效与计划绩效进行比较。例如，假定平均订货周期时间是5天，如果有20%的订单在2天内完成，30%的订单在8天内完成，那么这就与平均周期有很大的不一致性。当交货日期或时间由客户确定时，最严格的订货周期能力衡量指标是准时交货，即真正满足客户交货需求的次数的百分比。这些都能真正反映订单的运作绩效，进而体现对客户的服务水平。

3. 质量。质量衡量指标可用来监控某一项活动的有效性，可对某些活动的运作绩效的准确性进行特别的跟踪，如签购订单、仓库分拣和单据凭证准备等活动，也就是通过计算活动准确运作的次数总量占活动运作次数的全部数量的比率来进行跟踪。例如，选货准确率为99.5%，代表从仓库中分拣的项目每100次中有99.5次是正确的。

一些质量衡量指标也可用来衡量物流职能的整体绩效。较典型的衡量指标是损坏频率，即计算损坏的货物数量占全部货物数量的比率。虽然损坏频率的评估可以在物流过程中的几个点进行，例如仓储损坏、装载损坏和运输损坏等，但是在很多情况下，损坏情况都是直到客户收到运送的货物时，甚至在收到货物之后的某个时间才被发现。因此，许多公司也会对客户退回的受损物件或瑕疵产品的数量进行监控。同时，公司还会评估客户在信誉方面的投诉。

信息是物流系统中一个相当重要的环节，直接影响了系统整体运营质量。一些重要的质量绩效指标都与信息相关。许多公司还会特别评估它们自己提供信息的能力，即当公司出现没有客户所需的信息的情况时，公司自身是否具有提供相关信息的能力。另外，如果出现信息不准确的情况，企业也常会对这些情况进行跟踪。举例来说，当实际清点的库存数量与数据库中报告的库存情况不符时，信息系统必须进行更新以反映实际的运作情况。另外，为了将来能采取措施解决问题，还应该将不准确信息的发生情况记录下来。

4. 生产率。物流职能和生产运作关系密切，物流效率的高低会直接影响企业生产效率；反之，生产率的高低也能反映物流功能的发挥状况。生产率通常会用一个比率或指数来表示，即货物产量、完成的工作和/或创造的服务，与用于生产该产品的投入或资源的数量之间的比率。生产率是一个非常基本的概念，只要有明确的可衡量的产量和可以确定的、衡量的、与产量匹配的投入，其指标的测量是比较容易的。然而在现实中，由于种种原因，生产率的评估变得困难重重。例如，在所定的时间段内，产量难以衡量，同时所用的投入与产量难以匹配；或者投入与产出相混淆，类型不断变化等。

通常，物流执行人员十分关注劳动力的生产率评估问题。虽然劳动力投入的量化可以有许多种方式，但其中最典型的方式是用劳动力费用、劳动时间或单个雇员来确定。因此，典型的运输劳动力生产率衡量指标包括每个雇员、支付的每个劳动力费用以及单位劳动时间内所运送或交付的货物数量。而仓储劳动生产率的衡量指标可以是每个雇员、每个劳动力的费用或单位劳动时间分拣和/或存储的货物数量。类似的衡量指标可以应用到其他的运作中去，如订单进入和订单处理。同时，对于经理们来说，他们也常常需要去设定生产率提高的目标，把实际绩效与设定的目标进行比较，或至少和上一年的绩效进行比较。

5. 资产管理。资产管理的重点是投资在设施和设备上的资本的利用，同时还有投资在库存上的营运资本的利用。物流设施、设备和库存可以代表一个公司资产的很大一部分。例如，对于批发商来说，库存经常超过其总资产的80%。资产管理的衡量标准集中于物流管理人员对投资在运营中的资本的利用情况。

设施与设备经常是以总容量的利用比率来进行评估。例如，如果一个仓库每天有运输10 000个纸箱的能力，但仅仅运输8 000个，那么容量利用率仅为80%。同时，也可以用时间来进行设备利用率评估。物流管理人员特别关注设备没有被利用的小时数或百分比，即以设备的停工期来进行评估。停工期可以用在运输、仓库和材料搬运设备方面。这些评估方法表明了资本资产投资的有效或无效利用。

库存管理也属于资产管理，提高库存周转、降低库存、加快流转一直是物流管理的重中之重。库存周转比率是最常见的绩效评估方式，有以下三种特定的衡量标准被不同类型的公司利用。

库存周转率=一定时期的销货成本/在这一时期的平均库存成本价值×100%

库存周转率=一定时期销售收入/在这一时期以售价计算的平均存货价值×100%

库存周转率=一定时期的销售单位数/在这一时期的平均单位库存×100%

第六节 物流系统整体绩效评估指标

物流是一项系统工程，物流绩效的发挥不仅仅在于单个职能的运作状况，还在于通过各职能之间的协调发挥的整体业务水平。随着物流一体化、供应链管理的不断深入，针对物流系统的整体绩效评价显得尤为重要。整体绩效并非单个系统绩效的简单加总，而是通过系统集成、资源整合后发挥出来的更高层次的管理水平。

一、客户综合衡量标准

物流服务是以客户为导向的，目标是及时高效的满足客户的不同需求。通过衡量客户的反应和适应性能够全面反映物流系统的整体绩效。对于一家致力于优秀物流运作的公司来说，基本的客户服务是必要的，但还不够。于是，那些努力超越仅仅为客户提供基本服务的公司就需要一套额外的衡量标准。完美订单、绝对绩效和客户满意度这三个衡量指标是一些公司采取的三种方式，并以此作为他们满足客户需求的承诺的一部分。

1. 完美订单。完美订单概念可以作为公司零缺陷物流承诺的指标。完美订单的交付是对物流运营质量进行评估的最终的方法。一个完美订单评估公司全部整合的物流绩效的有效性，而不仅是单个职能的有效性。它衡量一张订单是否准确无误地通过了订单管理程序的每一操作步骤——订单进入、信用清算、库存可用性、精确的分拣、准时装货、正确地开出发票以及不折不扣地付款——快速而且无异常处理或人为干扰。表 13.2 对完美订单在这些方面进行了扩展。实际上，客户也许可以从 20 多种不同的物流服务组成方面来评估一个完美订单。从评估的角度来看，完美订单绩效是一个计算出来的比率，即一个时期的完美订单的数量与这一时期所完成的订单总量的比率。今天，除了一些例外情况，最好的物流公司也汇报说他们只能达到 60%~70%的完美订单绩效，因为还是有许多事情会使订单发生故障。

表 13.2 **“完美订单”在各个方面的标准**

正确的订单进入	及时到达
正确的 EDI 格式和交易代码	运输货物无损坏
货物的可得性	正确的发票
允许交货的发货日期	适当的多开价款
正确的订单分拣	没有客户折扣
完整而准确的文书工作	付款处理没有错误

资料来源：Donald J Bowersox, David J Closs, Theodore P Stank. 21st Century Logistics: Making Supply Chain Integration a Reality. Council of Logistics Management, 1999.

2. 绝对绩效。绝大多数基础服务和质量衡量，甚至包括完美订单评估，都是在一定时期对许多订单的累计，是一个“平均的、在一定时期内”的衡量方法。它忽略了最好的和最糟糕的情况，这有可能为管理人员掩盖客户群的实际反应制造机会，而且容易在一些平均的利好数字的引诱下，公司内部会导致一种自我满足情绪。事实上，最合适的方法是尽可能地实时跟踪绝对绩效。这种绝对方法更好地反映了公司的物流绩效对客户的真正影响的程度。例如，有些管理人员会认为 99.5%的准时交货代表了最佳绩效。正如一个大型的配送公司的执行人员所说：“对我们来说，99.5%的准时交货也许意味着在某一天，有 5 000 多个客户收到了延迟的订单。对许多客户造成这样的影响不可能令我们感觉很好。”这家公司，连同许多其他正在试图取得最大市场影响的公司一样，监控的是成功和失败的绝对比率以及其他比较常用的比率和百分比衡量指标。

3. 客户满意度。客户的满意度不仅仅包括其对一次物流服务的感觉，而且包含客户对公司整体形象、信誉的评价，更会影响其下一次的购买决策和公司口碑在公众间的传递。客户是一个企业满足客户的期望和需求程度的最终裁判。企业内部生成的关于基础服务、完美订单或绝对绩效的所有统计数据，都可以作为衡量客户满意度的内部指标，但是要获得最优满意度就要对来自客户的信息进行监控、评估、收集。例如，典型的调查会就客户的期望和绩效印象进行评估，客户的期望和绩效印象包括可用性、订单周转时间、信息有效性、订单准确性、问题处理情况和物流运作质量等其他方面。除了收集客户对特定的物流活动的评价之外，收集客户对于整体满意度的印象的信息也是十分有用的。此外，考虑的问题中还可以包括了解客户对竞争对手的绩效的印象。只有通过收集来自客户的数据信息，才能够真正地评估满意度。更进一步说，必须从客户的角度去评估那些为提升客户满意度而付出的努力。

二、供应链综合衡量标准

当前企业间的竞争已经发展为供应链与供应链之间的竞争，供应链条上的其他交易主体能够为本企业带来资金、技术、信息等各方面的支持，为其经营绩效做出贡献，所以，物流整体绩效的评价应当放在供应链的视角下进行衡量，这就要求衡量标准能够综合反应各方面的观点。这种衡量方法必须在各职能部门之间以及各供应链组织间能够比较并且一致适用。特定的评估方法包括：现金到现金周转时间、供应链库存供应天数、闲置时间、货架占库存物的百分比、供应链总成本以及供应链反应时间。

1. 现金到现金周转时间。现金到现金周转时间体现的是现金的使用效率。供应链管理中将大量库存视为资源的浪费，为了降低库存，赊销成为市场交易中的普遍方式。库存在资产负债表中通常都是作为流动资产汇报的，然而汇报的存货金额也许并不是公司衡量实际资产配置的有效指标。一些库存也许已经交付给客户，而这些客户由于商业销售付款条件的原因还没有支付发票上规定的款项。相反地，一个企业也许欠供货商所提供的产品或部件的相应款项，而这些产品或部件已经在这个企业手中。现金到现金周转时间是将花费在库存上的金额转化成销售收入所需的一段时间。它可以通过将一个公司库存供应天数与未清的应收账款天数相加，再减去未清的应付账款天数来进行计算。现假定一零售商有 30 天的库存供应天数，从供应商处有 30 天的贸易信用天数，仅用现金交易方式卖给终端消费者。理论上，这个公司的现金到现金周期等于零，因为它向最终消费者售货并取得货款的时候，正是应该向供应商支付货款的时候。更重要的是，无论资产负债表上怎样反应，这家公司的实际库存投资为零。

现金到现金周转时间不仅仅受物流的影响，也是对企业内部过程的衡量。因为它包括市场营销部分，如客户定价和销售条款，还包括采购部分，如供应商定价和条款。它提供了一个公司真正在库存资产方面的财务资源的整合情况。

2. 供应链库存供应天数。传统的库存绩效衡量指标“周转率”和“供应天数”将重点集中在单个公司上。从供应链的观点来看，这些衡量指标的缺陷在于一家公司可以仅仅通过转移库存到供应链上游的供应商或下游的客户手中来提高其绩效。供应链库存供应天数关注在各个地方的总库存，一般情况下定义为所有工厂、配送中心、批发商、零售商处的全部成品库存，这些全部成品库存以最近销售活动基础上的销售天数来表示。这种衡量方法可以更深地延伸到包括生产厂家和供应商所持有的原材料和零部件。这些半成品库存转化成等量的成品，并作为一部分而包括到真正的全部供应链库存中来。这种衡量方法被所有供应链成员采用时，就使运营整合成为焦点。最近几年，已经出现通过供应链整合来减少总供应天数的例子。例如，食品行业中率先使用的有效消费者响应（ECR），源于一项研究的促使，该研究发现在许多为消费者加工食物的供应链中，制造商、批发商和零售商持有的成品库存供应天数为 120 天以上①。

3. 闲置时间。闲置时间也可以用来衡量整体供应链在资产管理方面的绩效。库存闲置时间是在供应链中库存闲置不用的天数与库存被有效地利用或配置的天数的一个比率。虽然有时由于质量控制的原因或为了缓冲某些不确定性而使得库存需要被放置不用，但延长了的闲置时间仍然反映了潜在的无生产性库存的多少。闲置时间同时也可以用于其他的资产的计算，特别是运输设备。例如，铁路车的利用率可以由铁路车放置不用和空置的天数与它装满货物的天数来进行计算。减少资产空耗闲置时间是许多物流管理人员的一个关键工作目标。空耗放置的资产对一个组织的生产力没有任何贡献。

4. 在货架上的货物占库存货物的百分比。供应链中的所有参与者都关注的一个关键目标是，不论何时何地，只要终端消费者需要购买产品，就要有产品可以供应。与分销中心的完成比率相关的和与零售商店的完成比率相关的衡量指标很难保证当消费者在商店中进行选择时，公司就有产品可以供应。例如，在特定的一周内的任何一个时间点，一个超级商场有 8%的商品本应在货架上供应，然而却已脱销。由于这个原因，在一些供应链关系中，对整体绩效的一个关键的衡量方法是货架货物占库存物的百分比。其基本原理是，一个消费者不可能或不愿意选择和购买一个在商店货架上不容易得到的商品。提高货架货物占库存物的百分比可以使供应链中的所有成员受益，而不仅仅是零售商。

5. 供应链总成本。供应链上的企业之间是利益共享、风险共担的。迄今很多关于成本的讨论主要关注于单个企业的物流成本。事实上，供应链总成本是供应链上所有公司成本的聚合，而不仅是单个公司的成本。这个观点对有效的供应链管理绝对至关重要。仅仅关注单个公司的成本也许会导致局部优化和一家公司将费用转移到另外一家。如果供应链管理的目标是降低总成本，那么一个企业成本提高，而供应链其他的企业成本的减少的假设就是合理的。只要总成本的降低大于供应链中

① 唐纳德 J. 鲍尔索克斯，戴维 J. 克劳斯，等，著. 供应链物流管理. 李习文，王增东，等，译. 北京：机械工业出版社，2004.

的某一成员的成本的增加，则供应链作为一个整体就有改进。于是那些成本减少的企业就有责任将利益分割一些给那些成本增加的企业以作补偿。这种在运作整合的变革中共享利益和共担风险的意愿是供应链管理的真正核心。

6. 供应链反应时间。供应链反应时间（SCRT）可用来综合衡量供应链绩效。SCRT 可以通过需要的时间来计算，即一个公司认识到市场需求的根本性变化，将这一发现内在化，然后重新计划和调整产量来满足该需求所需要的时间。例如，在汽车工业中，当发现市场上对运动型汽车（SUV）的需求极高时，汽车公司往往要花上几年时间来开发充足的生产量和能力，重新安排供应商关系，并满足消费者的需求，这样的 SCRT 显然对于企业的生存发展构成威胁。在大多数的情况下，一个真实的 SCRT 衡量标准实际上是一个理论的近似值，而不是一个真正的衡量方法。然而，当供应链管理人员考虑整个供应链（包括从原材料来源到最终分销）要多长时间才能准备好，以面对产品需求比预期的大（小）很多的情况时，SCRT 就能发挥作用了。

小　　结

1. 物流组织可以分为两大类：一类是以独立形式存在于社会经济中的物流组织，即社会化物流组织，其主要表现形式为物流企业；另一类是以非独立形式存在于社会经济中，主要表现为企业内的物流部门。

2. 企业内物流组织的演变遵循的是“功能分散——职能整合——过程整合”这一大致过程。供应链管理环境下企业组织需要进行流程设置创新、职能设置创新、运行机制创新和横向协调创新，以实现企业组织的柔性、决策权分散、横向沟通增多和结构网络化的要求。供应链管理的思想使物流组织出现了战略联盟与虚拟化趋势。

3. 物流绩效评价系统包括评价对象、评价模型、指标体系、评价标准、评价方法、评价组织和评价报告七个部分。结合物流作业活动的特点，本章提出了物流职能绩效评估指标；结合物流的系统整体性特征，本章从客户综合衡量和供应链综合衡量两个方面提出了物流系统整体绩效评估指标。

思考与练习

1. 物流组织的类型有哪些？
2. 企业内的物流组织变革经历了哪几个阶段？

3. 供应链管理思想给企业的物流组织带来了哪些变革?
4. 如何理解物流系统绩效评价的原则?
5. 如何进行物流职能绩效评价?
6. 物流系统整体绩效评估指标包括哪些内容?

案例分析

洛姆 & 哈斯公司的物流结构

洛姆 & 哈斯公司（Rohm and Haas Company）在世界25个国家拥有业务，是一家资产为 57 亿美元的专业化学品制造商（公司详细信息请见 http://www.rohmhass.com），大约40%的销售来自于北美以外。1999 年，公司收购了 LeaRonal（电子化学）和莫顿国际（Morton International）。图 13.5 体现了它的物流结构，这是1996 年为了将全部分销职能合并在一个供应链和物流主管下而重新组建的。公司在物流领域拥有 16 个生产点、30 个仓库和 400 名员工。洛姆 & 哈斯公司 1997 年的物流预算是 1.2 亿美元，它采用所有运输方式将其化学产品运送到世界各地分销中心。

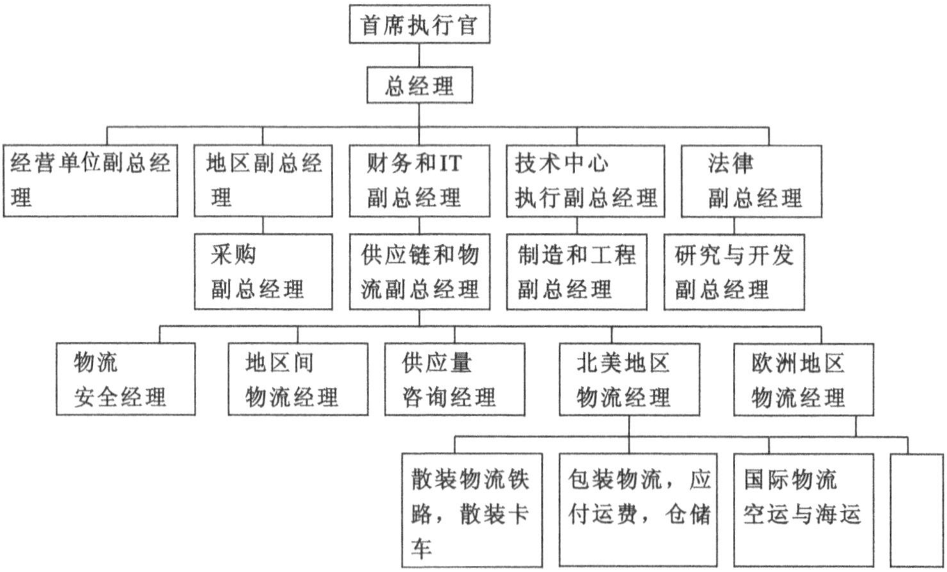

图 13.5 洛姆 & 哈斯公司的物流结构

（资料来源：赵刚．企业物流管理组织的演变．现代物流，2004（15）.）

案例思考题

1. 洛姆 & 哈斯公司的物流结构的特点是什么？有什么优缺点？
2. 该物流结构对应于哪种企业环境？

第十四章　物流企业管理

【学习目标】

1. 理解物流企业的界定、功能及分类；
2. 掌握物流企业战略规划；
3. 掌握物流企业营销策略规划；
4. 掌握物流企业信息管理的内容；
5. 了解物流企业的人力资源管理、设备管理、客户关系管理等内容。

第一节　物流企业概述

随着科学技术的迅速发展和世界经济一体化进程的加快，物流产业作为我国国民经济的重要新兴力量，正表现出强大的生命力和广阔的发展前景。许多传统仓储运输企业开始利用现代物流理念和物流技术改造自己，以塑造现代物流企业管理的新模式。

一、物流企业的界定

现代物流已经成为世界经济发展的热点。发展我国的物流产业，以提升经济运行总体的质量和企业的市场竞争力已经成为社会各界的共同认识，加入 WTO 则为此带来了新的挑战和机遇。但迄今为止，我们对物流产业还没有统一的认识，甚至还没有给出关于物流企业的权威定义，对物流企业的分类与组成还缺乏共识。我国《物流术语》国家标准将“物流企业”定义为“从事物流活动的经济组织”。这个定义不仅不能为我们掌握物流企业的范畴和分类提供充分的信息，反而更加使人感到物流企业的不确定性和难以把握。

在我国，计划经济体制下的传统运输和仓储商贸企业纷纷向物流企业转型，同时众多专业物流服务企业大量涌现。但我国学术界和企业界对物流企业的认识并没有完全达成一致。

国家经贸委在《关于鼓励我国现代物流发展的若干政策》中，对物流企业下的定义是：“本条政策所称物流企业是指具备必要的运输工具和仓储设施，至少具有从事运输（或运输代理）和仓储两种以上经营资格，能够提供运输、代理、仓储、装卸、加工、整理、配送等一体化服务，并具备与自身业务相适应的信息管理系统，由工商行政管理部门登记注册的独立核算、自负盈亏、能独立承担民事责任的经济实体。"

综合以上观点，本书认为：物流企业是通过专门为市场提供物流服务，实现企业存在价值的法人实体，它一般能提供包含仓储、运输、配送等单一功能服务或多功能的综合性系统化的服务。物流企业区别于生产企业，是专门从事实体商品交换及服务的经济组织。它是国民经济的重要组成部分，是社会生产顺利实现的保证。

从对物流企业基本含义的认识出发，可以认为物流企业的范畴包括能够为客户提供阶段性或全程性物流管理服务的企业、能够为客户提供一体化物流管理解决方案的企业、能够为客户提供运输管理服务或仓储管理服务的企业、拥有或不拥有实体储运资产（能力）的企业、具备物流管理服务能力的运输和仓储企业、专门从事多式联运整合营销的企业、专门从事物流解决方案设计的咨询企业以及专门从事物流信息支持和管理服务的企业。

二、物流企业的基本职能

物流企业是物流服务的供应商，其职能也是围绕如何为顾客提供完整的以供应链组织协调为核心的整套服务。为此，现代物流企业的基本职能已突破了传统的仓储与运输等，代之以提供以满足客户需求为核心、以资源优化配置为目标、以信息技术为支撑、以专业化服务为保证的整体物流解决方案。物流企业具有满足客户对物流服务的全方位需求、降低交易成本、实现功能整合、提升客户竞争能力等基本职能。

三、物流企业的分类

物流企业除了按其主要职能分为运输企业、仓储企业和综合型物流企业外，物流企业还可从其向市场提供的物流服务的范围和功能整合性角度，划分为先驱型物流企业、功能整合型物流企业、代理型企业和缝隙型物流企业四大类。物流服务的范围主要是指物流企业营业区域的覆盖面、输送机构的多样性、附加增值服务的广度；功能的整合性是指物流企业提供物流服务所必要的功能企业自身拥有多少。

（一）先驱型物流企业

先驱型物流企业是指功能整合度高、物流服务范围广的企业，它们属于物流业界的领跑者，是一种综合性物流企业。这种企业的业务范围往往是全国或世界规模的，因此也称为超大型物流企业，比如美国联合包裹（UPS）和美国联邦快递（Fedex）。

（二）功能整合型物流企业

所谓的功能整合型物流企业，是指机能整合度高、物流服务范围较窄的企业，其特征是通过系统化提高机能整合度来充分发挥竞争优势。例如宅急送公司、专业型物流企业、外航船运公司等都属于这种类型。这类企业竞争优势集中于特定的物流服务，在从事这类服务中，企业拥有高水准的物流服务功能，因此，在特定市场，其他企业难以与之竞争。

（三）代理型物流企业

物流服务范围广、机能整合度低的企业是物流市场中的代理者，这就是所谓的代理型物流企业。代理型企业虽然提供广泛的物流服务，但实际上企业自身并不拥有进行这些物流服务的硬件设施，因此，它是一种特定经营管理型的物流企业。这类企业由于不用在物流固定资产上进行过多投资，因而能够灵活对应市场环境的变化。然而另一方面，在物流设施和物流机械等固定资产投资不充分的情况下，往往缺乏物流服务的信赖性。

（四）缝隙型物流企业

机能整合度低、物流服务较窄的企业通常是以局部市场为对象、在特定市场从事特定机能的物流活动，这类企业被称为缝隙型物流企业。作为在经营资源数量和质量方面都受限制的中小物流企业，缝隙型物流企业必须发挥在特定物流功能或特定物流服务方面的优势，在经营战略上实现物流服务的差别化和低成本化。

第二节　物流企业战略管理

物流企业是社会经济的基本单位，其发展状况对国民经济有着非常重要的影响。在世界经济一体化的趋势下，如何实现物流企业的资源能力和外部环境的动态平衡，是关系到企业长远发展的生死攸关的问题，需要企业高层进行战略部署。物流企业的领导应该高瞻远瞩制定企业的战略规划，积极适应市场经济环境的变化，加强企业战略管理，从而实现企业绩效目标。

一、物流企业战略管理的概念

物流企业战略是指用机会和威胁评价企业现在和未来的环境，用优势和劣势评价物流企业现状，进而选择和确定物流企业的总体、长远目标，制定和抉择实现目标的行动方案。战略管理是物流企业管理的重要组成部分，对物流企业的生存和发展起着重要作用。

物流企业战略管理是物流企业为实现其战略目标，分析战略环境，制定战略决策，实施战略方案的动态管理过程。制定战略和实施战略决策的关键是对企业外部环境的分析，对企业内部资源和条件的审核，并以此为依据确定企业的战略目标，使三者达到平衡。

二、物流企业战略规划

物流企业战略规划是物流企业在分析经营管理环境和自身资源条件的基础上，从整个供应链的角度，挖掘企业内部和物流服务在供应链中所创造的市场价值和企业的竞争优势，拟定物流企业发展战略，以保证物流企业可以持续获得长期竞争优势。物流企业战略规划的核心是如何获得企业竞争优势。我国的物流企业还处于向现代物流企业转变的起步阶段，企业之间的发展很不平衡，所以，选择的企业发展战略也有较大差异。

概括来说，我国物流企业主要有成本领先战略、优质服务战略、集中化战略、一体化战略、柔性战略、网络化战略等六大提高核心竞争能力、争取竞争优势的发展战略。

三、物流企业战略实施

物流企业战略实施要根据企业的发展战略和市场需求对有关的资源进行重新配置，突出企业的核心竞争力，消除制约发展的因素，并寻求资源配置与客户需求的最佳结合点，其目的是要通过组织制度安排和管理运作协调来增强企业的竞争优势，提高客户服务水平。物流企业在实施企业战略的过程中，要做好高效组织结构构建、人力资源开发、培养企业文化、制定相关规章制度等几个方面的工作。

在战略实施过程中，环境的急剧变化、战略规划自身的缺陷或战略实施行为失当等都会引起战略实施失控，若不加以调整，企业战略目标将无法实现。因此，物流企业在战略实施过程中必须要强化控制，以保证战略实施的成果符合企业战略目标的要求。

第三节　物流企业营销管理

物流企业只有不断地创新营销理念和优化营销活动，以客户为中心，以物流资源链为服务手段，以市场占有率和建立客户忠诚度为导向，开展针对性的营销策略，实现客户的系列化、个性化物流服务；注重客户关系的维护，提高物流服务质量；根据客户的行为来预测客户的物流需求，并为其设计物流服务，建立长期的、双赢的客户关系，才能实现物流企业的可持续性发展。

一、物流企业营销概述

市场营销是指通过市场交换满足现实或潜在需求的综合性经营销售活动。物流企业营销的中心任务是通过营销活动达成交易或交换，体现为物流服务的实现。物流企业通过对宏观和微观环境的分析，建立物流营销信息系统，发现营销机会，找准市场定位，有效展开营销活动，达到既能满足目标客户的需要又能实现企业目标的双赢效果。物流企业必须综合运用有利于自身的各种可控因素，充分考虑客户需求，为客户设计出一整套最优的物流解决方案，提供物流服务“获得客户”的同时“保住客户”，只有这样，才能获得持久的竞争优势。

物流企业的营销管理即物流企业识别、分析、选择和发掘市场营销机会，以实现企业的任务和目标的过程。物流企业的营销策划、组织、控制是物流企业市场营销管理的重要内容，也是物流企业从事市场营销的保证。物流企业通过市场营销活动宣传企业物流业务、建立企业自身的形象、提升市场竞争力，以获取市场份额。

二、物流企业的营销策略规划

物流企业市场营销是指物流企业以物流市场需求为核心，通过采取整体营销行为，以提供物流产品和服务来满足顾客的需要和欲望，从而实现物流企业利益目标的过程。正确的营销策略规划是物流企业赢得客户获得成功的关键。

（一）物流企业的4P营销策略组合

市场营销组合策略有几十种。营销专家麦肯锡将其概括为四个要素的组合，即产品策略、定价策略、销售渠道策略和促销策略的有机结合。

1. 产品策略。物流企业提供的产品是无形产品，即物流服务：从简单的帮助客户安排一批货物的运输，到复杂的设计、实施和运作一个公司的整个分销和物流系统。

从具体的服务内容来看，物流服务可以分为核心服务和附加服务。核心服务就是提供物流的几大基本功能要素服务，即提供仓储、运输、装卸搬运、包装、配送等服务，它们构成了物流服务的主体，也是物流服务供给的基本内容，提供了空间效用、时间效用和品种调剂效用。物流企业可以单独使用物流基本要素为物流市场提供服务，更可以将各个物流要素有机整合起来，提供系统化、系列化的附加服务。

2. 定价策略。物流企业可以运用以满意为基础的定价策略。以满意为基础的定价的主要目标是减少与购买服务有关的感受到的风险，满足目标市场的价值要求，以满意为基础的定价可以通过提供承诺、利益导向的定价和包价定价等方法来实现。

3. 渠道策略。物流企业的分销渠道主要根据渠道拥有成员的多少分为直接渠道和间接渠道。与实体产品的分销渠道相比，物流企业的分销渠道几乎总是直接的。物流企业如果不是直接将服务提供给客户，就是借助于中间商将服务出售给客户，但是由于服务不同于有形产品的一些特征，中间商的作用是有限的。

直接分销渠道是目前大多数物流企业首选的渠道模式。物流企业通过推销人员、广告、电话及互联网等拓展业务。由于互联网的迅速发展，物流企业纷纷利用这一先进的媒介推广服务。例如，美国的联邦快递公司在1995年开通网站，可以使客户实时提交业务、跟踪运输情况、得知抵达时间等。

4. 促销策略。物流企业向客户提供的是服务产品，具有无形性的特点。因此，“有形展示”也是物流企业营销的一项重要策略。简单地说，物流服务有形展示就是物流企业有目的地提供服务的有形线索，以帮助客户识别和了解服务，并由此促进物流服务销售的营销策略。物流企业有形展示的内容是十分丰富的，从外到内大致可以分为物质环境、信息沟通、价格展示三类。

（二）物流企业的4C营销策略组合

物流营销具有一般产品市场营销的一些特征，然而，由于物流所具有的特点，物流营销组合与有形产品以及其他的服务产品的营销有着不同的特点。与4P策略相比，4C营销策略的核心是从顾客的角度出发进行逆向思考，通过研究顾客的需要、购买欲望及他们愿意为此付出的成本，进行多角度、全方位的策划，以达到双向沟通并提供购买方便性，进而使物流企业实现良好的经济效益。

1. 顾客需求。物流企业首先要了解、研究、分析顾客的需求与欲望，而不是先考虑企业能提供什么样的物流服务。成功的物流企业不是盲目的兴建物流中心、分拨中心，而是要致力于物流市场的分析与开发，争取做到有的放矢。

近年来，许多从事国际贸易的企业对为他们提供服务的物流企业提出了更高的要求，他们已经不再仅仅满足于传统的船货代理和海运方式，他们更希望物流企业能对其产品提供包括原材料采购、制造、分销、配送、信息等各个环节的全方位的物流解决方案。市场需求使得一些大型国有企业由从事运输、船货运代理、仓储等传统业务积极向现代物流企业转型。

2. 顾客愿意支付的成本。物流服务的价格与顾客支付意愿密切相关，当顾客对物流业务的费用支付只肯出低价时，即使某物流企业能够为其提供的物流服务非常实惠，但由于高于顾客的支付意愿，物流企业与顾客之间的物流服务交易也无法实现。这就要求物流企业首先要了解物流需求主体满足物流需要而愿意付出多少成本，而不是先给自己的物流服务定价。

3. 照顾顾客的便利性。照顾顾客的便利性是指物流企业要始终从顾客的角度出发，考虑为顾客提供物流服务能给其带来什么样的效益，如时间节约、资金占用减少、核心工作能力加强、市场竞争能力增强等。物流企业只有为顾客提供效益和便利，顾客才会接受物流企业提供的服务。

4. 与客户沟通。与客户沟通是指通过互动、沟通等方式，将物流企业服务与顾客的物流需求整合，从而将顾客和物流企业双方的利益有机的整合在一起，为顾客提供一体化、系统化的物流解决方案，形成相互需求、利益共享和共同发展的关系。

三、物流企业的营销过程管理

物流企业的营销管理主要是针对物流市场而言，对物流市场进行细分，选择目标市场，有效的运用营销组合策略，管理日常的营销活动。企业处在动态变化的市场中，适应这种动态变化的唯一途径是迅速了解并判断市场的变化，发现和评价各种营销机会，及时捕捉有利于企业发展的机会，并迅速确定营销策略，针对目标市场开展营销活动，加强对营销过程的管理。

（一）建立营销信息系统，收集与研究营销信息

在任何市场环境中，都经常存在一些“未满足的需要”。这些“未满足的需要”可能是长期以来就存在的，有些是由于市场的变化引起的。在通过营销信息系统掌握信息的基础上，营销管理人员要善于发现和识别“未满足的需要”和各种营销机会。其次是评价营销机会，市场上出现的机会，不一定是适合企业的。营销管理人员要对发现的营销机会进行评价，从物流成本与顾客能接受的价格、从企业的任务和目标与要求的一致性，从企业利用此机会与竞争者利用此机会的优劣势对比等方面进行综合评价。

（二）进行市场细分，选择目标市场

发现营销机会后，管理人员就要对企业面对的市场进行研究分析。营销人员要了解不同类型顾客的特点，并对市场中顾客的行为、心理、决策过程等加以研究，将整个物流市场，按照某种标准对客户的需求进行细分，每一个具有相同需求特点的客户群称为一个细分市场。这种把某个产品市场按客户需求上的差异，划分为一系列细分市场的过程即为市场细分。其次要进物流市场定位，即选定其中的一个或几个细分市场作为企业的目标市场。物流企业的定位就是确定自己提供的物流产品或服务在目标市场上的竞争地位。

（三）确定营销策略

市场营销是一种整体营销活动，物流企业需要根据市场变化，运用营销组合，为顾客提供满意的服务，物流企业的营销组合就是将产品、价格、分销和促销加以最佳组合和应用，以满足目标市场的需要，实现企业的任务和目标。产品策略要求物流企业制订营销策略时，首先要明确企业能提供什么样的物流服务去满足顾客的要求。价格策略是指物流企业通过对顾客的估量和成本分析，选择一种能吸引顾客，实现市场营销的组合价格策略。分销渠道策略是指物流企业运用一定的市场分销渠道，将物流服务在适当的时间、地点以一定的价格转移到目标顾客手中。促销策略是指物流企业为了激发顾客的购买欲望，影响他们的购买行为、扩大市场而进行的一系列联系、报道、说服、公关等促销工作。

（四）开展营销活动

营销活动是营销过程中关键的、极其重要的一步。在营销中，是否按计划要求

进行，时间、费用、环境是否发生变化，这些都要通过组织控制来解决。营销管理活动主要包括：做好思想舆论宣传，组织调整工作；按照计划，把解决方案具体化；推行目标管理，按各种职能部门的工作要求，将总目标层层分解，协调上下关系，创造条件，制订实施的具体措施和细则；建立健全的反馈系统，进行控制和协调，保证营销决策的全面实施。

四、物流企业的营销控制

营销控制是确保企业按照管理目标或预期目标运行的过程，是物流企业管理的重要职能之一。物流企业的营销控制是通过检查企业营销活动进行的实际过程，考察实际情况与编定计划的偏差，分析原因，采取措施，保证营销目标的实现。物流企业营销部门的工作是对整个营销的管理，为防止意想不到的事件的发生，营销部门必然对营销活动进行控制，以便及时发现问题，采取相应措施，避免可能事故的发生。物流企业的营销控制主要有年度计划控制、盈利控制和战略控制。

（一）年度计划控制

年度计划控制是一种短期控制形式，目的在于确保物流企业实现年度计划中预定的销售、利润和其他目标。一般通过指定标准、绩效测量、因果分析和改正行动这些步骤来实现控制。

（二）盈利控制

物流企业需要衡量不同产品或服务、不同价格、不同的渠道、不同的促销方式等方面的实际盈利情况，这些需要运用盈利能力这个指标来控制。盈利能力是指企业利用现有资源或资产获取利润的能力。盈利控制主要是进行盈利能力的分析，通过对相关财务报表和数据的处理，把所获利润划分到产品或服务、地区、渠道、顾客等方面，比较每个因素对企业最终获利的贡献大小以及获利能力的高低，主要衡量指标有销售利润率、总资产报酬率、资本收益率、物流服务周转率、物流固定资产收益率等。

（三）营销战略控制

营销战略控制是指在年度计划控制、利润控制以外的带有企业全局性营销活动意义的控制，其目的是确保企业营销战略和计划与动态变化的市场营销环境相适应，促进企业协调稳定发展。物流企业营销战略控制主要手段有市场营销审计。

第四节 物流企业信息管理

物流企业拥有较高的信息管理水平和良好的物流信息系统，可以极大地改善物流服务的质量，赢得客户的信赖。

一、物流信息概述

现代企业的物流信息在物流活动中起着神经系统的作用，一般来源于企业物流活动本身和对物流活动的外部环境两个方面。据此，我们可以从狭义与广义两方面来考察企业物流信息的涵义。

从狭义范围来看，物流信息是指与物流活动（如运输、保管、包装、装卸、流通加工等）有关的信息。在物流活动的管理与决策中，如运输工具的选择、运输路线的确定、每次运送批量的确定、在途货物的追踪、仓库的有效利用、最佳库存数量的确定、库存时间的确定、订单管理、如何提高顾客服务水平等，都需要详细和准确的物流信息，因为物流信息对运输管理、库存管理、订单管理、仓库作业管理等物流活动具有支持保证的功能。

从广义范围来看，物流信息不仅是与物流活动有关的信息，而且包含与其他流通活动有关的信息，如商品交易信息和市场信息等。由于物流信息与商品交易信息和市场信息相互交融密切联系，所以广义的物流信息还包含与其他流通活动有关的信息。广义的物流信息不仅能起连接整合从生产厂家、经过批发商和零售商最后到消费者的整个供应链的作用，而且在应用现代信息技术（如 EDI、EOS、POS、互联网、电子商务等）的基础上能实现整个供应链活动的效率化，具体说就是利用物流信息对供应链各个企业的计划、协调、顾客服务和控制活动进行更有效的管理。总之，物流信息不仅对物流活动具有支持保证的功能，而且具有连接整合整个供应链和使整个供应链活动效率化的功能。

二、物流信息的标准化管理

随着电子商务的发展，物流系统的信息化要求日益迫切。在物流信息系统建设中，通过标准化来实现系统间的数据交换与共享已经成为物流信息管理的必然要求。物流信息标准分为基础标准和应用标准两大部分。

基础标准主要是物流实体的编码（即标识代码）技术标准以及这些编码的数据库结构标准，如商品编码技术标准、托盘编码技术标准、集装箱编码技术标准及其数据库结构标准等。应用标准主要是自动识别与分拣跟踪技术标准和电子数据交换技术标准等。

三、物流信息系统管理

物流的信息管理就是对物流信息的搜集、整理、存储传播和利用的过程，也就是将物流信息从分散到集中、从无序到有序、从产生、传播到利用的过程，同时对涉及物流信息活动的各种要素，包括人员、技术、工具等进行管理，实现资源的合理配置。千头万绪的信息单靠人力是无法完成的，这就需要信息系统进行分析处理，物流信息系统是物流企业信息管理的重要工具。

（一）物流信息系统的涵义

物流信息系统作为企业信息系统的主要组成部分，可以理解为通过物流相关信息的收集、加工、处理、储存和传递来达到对物流活动的有效控制和管理，并为企业提供信息分析和决策支持的人机系统。它将硬件和软件结合在一起，对物流活动进行管理、控制和衡量。其中，硬件部分包括计算机、输入/输出设备、网络设备和储存媒介等；软件部分包括用于处理交易、管理控制、决策分析和制定战略计划的系统和应用程序。它是整个物流系统的心脏，是现代物流企业的灵魂。对于物流企业来说，拥有物流信息系统在某种意义上比拥有车队、仓库更为重要。物流信息系统在物流运作过程中非常关键，并且自始至终发挥着不可替代的中枢作用。

（二）物流信息系统的功能模块

物流信息系统在物流活动中起着神经中枢的作用，“牵一发而动全身”。物流信息系统的这一作用主要通过交易功能模块、管理控制功能模块、决策分析功能模块、战略计划功能模块等四个层次的功能模块来实现的。

（三）物流信息系统的管理内容

物流信息系统是物流系统的子系统，主要提供企业内部各部门之间的信息交流。物流信息系统与物流各个作业系统活动密切相关，它能够有效地沟通物流的各个作业活动，实现物流管理的统一协调。物流信息系统与作业系统一样，都是物流系统的子系统，是指由人、设备和程序组成的，为管理者执行计划、实施、控制等职能提供相关信息的交互系统。

1. 集中控制管理。物流信息系统的集中控制管理就是主要针对物流全过程进行监控。其实现的功能控制包括业务流程的集中管理、各环节的收费管理、各环节的责任管理、各环节的结算管理、各环节的成本管理、运输环节管理、仓储环节管理、统计报表管理等。通过对各环节数据的统计与分析，可得出企业运营决策的依据。

2. 运输流程管理。运输流程管理主要是针对运输流程的四个环节而实施的接单管理、发运管理、到站管理、签收管理和运输过程的单据管理，如路单管理、保管管理、联运提单管理和海运提单管理等。

3. 运力货调度管理。运力调度管理主要解决运输过程中的货物配载、车辆（船或飞机）调度、车辆（船或飞机）空返等问题。运力调度管理可以更好地利用运输工具的运输空间，更合理地进行车辆（船或飞机）的调度，并尽量地解决大型运输集团中各分公司的车辆（船或飞机）的返程空驶问题。

4. 仓储管理。仓储管理主要是针对货物的入库、出库和在库进行管理。其中，在库管理是指对库中作业的管理，特指货物的包装、拆卸、库中调配货物等典型的物流活动的计划、任务安排和信息登录。

5. 统计报表管理。统计报表管理是物流信息系统中最主要的信息处理手段。是企业决策者和客户了解物流企业状况的依据。它既可以提供动态的统计报表功能，也可以提供多种特定的统一格式，可以得出准确的货物结存量。此外，还可以根据物流订单信息进行库存的预测管理。统计报表主要包括货物完整率报表、时间达标率报表、延期签收统计报表、业务量分析图、财务结算统计表、物流企业年度经营情况总结报表等。

6. 客户查询管理。客户查询管理可以为客户提供灵活多样的查询条件，使得客户可以共享物流企业的信息资源，如货物的在途运输状况、货物的实时跟踪、货物的库存状况、货物的残损情况、货物的签收情况等。

7. 客户管理。物流服务是以客户为中心的服务，所以，对于任何一个物流系统来说，客户管理系统都是必不可少的。它主要有托运人管理、收货人管理和中间承运人管理。物流企业必须利用目前信息网络时代的便利，将信息流架构于信息网络平台上，实现物流、信息流的统一，为企业创造良好的经济效益。

第五节　物流企业的其他管理

物流企业管理既包括对物流活动诸要素的作业管理，比如运输、储存等作业活动的管理；也包括对企业活动中具体职能的管理，比如战略管理、营销管理等；还包括企业物流系统诸要素的管理，即客户关系管理、设备管理和信息管理等。因为其他章节已阐述过部分管理活动，故本节主要介绍物流企业的人力资源管理、设备管理、客户关系管理和企业文化管理。

一、物流企业的人力资源管理

现代物流企业人力资源管理的产生是与工业革命导致的快速技术革新及劳动专业化水平的提高密不可分的。人力资源是一种关系物流企业兴衰成败的重要战略资源。人力资源管理具有战略性质，它不仅是物流企业的一种管理职能，而且被提到战略高度，成为物流企业总体战略的重要组成部分。

（一）物流企业人力资源管理的概念

物流企业人力资源管理是指根据物流企业运营的实际情况，运用人力资源管理的理论和方法技术，采用计划、组织、指挥、监督、激励和控制等有效措施和手段，充分开发和利用物流企业中的人力资源，挖掘物流员工的潜力，调动员工的积极性，提高物流工作效率，实现物流企业经营目标所进行的一系列活动。人力资源管理具有整合性，强调通过企业文化及统一的价值观实现人事政策及企业其他经营活动的整合，使得人力资源与其他资源（资金、设备、材料、信息等）能够协调运行。人力资源管理是物流企业的一项重要工作，它为物流企业提供整体的、具有一致性的人力资源政策，将物流企业的核心价值传播到每一个员工，并指导企业文化的构建和实施。

（二）物流企业人力资源管理的内容

人力资源管理的基本功能是对人力资源的吸引、整合、保持、调整、激励与开发。具体而言，物流企业人力资源管理工作包括物流人力资源的规划，物流工作岗位的分析和评价，物流人才的招聘和培训以及物流员工工作绩效的考核与激励等内容。

物流企业的人力资源规划是物流企业对未来人员的需求和供给之间可能差异的分析，或是物流企业对人力需求与供给做出的估计。物流企业人力规划一般包括岗位职务规划、人员补充规划、教育培训规划、人力分配规划等。

物流工作岗位分析是要具体说明物流企业所有工作岗位的工作内容、工作职责、工作条件、完成该工作应具备的资格等，是对物流企业的每一个岗位的任务、职责、责任和完成这个岗位工作所需要的知识、技能的详细分析。物流工作岗位评价是在岗位分析的基础上，按照一定的客观标准，对每一工作岗位的工作任务、工作难易程度、责任大小以及从事该岗位工作所需的资格条件等方面进行的系统评估。

员工招聘是指按照企业的要求，通过征集、选拔，将具有一定数量和质量的人才选拔到企业工作的过程。物流企业组织员工招聘的目的是增强企业的核心竞争力的需要，适应组织结构调整和管理变革的需要。

绩效考核与管理是指企业根据对每一员工设定的工作目标，对员工的工作业绩、工作效果进行的系统评价。通过绩效考核，可以使管理者和员工了解自己的工作绩效，总结工作中的优点和经验，改进工作中存在的问题，同时为员工的奖惩、升职与降职、岗位的调整提供依据。同时，物流企业要重视薪酬在人才激励中的巨大作用。作为竞争力较弱的国内物流企业，更应提供合适的薪酬，从而完善人才激励机制，把物流企业各层次人才的积极性充分调动起来，把人才的创造性充分发挥出来。物流企业要坚持效率优先、兼顾公平的原则，结合工作岗位、数量、质量和效益，拉开工资分配层次，实行一流业绩一流报酬，特殊岗位特殊待遇。管理水平高、规模大的物流企业还可尝试对中高级物流人才实施期权、股权制度等现代激励手段。

二、物流企业设备管理

现代物流企业的物流作业设施与设备正日趋向着高效便捷、精密可靠和复杂化、数据电脑化的方向发展。物流作业依赖于现代化设施与设备的程度日益提高。因此，科学地管理好现代物流企业的设施与设备已成为物流企业管理活动的重要组成部分。

现代物流企业的设施与设备状况不仅直接影响企业为物流需求者提供的物流量、物流服务质量及作业效率，而且影响现代物流企业的物流成本、物流速度、安全生产及物流作业的生产秩序。

（一）物流企业设施与设备的种类

现代物流企业为满足客户不同的物流需求，完成各种物流活动，需要种类繁多的设施与设备。按照物流设施与设备具备的功能，物流企业的设施与设备包括物流企业基础设施和物流技术装备。

物流企业基础设施主要包括仓储设施，如储备仓库、营业仓库、配送中心、流通加工点等以及运输设施，如货运车辆、货运列车、货机、货运船舶等。物流企业基础设施是物流企业提供功能性服务的基本手段。

在物流企业的各项作业活动中所用的设备，除了物流基础设施以外，还包括物流技术装备。物流技术装备是指进行各项物流活动所需的机械设备、器具等，它可供长期使用，并在使用过程中基本保持原来实物形态的生产资料，不包括建筑物、场站等物流基础设施和运输工具。物流技术装备主要包括物流仓储设备、流通加工机械设备、集装单元器具等。

（二）物流企业设备管理内容

物流企业设备管理是指为了使设施与设备在寿命周期内的费用达到最经济的程度，而将工程技术方法和财务经营等其他职能综合起来考虑，从设施设备的选择开始，直到设施设备的报废为止所开展的一系列管理工作。

物流企业设备管理的任务主要包括：根据技术先进、经济合理的原则，正确选择设备，为企业提供最优的技术设备；要针对各种设备的特点，合理使用，精心维护，并为正确使用设备而制定一系列的有关规章制度；在节省设备管理和维修费用的条件下，保证设备处于良好的技术状态；做好现有设备的挖潜、革新、改造和更新工作，提高设备的现代化水平；做好设备的日常管理工作。

（三）物流设备的日常管理工作

物流设备的日常管理是指对设备进行分类、编号、登录以及调拨、事故处理、报废和日常养护等工作。设备添置后，要根据设备的类别进行归类，然后进行编号，编号后进行逐项登录，即详细登录设备的名称、来源、生产单位、用途、技术参数及随主机附带的工具数量、安装地点等，并在使用过程中建立设备的技术档案制度。如果设备因故调出，则要在设备登录卡上详细记载设备的去向、所处状态、调出日期、交接地点及责任人等情况。

（四）物流设备的维护保养

物流设备在使用过程中，技术状态会不断地变化，不可避免地出现了摩擦、零件松动、声响异常等不正常现象。这些都是设备故障隐患，如果不及时处理和解决，就会造成设备的过早磨损，甚至酿成严重事故。因此，只有做好设备的保养与维护工作，及时处理好技术状态变化引起的事故隐患，随时改善设备的使用情况，才能保证设备的正常运转，延长其使用寿命。

此外，物流企业在实施设备保养制度过程中，应该对那些已运转到规定期限的重点和关键设备，不管其技术状态好坏、生产任务缓急，都必须按保养作业范围和要求进行检查和保养，以确保这类设备运转的正常完好和具有足够的精确度、稳定性。

三、物流企业的客户关系管理

对物流企业来说，客户就是其物流服务的对象，而对象的范围通常包括普通消费者、零售业务和批发业务的从业者、厂商的制造工厂等。但是，无论顾客物流服务的需求出于何种动机或目的，顾客始终是形成物流需求的核心和动力。所以，物流企业只有对其顾客进行有效管理，才能使其业务有的放矢、顺利地展开。

（一）我国物流企业客户关系状况分析

现阶段我国的物流企业总体上处于向现代物流转型时期。由于长期以来的行业垄断，绝大多数国内物流企业目前还没有对客户关系管理予以足够的重视，没有把“以客户为中心”真正落到实处；客户资源在企业内部未实现共享，导致客户有时面对的不是统一进程的整个企业，而是“各自为政”的不同部门；缺乏一套大型完整的客户信息数据库，没有一套行之有效的数据挖掘系统对已有信息进行分析，甚至连相同客户的不同订单也无从辨别，更不用说为客户提供一对一的个性化服务。由于不能衡量客户的需求、忠诚度、满意度、营利能力、潜在价值、信用度和风险度等指标，企业决策也只能是基于感性经验判断的博弈，缺乏科学性。实际上在国内大多数物流企业，对客户关系的管理仅限于客户售后服务的一些环节上。一些物流企业还把客户回访当成一次活动来对待，没有上升到客户关系管理的高度，更谈不上系统性和连续性，这与真正的客户关系管理还有相当大的差距。

如今，物流企业的客户需求特点发生了很大变化：订单越来越小，供货时间越来越短，库存水平越来越低，个性化服务要求越来越高，而客户也越来越集中。在这种形势下，如果国内的物流企业没有科学的客户关系管理，不能创造出竞争者难以复制的客户关系，则很难在物流市场上立足。

（二）物流企业客户关系管理实施策略

物流企业是典型的客户关系维护型企业，客户是企业的重要资源。客户关系管理理念、应用软件的实施有利于提高物流企业竞争力。

1. 调整企业经营管理理念，形成适合 CRM 实施的企业文化体系。CRM 的核心理念是“以客户为中心”。在大多数物流企业中，以客户为中心往往停留在表面上，并没有成为企业的核心能力，这需要企业上下各级人员首先学习并运用这一理念，形成一种一切以客户为中心的企业文化氛围，形成一种以客户为中心，以及由此而衍生的重视客户利益、关注客户个性需求的经营思路等企业文化，使全体员工树立为客户提供优质服务的意识，然后落实到工作的每一环节中。

2. 重组组织架构，规范企业内部流程。CRM 的价值链要求企业组织结构必须以客户为重，改变过去以产品或品牌为导向的组织形态，形成一个以了解客户、服务客户为目标的组织形态，以便使组织更接近客户。为此，企业组织结构必须体现从以产品为中心的内部导向型组织转向以客户为中心的市场驱动型组织的转变。与所有的管理软件相同，CRM 要能够利用客户管理系统进行管理，而不是依靠具体操作人员的责任心或素质，最关键的地方是建立明确的流程制度，并将岗位的激励措施和软件应用结合起来。

3. 企业高层的高度支持。CRM 涉及的是市场、销售、服务等多个与客户打交道的部门和流程，企业要应用 CRM 理念与软件系统，就不能仅仅当作是信息部门或销售部门内部的事情，而应当是整个企业在高层领导的直接参与和指导下的多方协同调整。企业的高层领导者必须承担起项目负责人的角色，才能顺利完成部门之间的协同。企业在实施 CRM 项目时，必须得到高层领导的支持和企业管理层的理解和支持。只有这样，当涉及跨部门业务和不同利益冲突时，高层领导才能用足够的权威保证企业范围的整体改进，使项目顺利进行。

4. 选择合适的技术平台及软件供应商

再好的经营理念也需要良好的实现工具，利用技术工具，可将先进的思想固化为标准的工作流程。对于 CRM 软件的选择，大体上分为定制和购买套装软件。由于物流企业行业特征比较突出，客户数据比较复杂，因此，物流企业需要专业的数据挖掘工具才能充分进行分析，定制或行业版 CRM 是较好的选择。物流企业是典型的客户关系维护型企业，客户是企业的重要资源。客户关系管理理念、应用软件的实施有利于提高物流企业竞争力。

四、物流企业的文化建设与管理

在现代管理领域，企业文化成为被广泛关注的焦点。伴随着现代物流企业的建立和成长，一些与企业有关的比较稳定的价值观念和行为方式逐渐形成和沉淀了。国内外成功企业的实践也证明，良好的企业文化是企业赖以生存和发展的基础和动力，是企业管理的灵魂。企业文化影响并代表着企业的组织方式、生存方式以及员工行为方式。

（一）物流企业文化的内涵

物流企业文化就是指物流企业在长期经营中逐渐形成的，并为本企业员工自觉遵守和奉行的共同价值观念、经营哲学、精神支柱、道德伦理、行为规范的总和。企业文化一般要经过长期的积累和沉淀，反映出企业的核心价值观、经营宗旨和制度等方面。它一般包括企业精神、企业目标、企业形象、企业制度和企业环境等五方面的内容。它起源于企业发展过程中长期的文化积淀，得到企业全体员工的一致认同与倾心维护，并随着企业的发展而日益强化，最终成为企业进步取之不尽、用之不竭的精神源泉。目前，我国物流企业文化的内涵主要表现在是否具有社会服务意识、质量第一意识、改革创新精神和团队协作精神等方面。

（二）物流企业文化建设与管理的内容

知识经济时代，企业文化作为企业核心竞争力的组成部分，具有不可模仿性。在未来，企业文化中这个特质将会表现得更为明显。建设和完善企业文化，是现代企业和企业家迎接知识经济时代挑战必备的条件。现代物流企业同样面临着企业文化建设的任务，而且随着企业资源状态和市场环境的不断变化与发展，企业文化建设的内容也在不断丰富。

概括地说，现代物流企业文化建设与管理的内容主要包括创新文化的建设与管理、速度文化的建设与管理、虚拟文化的建设与管理、学习文化的建设与管理、服务文化的建设与管理等几个方面。

小　　结

1. 面对外部经营环境的急剧变化和企业经营方式的深刻变革，现代物流企业需要适应这种转变，探索适合新形势的物流企业管理模式和管理方法。

2. 物流企业是指具备必要的运输工具和仓储设施，至少具有从事运输（或运输代理）和仓储两种以上经营资格，能够提供运输、代理、仓储、装卸、加工、整理、配送等一体化服务，并具备与自身业务相适应的信息管理系统，由工商行政管理部门登记注册的独立核算、自负盈亏、能独立承担民事责任的经济实体。从物流企业向市场提供的物流服务的范围和功能整合性的角度看，物流企业可划分为先驱型物流企业、功能整合型物流企业、代理型企业和缝隙型物流企业四大类。

3. 物流企业管理是指在社会再生产过程中，根据物质资料实体流动的规律，应用管理的基本原理和科学方法，对物流活动进行计划、组织、领导、协调和控制，使各项物流活动实现最佳的协调与配合，以降低企业运营成本，提高物流效率和经济效益。

4. 物流企业管理既包括对物流活动诸要素的作业管理，比如运输、储存等作业活动的管理；也包括对企业活动中具体职能的管理，比如战略管理、人力资源管理、营销管理等；还包括企业物流系统诸要素的管理，比如客户关系管理、设备管理和信息管理等。

思考与练习

（一）填空题

1. 物流企业具有（　　）、（　　）、（　　）和（　　）的基本职能。

2. 物流企业的 4C 营销策略组合为（　　）、（　　）、（　　）和（　　）。

3. 物流企业是典型的（　　）型企业，（　　）是企业的重要资源。

（二）选择题

1. 下面哪种类型的物流企业在经营战略上宜采用物流服务的差别化和低成本化策略（　　）。

A. 先驱型物流企业　　B. 功能整合型物流企业

C. 代理型企业　　D. 缝隙型物流企业

2. 物流信息系统中采用的信息技术有（　　）。

A. 条码技术　　B. EDI 技术

C. 射频技术　　D. GIS/GPS 技术

E. CRM 技术

（三）简答题

1. 物流信息的特点是什么?

2. 物流管理专业的应届毕业生应如何增强自己的就业竞争力?

3. 物流企业的文化内涵是什么?

4. 物流企业一般拥有哪些物流设施和设备? 如何进行管理?

5. 物流企业的市场营销策略与生产制造企业有何不同?

案例分析

沃尔玛的信息管理

美国人山姆·沃尔顿于 1962 年创立了沃尔玛百货有限公司。在短短几十年间，它由一家小型折扣商店发展成为世界上最大的零售企业。在沃尔玛实现短时间发展壮大、超越对手并坐上世界零售业的头把交椅的各种因素中，强大的物流信息系统起着至关重要的作用。依靠自身的信息系统，沃尔玛每年要满足全球 4 000 多家连锁店对 8 万多种商品的配送需要，每年的运输总量超过 78 亿箱，总行程达 6.5 亿 km。所有这一切，如果没有完善的物流信息系统是根本不可能实现的。强大的物流信息系统一方面是建立在强大的技术支持上，另一方面则依靠有效的内部控制模式。

一、控制环境对信息系统的大力支持

早在 20 世纪 80 年代初期，沃尔玛就拥有了一个自己的卫星系统，这在当时几乎是不可想象的。待沃尔玛的所有者与管理层意见统一之后，沃尔玛立刻花费大约 7 亿美元建成目前拥有的计算机和卫星系统。可以说，如果没有高层人员对信息系统的强力支持，如果沃尔玛是一个人说了算的企业，如果沃尔玛没有有效的权力制衡机制，那么它的控制环境肯定是不稳定的，也不可能有今天的规模和地位。

二、引进信息技术时保持应有的风险意识

环境控制和风险评估，是提高企业内部控制效率的关键。沃尔玛在不断引进新技术的基础上仍保持着非常谨慎的态度。每次有哪位主管想建立新系统时，公司总要求他们认真地对应用这个系统后可能带来的风险进行评估，并且谨慎地选择系统的应用范围，循序渐进，逐渐推广。1981 年，沃尔玛开始试验利用商品条形码和电子扫描器实现存货自动控制。公司先选定几家商店，在收款台安装读取商品条形码的设备。2 年后，试验范围扩大到 25 家店；1984 年，试验范围扩大到 70 家店；1985 年，公司宣布将在所有的商店安装条形码识别系统，当年又扩展到 200 多家。20 世纪 80 年代末，沃尔玛所有商店和配送中心都安装了电子条形码扫描系统。一个系统从试验到全面应用相隔差不多 10 年时间，其风险意识之强由此可见一斑。

三、针对信息系统设置相应的控制环节和程序

控制活动是确保管理层的指令得以实现的政策和程序，旨在帮助企业针对“使企业目标不能达成的风险”采取必要行动。在建立了卫星系统后，沃尔玛针对这个交互式的通信系统重新设定了一系列的控制活动标准。

沃尔玛总部的电脑和各个发货中心及各家分店的电脑联结，商店付款台上的激光扫描器会把每件货物的条形码输入电脑，再由电脑进行分类统计。当某一货品库存减少到一定数量时，电脑会发出信号，提醒商店及时向总部要求进货。总部安排货源后，送往离商店最近的一个发货中心，再由发货中心的电脑安排发送时间和路线。这样，从商店发出订单到接到货物并把货物提上货架销售，一整套工作完成只要 36 个小时。这就保证了它在拥有巨大规模的同时仍保持高效。

四、对内部控制进行监督

企业内部控制是一个过程，这个过程通过纳入管理过程的大量制度及活动来实现。沃尔玛在建立卫星系统后，其物流程序发生了质的变化。以卫星控制台为核心，沃尔玛利用一种统一的产品代码——UPC 代码对货品进行管理。经理们选择一件商品，扫描一下该商品的 UPC 代码，不仅可以知道商场目前这种商品有多少、

订货量是多少，而且知道这种产品有多少正在运输到商店的途中、会在什么时候运到。这些数据都通过主干网和通信卫星传递到数据中心。管理人员不但能实时地对销售情况、物流情况等进行监控，还可知道当天回收多少张失窃的信用卡，信息卡认可体系是否正常工作，并可以监督每日完成的交易数目。沃尔玛的数据中心也与供应商建立了联系，从而实现了快速反应的供应链管理。厂商通过运营系统可以进入沃尔玛的电脑分销系统和数据中心，直接从 POS 得到某供应商的商品流通动态信息，如不同店铺及不同商品的销售统计数据、沃尔玛各仓库的调配状态、销售预测、电子邮件与付款通知等，以此作为安排生产、供货和送货的依据。整个运作过程协调有序，减少了无效的程序，提高了效率。通过这个信息系统，管理人员掌握到第一手的资料，并据此对日常运营与企业战略做出分析和决策。

五、扩大信息沟通范围，与供应商共享信息

一个良好的信息与沟通系统有助于提高内部控制的效率和效果。需要特别注意的是，沃尔玛的信息不仅供内部分店使用，而且与供应商共享。

卫星系统每天可将销售点的资料，快速、直接地传递给 4 000 多家供应商，以便供应商及时备用，适应市场需求。对于沃尔玛来说，他们的物流链已经远远超出了本公司的范围，沃尔玛的供应商也被包括进来。20 世纪 80 年代末，通过计算机联网和电子数据交换系统与供应商分享信息，从而建立起伙伴关系。沃尔玛与供应商的关系都是很友好的，因为沃尔玛认为分享信息的收益肯定是大于风险的，与供应商共享信息是要坚持做下去的事情。通过与供应商建立伙伴关系，可以让供应商及时知道沃尔玛的库存情况以便决定是否需要供货。比如，皇后公司和沃尔玛的合作，两家公司的计算机进行联网，让供应商随时了解其商品在沃尔玛各分店的销售和库存变动情况，据此调整公司的生产和发货，提高效率，降低成本。

（资料来源：吴清烈，孙志宏，著．物流企业管理．苏州：苏州大学出版社，2005.）

案例思考题

1. 请结合沃尔玛的案例，谈谈物流企业为什么要从战略的高度来关注企业信息化建设？

2. 沃尔玛如何运用信息技术进行物流业务运作？

3. 沃尔玛为什么要与供应商共享信息？

第四编

宏观物流管理

第十五章　物流市场结构与产业结构

【学习目标】

1. 了解物流市场的产生过程；
2. 掌握我国当前物流市场供求存在的问题；
3. 掌握现代物流产业的特征；
4. 掌握当前第三方物流市场结构与产业组织现状；
5. 了解我国物流产业的现状。

第一节　物流市场

近年来，“物流热”悄然兴起，一时间，“现代物流”、“物流中心”、“第三方物流”等名词热浪滚滚，各类物流园区、配送中心也如雨后春笋般地涌现。被誉为“第三利润源泉”的物流产业也成为当前最热门的新兴产业和国民经济新的增长点，引起了社会的普遍重视。国家发改委等九部门和原国家经贸委等六部门相继联合出台了促进和加快我国现代物流产业发展的意见①，有力地推动了我国物流产业的发展。各地政府纷纷制定本地区物流发展规划和有关促进政策，并将物流产业作为发展地方经济的支柱产业和新的经济增长点。物流产业受到了前所未有的重视和发展。大力发展现代物流业，对于推动和提升相关产业的发展，提高经济运行质量和效益，增强综合国力和企业竞争力具有十分重要的意义。本章首先对物流市场、物流产业的概念进行界定，分析物流市场的供给和需求的现状，然后将第三方物流市场作为研究对象，对其市场结构和运行绩效进行分析，最后分析我国当前物流产业的现状。

① 2004年8月5日，国家发展和改革委员会、商务部、公安部、铁道部、交通部、海关总署、国家税务总局、中国民用航空总局以及国家工商行政管理总局联合发布了《关于促进我国现代物流业发展的意见》，用于加快促进我国现代物流业的协调健康发展。

一、物流市场的产生

第二次世界大战期间物流在美国军事后勤方面得到应用并取得长足进步，战后则将物流的概念引入到市场营销和商品流通领域。经过20世纪60~70年代的深入发展，逐步形成专门的经营行业，大量企业以生产商、经销商和消费者为服务对象，提供专门的综合性一条龙式的物流服务。第三方物流企业的出现标志着物流市场的诞生，因为物流服务的生产不再是为企业本身服务，而是为需方提供专门的服务。

物流市场的形成与发展是建立在社会劳动分工使社会成员之间、社会生产部门之间相互形成供求关系且必须有足够满足商品交换者所需要的有效支付手段、物流服务成为商品等经济基础上的。由于物流服务作为一种无形的商品，其生产和发展远远迟于实物商品，因此，物流市场的形成与发展也远远迟于有形的商品市场，即物流市场的形成只有在物流服务作为独立的商品形态，从有形的产品和商品中分离出来以后才能产生。物流市场的产生与物流服务的产生也并不是同步进行的，物流服务产生在前，在相当长的时期内制造企业、流通企业和用户自营物流，而将物流委托给其他服务企业的情况较少。只有当大量的企业内部的物流服务被外包给专业化、社会化的第三方物流企业时，物流市场才能得以形成和发展。

物流产业的产生是社会分工进一步细化和更加专业化的结果，物流市场是商品经济高度发达以致发展到市场经济的产物。这是因为物流业所包含的运输、仓储、包装、装卸等主要环节的存在历史悠久，但始终是相对独立的。到了市场经济阶段，市场高度发展，商品流通速度加快，相应地要求加快货物流通的速度，使关系松散的各个实物流通环节出现了一体化的趋势，从而统一为物流。可见，物流市场诞生在市场经济环境下，与市场具有天然的联系，也就是说物流市场是伴随市场经济发展逐步演进形成的服务市场。物流市场是重要的服务市场之一，服务市场是组织和实现服务商品流通交换和销售的网络，是服务产品生产、交换和消费的综合体系。物流市场是指为保证生产和流通过程顺利进行而形成的商品在流动和暂时停留时所需要的服务性市场，主要有仓储市场和货物运输市场，以及包装、装卸、搬运等辅助性市场。根据物流所处领域的不同，可将物流市场划分为生产领域、流通领域和消费领域物流市场。根据物流服务需求者、需求特点和需求数量的不同，可将物流市场划分为产业物流市场和消费物流市场。根据市场范围的不同，可将物流市场划分为区域物流市场、城市物流市场、农村物流市场等不同范围的市场。物流市场还可以从专业市场的角度去认识，如速递、搬家以及服装、药品、食品等多种行业的货物流动具体要求不同，对物流服务的需求千差万别，从而构成了多层次的物流市场。

二、物流市场供求

物流市场是指由提供物流服务供给方与服务需求方相互交易而产生的一系列行为群体。供给与需求是人们在市场上相互交易的两个关键因素。对于一个物流市场来说，需求的产生是一种派生需求，伴随着社会经济活动的需要而产生，而物流供给者则是为满足需求而出现。

（一）物流需求

需求是指消费者一定时期内在各种可能的价格下愿意且能够购买的该商品的数量。物流需求，从微观经济主体研究，主要是指组织或个人提出的对产品、服务或信息流动有支付能力的需要。一条供应链上存在诸多物流需求，物流需求存在于供应链上的各个环节甚至贯穿整条供应链，例如采购物流、生产物流、销售物流、回收物流、废弃物流等，它们分别形成最终物流需求和中间性物流需求。

现有物流企业需求主要存在以下问题。

1. 由于我国长期“重生产、轻流通”的经营意识，导致目前采用第三方物流的比例相对发达国家较低。据中国物流与采购联合会 2004 年的调查结果显示，我国制造业，物流活动选择全部或部分外包的占 57%，商贸企业选择全部与部分外包的占 38%，其中部分外包比例大于全部外包。

从企业选择第三方物流服务商的数量上来看，仅有很小一部分企业选择一家服务商提供服务，大多数企业选择多家，甚至超过一半的工商企业选择五家以上的服务商提供服务。也就是说，企业把这个本该作为一体化的活动进行了人为的拆分，对每一家第三方物流服务商所要求的往往是单一服务，这大大增加了交易成本，不利于物流活动集中效益的实现，也不利于第三方物流的发展。

2. 国内有效需求的不足。物流市场需求按照行业划分可分为工业物流、商业物流、农业物流、高新技术产业物流和电子商务物流。物流作为生产性服务业，和其他产业的发展紧密，产业关联度很高。整个物流市场的容量和各产业的产出量息息相关，生产上不去，“物”自然降低，随之需要进行的“流”的活动自然没有办法保证。在我国，县域经济发展滞后，农产品生产主要以家庭经营为主，生产规模小而分散，产、加、销各环节严重脱离。一些城市工业化水平比较低，工业数量与质量、速度与效益、规模与结构统筹协调的问题没有得到根本的解决。这些都导致物流市场需求不足。所谓“无源之水，无本之木”，大流通的发展必须以大生产为前提。

近年来，各地加强了交通运输基础设施的建设，力图塑造“交通和流通”的比较优势。但是，仅仅通过“路过”的物流量无法为区域经济带来效益，而且随着物流环节的效率要求的提高，过境的流量只能是一种表面的“繁荣”，而无法对经济有大的贡献。当前要大力发展的是“门对门”的物流业务，把本地的“物”

送出去，把外地的“物”运进来，只有这样才能激活物流的需求。但是，工业不够发达，产品普遍缺乏市场竞争力，品牌拳头产品更是寥寥无几，这些都抑制了“走出去”战略。又因为消费市场疲软，收入水平不高，市场的消化承载能力弱，这些又阻止了“运进来”战略，结果必然造成物流市场的有效需求不足。

3. 国外物流企业挤占市场需求。我国物流业的市场需求从地域来源上，可以划分为两个市场，一是来自于国内工商企业的需求，一是来自于境外企业的需求。随着我国经济的稳步增长及对外开放程度的不断加深，近几年这两个市场的物流需求都在大幅度地增加。但与此同时，国际市场上实力雄厚的物流企业也在大举入侵，事实上他们满足了大多数跨国企业在中国境内的物流需求。而且，更有一批国际化的生产企业进入我国的同时，其国外的物流服务提供商也欣然而至，挤占了大部分物流市场。因此，我国物流企业所面对的分市场实际主要来自于国内工商企业。在这种情况下，国内有效需求的不足严重制约了我国物流业的发展，使我国本土物流企业出现拥有的资源与提供物流服务的能力不对称的问题。

4. 物流需求呈现不平衡现象严重。主要体现在三个方面：一是沿海和内地、东部和西部地理需求上的差异，即沿海需求量相对较大，而内地需求量相对较少。物流的繁荣依赖于生产的繁荣，物流“嫌贫爱富”的特性决定了西部地区发展物流面临的障碍。二是行业差异，流通商贸业、汽车制造业等行业物流需求强劲，而一些传统服装、机电行业物流需求不足。当前我国正处于推进工业化，产业结构升级调整的关键时期，这必将给物流带来不同的发展机遇和挑战。三是商业体制差异，表现在国有企业和外资企业由于体制不同，对物流的需求存在差异。一些国有企业本着“大而全，小而全”的经营理念，不愿将物流服务外包给第三方物流企业，抑制了物流业的发展。

（二）物流供给

物流供给是与物流需求相对应的一个重要概念。经济学中的供给是指在一定价格下，企业愿意提供产品的数量。从微观经济主体看，物流供给主要是指在一定价格水平下，企业愿意提供的各种物流服务的数量。物流供给的实质就是物流服务的提供。

现有物流市场供给主要存在以下问题：

1. 供应企业规模普遍偏小，功能单一，第三方物流企业服务水平难以保证。物流企业功能单一，所提供的主要是仓储、运输等基础性物流服务，增值服务薄弱，缺乏满足客户的个性化物流需求的能力。服务的差别化较低，有能力为客户提供完整的物流策划方案、提供一体化物流服务、最大限度地降低物流成本、满足客户需求的物流公司并不多。物流企业主要由以下几种类型构成：（1）传统仓储运输企业转型；（2）专业物流企业；（3）大型企业成立物流部门或公司；（4）外资、合资物流企业。很多地区的物流市场仍然以运输服务为主，其次是仓储管理和市内配送等基础性服务。市场供给的功能结构比较单一，第三方物流的功能还不完善，对于客户所需要的在其专业优势基础之上衍生出来的物流网络设计、库存管理、订货管理、流通加工、订单处理、信息服务等一系列增值服务功能并没有得以充分的发挥，这直接影响了物流企业的盈利能力。大多物流企业停留在传统物流的阶段，例如，营运货车仍以普通货运车辆为主要车型，多数企业仍停留在传统货运阶段，延伸服务少；以单车个体经营形式为主，运输企业的规模化、专业化、现代化程度远远达不到现代物流的要求。不少企业物流服务收入偏低、缺乏必要的产业分工与协作、低水平恶性竞争严重。按照《物流企业分类与评估标准》，只有少数企业能达到标准规定的较高级别的水平，很多企业甚至还达不到标准规定的1A① 水平。因此，物流企业应该向个性化、信息化的第三方物流企业转变，以适应信息技术、电子商务引领的现代物流市场变迁的要求。

2. 物流设施不能满足物流需求。随着经济的发展和分工的高度专业化，物流需求不断升级和多元化，这也要求物流的供给能力能够不断提高并与之相适应。物流服务设施过量（主要是低端的物流设施，如普通货物运输车辆、普通库房等）与旺盛的物流需求（主要是高端需求，如立体自动化仓库、现代分拣设备、高层货架、冷藏库、冷冻库、保温库等）之间存在矛盾，普通设备的利用率不高，过剩现象严重，现代化、技术含量高的新型设施缺乏。

3. 物流信息化水平仍需提高。我国物流企业最近几年将物流信息化建设纳入了议事日程，物流企业拥有信息系统的比例达到77%②，但是信息系统的智能化、自动化程度不高，信息系统实现的功能大多比较单一，能够实现物流作业全程信息化管理的企业不多。

第二节　物 流 产 业

一、物流产业的定义

物流产业是国民经济的重要产业和新的经济增长点。但纵观国内外文献，至今对于物流产业都缺乏权威和科学的定义。我国2001年颁布的国家标准《物流术语》中，对物流的定义是：“物品从供应地向接收地的实体流动过程。根据实际需要，将运输、储存、装卸、搬运、包装、流通加工、配送、信息处理等基本功能实

---

① 按照国家标准委员会颁布的《物流企业分类与评估指标》的规定，根据经营状况、资产、设备设施、管理及服务、人员素质、信息化水平等六个方面的情况，将物流企业评估为五个等级。类似酒店星级认证，从5A到1A依次降低，1A为最低标准。

② 资料来源：http：//www. chinawuliu. com. cn，中国物流学会。

施有机结合。”我国2002年颁布的《国民经济行业分类》（GB/T4754-2002）对行业的定义为：“一个行业（或产业）是指从事相同性质的经济活动的所有单位的集合。”参照《物流术语》国家标准和《国民经济行业分类》（GB/T4754-2002）及《国民经济行业分类（2002）与建立名录库等有关事项的说明》，我们可以认为物流产业是从事物流服务活动的企业的集合，是一个“复合产业”，属于“第三产业”范畴。

由上面的定义可知，要明确物流产业的界定，首先要对物流企业界定明确。“物流企业是从事物流活动的经济组织”这样的定义非常宽泛，理论上给物流企业的界定留下了太多的讨论空间，从而直接导致实践中物流企业“满天飞”的现象。大批冠名以物流的企业不断涌现，其中不乏几个人、几辆车就登记注册一个物流公司的情况，也有传统的仓储、运输企业换汤不换药的挂起物流招牌就自称为物流公司的情况，甚至于还有搬家公司、票务公司、批发企业也自称为物流企业的情况，使得物流市场一时之间鱼龙混杂、良莠不齐、秩序混乱。

国家质量监督检验检疫总局和国家标准化管理委员会为规范物流市场，促进物流产业的健康有序发展，于2005年5月1日起实施的《物流企业分类与评估指标》（国家标准，GB/T19680-2005）中对物流企业进行了新的定义，“至少从事运输（含运输代理、货物快递）或仓储一种经营业务，并能够按照客户物流需求对运输、储存、装卸、包装、流通加工、配送等基本功能进行组织和管理，具有与自身业务相适应的信息管理系统，实行独立核算、独立承担民事责任的经济组织，非法人物流经济组织可比照适用”。该标准还将物流企业划分为运输型、仓储型和综合型三种类型。比起旧标准，新标准更强调多种功能的综合组织和管理，将单一的进行运输、储存、包装、流通加工等基础性服务的企业排除在外。新标准能够对物流企业做出较为明确的界定，但其对物流企业的界定过分的强调运输、仓储业务，对物流企业的等级划分也过分的倚重于运输、仓储资产，这必将一批不拥有或较少拥有物流资产，但有较强物流整合能力的企业排除在外。从国外的发展经验来看，多数物流企业正是从没有多少物流资源的货代企业和多式联运企业发展而来的。

现代物流强调的是系统性、继承性，物流企业的核心竞争力在于资源整合的能力。基于供应链管理理念，现代物流强调将物流供应的起点直至需求的终点的全部移动活动通过有效的管理整合，形成一个有机的整体，将过去分别由各运输或仓储企业分段完成的独立的链节连成一条完整光滑的链条。这显然不是仓储或运输企业增加一些流通加工、包装、配送、信息处理等功能就能做到的，它要求供应链上的各个主体紧密合作，协调一致，创造出效率和效益。

物流企业是专门为市场提供物流管理服务的企业。随着分工的高度专业化，一些学者提出，物流企业就是严格意义上的第三方物流服务供应商3PL和所谓的第四方物流服务供应商4PL。那些与客户企业在某种层面上建立起伙伴关系、战略联盟关系或合同外包关系的物流服务供应商，能够为客户提供阶段性或全程性物流管理服务的，能够为客户提供一体化物流管理解决方案的，能够为客户提供运输管理服务或仓储管理服务的企业都是物流企业。而且，还包括那些拥有或不拥有实体储运资产（能力）的企业，那些具备了物流管理服务能力的运输和仓储企业，那些专门从事多式联运整合营销的企业，那些专门从事物流解决方案设计的咨询企业以及那些专门从事物流信息支持和管理服务的企业。这类企业的集成就是物流产业。

依据物流产品的特性，下面提出现代物流产业狭义和广义的概念。现代物流产业是指以整合分立和分散的物流资源、有机集成和协调仓储、运输、装卸、搬运、保管、信息、配送、加工等企业物流职能形成专业化物流服务活动和不可或缺的支持性活动的所有企业的集合①。从狭义的角度讲，它特指第三方物流企业。从广义的角度讲，它指第三方物流企业为主体的多层次的产业群，由从传统物流产业向现代物流产业过渡的各种组织（包括第三方物流企业）的集合。

物流产业是服务型产业。现代物流的功能特性是服务于生产和流通，物流企业的“产品”是服务，由此决定了物流产业的服务性质。服务产品具有无形性、不可分割性、可变性和易逝性等特征。所以，物流产品的生产过程与消费过程同步进行，产品特性反映了其生产特性。现代物流活动的目标是在尽可能低的总成本条件下实现既定的顾客服务水平，目标代表了物流的经济性。物流产品是物流目标的载体，反映了物流活动的经济特性。

物流产业是基础型产业。物流是流通业中的重要组成部分，流通的过程是连接生产和消费，这其中完成商品价值的交换，更要完成“物”的空间效用和时间效用的转换，物流正是用来完成后一过程，是完成整个再生产循环的基础。在物流的五要素（即流体、载体、流量、流向和流程）中，载体是由基础设施和依靠基础设施来运行的物流设备两部分组成，都是基础性的，尤其是物流的基础设施，对于整个物流的运作是起决定作用的。没有基础设施就不可能有物流手段，而没有物流手段就不可能进行流通和市场扩展。所以，物流产业对所有的生产、流通和消费活动都有影响，它是通过其所包含的运输、仓储等这些生产、流通条件和手段来起到它对国民经济的基础性作用的。

物流产业是综合型产业。它既是一个庞大的纵向经济领域，同时也是一个为其他所有经济领域服务的横向经济领域。按照现行的行业标准来分析物流产业，可以发现，物流产业包括了铁路运输、公路运输、航空运输、水路运输、管道运输、包装、装卸、仓储、配送等诸多行业。物流产业横跨多个基础性、服务性的行业，它是为其他各个纵向行业服务的，涉及和影响到国民经济的各个领域。

---

① 杨春河．现代物流产业概念内涵和外延的理论．研究物流技术，2005（10）．

二、现代物流产业的特征

1. 物流资源的整合和集成特性。整合和集成是现代物流的重要特征之一。通过对分立和分散在制造、农业、流通等领域的物流资源的整合产生一种要素的组织效应，形成一种以物流功能集成的新的服务形式，提高了资源的使用效率和企业效益。要素的组织效应主要包括：更广范围内的资源配置所形成的规模经济与范围经济效应，进而导致企业成本下降。例如，企业将仓储和配送业务外包给第三方物流企业，节省了大量的仓库建设和维护费用、以及运输工具的购置和保养费用，而社会化、专业化的第三方物流企业的仓储和车辆运输能力也能得到最大化的利用。在物流服务供需双方的资源整合下，整个社会的福利增加了。因此，我国应该大力发展第三方物流，鼓励生产流通企业物流作业的外包，将分立在企业内部或分散在外部的运输、装卸、搬运、包装、保管、信息处理等物流职能有机协调，形成专业性的物流服务，推进物流资源的整合和集成，促进物流产业的发展。

2. 与其他产业的高度产业关联性。物流提供的产品是服务，与有形产品生产经营不可分。现代物流是农业、制造业和其他服务业的重要支撑系统。生产和销售离不开物流，同时也决定着物流的种种特性。现代物流与企业生产经营的全过程的每一个环节密切相关，与生产工艺流程融为一体。物流成为企业竞争力的源泉，物流系统的服务质量、作业质量直接与生产的速度及质量相关。同时，企业可获得的物流能力、物流水平直接关系到企业生产、销售、客户服务等过程，最终影响企业的总体绩效。从发达国家物流发展的历史来看，这种产业关联性最初体现在第三方物流企业与大型生产企业的伴生和依赖关系。例如肯德基与百盛物流，麦当劳与夏晖物流，随着这些生产企业的国际化，与之长期合作的物流企业也实现国际化，如影随形。这也印证了当前企业之间的竞争已经发展为供应链与供应链之间的竞争。

3. 成本最小化和效益最大化。在尽可能低的总成本条件下实现既定的顾客服务水平是现代物流生产的显著特点。现代物流不是通过生产直接获取利润，而是向生产企业提供旨在降低其总的物流成本、保持现有的或提高生产企业服务质量等服务，提高生产企业利润来间接获取利润。现代物流企业提供服务的质量，对生产企业的有效性、适用性、配套性是很关键的。企业在成本与效益间进行权衡，整个产业更要以成本的节约、服务质量的提高为目标。物流产业的发展要推进整个社会物流成本的降低，社会生产效率的提高以及资源的合理配置。

4. 产业融合是现代物流产业的显著特点。产业融合是现代经济发展和现代信息技术发展的必然结果。随着消费个性化、多样化的发展，消费者的需求已从“少品种、大批量、少批次、长周期”转变为“多品种、小批量、多批次、短周期”，消费者已经不满足于单一的运输方式，希望得到“门到门”一体化的物流服务，而且通过一家物流企业就能完成所有货物在全球范围内的分拨和配送，包括海陆空运输、仓储、国内分拨、货运跟踪、陆运成本分析和报关、信息管理等。传统的储运企业、运输企业、邮政企业、速递企业等已经不能满足消费者的需求。

物流信息技术，将分立的运输、仓储、配送、包装、加工等传统物流服务整合成一体化物流服务，引起一系列新的物流服务理念和经营方式。随着运输业与邮政业的政策性进入壁垒的降低，一些传统的快递企业、航运企业、仓储企业以及邮政企业为了获得范围经济和竞争优势，开始跨产业并购，进入对方的经营领域，在原有传统业务的基础上开发新业务，扩展和延伸产业链，提供一体化的物流服务。这些传统物流业务的扩展使原来独立的仓储业务、邮政业务、运输业务出现交叉、融合现象。业务融合，不仅使快递企业、运输企业、仓储企业、邮政企业能够提供一体化的物流服务，满足消费者的不同需求，还使这些传统物流企业所提供的服务具有紧密的替代性，成为竞争对手。

通过跨产业并购，联邦快递（FedEx）和联合包裹（UPS）由传统的快递服务企业转变为提供一体化物流服务的现代物流企业；马士基海陆、日本邮船（NYK）和美国总统轮船（APL）由传统的航运企业转变为现代物流企业，它们所提供的物流服务，除了最基本的远洋运输及有关的多式联运功能以外，还包括信息、仓储、包装、库存、控制、分配等；Exel 物流公司、GATX 物流公司、DSC 物流公司由传统的仓储企业转变为现代物流企业。自从发达国家对邮政业进行改革后，邮政企业（如德国邮政集团、荷兰邮政集团等）开始兼并运输企业、包裹公司、快递公司，成立邮政集团，进入运输业和仓储业，拓宽经营范围，满足不同层次需要的物流服务。

5. 信息化和标准化。现代物流经济的形成，是以物流的标准化和信息化为技术前提的。现代物流是在这些技术基础上谋求物流过程的高效率、协调性和总体经济性。信息技术在运输业、仓储业和邮政业的广泛应用，与传统物流技术相互融合，形成物流信息技术。物流信息技术主要包括移动通信技术、全球卫星定位技术（GPS）、地理信息技术（GIS）、计算机网络技术、自动化仓库管理技术、条形码技术（Bar-Coding）、电子定货技术（EOS）、智能交通运输系统（ITS）、物资采购管理（MRP）、企业资源规划（ERP）、电子数据交换技术（EDI）及射频技术（RF）等。物流信息技术实现了数据的快速、准确传递，提高了仓库管理、装卸运输、采购、拣货、配送发运等环节的自动化水平，将传统上分立的运输、仓储、配送、包装、加工等物流服务整合成一体化的物流服务。现代物流采用大量的信息、网络技术，能够真正实现供应链条上的资源共享，能够更加准确快捷的把握消费和生产需求，能够向顾客提供最优物流方案设计、物流全程控制和管理等全方位物流服务。物流标准化的大力推广，降低了生产流通中各个环节的浪费，并实现了信息的有效传输和对接，提升了供应链的效率。可以毫不夸张地说，没有物流的标准化和信息化，就没有现代物流经济的形成。

第三节　物流市场结构与产业组织

一、第三方物流市场概述①

第三方物流企业是指那些能够提供系统化物流服务的第三方企业，它可以向客户提供包括供应链物流在内的全程物流服务和定制化物流服务，主要包括：进入我国的国际第三方物流公司，原国家垄断的交通运输、仓储、邮政等企业改造转型的物流企业，以及为数很少的新兴专业物流企业和中外合资物流企业等；而传统运输、仓储、流通加工、配送、包装、货代等企业则被看成是提供基础物流服务的功能性物流企业。无论是从规模、技术、管理还是从专业人才上看，真正符合第三方物流概念的、能提供系统化特别是全程物流服务的国内物流企业还很少。

我国第三方物流企业可以分为三类：转型中的第三方物流企业、新兴第三方物流企业和进入国内的国际第三方物流公司及其合资公司。转型中的第三方物流企业是指正向现代物流组织转型的传统第三方物流企业，主要有三类：第一类是以传统运输或仓储为基础的物流企业，这类企业利用原有运输或仓储资源基础，扩展更全面的综合物流功能，但仍偏重于道路运输或仓储业务以及区域、城市配送业务，如中外运、中远、中储、中商、中物资、中粮等；第二类是以货代为代表的物流企业，这类企业一般是不拥有固定资产与物流设施的代理公司，它们以货代为基础，扩展更全面的综合物流功能，如中外运下属的许多货代企业都属于这类企业；第三类是以邮政为基础的物流企业，这类企业利用中国邮政遍布全国的递送网络提供并扩展全面的综合物流服务，目前，这类企业偏重于快递业务。上面是按照物流功能划分的转型中的第三方物流企业，如果按区域范围划分，则可以分为区域性传统物流企业和全国性传统物流企业。区域性传统物流公司主要是指地区的商业储运公司，他们一般依托原来的仓储系统和运输工具，在本地区提供基本物流服务和部分增值服务。多数企业还局限于传统、分离、单一的基本业务，但其收取的服务费用比较低。比较典型的有成都商业储运公司、上海商业储运公司等。全国性传统物流企业主要是由某一传统领域全国性的国有企业演变成的物流企业，如中外运、中邮物流、中铁物流、中远物流、中储物流、中海物流等，他们在各自的行业、领域处于垄断或领先地位，规模都比较大，资金实力较雄厚，且物流设施比商业储运公司要好。这类物流企业一般都能提供全部的基本物流业务和部分的增值服务，但价格较商业储运公司稍高。

新兴第三方物流企业主要有两类。一类是以生产制造企业为基础剥离出来的第

① 这里的市场结构专指第三方物流企业所形成的物流产业的市场结构。

三方物流企业。这类企业原是大型生产制造企业的内部机构，是制造企业为专注于核心业务，对企业物流资源进行整合和剥离而形成的。这些第三方物流企业借助于企业物流管理的经验与资源优势，在为母企业提供物流服务的基础上，积极开展社会物流服务，典型的有海尔物流、宝钢物流、上海百联物流、广东安得物流、北京物美物流等。另一类是顺应市场需求和物流发展的趋势而新创立的第三方物流企业。为了在短期内打入市场，规避物流设施投资大、回收期长的风险，这些新创立的企业不少都采取了非资产型的第三方物流代理模式。新设立的企业在国内为数不多、规模不大，但其机制灵活、企业负担小、管理成本低、技术装备精，具有明显的后发优势，典型的有广东宝供、天津大田、上海大通、北京宅急送、浙江炎黄在线等。

国际第三方物流公司是伴随其原有客户一起进入中国市场的，它们为其原有客户进入中国市场提供延伸服务，同时用它们的经营理念、经营模式和优质服务吸引中国企业，逐渐向中国物流市场渗透。如美国总统轮船、联邦快递、联合包裹、美国飞利达、丹麦马士基、德国邮政、日本通运、九川急便、韩国三星、澳门振华、香港嘉里等国际第三方物流公司正纷纷进入或准备进入中国市场。虽然目前这类外资物流企业在绝对数量上还不多，但它们在物流行业中还是有着相当的影响力。在新设备投资（如IT）、资金实力、人才、观念、经验和管理方法上，这些企业都有着较大的优势。它们往往能够提供较为全面的、跨地区的服务。但这类企业主要集中在东部沿海的大城市，而且其服务对象主要是三资企业。个别的企业已渗透到内地，如宝隆洋行的物流网络，已覆盖全国50多个城市。另外，由于要负担他们的投资以及大量的人力成本，他们的收费水平也是较高的。部分外资物流企业并不拥有运输车辆、仓库等物流设施，它们主要是提供代理服务，通过转租、联营等方式寻求中方物流企业的合作，如宝隆洋行（EAC）、英之杰（Inchape）、海陆（SeaLand）、新科安达、马士基、华商、大通等。中外合资物流企业，如大田联邦快递、中外运敦豪、志勤美集物流、英运物流等，都在迅速扩大中国物流市场的业务。

二、第三方物流市场结构分析

市场结构是产业组织经济学研究的重点内容，而市场结构分析的重点在于竞争与垄断的关系。根据一定市场或产业的厂商间及厂商与消费者之间关系的特征和形式，即竞争与垄断的关系，市场结构的基本类型可以分为：完全竞争、垄断竞争、寡头垄断和完全垄断四种类型。以下将从市场集中度、产品差异程度以及行业进入和退出壁垒三方面来分析第三方物流市场结构。

（一）第三方物流市场集中度

据《中国物流发展报告（2003—2004）》的统计，2003年我国从事与物流相关业务的公司数量达到了3.6万家，其中第三方物流企业1万到1万5千家，在这

1 万多家第三方物流企业中，新兴第三方物流企业（包括新设立的和企业剥离出来的两类）和进入中国市场的国际第三方物流企业及其合资公司数量非常少，由传统物流企业转型过来的第三方物流企业占了绝大多数。

我国第三方物流企业平均规模很小。资源方面，2003 年企业员工在 500 人以下占了全部企业的 80%左右，平均仓库面积 5.13 万平方米，叉车 15 部，运输车辆 45 部，起重设备 7.6 部，铁路专用线 3502 米，厢式货车 14 辆；收入方面，2003 年我国真正第三方物流市场的规模约 600 亿元，以 1 万家企业计算，则企业平均收入为 600 万元/家，如果以 1 万 5 千家企业计算，则企业平均收入只有 400 万元/家。

从集中度上看，2001 年我国第三方物流市场为 400 亿元，但没有一家企业拥有超过 2%的市场份额，这也就是说最大的第三方物流企业的年收入只有 8 亿元左右，市场集中度很低。最常用的市场集中度指标是集中率（CR_n），用产业排名前几家的企业在市场中的占有率表示，一般习惯上都使用 4 或 8。CR_4 是指前 4 大厂商的集中率，CR_8 是指前 8 大厂商的集中率。其值介于 0 与 1 之间，数值越大，表示集中率越高。根据中国现代物流发展报告（2002 年）的数据可知，我国从事物流相关业务的公司数量达到 3.6 万家，但最大的企业仅占 1.4%的市场份额。周昌林（2005）对 2003 年 12 家第三方物流上市公司进行分析，测算的 $CR_{12}=0.059$，$CR_7=0.019$。由此可见，我国物流业的市场集中度很低，具有垄断竞争的特征。

相比之下，美国、北美、欧洲第三方物流市场都是由寡头主导的寡占型市场结构。西方发达国家都拥有世界级的第三方物流公司，这些公司规模大、增长快。世界最大的第三方物流供应商英国的 Exel 公司，1999 年营业额就已达到 34.9 亿英镑，2003 年达到 50.68 亿英镑，年均增长 9.8%。据英国的运输信息公司（Transport Intelligence）提供的数据，2002 年全球最大的 20 家第三方物流供应商实现物流收入 276 亿美元，平均实现收入 13.8 亿美元，比 2001 年提高了 8.1%。这 20 家企业全部分布在英国、美国、德国、荷兰、瑞士、法国和新加坡等发达国家。其中，前 12 家最大的 3PLs 中，1999~2003 年间，年增长率超过 30%的有 1 家，年增长 20%~30%的有 3 家，年增长 10%~20%的有 2 家，年增长 5%~10%的有 4 家①，大部分全球最大的 3PL 都在快速扩张。

从集中度上看，西方发达国家物流市场具有明显的寡占特征。美国目前约有 1 600多家第三方物流供应商，1999 年美国最大的四家第三方物流公司（Ryderlogistics，Penske logistics，SchnelderDedicated 和 Tibbet&Britten Group N. America）共实现净物流收入 37.93 亿美元；最大的八家（前四家和 Americold，North Amercan，

① 数据来源：Armstrong& Associates INC. http：//www.3plogistics.com，有关公司的年度报告.

Fritz Cos. 以及 UPS Logistic）共实现净物流收入 61.59 亿美元。而据 Armstrong & Associates 统计显示，1999 年美国净物流收入为 250 亿美元。因此，可以计算出 1999 年美国第三方物流集中度 $CR_4=0.15$，$CR_8=0.25$①。

综上所述，我国的第三方物流市场仍处于发展的初级阶段。与西方发达国家成熟的寡占型结构相比，我国需要积极培育第三方物流寡头企业，加快物流业的整合。

（二）第三方物流产品差异程度分析

第三方物流产品差别具体表现在物流服务内容、服务质量、服务范围、服务形式和服务期限五个方面。

从服务内容上看，我国第三方物流企业提供的服务主要集中运输和仓储两大物流功能上，但在具体服务上还是有区别的。就运输来说，从运输形式上看，有的主要提供铁路运输，如铁龙股份；有的主要提供公路运输，如盐田港 A；有的主要提供水上运输，如中远航运；有的主要提供管道运输；有的提供航空运输，如东方航空。从运输范围来看，有的企业主要提供中转运输，有的主要提供干线运输；有的企业主要提供国际运输，有的企业则主要提供国内运输。从运输的内容来看，有的主要提供特种杂物运输，有的主要提供原油运输等。

从服务质量上看，第三方物流企业提供的物流服务主要有服务效率和服务成本两方面的差异。服务效率主要体现在信息的及时准确、作业速度的快慢、服务内容完整与残缺、货损率的高低、服务态度好坏、有没有网络服务、能不能满足需求波动等。服务成本是指外包物流的企业所支付给第三方物流企业的费用与内部相关的管理费用之和，服务成本的高低是各物流企业竞争力的充分体现。

从服务范围上看，有的第三方物流企业只能提供单一功能的物流服务，如纯粹的运输公司、仓储公司等；有的企业能提供两项或多项功能的组合式服务，如一些第三方物流上市公司；有的第三方物流可以提供供应链管理的全部物流功能的服务，如进入中国市场的国际第三方物流企业，像 Exel、UPS 等。

从服务形式上看，有三种形式：一是主要在物流需求企业所在地提供服务的消费者定位服务，如捷利股份所提供的配送服务等；二是主要在第三方物流企业所在地提供服务的生产者定位服务，如盐田港 A、上港集装箱等提供的装卸服务；三是以双方所在地为主要服务地的生产者、消费者定位服务，如中储股份等。.

从服务期限上看，可分为一年以内的短期物流服务、一年到三年的中期物流服务和三年以上的长期物流服务。目前，我国第三方物流所提供的服务期限已经包括了短、中、长三类服务。

---

① 数据来源：王佐．美国第三方物流产业发展研究．中国物流与采购，2004（4）．周昌林．第三方物流——理论与应用．北京：经济管理出版社，2005.

（三）第三方物流业进入和退出壁垒

我国第三方物流业进入壁垒主要包括四个方面：政策法规壁垒、制度壁垒、规模经济壁垒和技术壁垒。

从政策法规壁垒上看，由于我国物流起步较晚，物流业正在改革与完善当中，其中的立法还没有跟上，所以在这方面的壁垒十分低或几乎不存在。

从制度壁垒上看，我国目前最突出的问题是条块分割的管理体制还没有被打破，行业封锁、地方保护的现象比较严重，它不仅给有效整合、利用社会物流资源带来障碍，阻碍了传统第三方物流向现代第三方物流的转型，也提高了新组建第三方物流企业的进入门槛。

从规模经济壁垒上看，我国第三方物流企业的平均规模很小，表面上看似乎规模经济障碍很小，但由于这些企业大部分都是从传统仓储企业转型过来的，达到经济规模的很少，而且差距较大。如果要转变为现代第三方物流公司，特别是要提供全球范围物流服务，则需要大幅度增加投资，迅速扩大市场占有，因此，难度较大，这是传统物流企业向现代第三方物流企业转型的规模经济障碍。与生产企业相比，大型物流企业的成本优势并不十分明显，只要掌握到相关的物流信息，就能在市场上找到生存的空间，可见其规模经济壁垒并不显著。

从技术壁垒上看，目前我国第三方物流企业的信息技术应用总体上比较落后，传统物流向现代第三方物流转型需要全面更新、改造和提升企业的管理信息系统，这不仅需要大量的资金投入，也需要较长的时间来完成，这是传统物流企业的转型壁垒。但物流企业更强调的是服务质量，对技术上的要求并不是特别的高，一般的企业都能够较容易地达到，虽然存在着技术水平的高低之分，但借此形成核心竞争力的物流企业并不多。

我国第三方物流业的退出壁垒同样包括专用资产沉没费用障碍①、专门人才转业费用障碍和制度障碍三个方面。

综合考虑市场集中度、产品差异化以及行业进入和退出壁垒等几方面的特征，我国第三方物流属于垄断竞争的市场结构。

三、基于SCP分析框架的物流产业组织现状分析

SCP产业组织理论框架是美国经济学家贝恩的《产业组织》一书中所论述的现代产业组织理论体系，即市场结构（Structure）、市场行为（Conduct）和市场绩效（Performance）以及三者之间的相互逻辑作用关系。产业组织结构在SCP三者互相作用、互相促进、良性发展中不断得到优化升级。

---

① 物流业专业技术水平较高，很多机器设备厂房具有一定的资产专用性，因而会造成一定的退出障碍。

1. 市场结构不尽合理。首先是第三方物流市场集中度不够。尽管我国物流市场巨大，但是，独立于产销之外、以签订合同的方式为其委托人提供所有或部分的专业物流，即第三方物流，物流市场所占的比例较低。根据国际研究机构 2004 年的统计，美国第三方物流市场规模约相当于其全社会物流成本支出的 25%，欧洲为 30%，亚洲的总体水平低于 5%，而中国则在 2%左右。如果按照 2000 年中国全社会物流成本占 GDP 20%的水平估计，中国当年第三方物流市场的规模约为 358 亿元，尚不及 2000 年美国第三方物流市场的 1/10。而且，第三方物流主要是跨国公司、外商独资企业、中外合资企业所分离出来的，大部分国有企业、大中小私营企业缺少第三方物流意识，恪守“大而全、小而全”的经营思路，很少需要第三方物流服务。其次是物流企业兼并、联合速度慢。目前，我国物流企业市场进入门槛比较低，许多资本进入市场经营不同层次的第三方物流，但这些物流企业兼并联合速度慢，许多物流企业尚停留在自营物流阶段，很少进行兼并、联合，向第三方物流企业发展，资本、技术等生产要素向物流产业集聚慢，第三方物流企业还处在“散、乱、小”状态，未能以资本为纽带、以供应链为主线联合、建立起横纵向相互依存关系。第三是第三方物流企业布局不合理。第三方物流企业主要集中在经济较发达的东部、南部地区，以广东、上海、北京为中心，内地和西部地区第三方物流远未开发，也很少建立第三方物流企业。

2. 市场竞争行为不完全。在价格战略方面，虽然宏观上物流企业都在市场调节下制定服务价格，实现其长期利润的最大化，但微观上物流服务价格没有真正以运输费用和交易费用为基础，供应链企业也未能以交易成本、运输费用为基础，评价价值链的优劣，确定合适伙伴关系。企业规模普遍较小，缺乏竞争力，企业之间的竞争仅仅是围绕在价格因素上，层次很低。国有物流企业凭借其系统完善的网络、资产和优质的客户资源，重点发展高端市场，垄断势力较强。民营企业生存空间有限，在低端市场竞争激烈，恶意降价、肆意揽货、争抢客户的现象严重。同时，由于各物流企业市场占有率不同、费用水平不一致、服务质量差别大，物流企业间信息交流不活跃，物流企业间的各类物流服务价格难以得到协调统一，物流服务价格竞争还不完全。在物流服务产品战略方面，由于物流企业市场准入门槛较低、缺乏充分、完全竞争，物流企业还没有真正通过信息技术运用程度的差别来实现其服务产品的差异化，实施产品战略，致使交易、需求、计划、管理、控制及决策分析得不到统一，供应商和需求商信息相互沟通不及时、不顺畅，货物不能及时发送、到达客户手中。

3. 市场绩效欠佳。一是资源配置效率不高。许多物流企业未能科学建立配送中心，合理设置网点、流程，有限的交通基础设施、运力、资本和技术得不到最优配置，运输、交易成本高。我国物流成本占生产成本的 40%左右，比发达国家高出近三倍；占 GDP 的比重高达 20%，比美国等发达国家高出近一倍①。二是物流服务市场供求失衡。由于我国物流企业市场准入门槛低，低技术构成的物流企业互相竞价，提供大量低水平物流服务，而目前市场上真正需要的是高效率、高技术构成的第三方物流服务。因此，物流服务总体上供大于求，导致物流服务价格低，运输超载现象频繁，第三方物流服务发展空间有限。三是企业规模不合理。物流企业处于“小、散、乱”状态，小企业多，大企业少；区域性多，国家、国际性少；传统型多，现代综合型少；未能以供应链为主线在国内、国际上建立纵、横向网络体系，整体规模经济差。四是技术构成低。物流是信息技术高度发展的产物，是资本、技术密集型产业。现代物流企业是一种高度系统化、信息化的组织，包括基本作业系统、高级作业系统和现代信息系统，技术含量高，需要大量投资。但是，目前我国大部分物流企业设施简单、功能单一，只拥有基本作业系统，部分拥有高级作业系统，缺少现代化信息系统，包括核心业务系统、电子商务系统和商业智能分析系统，整体技术构成低。五是就业人才结构不尽合理。物流业的发展吸引大量的劳动力就业，但是，就业人才结构与现代物流业对知识、技术要求不相称；大量的搬运工知识层次低，大部分管理人员是曾经从事运输业、仓储业、货代、外经贸人才，缺乏系统现代物流知识、市场竞争意识，管理、技术水平跟不上物流国际化、信息化、集团化的要求，这些都制约了物流企业高效运行。

第四节　我国物流产业的现状分析

一、我国物流产业的现状

随着我国经济的不断发展，物流产业对国民经济的贡献日益突出。据中国物流信息中心统计测算，2005 年，国内物流业实现增加值 12 140 亿元，同比增长 12.7%（按现价计算），占当年 GDP 的 6.7%，占服务业全部增加值的 16.5%，分别比去年提高了 1.4 和 3.5 个百分点。与此同时，物流业对经济发展的作用进一步增强。根据中国物流与采购联合会测算，“八五”时期单位 GDP 对物流需求的系数平均为 1∶1.54，“九五”时期上升至 1∶1.58，“十五”时期则上升至 1∶2.18，明显高于“八五”和“九五”时期的水平②。可见社会经济发展越来越依赖于现代物流的发展，这是国家调整经济结构，转变经济增长方式的必由之路，也反映出

① 数据来源：国家信息中心中国经济信息 . CEI 中国行业发展报告——物流业 . 北京：中国经济出版社，2004.

② 数据来源：中国物流与采购联合会 . 中国物流发展报告（2004—2005）. 北京：中国物资出版社，2005.

通过流通现代化推动工业现代化的必然规律。

社会物流总成本规模逐步扩大，占 GDP 的比重呈下降趋势。国际物流界通常将社会物流总费用与 GDP 的比例作为衡量一个国家物流发展水平的标志。根据国际上通行的物流总费用的计算方法，物流总费用由运输费用、保管费用和管理费用三部分构成。按照这一方法计算，2004 年，我国社会物流总费用为 29 114 亿元，同比增长 16.6%，增幅比上年同期提高 3 个百分点。其中，运输费用为 16 558 亿元，同比增长 18%，增幅比上年同期扩大 3.5 个百分点，占社会物流总费用的比重为 57%；保管费用为 8 467 亿元，同比增长 14.8%，增幅比上年同期回落 0.4 个百分点，占社会物流总费用的比重为 29%；管理费用为 4 089 亿元，同比增长 14.5%，增幅比上年同期扩大 7.2 个百分点，占社会物流总费用的比重为 14%①。

2004 年，我国物流总费用与 GDP 的比例为 21.3%，比上年降低 0.1 个百分点，比 1991 年降低 2.7 个百分点（见表 15.1）。社会物流总费用与 GDP 的比例呈逐渐降低的趋势。在物流需求规模增长明显快于 GDP 增长的情况下，这一比例呈逐渐降低的趋势，表明我国物流业的运行质量有所提高，意味着社会物流直接经济效益在不断增加。以 2004 年为例，根据计算，我国物流成本每降低 1 个百分点，就可以新增 1 300 亿元左右的社会经济效益。

同美欧日等发达国家相比，我国物流总费用占 GDP 的比例要高出 10 个百分点以上。这一方面说明我国与发达国家在物流运行的质量和效益方面确实存在明显的差距；另一方面，由于产业结构和经济发展阶段的不同，我国与发达国家存在一定的不可比性。从 GDP 的构成看，美欧日等发达国家第一、二产业仅占 20%左右，第三产业高达 80%；而我国 2004 年第一、二产业占 68.2%，第三产业仅占 31.8%。如果将社会物流总费用与第一、二产业 GDP 相比，我国这一比例不到 32%，而美欧日等发达国家则在 40%左右。这些说明了当前我国物流发展水平不高、效率偏低，经济发展的物流含量偏小。

表 15.1　　**1991~2004 年社会物流总费用与 GDP 的比例**

年份	社会物流总费用与 GDP 的比例
1991	24.0
1992	23.0
1993	22.8

① 数据来源：中国物流与采购联合会．中国物流发展报告（2004—2005）．北京：中国物资出版社，2005.

续表

年份	社会物流总费用与GDP的比例
1994	22.1
1995	22.0
1996	22.0
1997	22.3
1998	21.4
1999	21.4
2000	21.2
2001	21.1
2002	21.5
2003	21.4
2004	21.3

资料来源：国家信息中心中国经济信息．CEI中国行业发展报告——物流业．北京：中国经济出版社，2004.

物流对相关行业的带动作用日益明显。现代物流为经济持续快速增长提供了强有力的支撑和保障。一是物流规模的扩大，物流量的增长，保证了国民经济运行的需要。二是促进了结构调整和增长方式的转变，催生了新兴的业态和经营模式。比如，以现代物流系统为支撑的连锁经营、快递服务等正在改变着人们的生活和消费习惯。在一些行业和企业物流技术的应用，改变了企业业务流程和生产经营方式。三是现代物流成为推动流通速度加快、效率提高的重要因素。2004年，工业企业流动资产年周转次数由2次提高到2.1次。据中国物流信息中心对全国50家重点生产资料流通企业的统计，流动资产周转次数由上年的2.3次提高到2.6次；商品库存周转期由上年的29.3天缩短到28天。四是对物流设施和装备、信息手段、咨询服务、金融保险和培训教育等相关产业发挥了较强的带动作用。2004年，仅起重设备、叉车和输送机械设备的产量，就分别比去年增长了22.6%、25.2%和34.8%。此外，现代物流在创造就业岗位、改善投资环境、减少环境污染和道路拥堵等方面，同样发挥着越来越重要的作用。

二、物流产业发展中存在的问题

1. 粗放经营的格局并没有根本改变。近年来，我国现代物流虽然取得了很大的成绩。但从总体上来说，仍然处于初级阶段，依然停留在粗放式经营的层面，质量和效益还不很理想。国际上通常把物流成本占 GDP 的比重，作为衡量物流效率和效益的重要指标。发达国家经过推行现代物流，这项指标已经控制在 10%左右。我国全社会物流成本占 GDP 的比重，自 1998 年降到 21.4%以来，连续 7 年上下徘徊，2004 年仍为 21.3%①。虽然产业结构有所不同，但从一个侧面也反映了中国物流的粗放与落后。2004 年，中国工业企业流动资产平均周转次数为 2.1 次，流通行业也不到 4 次，而发达国家高于我国几倍甚至十几倍。

2. 供需不平衡的矛盾依然存在。一方面企业物流运作模式受“大而全、小而全”思想的影响，习惯于自成体系，自我服务，大量潜在的物流需求还不能转化为有效的市场需求；另一方面物流企业规模小，实力弱，功能单一，服务质量和效率难以满足社会化物流的需要。这几年，我国第三方物流发展很快，但真正能够提供一体化服务的企业还不多。在如何促进生产流通企业外包、释放物流需求，物流企业增强供给能力和服务水平等方面，政府有关部门还缺乏有效的政策措施。

3. 基础设施的“瓶颈”制约更为突出。近年来，我国物流基础设施发展很快，但同物流需求的增长仍然不相适应，存在物流供给明显不足的“硬缺口”② 现象。2004 年，我国需要运输的实物量增长 20%左右，而实际完成的货运总量只增长了 10.6%，使货物在途时间延长，压港、压库严重。

我国铁路总营业里程居世界第三，完成工作量居世界第二，每公里铁路完成的货运量居世界第一，但仍然不能满足社会物流需求。全国各地每天向铁路部门申请车皮 15 万~16 万辆，实际只能满足 9 万多辆的需求。我国现有路网建设与社会发展需求的矛盾日益显现。目前，我国 90%以上的集装箱吞吐量集中在沿海主要港口，而集装箱吞吐能力的严重不足与港口集装箱业务需求快速增长已形成巨大反差，尤其是枢纽港吞吐能力不足的矛盾更为突出。同时，与港口连接的公路、铁路、内河航运等集疏运系统的不完善和不配套，也在一定程度上制约了我国集装箱运输的发展。

在这几年兴起的“物流热”中，各地规划了一些物流园区项目，也出现了借机“炒作”、圈地、搞房地产的问题，真正投入运作的园区并不多，物流基础建设滞后的问题还很突出。其根本原因是，物流基础设施固定资产投资实际增长幅度明显低于需求增长。2004 年物流基础设施固定资产投资总额为 0.7 万亿元，增长 24.3%，增速比同期社会物流总额增长速度低 5.6 个百分点，也低于同期全社会固定资产投资增长 25.8%的水平，尤其是供需矛盾最突出的铁路运输投资增幅只有 16.5%。

4. 物流发展的环境需要进一步改善。一是体制方面的障碍。物流的产业形态

① 数据来源：新华网，2004-12-29。

② 此处主要指物流发展所需要的基础设施建设滞后的现象。

和行业地位不明确，物流组织布局分散，物流资源和市场条块分割、地方封锁和行业垄断对资源整合和一体化运作形成体制性障碍。物流企业普遍反映，许多地方对本地企业和外地企业不能一视同仁，存在地方保护的问题；物流企业在异地设立分支机构、承揽业务和车辆通行等遇到许多困难，纠纷时有发生；有的地方出台文件，要求货运企业统一进入指定的货场经营。

二是物流产业的政府管理体制中，管理者缺位和越位现象严重。物流是跨部门、跨行业、跨区域的复合型产业，物流的发展虽然受到各部门的重视，但是物流业在管理上涉及发改委、商务厅、交通、铁道、民航、邮政、海关、质检、信息等十几个部门，各部门都抓物流工作，缺乏统筹规划和整体协调，各行其是，政出多门，形不成合力。比如，湖北省发展现代物流业所需的产业政策和产业规划尚未出台，在物流市场进入与退出的竞争规则上无统一的法律法规可循。如对运输的管理，是按不同运输方式划分由不同部门管理的，使得部门之间、地区之间的权利和责任存在交叉和重复，难以有效合作、协调；又由于现行的财政体制，各地经济、社会发展规划也都自成一统，地区封锁、市场分割成为阻碍物流产业发展的另一大顽症。这种体制弊病是与现代物流应有的跨区域、跨行业、网络化的特征格格不入的，它直接导致了各种存量的物流要素的分散和难以整合，使得各种基础设施的规划和建设缺乏必要的协调，导致大量的重复建设和过度竞争，造成物流资源的浪费。

三是物流市场面临信用危机，存在严重的“劣币驱逐良币”的现象。由于行业进入门坎低，造成鱼目混杂，很多企业一两辆车就成为物流企业。一些个体经营者挂靠在一些规范物流企业下面进行物流活动，每年仅仅需要给挂靠企业缴纳一定的管理费而已，而对物流过程中的安全、信誉等问题一概不管。更有一些所谓的“中间”物流企业，无资产、无人员、无资金，仅仅手中掌握一些客户资源，进行纯粹的买卖物流订单的交易，增加了交易成本和交易风险，扰乱了市场秩序。更有一些个体物流企业为了迎合客户的低价要求，把价格降到很低，以挤掉很多经营规范、服务和信誉良好的企业，造成整个市场的竞争混乱。近来频频发生的一些物流企业非法占有客户货款并携款潜逃的现象，这都是缘于市场不规范和低水平竞争，进而给这些毫无信誉的物流企业带来生存空间。

小　　结

1. 第三方物流企业的出现标志着物流市场的诞生。物流市场是由提供物流服务供给方与服务需求方相互交易而产生的一系列行为群体。物流有效需求不足和物流供给水平落后是物流市场当前存在的主要问题。

2. 物流产业是从事物流服务活动的企业的集合，是一个“复合产业”，属于

"第三产业"范畴；是以整合分立和分散的物流资源、有机集成和协调仓储、运输、装卸、搬运、保管、信息、配送、加工等企业物流职能形成专业化物流服务活动和不可或缺的支持性活动的所有企业的集合。

3. 物流产业是服务型产业、基础型产业和综合型产业。现代物流产业具有物流资源的整合和集成性、与其他产业的高度产业关联性、产业融合性、信息化和标准化等特征。

4. 目前我国物流市场结构存在市场集中度低、产品差异化小、进入退出壁垒低、服务质量差等问题，行业处于垄断竞争的市场结构格局。结合 SCP 分析框架，可以发现物流产业当前存在的粗放经营、供需不平衡、基础设施瓶颈等问题。

思考与练习

1. 简述物流产业的界定。
2. 简述现代物流产业的特征。
3. 简述我国第三方物流企业的分类。
4. 简述物流市场供需矛盾的具体体现。
5. 简述第三方物流的市场结构现状。
6. 简述基于 SCP 分析框架的我国物流产业组织现状。
7. 简述我国物流市场当前存在的主要问题。

案例分析

2005～2007 年中国物流行业分析

中国物流业在国家继续加强和改善宏观调控政策的影响下，运行仍保持较快地增长。2005 年，全国社会物流总费用为 33 860 亿元（按现价计算）同比增长 12.9%，增速比上年回落 3.7 个百分点。2005 年物流收入增长较快，全国物流业总收入为 18 791 亿元，同比增长 12.7%。其中，运输领域收入合计 15 924 亿元，同比增长 10.5%，占总收入的 84.7%，保管收入 2 867 亿元，同比增长 26.7%，占总收入的 15.3%。

2006 年，全国社会物流总费用为 38 414 亿元，同比增长 13.5%（按现价计算），增速比上年上升 0.6 个百分点。物流总费用与 GDP 的比率为 18.3%，比上年下降 0.2 个百分点。2006 年，运输费用为 21 018 亿元，同比增长 12.8%，占社会物流总费用的 54.7%，比 2005 年下降 0.3%。2006 年，保管费用为 12 331 亿元，同比增长 16%，增幅比上年提高 0.1 个百分点，也是物流费用中增长最快的部分，占社会物流总费用的 32.1%，比上年上升 0.7 个百分点。2006 年的管理费用为 5 066亿元，同比增长 10.4%，增幅比上年回落 2.3 个百分点，占社会物流总费用的 13.2%，比上年下降 0.4 个百分点。2006 年，全国物流业增加值为 14 120 亿元，按可比价计算同比增长 12.5%，占全国服务业增加值的 17.1%，比上年提高 0.5 个百分点。

2007 年第一季度，全国社会物流总额 15.6 万亿元，同比增长 23.8%。2007 年第一季度工业品物流总额 13.7 万亿元，同比增加 2.8 万亿元，增长 25.2%，占社会物流总额的比重为 88%，同比提高了 0.8 个百分点。进口物流总额 1.6 万亿元，同比增长 14.1%，进口物流总额占社会物流总额的比重为 10.3%，同比回落 0.9 个百分点。农产品物流总额、再生资源物流总额和单位与居民物品物流总额分别增长 13.5%、17.1%和 15.8%。

“十一五”时期乃至未来更长的时期，中国物流产业将进入更高层次的发展阶段，并呈现一些新的发展趋势与特征。第一，伴随着国民经济的快速稳定发展，物流产业规模将继续快速扩张。第二，与经济结构和产业布局调整相适应，物流产业的集中度进一步提升。第三，随着物流市场的进一步扩大，物流产业内的分工将越来越细。第四，物流服务方式日益多样化，以现代信息技术、运输技术、管理技术为基础的集成化、一体化物流服务将得到更为广泛的应用。第五，物流产业技术进步与创新步伐加快，现代化水平进一步提升。第六，合作互动将成为物流产业实现规模扩张、协调发展的重要途径。第七，物流产业发展的制度环境日趋规范，市场秩序与环境条件进一步优化。

（资料来源：中国投资咨询网．2007～2008 年中国物流行业分析及投资咨询报告. 2007（17).）

案例思考题

1. 分析物流产业时使用的指标内容包括哪些？
2. 我国物流产业的发展趋势如何？

第十六章　物流与区域经济发展

【学习目标】

1. 了解物流产业对国民经济发展的影响；
2. 掌握物流产业的发展对产业结构优化升级的影响；
3. 了解物流产业对区域经济发展的促进作用；
4. 理解现代物流与城市发展的关系；
5. 掌握产业聚集与物流园区的相关内容。

第一节　物流产业与国民经济发展

现代物流业不仅对一国经济发展起着举足轻重的作用，也是一国经济发展水平的重要标志之一。现代物流保证了社会生产过程的顺利进行，提高了企业的竞争力，推动了第三产业的发展，促进了产业结构的调整和资源优化配置，有利于提高我国产业的国际竞争能力。

一、从整体上提高国民经济的运行质量

现代物流的有效性是影响宏观经济的重要变量。随着我国经济增长由粗放型向集约型转变，由增长的数量向质量转变，推进现代物流是提高经济运行质量和效益的必由之路。随着全球经济一体化的发展，企业的采购、仓储、销售、配送等协作关系日趋复杂，企业间的竞争已不单是产品性能和质量的竞争，也包含物流能力的竞争。高效、畅通的物流系统会使企业的产品和服务更贴近用户，库存更合理，流通和生产成本更低，物资周转时间更短，流动资金占用更少，资金使用效率更高，从而更有效地提高宏观经济运行质量和效益，实现国民经济增长方式的转变。

目前，中国经济运行的物流成本远高于欧美发达国家，物流领域的管理水平和效率还比较低，物流成本节约的空间还非常大。1998 年以来，山东等地开始了以优化企业物流管理为切入点推进物流产业发展的试点工作，青岛啤酒、海尔集团、山东东大药业等一批优势企业通过整合物流资源、完善产品配送服务系统、采用第三方物流服务等，在降低企业物流成本、减少资金占用、降低原材料和产品库存水

平以及促进传统储运企业向物流企业转变等方面取得了非常显著的成效。仅青岛啤酒一家企业1999年就降低物流费用3 900万元，其中，仓库面积由7万平方米减少到2.96万平方米，库存下降使资金占用下降了3 500万元，仓储费用下降187万元，市内运输周转费用降低了189.6万元。

据世界银行估计，通过发展物流服务业，提高运输效率，加快商品周转与减少资金占用及其利息支出，可以在相当程度上提高全社会的物流效率，降低物流成本。“十五”时期，我国社会物流总费用与GDP比率由2000年的19.4%下降到2005年的18.6%，五年下降了0.8个百分点。在“十五”期间，中国物流成本占GDP的比例降低到15%，每年为全社会直接节省约2 400亿元物流成本，并为企业和社会带来极为可观的经济效益。

现代物流是对流通方式的一场革命，它作为一种先进的管理技术和组织方式，对资源进行优化整合，从整体上改变了企业的一些运行方式。它要求企业以市场为导向，以需求为目标，最大限度地降低企业产品总成本，提高服务质量和经济效益。因此，发展现代物流是提高经济运行质量的必由之路。

二、有利于产业结构优化升级

根据产业结构发展的演进规律，区域产业结构的发展方向是合理化和高度化。产业结构合理化是以第三产业的发展水平来衡量的，产业结构高度化是第一产业向第二产业、第三产业升级演进，劳动密集型产业向资本、技术密集型产业演进。

物流产业是产业分工和专业化高度发展的产物，具有整体优势和规模效益，物流产业的发展将对第三产业的发展起到积极的促进作用。与发达国家相比，目前，我国区域的经济结构还不尽合理，第三产业的发展水平不高，加快第三产业的发展是区域经济结构调整和优化过程中的一个重点。物流产业是现代经济中第三产业的重要组成部分，将成为区域第三产业发展的一个增长点，并对区域经济结构的调整和优化起到一定的促进作用。同时，物流产业发展带来的商流、资金流、信息流、技术流的集聚，以及交通运输业、商贸业、金融业、信息业和旅游业等多种产业的发展，也有助于区域产业结构合理化。

物流产业是对分散的货物流动进行集中处理，量的集约必然要求利用现代化的物流设施、先进的信息网络进行协调和管理。现代物流属于技术密集型和高附加值的高科技产业，具有资产结构高度化、技术结构高度化、劳动力素质高度化等特征。从这个角度来说，建立完善的物流产业体系有利于区域产业结构向高度化方向发展。

三、促进国民经济各产业部门的健康发展

1. 物流产业发展在促进制造业降低产品成本、提高经济效益的同时，调整传

统的“大而全、小而全”的经营组织形式，有助于制造业企业提高核心竞争能力。例如，海尔集团自1999年以来，在推进其物流改革的过程中，重新规划企业内部的物流体系和销售物流系统的同时，大力调整了企业内部的物流组织，成立了物流推进本部，将原来分散在采购部门、生产部门和销售部门的物流管理职能集中起来，在专业化物流公司的帮助和指导下，建立了以立体库为核心的企业内部零配件供应物流管理系统，重新调整了各地区销售公司的物流流程。通过建立企业内部的ERP信息管理系统和推进物流器具的单元化、标准化，形成了以海尔为中心的物流运作系统和独特的物流管理系统，其成为海尔在竞争中不断发展的一个核心竞争能力。

2. 物流产业的发展能够促进新型商业企业和业态形式的发展。随着流通体制改革的深入，传统的批发企业和储运企业，已经不能适应目前市场发展的要求，都在寻求新的市场发展空间。像广州商业储运公司、中储股份有限公司、上海物资集团等，近年来都在尝试向物流服务领域延伸，既发挥了企业原有的业务优势，又大大提高了企业物流设施的利用效率和客户服务水平，为传统企业赢得了新的发展空间和利润来源。同样，在零售企业中，特别是近年来迅速发展的连锁商业中，大型连锁商业企业内部的物流配送工作和为中小连锁企业提供服务的物流配送中心也发展十分迅速，多数连锁企业统一采购、统一配送的比例有较大幅度的提高，连锁经营的规模经济优势开始显现出来。

近年来，随着互联网络的发展，网上直销也逐步成为商业企业的主要的运营方式，物流产业的发展为电子商务提供了可靠的配送保障和售后支持，实现虚拟经济与实体经济的有效衔接。

3. 物流产业能够促进运输服务方式的创新和传统运输企业的发展。一是物流服务需要把多种运输方式集成，从而为客户提供最合理的运输线路，最大限度地节约运输时间和成本。这将促进我国新型运输服务方式的发展，特别是多式联运的快速发展。二是物流服务的中心是满足市场需求，这将改变运输企业以运力为中心的经营观念，进而促进运输企业经营方式的改变。三是物流产业作为服务部门，其服务水平必须与现代经济的生产、贸易以及消费发展水平相适应，这就要求运输企业大力引入现代化管理手段和技术手段，通过提高管理水平和技术水平，获得新的发展空间。

四、提高中国的国际竞争能力

一方面，发达的物流产业和基础设施有助于改善投资环境，吸引更多的外国企业和国际资本进入中国市场。目前许多跨国公司和国际先进企业在选择新的区域市场和生产基地时，都非常注重当地的物流设施和物流服务水平。例如，以直销商业模式闻名的美国戴尔公司（DELL），为适应其快速发展需要，选择了田纳西州的纳什维尔市作为其新的生产基地，而没有选择其总部所在地德克萨斯奥斯汀地区。原因之一就是前者的物流基础设施及服务和当地政府给予的政策支持更具竞争力。由于戴尔公司总部所在地德克萨斯奥斯汀地区虽然经济发展较快，当地政府对基础设施投资缓慢，使得道路、通信、网络等基础设施已不能适应企业的要求；而田纳西州的纳什维尔市，本身就是美国中部的交通枢纽，拥有快捷的配送网络，而且当地政府对戴尔公司的到来也给予极大的政策支持，主要措施包括捐赠价值650万美元的生产用地，投资改善运输和电信基础设施（仅机场改建就投资1 000万美元），并给予其与创造就业机会相互结合的财产税减免政策。

另一方面，在中国加入WTO，中国经济融入世界经济一体化进程中，无论是在国际市场还是在国内市场，我国企业都面临着巨大的、全方位的国际竞争压力。加快中国物流产业的发展已经不仅仅是强化物流领域的竞争能力问题，更重要的是，为所有的中国企业和整个国民经济创造一个高效的物流环境，提供高水平的物流服务，从整体上提高中国企业和中国经济的竞争能力，这对促进中国经济发展有十分重要的现实意义。

第二节 区域物流与区域经济发展

现代物流业具有很强的产业关联度和带动效应，几乎涵盖了第一、第二、第三产业的所有领域和部门，无论在广度还是深度上都具有很好的发展前景，是国民经济的支柱性产业，对区域经济发展具有重要的促进作用。当前很多区域都确立了物流产业先导性产业的地位，因此，理解现代物流与区域发展的关系就显得尤为重要。

一、区域物流的界定

所谓区域物流，是指在一定的区域地理环境中，以大中型城市为中心，以区域经济规模和范围为基础，结合物流辐射的有效范围，将区域内外的各类物品从供应地向接受地进行有效的实体流动。根据区域物流基础设施条件，将公路、铁路、航空、水运及管道输送等多种运输方式与物流节点有机衔接，并将运输、储存、装卸搬运、包装、流通加工、配送及信息处理等物流基本活动有机集成，以服务本区域的经济发展，提高本区域物流活动的水平和效率，扩大物流活动的规模和范围，辐射其他区域，提高本区域的综合经济实力。

区域物流是以区域地理位置为前提，地理位置的差异性和客观性是形成区域物流的条件，以大中型城市为中心，突出大中型城市处于区域经济的中心位置，是实现聚集经济性的主要空间表现形式，如广州、上海、杭州、宁波、连云港、青岛、烟台、天津、大连、南京、武汉、郑州、西安、重庆等大中型城市及相应的区域经济范围，再如珠江三角洲、长江三角洲、环渤海经济区域、南京（苏南）经济区、武汉（华中）经济区、郑州（中原）经济区域等。

区域物流以服务本区域的经济发展、提高本区域的经济实力为目标。根据区域物流基础设施的条件，从区域物流发展规划的角度，通过物流中心城市政府的作用，科学合理地规划、布局各种物流基础设施，尤其是将区域物流中的点（港口、货运站、仓库、物流园区、物流中心、配送中心等）、线（公路线、铁路线、航空线、水运线等）、网（公路网、铁路网、航空网、水运网等）等有机衔接，使物流的各项活动有机集成。区域物流通过扩大物流服务的规模和范围，辐射周边区域，增强本区域的物流功能和经济实力，确立现代物流业支柱产业的地位。

区域物流按照其所辐射的主要区域范围的不同，可以分为国际区域物流和国内区域物流。前者物流产业及物流活动主要覆盖跨国经济区域，如欧盟（European Union，EU）、北美自由贸易区（North American Free Trade Area，NAFTA）、亚太经济合作组织（Asia—Pacific Economic Cooperation，APEC）等；后者物流产业及物流活动主要辐射范围为国内特定经济区域，如日本的东京圈、阪神圈、京都圈、北海道圈等，德国的不来梅、荷兰的鹿特丹，我国的长江三角洲、珠江三角洲、京津环渤海等区域。从特定的区域地理范围和区域经济规模角度来看，广义的区域物流可以包括城市物流和县域物流①。区域物流产业的发展可以进一步带来商流、资金流、信息流、技术流的聚集，降低区域经济运行成本，加快区域经济结构和产业布局的合理化调整，带动地区和区域经济的发展。现代物流业的发展改变着区域经济的增长方式，促进新的产业形态的形成，优化区域产业结构，促进以城市为中心的区域市场的形成和发展。

区域物流与区域经济是相互依存的统一体，区域物流是区域经济的主要构成要素，是区域经济系统形成和发展的重要力量。现代物流业属于服务业性质，是区域经济发展的产物，属于后发产业，对区域经济的发展起到了重要的支撑作用，是区域经济中的支撑系统，它连接区域经济的各个部分并使之成为一个有机的整体。

二、区域物流网络的“点—轴”开发效应

区域物流网络是由一些点和轴构成的，这里的“点”指各级物流中心，“轴”指由交通、通信干线连接起来的“基础设施束”，在物流网络形成过程中，社会经济要素在“点”上集聚，并由线状基础设施联系在一起而形成“轴”。“轴”对附近区域有很强的经济吸引力和凝聚力。轴线上集中的社会经济设施，通过产品、信息、技术、人员、金融等对附近区域有扩散作用。扩散的物质要素和非物质要素作用于附近区域，与区域生产力要素相结合，形成新的生产力，推动社会经济的发

① 资料来源：海峰．区域物流论．北京：经济管理出版社，2004.

展。在国家和区域的发展中，在“基础设施束”上会形成产业聚集带。由于不同国家和地区地理基础及社会经济发展特点的差异，“点—轴”空间结构形成过程具有不同的内在动力、形式及不同的等级和规模。

三、区域现代物流业的“极化效应”

“增长极”理论表明，区域经济发展的初期一般会在经济发展基础较好的地区出现人力、物力、财力等生产要素聚集的现象，从而使这一地区形成经济快速发展的“增长极”。区域性物流中心将成为区域经济增长极。根据增长极理论可知，物流中心或物流园区，既是自身增长极的形成过程，又是逐步开始发挥增长极作用的过程。

现代物流业增长极的发展为区域产业提供有力支撑。现代物流业的发展是不能独立于其依托产业之外的，只有当制造业发展到一定阶段，其物流需求发展到一定阶段，现代物流业才可能随之发展。制造业与现代物流业的发展是互为依托的，它既为现代制造业提供了有效的配套，促进了产业链的延伸，在制造业上游为其组织采购原材料，又为其在生产下游提供良好的销售环境，现代制造企业要依赖现代物流为其将产品运往世界各地。现代物流已经成为制造业产业链上不可替代的角色。所以，在发展区域制造业的同时，现代物流业的发展是至关重要的，只有进一步提高区域现代物流业的发展水平，才能更好地支撑区域制造业的发展。

现代物流业增长极的发展提高了区域经济的运行质量。现代物流业作为某一地区的主导部门不是孤立地发展起来的，一个主导部门同与它有联系的若干部门一起构成一个主导部门综合体系。现代物流产业不仅涉及水路、公路、铁路、航空、管道五大运输方式经营企业，还涉及交通、运输、仓储、包装、通信等物流设备制造和经营业；不仅涉及工业制造业、货代、仓储、包装、堆场、电子商务、邮政、通信、银行、保险、消费者等生产经营和物流服务企业以及用户，还涉及政府、税收、海关、检验检疫等管理部门。由此可见，现代物流业涵盖的范围非常广泛，其发展不仅有利于降低所在区域其他产业的经营成本，而且有利于促进商业、交通业等其他产业的发展，并能带动区域产业结构的调整和完善，提高区域经济运行质量。

现代物流业增长极的发展增强了区域竞争力。区域经济的竞争力主要有核心竞争力、基础竞争力和环境竞争力。核心竞争力是指生产增加值的竞争力，其中就包括企业的竞争力。发展现代物流可以提高区域物流企业管理水平，增强企业的竞争力，属于核心竞争力的范畴。基础竞争力是指支持核心竞争力的基础设施和国民素质，而物流投入的加大必然会增加基础设施的建设，这就提高了区域的基础竞争力。环境竞争力包括市场竞争环境与政府提供的社会组织和结构环境。现阶段，国内各区域基础设施状况逐步改善和以优惠政策为代表的各地区投资环境差异的日益缩小，原有的政策、环境劣势正在不断削弱，各地区正迫切寻找新的切入点。发达的现代物流业是区域经济中新的经济增长点，有利于各地创造良好的投资环境，形成区域的环境竞争力。由此可见，现代物流业的发展对于区域竞争力的提升有着重要的促进作用。

四、区域现代物流业的“扩散效应”

现代物流的发展对区域其他产业产生辐射作用。物流主导部门的核心由铁路、公路、水运、航空、仓储等行业组成，通过前向效应和后向效应影响带动其他产业的成长。前者是指物流产业在提供服务的过程中需投入其他产业提供的产品和技术而形成的关联效应，如物流产业对物流新工艺、新技术、新原料、新能源和新装备出现的诱导作用。后者是指物流产业所提供的服务为其他产业的生产过程发挥作用而形成的关联效应，如物流产业对所在地区的商业、制造业、供销、粮食、外贸等行业及地区经济的所有行业的供应、生产、销售中的物流活动的影响。区域物流产业的发展产生的扩散效应，必然会带动区域相关产业的发展和基础设施的建设，提高区域内物流活动的效率，促进区域经济发展。

现代物流的发展对区域经济产生辐射作用。据预测，全球物流业最发达国家之一的日本，在近 20 年内，物流业每增长 2. 6 个百分点，经济总量就增加 1%。在物流业成为推进型产业及以区域中心城市为核心形成的成长极的初级阶段时，区域中心城市与区域周边地区的差距会拉大，但从长远看，区域中心城市是交通、信息、产品、物资、金融等经济生产要素和生产成果的汇集和扩散中心，中心城市的物流业发展必然会对整个区域的产业发展起一个很好的支撑和促进作用，物流业的经济效益必然也会向整个区域辐射，使周边地区的经济、管理、技术水平等得到全面提高，从而带动区域经济的全面提升。

现代物流业促进区域经济协调发展。按照经济发展规律，累积性集中成长并不会无限制地进行下去，一旦区域中心城市的经济达到高度发展阶段，经济要素和经济活动在“增长极”地区不断扩大和聚集，将会产生“聚集不经济”①，促使经济要素和经济活动向整个区域分散，从而促进整个地区协调发展和繁荣。也就是说，物流产业的发展，在提高区域经济运行质量的同时，可以从整体上提高区域各地地方经济的竞争能力。结合资源开发利用和其他产业的发展，逐渐形成比较优势，由此来促进产业在不同地区之间的合理布局，通过比较优势和地区之间的竞争形成各地区的产业结构特点，最终形成区域内各城市间功能分工明确、互为依托、共同繁荣的具有核心竞争力的城市群网络体系，实现地区经济协调和共同发展。

---

① 资源的大量聚集也会带来负面影响，比如大城市病，社会的贫富两极分化等。

第三节 城市与现代物流业的发展

物流业是一个国家社会经济发展到一定阶段的产物。现代物流已经成为企业继节约成本、提高劳动生产率之后的“第三利润源泉”。随着城市化速度的加快，建立一个高效率的城市物流体系就显得越来越必要。国际经验表明，当一国的人均GDP达到600~2 000美元时，就是城市化进程加速的阶段，也是现代物流业开始加速成长的阶段。

一、现代物流与城市发展的关系

1. 现代物流业成为城市经济新的增长点。现代物流管理和技术的应用，将使企业交货更加及时、准确和可靠，商品流程缩短，物流成本大大降低，使企业专注于提高产品和服务的质量，有助于提高市场竞争力，可以优化资源配置，节约社会的总成本。更为重要的是，物流是综合性产业，涉及交通运输、仓储、流通加工、配送等多种行业，通过行业间的融合发展，能够创造出巨大的附加值。由于物流业蕴涵着巨大的发展潜力，被一些西方国家誉为“21世纪最大的行业”。城市培育这样一种高成长性的产业，无疑是挖掘一个新的经济增长点。

2. 现代物流的发展有利于促进城市化进程。城市是第三产业较发达的地区，物流产业作为第三产业在城市大有作为。城市的工业化进程较快，大量的物资需要在城市进行生产和消费，更有大量产品需要从城市“走出去”、“引进来”，城市的物流的“量”可以得到保证。物流的繁荣有利于推进城市化进程。按现代物流的理念，将把国内的物流资源加以重新整合，按市场规律实现资源的优化组合，形成新型的物流产业。这不仅使传统的流通业得以改造，也使传统的运输业和仓储业得到新生。物流需求将从生产企业与流通企业分离出来，第三方物流企业将得到发展，物流中心、配送中心和分拨中心都将成为经济生活中不可缺少的一部分。

3. 发展现代物流是实现工业化的重要内容和前提。经济的发展以城市为中心，这是许多国家工业化过程中的一个客观规律，发达国家目前的城市化率已达到60%~80%，而中国才30%左右。中国也不可能违背这一客观规律，提高城市化率是必然的选择。城市不仅体现了社会的发展，更体现了经济的发展，而经济的发展离不开商流、物流、信息流和资金流，城市就通过这些向外辐射。物流系统是城市系统工程中一个非常重要的子系统。物流系统质量与效率的高低，决定着这个城市经济水平、竞争能力的高低。

4. 城市居民生活素质的提高要求有与之相适应的高效物流体系。城市居民越来越追求现代化的生活方式，城市物流必须解决居民物质文化生活所需物质的流入，以及更为有效的供给和配送。城市生活节奏的日益加快，要求配套的物流体系运作的高效快捷。物流系统的信息化、网络化和标准化提高了城市生活的质量。同时由于物流中心的统一规划，可以减少道路、货站、货场和相关设施在城市内的占地，节约城市用地，促进城市的可持续发展。

伴随着经济的发展，城市规模的不断扩大，地区互补作用的增强，城市内部和城市之间的交往日益频繁，物流规模必将不断扩大。

二、大中城市与现代物流发展的协调性分析

大中城市的发展离不开物流业的有力支撑，但如果物流业的发展缺少合理的规划和充分的论证，也将对城市发展产生一定的负面影响。例如，城市交通基础设施的建设，如果盲目“上项目”，必将使城市发展陷入混乱之中。所以，城市作为一个大系统，物流体系是其中的一个子系统，如何协调它们之间的发展，成为区域物流中一个重要问题。

首先，要实现总体战略规划的协调性。大中城市的发展要切实制定城市发展战略规划、城市交通发展战略规划和城市现代物流发展战略规划。城市发展战略规划是核心，其他的规划必须服从该规划的安排，实现各战略的总体一致和和谐。城市交通发展战略规划是对城市交通系统发展建设的长远性和全局性的谋划。一方面要注重干线运输与城市交通枢纽综合协调发展，另一方面需关注整个城市交通网络的布局、密度、建设水平、交通结构以及与之相配套的交通政策、投资方向等。城市现代物流发展战略规划必须在城市发展战略规划和城市交通发展战略规划的基础上体现“人本位”的思想观念，同时更要体现现代物流对城市经济扩张的推动作用，使物流业成为城市发展的引擎和城市经济发展的新增长点。再者，物流业的发展规划和物流系统的建设需要满足城市可持续发展的要求，这样才有助于减少交通拥挤，改善交通环境，节约能源。

其次，要实现政策方向的协调性。城市政策方向是每个城市在总体规划基础上实现城市如何发展的方向标，对城市发展有直接的影响。要使物流这一城市发展的“引擎”运转得更好，既要关注现代物流自身发展的政策方向，还要明确现代物流的产业定位，重视与周边城市的合作，建立必要的政府部门间的协调机制，实施有利于物流企业发展的相关政策环境。

再次，要实现技术问题的协调性。计算机技术、信息技术和通讯技术将极大地改进人们对交通运输和商业活动的组织和管理方式，通过开发交通环保技术和发展智能运输系统（ITS），可以解决城市交通拥挤问题。

最后，要实现管理水平与能力的协调性。城市交通问题涉及面广、综合性强、协调性大，要建立和完善城市交通管理体制，将城市的交通规划、建设、运营进行统一管理，以便能够把握城市全局，进行综合决策和目标机制。解决好车与路的关系，杜绝不必要的“政绩”工程，合理规划交通资源，为现代物流的发展打下坚

实的基础。要解决物流量对道路通行能力要求的匹配关系，需要分析物流园区的选址对城市功能的影响，并研究配送组织方法与商业经营的匹配和对道路交通的影响，利用现代物流理念和开发城市信息平台规划、发展和管理大中城市。

三、城市物流发展中所出现的问题

1. 物流的标准化程度不高。我国物流业经过二十几年的发展，基础环境大为改善。但是从整体来说，无论是在硬件设置，还是物流管理的信息平台都比较落后。现代物流具有很高的技术含量，这也是现代物流的典型特征。缺少信息化和标准化，传统物流始终无法升级演变为现代物流，进而阻碍了整个城市化进程。近年来，虽然很多城市一直致力于这方面的建设，但物流基础设施总体规模仍然偏小，现代化程度依然不高。

2. 盲目发展对政府财政形成冲击。在发展物流的过程中，一些企业将发展现代物流的目的与发展现代物流的手段混为一谈，片面追求或热衷于建设现代化、大型的物流基地、配送中心、立体仓库等。政府为了培育城市物流产业的发展，以各种优惠政策来满足企业的扩容、圈地行为。随着我国城市化的推进，土地资源将越来越稀缺，现行的土地使用权无论是 70 年还是 50 年，一次性交易后，就不需再付任何成本。这样政府就失去了一笔可观的财政收入，并且这也将制约城市今后的基础设施建设。

3. 没有处理好物流与环境和城市发展的矛盾。物流作业活动的核心是货物运输，随着消费需求的多样化和个性化，物流需求也朝着高度化的方向发展，现代物流呈现出多品种、小批量和高频次的特点，卡车运输成为实现物流目的的主要运输手段。区域内、城市内商品运输配送活动的频繁发生给环境和城市交通带来一定的负面影响，而交通环境的恶化反过来也同样会影响物流效率的提高。

4. 缺乏高效、高质的综合物流中心来配合城市化的进程。加快综合物流中心的建设，是提高物流综合效益的核心，也是城市现代化水平提高的客观要求。所谓综合物流中心，是指多功能、高层次、集散功能强和辐射范围广的社会化物流中心。发达国家的经验表明，综合物流中心在地区经济发展中极具重要作用。我国的铁路运输，传统的结构是广泛设立货站和建立专用线，使铁路能够贴近货主。为此，还需要建立较大规模的"编组站"① 才能使各个站接运的或者到达的车皮按方向编组成列或者列车分解。这样一来就降低了铁路运输速度，额外地增加了铁路运费。同时，为数众多的货站和专用线占用了大量的城市土地资源，阻碍了城市的合理规划。

---

① 编组站是铁路网上集中办理大量货物列车到达、解体、编组出发、直通和其他列车作业，并为此设有比较完善的调车作业的车站。

四、城市物流发展的对策建议

1. 充分发挥政府在现代物流中的作用。首先要加快公路、航道、码头等基础设施建设；建立公路、铁路、海运、航空等多种不同运输方式的有效衔接，集市场信息、仓储、配送、多式联运及展示、交易等功能为一体的现代物流基地；充分利用现有的设施、设备，建立全国性与区域性、综合性与专业性并存等多种层次的现代化物流配送中心体系；建立包括数据交换中心、电子商务安全认证中心、金融结算中心等在内的，与国际互联网连接的公共增值网络服务平台，为现代物流业发展提供重要的物质基础条件。

2. 合理规划调整城市用地。现代物流发挥综合、协调的优势，有效利用全社会的有限资源，克服部门分割及地区保护等妨碍宏观物流活动的现象，统一规划共用地区物流设施与设备，减少城市交通堵塞和环境污染等社会问题。物流园区处于区域的经济地理中心，物流基础设施主要分布于经济中心城市和区域内的商品集散地、工农业生产基地和重要的消费市场，并拥有便利的对外联系通道的区域物流系统。物流量的增加一方面要求通畅的物流渠道，以提高物流支撑系统、交通设施的交通容量和效率；另一方面要求调整物流设施的分布，有效控制对交通的需求。通过合理规划物流园区，可以组织物流企业有序地分布，对城市用地功能组织的合理调整有极大的影响。

3. 合理配置物流节点设施。物流活动的基本形态包括线路部分的运输活动和节点部分的中继、混载、分拣、配送等活动。货物的运输活动大部分是货物在物流节点间的运动。所以，物流节点，特别是处于流通过程的物流节点设施的布局，会直接影响物流活动的方式和效率。针对目前我国的物流节点设施过于分散、功能单一化，应将物流节点设施作为城市规划的一部分予以充分重视。通过物流节点设施的合理布局，将干线运输和支线末端配送有机结合起来，在保证物流效率的同时，减轻物流对城市的负面影响及对环境的破坏。

4. 加快综合物流中心的建设，提高物流综合效益。物流中心（物流园区）是物流业走向集约获得的物资基础，是培植现代综合物流的孵化器。建立相对集中的专业物流中心，不仅能为本地区的物流企业服务，还可以带来行业集聚效应。随着交通运输系统的逐步完善，专业物流园区对周围区域具有越来越大的商品集散和辐射功能，提高物流运作效率，可改善企业的投资与建设环境。反之，顾客需求的不断升级，又促使物流园区推行与需求不断升级相关的快速反应供给体系、物流体系和销售体系，进一步提高了物流中心投资与建设环境的质量。所以，我们可以考虑在一个城市建立 1~2 个综合的物流中心，各城市综合物流中心之间可以实现相互的直达货物列车的运行，从而大幅度地减少传统的、必须经过大规模的编组站进行编组的铁道运输方式，再通过综合物流中心，利用公路运输实行货物的集散、配送。这样就改变了物流方式，有利于城市问题的解决和经济的发展。

5. 促进交通运输服务的市场化。交通运输业作为一种特殊的生产方式，在现代物流业中扮演着重要的角色。运输水平的高低直接关系到物流业整体服务水平。随着物流管理和物流技术的发展，以及货主对运输服务质量要求的提高，物流已成为提高物资流通速度、节省仓储费用和加速资金周转的一个有效手段。现代物流重视仓储及各种运输方式的服务整体性和系统性，经营业务从单一的运输延伸到水陆空物流系统的各环节。许多运输企业加强对陆上运输和流通行业的渗透，大量投资于公路运输、仓储和铁路网，甚至内河、航空和海洋运输。交通运输在物流业的影响下逐步走上市场化道路，向专业化、系统化、网络化、信息化及规模化迈进。

第四节　产业集聚与物流园区

产业集聚是指特定领域内的关联企业、专业化供给企业、服务供应商和关联机构（大学、产业协会、中介机构等）集中于特定的区域，相互间既竞争又合作的一种状态，并形成区内企业之间以地方网络为基础的正式和非正式协作的产业体系。产业集聚现象在当代经济中普遍存在，如美国加利福尼亚州是葡萄酒产业集聚区，而信息技术、生物技术、风险资本等企业集聚在硅谷；汽车及其零部件的生产企业集聚在底特律；飞机制造及其设计、软件、金属加工等企业集聚在西雅图；金融业集中于纽约，基金业集聚在波士顿；在洛杉矶和纽约，由于电影制片业和戏剧演出如此集中，在这里，影剧的投入如演员、布景设计师和戏剧化装专家的“生产者”和“供应者”也就不计其数。

近年来，随着各地物流园区的开发建设热潮，物流业的集聚现象也日益突出。但一些由政府倾力规划和支持的物流园区，并没有获得预期的经济效益。这引发了人们对于物流园区建设的诸多质疑，而物流业集聚与竞争优势的形成之间是否具有相关性则是争议的焦点之一。

一、物流产业集群的主要特征

1. 集聚性。物流企业在空间上的集中首先集聚了物流需求。物流需求是在生产和交换活动中间接形成的引致性需求，它与制造及销售活动紧密相关，其服务对象多是制造型企业和流通型企业。由于物流服务对象广泛，不同企业对运输、仓储、配送、分拣、包装等物流服务的功能和档次的要求各不相同，使物流服务本身表现出多层次、多样化和分散化的特性。物流业的这一特性加大了供需双方的交易成本，使物流需要方在寻求物流提供方时需要支付较高的搜寻成本，以找到能够适合本企业具体需求的物流服务商。物流集聚区的形成必然吸引众多物流顾客到此寻找合作伙伴，从而形成物流需求的汇集点，实现供需的有效对接。

其次，物流集聚区也集聚了物流资源。现代物流园区的形成将各种经济成分和不同运作模式的物流企业在空间上集聚在一起，必然形成物流技术、信息、人才、客户等软、硬件资源的集中，并使物流集聚区成为物流技术研发及运用的丰富源头及实施的重要载体。物流资源的空间聚集更强化了物流需求方的聚集，彼此间的互动发展，更提高了物流集聚区的规模和服务水平。

2. 开放性。产业集群本身是一种网络化的组织形态，可表现为不同的结构层次和不同的关联方式，集群区内的企业间各层次的交流又强化了集群的网络特征。物流园区的网络资源表现为开放性的网络，体现为信息的共享和资源的共用。物流活动本身是一个由运输、仓储、配送等多个前后相继的环节串联而成的连续性过程，在各个环节的流程转变过程中，需要得到及时有效的沟通与交流，以保持供需信息的通畅。从物流园区内部看，其内部既形成了由各种物流业务流程所构成的单个小网络，又形成了由各家物流企业将这些网络耦合而成的更大的集合网络。

集群网络是由具有决策能力的节点和节点间多层次的、强弱不同的通路动态联系而成，节点间的通路是基于交易契约和人脉关系的信息、资源和产业联系。从整个社会的视角看，物流企业除了在集群区的内部作业体系中形成网络之外，还需要与集群区外部的物流需求方、业务辅助性企业以及中介机构进行交流与合作，并通过与其他行业集群区的信息交流，形成一个开放性的网络。

3. 根植性。现代物流产业提供的服务产品的特性决定了它具有较高的渗透性。物流业融合于社会经济的各个部门之中，无论其行业形态、产出形态、经济效益还是最终产品等都呈现融合性的特点，尤其是在物流信息处理方面，其产出融合于其他产业的产出之中。物流产业是一个独立性产业，其独立性体现在物流业务流程中，如运输、仓储、配送等服务都可以独立成为一个经济部门，并服务于制造业、商业等其他产业领域。

作为一项为其他产业提供辅助性服务的行业，物流业的重要职能是按需求方的要求，将所指定的设备、产品和其他商品按时、按地、按量、按质地从起始点送达到终点。物流产业的这种职能特性决定了其生存是以其他产业的发展为基础的，或者说，物流产业的发展根植于其他产业或区域经济的发展之中。因此，物流产业集聚区往往与其他工业园区或产业带相伴而生。

二、物流产业集聚效应分析

物流产业在特定的地理区域内集聚，集聚区内各组成部分之间形成有机的网络关系。高度的专业化与精细的分工、激烈的竞争与紧密的协作是网络关系得以延续并产生竞争力的源泉，产业集聚带来的集聚效应使集聚区域内的个体获得区域外个体所无法获得的竞争优势，从而促进个体的发展。这必然吸引更多的物流企业进入集群区，实现集群区规模的进一步扩展和壮大。产业集聚效应能够为企业带来竞争优势，主要表现在以下几个方面。

1. 交易费用的节约。在交易过程中，交易费用包括搜寻成本和谈判成本。为了获得准确、可靠的市场信息，企业往往需要支付很高的成本。产品价格分布的离散程度可能与产品的差异性存在相关关系，但价格的离散通常是由于顾客对市场信息的无知所造成的。如果顾客在交易过程中遇到第一个供应商时便进行购买，这样他的搜寻成本可能很低，但他购买的产品价格可能偏高；如果他在多个供应商之间进行询价，便可以大致了解该商品的市场行情，掌握价格的离散程度。这样的搜寻过程，往往可以使顾客用较低价格购买其所需商品，特别是当价格离散程度非常大的时候，而这正是物流服务产品的主要特征。虽然网络和信息技术的发展使企业可以方便地搜寻到各供应商的价格差异，但价格差异背后的产品品质差异却往往很难获得，而物流产业提供的服务产品的质量更是需求方关注的焦点。而通过企业的集聚，可以从实物的角度对产品的差异性进行直观比较，降低由于空间距离而给顾客带来的购买产品质量的不确定性。由于集聚区域内存在很多物流服务供应商，而供应商为了获得交易机会，同时由于顾客通过信息搜寻可以大致掌握该商品的价格行情，因此在谈判过程中的报价往往不会太高。由于报价真实性的提高，导致谈判费用的相应降低，同时由于空间距离的缩短，使得谈判过程中的相关费用也会相应降低。

2. 规模经济效应。区域分工和区域差异促使产业集聚的形成，同时产业集聚进一步强化了分工，扩大了专业化，使聚集区内企业达到经济规模，提升其竞争优势。产业集聚使专业化分工以一种独特的方式获得了空前发展，通常以“大而全、小而全”的方式存在于一个企业内部的生产环节，在这里大量地分布在不同企业之间，每个企业只关注一项服务产品，完成物流过程的一个职能。专业化是达到规模经济的最有效途径。物流资源的开发，物流基础设施的建设需要政府和企业的大规模投资，这些投资只有通过后期的资源高效使用才能获得回报。只有物流分工实现专业化、市场化，第三方物流不断发展，物流资源的价值才能充分发挥。物流产业首先在地理上集聚，才能进行资源的整合，网络的集成。物流园区内的基础设施统一规划，市场需求得以细分，服务水平得以规范，运输、仓储等能力进行整合，保证了仓库、配送中心和运输车辆的满负荷运作，一方面减少资源闲置和浪费，创造效益，另一方面扩大了业务规模和范围，提高了企业竞争力。

在现代的产业集聚中，呈现出特定产业或相关产业便捷化的信息传递和服务体系的建立与完善的趋势，以满足集聚体内企业能够以便捷的方式来获得竞争对手和市场需求等方面的各种信息，以及产前、产中和产后的金融、保险、咨询、评估、审计、会计、法律等方面服务的需求。特别是物流企业的发展，需要本地提供特定技术、管理、投资、法律、财务、市场等方面的专业化服务。这不仅给提供专业化服务的管理咨询公司、科研机构、风险投资公司、律师事务所、会计事务所、资产评估事务所等带来纵深化的发展，规模也随之扩大，而且也给产业聚集区内进行专业生产和经营的企业带来了管理、融资、营销等方面的成本节约。产业集聚为整个聚集区中的企业带来利益，而并非只针对某一类企业。

3. 知识和技术溢出效应。同类产业的企业或具有密切关联的企业的聚集，促进了相互间知识、技术、信息和经验的交流，实现资源共享、优势互补。与此同时，同行竞争可以迅速提高技术水平和管理水平，增强竞争实力。物流产业有关技术、技巧、技能与经验的形成与发展需要一个较长的积累过程，一旦产业集聚开始形成，就会出现一个个自我强化的循环。产业特定性知识与技术在聚集区域内企业间扩散，并形成掌握产业特定性知识与技术的特质劳动力的集聚地，聚集引力的加强会吸引新的企业加入集聚区，集聚规模越来越大，形成动态的、持续的正外部性。距离上的接近、频繁的直接接触、通过供给方式发生的合作，由各种渠道相连的地缘关系等诸多因素使产业集聚区内某一个企业的技术创新对同行企业产生良好示范和激励作用，区内不同员工之间经常会通过各种非正式和正式的会聚交流技术、市场、营销、管理等方面的信息，促进集聚体内各成员之间的信息流动。世界许多地方的“名、优、特”产品都具有悠久的历史，所形成的产业集聚区从其发展历史看，早期集聚速度较慢，知识和技术溢出效应不明显。随着知识和技术更新速度的加快，知识和技术溢出效应也随之增强，产业集聚的速度加快。知识和技术溢出效应可以较好地解释高科技产业大量集聚于大学或研究机构附近的现象。

4. 持续创新效应。产业集聚是产业纵向、横向的一体化区域集中，而不是单一企业的一体化发展，但在产业集聚的形成过程中，一般通过关键性企业的衍生、裂变、创新与被模仿而逐步形成产业集群。创新在产业集群中发生的几率要远远高于孤立的区位，这是因为同类企业的大规模集聚可以扩大产品差异化程度，提高满足不同消费者偏好的能力，但同类产品的地理集聚容易产生竞争压力，使得技术进步、生产工艺改进等创新活动持续展开，在竞争中生存下来的企业比起集聚体外的竞争对手在更广的市场上处于有利的位置。

物流产业的发展与制造业、流通业联系紧密，具有很强的产业关联性。集聚区内关联产业的创新往往具有极强的传导性，形成关联产业之间的创新连锁效应。关联产业之间一般在产品的技术指标、工艺水准、品质功能等方面具有极强的配套性、互补性或一致性，当某一关联产业出现产品的生产技术、工艺和产品功能的创新或升级时，它往往会首先引起具有直接前向关联和后向关联的其他产业进行相应的技术、工艺和功能的创新或换代，而直接上下游关联产业的这种创新又会进一步扩散，形成持续创新效应。其他行业的不断创新，必然要求相应的物流企业进行服务产品的创新，这为物流行业的发展提供了不断创新的动力。产业集群本身就是潜在的市场，集聚区内蕴藏着丰富的市场机会的信息，身处产业集聚体内，容易发现产品和服务供给者的缺陷或不足，诱发以弥补集聚体内欠缺的形式或以差别化的形式的创新活动，开发新产品和新工艺，“孵化”新的企业。集聚区域内的中小企业在长期专注于价值链细节的过程中，可以培养高度专业化的核心技术与创新能力。

5. 行业自律效应。近年来，物流企业卷走代收客户货款的事件频频发生，使刚刚起步的中国物流行业陷入诚信危机。在我国大部分地区的“零担货运”① 市场上，货款结算主要采取由物流商代收货款的方式，即货主与买主之间不直接进行货款结算，而是由物流商在货物到达时向客户代为收取，然后经由物流商返还给货主。这种结算方式为一些不法物流企业卷款创造了机会，而且遭受损失的托运客户更无法找到这些潜逃的物流企业。物流行业准入门槛过低，以济南市为例，申请人只需提供身份证件和三万元的注册资本就可以成立一个物流企业，没有以土地、仓库、车辆等固定资产作为硬性指标；相当部分物流企业基本没有什么固定资产，租一间房子、雇一辆车子、放一张桌子、装一部电话，就做起了物流业务。这样的物流企业比比皆是，严重扰乱了市场竞争秩序，阻碍了物流业发展。改变物流业“弱、小、散、乱”的状态，培育发展规模化、专业化的第三方物流企业，才是防止卷款逃跑现象的治本之策。

由诚信而产生的社会资本是产业集群的重要资源之一，它是企业之间交易与合作的基础。物流集聚区内的企业一般都十分注重在当地的信誉，因而在与区外同类企业竞争时，在服务价格、质量及确保合约的履行方面具有优势。物流集聚区域内的网络关系的建立，使区域内企业较易建立潜信用关系，并产生基于信任的竞合行为。而集群创造的竞争优势的基础正是其强于单体企业的信任机制和企业间的潜信用。从社会学角度看，集群企业的这种信任机制是源于亲情、友情、地缘关系、相同的人文背景等产生的人脉网络，并形成一种心理契约，产生“潜信用”②。从经济学角度看，低成本的监督和违约制裁、广泛的市场选择产生的违约风险、失德行为信息的网络化传播以及充分而有效的市场竞争，使企业强烈感受到第三方的存在，从而使企业的经营风险得到有效的降低。

三、物流园区在中国的发展

物流园区是对物流组织管理节点进行相对集中建设与发展的、具有经济开发性质的城市物流功能区域；同时，也是依托相关物流服务设施降低物流成本、提高物流运作效率，改善企业服务有关的流通加工、原材料采购、便于与消费地直接联系的生产等活动，具有产业发展性质的经济功能区。作为城市物流功能区，物流园区包括物流中心、配送中心、运输枢纽设施、运输组织及管理中心和物流信息中心，

---

① 一次托运、计费重量少于三吨的货物称为“零担货物”。

② 一种潜在的信用约束，虽然没有制度上的规定，但集群内的企业能够形成讲信用的机制，损坏信用带来的成本损失是很大的。

以及适应城市物流管理与运作需要的物流基础设施；作为经济功能区，其主要作用是开展满足城市居民消费、就近生产、区域生产组织所需要的企业生产和经营活动。物流园区将众多物流企业聚集在一起，实行专业化和规模化经营，对物流企业发挥整体优势，提高物流技术和服务水平，共享相关设施，降低运营成本，提高规模效益，将起到重要作用。

（一）物流园区的发展

物流园区的出现是物流业快速发展的内在要求。宏观上，供应链管理思想的产生和普及、节约成本和提升企业核心竞争力的要求，造成对社会化、专业化物流服务的广泛需求，给现代物流业的发展带来巨大机遇。微观上，随着国际经济贸易的快速发展，市场的国际化和日益激烈的市场竞争，要求各企业在生产及销售环节最大限度地挖掘第三利润源泉、降低成本、提高快速反应能力。在物流业发展过程中，原来相互割裂、缺乏有机联系的物流作业环节和服务功能联系日益紧密、相互交叉融合；原来缺乏合作、过度竞争的运输、仓储等传统企业逐渐开展合作，走向联合；物流转送中心、配送中心等专业化物流设施和经营实体应运而生。现代物流进一步规模化、集约化的发展，要求物流设施设备及物流经营企业在地域空间上更高程度的集中，原来较为分散的各类物流资源需要进一步整合和重新配置，以求获得更强的集聚优势、群体优势、合作竞争优势以及更充分的发展空间。作为物流设施及经营主体集聚发展的空间载体——物流园区开始出现，并在其发展过程中不断显现出多方面的优越性。

物流园区的出现不仅是经济和物流发展规律的内在要求，而且还富有丰富和拓展城市、促进城市产业布局和功能分区空间布局调整、舒缓城市交通拥挤、改善城市景观和环境质量、带动其他关联产业发展等多种社会功效。因此，日本、德国及其他发达国家政府十分重视物流园区的发展，将其纳入城市总体规划，从不同方面给予政策上的支持。物流园区在德国称为“货运中心”，在日本称为“物流团地”，虽然使用的名称术语有所不同，对其内涵的表述也不尽一致，但各国对物流园区建设目的、服务功能的设置及有关扶持政策措施反而都有基本相同的理解和把握。国家政府的重视和支持，物流企业和行业协会的积极参与，有力地促进了物流园区的快速发展，为我们提供了可以学习借鉴的有益经验。

物流园区是营造物流产业优良环境的一个区域，具有系统性和综合性，也是现代物流技术、信息、设备、人才、管理、资源和客户的集中地，使物流技术的研究、开发和运用有了丰富的源头和实施的载体。各种经济成分和不同运作模式的物流企业集聚在一起，互为补充、相得益彰。物流园区形成后，工商、税务、海关、环保、交警等政府职能部门的进入并形成一条龙服务体系，会有利于政府的宏观指导和企业的规范运作。

（二）物流园区的分类

物流园区因其地理位置、服务地区及企业的物流组织内容和形式、区位交通运输地位及条件等存在着较大差异，其功能和定位没有整齐划一的界定。从主要功能上讲，物流园区大致可分为以下几种类型：（1）国际型物流园区，是指紧靠港口、机场和陆路口岸，与海关监管通道相结合的大型转运枢纽；（2）全国枢纽型物流园区，是指多种运输方式骨干线网交汇的中转枢纽；（3）区域转运型物流园区，是指跨区域长途运输和城市流通配送体系的转换枢纽；（4）城市配送型物流园区，是指保障商贸与城市生产的物流园区。

据有关专家估计，如果在城市的合理地点建设物流园区，可使城市内的交通量减少15%~20%，并减少物流对中心城区的噪声污染，实现废物集中处理和用地结构的调整。科学规划的物流园区建设可将分布在城乡各个角落的物流节点统一起来，通过功能整合、技术创新和规模运作，减少物流系统给城市发展造成的负面影响，改善城市的交通、生态环境、城市的景观和优化城市的功能布局，增强城市的综合竞争力。规划建设物流园区还可以促进第三方物流的发展，推进物流产业的社会化、现代化、集约化和专业化的发展。

（三）物流园区的功能

物流园区是一家或多家物流（配送）中心、物流服务经营者在空间上相对集中的场所，是具有一定规模和综合服务功能的物流集结地。政府之所以热衷于物流园区的规划与建设，其初衷是从城市整体功能出发，理顺城市客运、货运和商贸功能，为减轻城市交通、物流和环境压力，满足城市物流要求，顺应物流业发展趋势，实现“货畅其流”。在郊区或城乡边缘带主要交通干道附近专辟用地，通过逐步配套完善各项基础设施、服务设施，提供各种优惠政策，吸引物流（配送）经营者在此聚集，使其获得规模效益，降低物流成本，同时减轻大型物流（配送）中心在市中心所带来的种种不利影响。因此，从这个意义上来讲，物流园区的建设对大城市的发展大有裨益。一般来讲，物流园区的主要功能应当包括以下几个主要方面。

1. 货物集散。货物集散功能是由物流园区内的货物集散中心实现的，货物集散中心是物流系统化中物流网络体系中的节点，是一般物流基本功能的充分表现。实现该层次的功能，需要相应的物流基础设施、设备，这其中包括：仓库及货物仓储设施、设备；货物装卸搬运设施、设备；停车场地及辅助性服务设施；办公场所及通信设备、计算机化管理设备和其他辅助设施。要实现货物集散功能，最重要的是要有充足的货源和充足的货流。

2. 物流信息。物流信息是物流园区系统运作的中枢神经，是沟通物流网络体系运行的血脉，也是进行物流过程调控的前提与基础，其功能的实现必须依赖于园区的物流信息中心。作为区域物流信息中心联结物流作业现场（包括运输与配送作业的车辆）与中枢指挥功能的基地，除一般信息作业手段外，还需要相应的电子数据加工处理设备，其核心内容就是信息咨询、配载服务、车辆调度等。

3. 物流控制。物流控制功能是由物流园区内的物流控制中心来实现的。物流控制中心是使物流各项功能有效协同起来运行的指挥调度和掌握全局服务项目、业务量、服务质量、货物动向、车辆状态、运营成本等的控制机构。物流控制中心能使整个物流过程衔接起来，形成动态管理的企业、区域、全国或国际物流网络体系，进行物流链和客户所需要的供应链管理。

园区物流控制功能需要一个逐步完善和不断发展的过程，随着社会经营环境的变化，物流控制功能将会随之变化。例如，随着物流的国际化、全球化进程的加快，物流园区应将和其有关的国际贸易、国际运输、进出口商品检验等作业纳入到物流园区的工作日程上来。

4. 园区管理。物流园区管理的主要职能包括：组织编制园区物流发展规划，中长期计划和年度计划，并组织实施；组织对现代物流进行理论和政策研究、宣传推广，组织进行物流人才培养、培训；负责制定园区总体布局规划，组织和监督实施，组织和监督园区基础设施建设；负责全区物流企业的行业管理；组织编制联合运输计划，协调解决运输中的重大问题，负责协调各种运输方式的联运、重要物资和商品的紧急调运和各类站、场的货物集散、疏运工作；负责全区企业自备车辆的统筹协调工作。

小　　结

1. 物流产业的发展与我国国民经济的发展、区域经济的发展和城市经济的发展都有密切的关系。物流产业的发展将从整体上提高国民经济的运行质量，推进区域产业结构调整和相关产业的发展，加快城市的现代化进程。

2. 区域物流以服务本区域的经济发展、提高本区域的经济实力为目标，具有“点—轴”开发效应、极化效应和扩散效应。现代物流业成为城市经济新的增长点，发展现代物流是实现工业化的重要内容和前提。大中城市的发展离不开物流业的有力支撑，但如果物流业的发展缺少合理的规划和充分的论证，也将对城市发展产生一定的负面影响。

3. 随着社会化大生产进程的加速，生产决定流通，流通反作用于生产，物流产业越来越体现出基础产业和先导产业的性质。物流产业的集聚能够为企业带来规模经济等竞争优势，这也成为“物流园区热”的原因。物流园区是一家或多家物流（配送）中心、物流服务经营者在空间上相对集中的场所，是具有一定规模和综合服务功能的物流集结地。

思考与练习

1. 简述当前发展物流产业的重要性。
2. 简述区域物流产业的“极化效应”和“扩散效应”的作用机理。
3. 简述城市物流业规划的原则。
4. 简述物流产业聚集的竞争优势分析。
5. 简述物流园区的功能。

案例分析

厦门航空港物流园

区位及交通

园区总规划面积约为1.2平方公里，地处厦门岛东北端，位于空港、海港、公路、铁路立体交通运输方式的节点上，拥有十分便捷的集散条件。园区向南紧邻规划建设的机场空运中心；向西依次对接福厦路、铁路北站、象屿保税区和东渡港区。园区通过进出厦门岛的主干道厦门大桥、杏林大桥、集美大桥、翔安隧道分别与岛外的集美区、翔安区紧密相连，到岛外各区仅10多分钟的车程。通过福厦高速、漳龙高速、三泉高速到泉州仅45分钟的车程，到漳州仅30分钟的车程；未来福厦铁路、厦深铁路、龙厦铁路通车后，到福州仅2小时的车程，到龙岩仅1小时的车程，到深圳仅3小时的车程。

园区定位

航空港物流园区是厦门现代物流园区的重要组成部分，是厦门市物流产业发展的重要载体和基地。按照厦门市物流产业发展的总体布局和功能安排，航空港物流园区将建成依托于厦门机场、以国际物流为主，主要承担高附加值产品和高科技产品的国际快运业务并逐步发展空港保税业务的综合性航空物流园区。未来园区将逐步成为以空港、海港货运功能为依托；辐射内地、连接东北亚、东南亚、台湾及欧美等国家和地区；具备较为完善基础设施平台、信息平台、服务平台的国际物流网络的重要节点，成为国内外物流企业重要的发展高地。

功能规划

园区按照高起点、高标准的原则进行规划建设，园区主要分为管理服务区、仓储堆场区、航空工业区等几大功能分区。

开发进度

园区主要由海域围填形成，采用整体开发建设模式。海域围填工程已全面展开，预计到2007年年底将形成30万平方米的土地，整个园区填海造地工程将于2008年年底全部完成。随着集美大桥、杏林大桥、机场北环路等园区外围路网的建成通车，预计园区市政配套建设将于2009年全面到位。

竞争优势

园区位于厦门岛内，坐拥厦门良好投资环境和优美生活环境。

园区紧邻空港、海港、铁路、城际交通干道，交通便捷，集散条件良好。

园区按高起点、高标准进行规划建设，区内功能齐全，配套设施完善。

园区开发按企业化方式运作，建设、招商、管理一体，将为入园企业全程提供高效、周到的服务。

园区开发的建设优势将透过合资公司财务、工程、物业管理的强大经营经验降低入园企业的建设及运营成本。

开发愿景

园区将按照现代型、国际性物流园区的定位与要求，不断建设完善园区的物流基础设施，物流信息平台和配套服务功能；另一方面，园区将始终秉持高水平招商的开发理念，以国际性物流公司、知名物流企业和以完善配套物流服务为依托的高科技企业作为主要目标客户，保持并提高园区既定的开发品质。最终将航空港物流园区建设成为大型物流企业云集，以国际空运物流为突出特点，集陆、海、空联运为一体、保税与非保税功能齐备、国际物流与国内物流相结合的现代化物流园区。

鼓励产业

国际性物流公司、国内知名物流企业、第三、四方物流公司、航空公司及其货运代理商、大型仓储运输公司、高新技术企业、园区配套服务机构（银行、会计师事务所、报关行）等。

（资料来源：http：//www. chinawuliu. com. cn，中国物流与采购网。）

案例思考题

1. 简述厦门航空港物流园承担的主要职能。
2. 试分析厦门航空港物流园区对厦门以及福建省的经济的带动作用。

第十七章 物流产业政策

【学习目标】

1. 了解物流管理体制对于物流产业发展的重要意义；
2. 掌握我国物流管理体制的改革思路；
3. 了解发达国家物流产业的发展政策；
4. 了解我国现行物流政策和其局限性；
5. 掌握构建我国物流政策体系的目标与原则。

第一节 宏观物流管理体制

一、建立宏观物流管理体制的背景

世界各国物流业发展的经验表明，政府在物流业发展中具有不可替代的作用。我国作为一个经济体制转型中的国家，加快发展现代物流业，更离不开政府部门的引导、扶持和协调。而管理体制是政府职能的具体表现形式，直接关系到政府作用的发挥。我国发展物流业，必须针对物流业的特点来改革传统的物流管理体制，建立有利于物流业发展的政府管理体制。

与传统意义上具有相对独立发展空间的产业明显不同，物流管理活动存在于各个经济领域和各个企业的各个经济活动环节，例如制造业生产物流、商贸流通业的配送物流、服务产业的配送物流等。这一现实特征，以及物流业与其他产业的高度关联、难以独立存在的基本事实，决定了将物流业定位于复合产业。所谓复合产业，是指既具有局部的独立产业形态，又在整体上具有以共同使用的技术为媒介的多个产业交叉和融合的特殊形态的产业。物流业既具有从提供服务的经营角度来看的独立服务产业特点（如第三方物流企业组成的独立产业），又具有从产销企业内部经营管理角度来看的非独立产业形态，还具有因物流技术的使用而通过产销企业物流服务外部化的供应链管理的一体化所体现的经济利益共享现象。所以，物流产业实质上是一种几乎渗透到所有经济领域和企业经营活动的交叉与重合的产业形态，从产生经济利益和经济效益的角度来看，具有明显的复合型特征。

随着物流成为企业的第三利润源，许多人侧重于从物流与企业的关系角度对物流进行研究。从微观角度看，把物流作为企业供应链管理的重要组成部分，将物流目标理解为降低成本，提高效率，满足客户定点、定时、定量的商品需求。从宏观角度和社会再生产领域考虑，现代物流是循环型物流系统，涉及社会再生产的各个过程。物流各个环节的运动存在于国民经济各个领域，分别由政府相关经济职能部门和军队后勤部门管理，形成了互相制约、互相影响的内在联系极强的宏观物流系统，强调统一规划、统一调控和统一协调，注重系统整体合理性。因此，现代物流的目标主要表现为降低总成本，追求经济目标，实现全社会、全球范围内的资源有效配置，减少污染，保护环境，追求社会目标，实现经济和社会的可持续发展。

由此可见，现代物流系统超越了企业行为空间，覆盖了整个社会组织，政府、企业、个人与物流活动息息相关。在现实经济生活中，客户（货主）、物流服务商、消费者和政府行政机构构成现代物流的利益相关者。物流产业利益主体的多元化以及其相应不同的利益取向决定了物流管理体制的复杂性。

二、我国宏观物流管理体制的现状

1. 物流行政管理机构横向分散。长期以来，我国经济管理分工较细，无论生产领域和流通领域，都分别设置若干个部门，自成体系，多头领导，分别进行管理以及组织生产和流通。现在涉及物流管理的部门主要有生产、交通、流通、环保等，即铁道部货运局及其所属铁路局货运处；交通部货运局、水运局、海运局及各省、市交通厅货运处、港务局、航运管理局等；国家物资储备局及各省、市物资储备管理局等；对外经济贸易合作部外运局及各省、市外贸局外运处等；煤炭部调运局及其所属煤矿管理局调运处；石油部储运局及其所属石油管理局储运处；机械部、冶金部、化工部等生产系统的物流管理机构；城乡建设环境保护部门系统的物流管理机构等。此外，还有军队系统的物流管理机构。

2. 物流运输资源的分散管理体制。我国运输涉及铁路、公路、航空、水运、管道等五种运输方式，从中央到地方，长期由铁道、交通、民航、水运等部门管理。运输方式的多头、分段管理，带来各种运输方式长期以来相互隔离，呈现相互分割、独立发展的局面，严重影响各种物流服务方式的协调发展。具体表现在：（1）一个物流企业要想获得在全国从事铁路、航空、公路、海运等货物运输的承运权，以便为客户提供一个整合全国范围的物流服务解决方案，必须分别向不同的省份、城市和运输管理部门提出申请，以获得按省份、城市和运输方式的多个经营许可证，而且还必须每年进行年检，这样就造成手续繁琐和效率低下等弊病。（2）不同运输方式在运输组织形式、服务规范、技术及装备标准等方面存在较大差距，物流企业很难根据市场需要选择合理的运输服务方式。许多企业只能利用单一的运输方式来开展物流服务，而以多式联运为基础的许多现代物流服务方式不易开展，难以形成综合运输效益。(3) 各种运输基础设施的规划和建设缺乏必要协调，无法做到科学有效的统一配置，造成物流资源的分散和浪费。这一方面导致各地争项目、争资金、重复建设和过度竞争，运力投放盲目，如公路主干网络和铁路网络的平行发展、各地争相建设机场、港口等现象。另一方面，各种运输方式之间、国家运输系统与地方运输系统之间、不同地区运输系统之间相互衔接的枢纽设施和有关服务设施建设方面缺乏投入，对物流发展有重要影响的各种综合性货运枢纽、物流基地和物流中心建设缓慢，影响整个物流系统的协调发展。(4) 各种运输方式各自规划的节点大多是分散的。按功能来说，铁路是骨干运输，公路是集散运输，两个枢纽本应紧密相连。但在许多地区，即使是一些同时具备各种运输枢纽条件的地区，没有将各种运输枢纽进行"一体化"的规划，大都是各干各的。各种运输方式的节点分开之后，资源不能共享，物流系统无法"并网"，不同运输方式的物流不能进行有效衔接和转换，这就导致了物流成本增加、物流时间延缓、物流损失增大、物流效率降低等许多问题。

3. 政企不分体制。在计划经济体制下，物流企业是政府部门的附属企业，充当政府调剂物资的运输工具，政府部门则直接参与物流企业的经营活动。在目前市场经济体制下，我国物流管理的政企不分现象依然存在，参与物流管理的部门除铁路系统政企合一外，其他如民航、邮政、港口管理部门也存在不同程度的政企不分现象。例如，物流专业经营企业主要包括：(1) 各部直属"托拉斯"式专业性的物流企业。这种类型包括商业部属我国物资储运总公司及其直属各地区储运公司和直属仓库及其外运总公司和直属仓库；铁道部、交通部各直属物流企业、货运组织等。(2) 各地方专业性的物流企业。这种类型有：各省、市和自治区商业系统的商业储运公司；粮食系统的粮食（油）储运公司；供销系统的供销储运公司；交通系统的运输公司、汽车队、船队等。(3) 物流业务兼营企业。这种类型的物流企业在我国物流业中占有很大比重。包括商业部门系统的专业公司、批发站附设的储运站、储运部、汽车队、船队、仓库等。在上述很多企业中都存在政企不分的现象，这将造成物流企业与政府物流管理部门角色的双重缺损。一方面，政府物流管理部门与物流企业之间的权责边界不清，使政府物流管理部门既难以摆脱对所管理物流企业的生产经营情况、盈利状况等的担心，也难以完全从社会利益、创造公平竞争角度制定政策和进行市场监管，形成政府职能缺位。另一方面，政府物流管理部门直接或间接参与物流企业经营活动，也严重影响物流企业市场竞争能力的提高。由于受行政性垄断保护，铁路、民航、邮政、港口等物流企业普遍缺乏业内竞争的压力和提高效率、降低成本、追求技术进步及创新的动力，致使这些行业的物流企业整体效率不高，难以满足目前物流发展的需要。

4. 物流市场分割体制。现代物流的实质是集约化经营，其主要通过垂直一体化物流、水平一体化物流和物流网络三种方式，实现不同职能部门之间或不同企业之间在物流上的合作，使物流达到最优化。现代化物流不以单个企业价值为目的，而是以一体化经营的各个相关企业增值能力的总和为目标。所以，网络化、信息化和全球化是现代物流的基本特征。因此，现代物流首先要求打破部门、行业和地区界限，消除部门、行业和地区的保护主义，实现物流资源在总体上的优化配置。现代物流是不允许出现市场分割的，零碎和割据化的市场土壤不可能培育出具有强竞争力的现代物流企业，也不可能取得很高的物流效率和效益。

三、国外物流管理体制的借鉴

现行的西方物流管理体制同其经济管理体制一样，是以物流业的自由化、市场化运作为基础。由于物流是由多个产业、多个行业在不同的侧面共同参与的产业，是一个复合型产业，难以建立一个专门机构来统一进行管理。因此，各国政府并没有对物流业进行集中管理，而是通过物流各个环节相对应的不同政府部门分别实施管理，物流各管理环节上也仍适用各自法规。各国物流管理的统一性主要是通过国家物流发展规划以及物流相关各部门间的协调、配合实现的。

1. 美国。美国政府中不存在一个专门的联邦机构对物流产业进行管理，其实行的是分摊管理模式，不设置统一的管理机构，物流管理职能分布在各个运输管理机构内。如在运输方面，美国运输部统辖国家公路交通安全管理局、联邦公路管理局、联邦运送管理局、海运管理局、海岸警备队等政府机构，依运输方式的不同，各负其责，表现出很高的效率。在美国物流管理体制中，行业协会也扮演着极其重要的作用，其主要任务是通过发展、创新和传播物流知识来对物流行业服务。美国主要的行业协会管理组织有美国物流管理协会（The Council of Logistics Management，CLM）和美国逆向物流执行委员会（Reverse Logistics Executive Council，RLEC）。

2. 日本。日本物流与运输省、通产省、建设省、劳动省、农林水产省等多家官厅有关，其中主要由通产省和运输省共同行使物流管理职能，但并不存在物流省这样一个统一的管理机构。在物流业的发展上，各个省厅分工明确。在物流法规政策的制定上具体分工如下：运输省负责运输业界物流基础设施；通产省负责物流机器、工业产品和流通业物流；建设省负责公路物流据点用地；劳动省负责物流业者的雇佣；农林水产省负责食品业物流；公正交易委员会负责有关物流的市场竞争交易条件等。除了政府的省厅介入物流产业的管理以外，行业协会也积极发挥着重要作用。日本物流系统协会（Japan Institute of Logistics Systems）作为日本唯一的综合性物流团体，主要从事物流知识普及、调查研究、人才培训、国际学术往来等多方面的活动，在政府和企业之间搭建起沟通的桥梁。

3. 欧洲。20 世纪 80 年代，在欧洲第三方物流开始兴起，物流呈现产业化趋势。欧洲各国政府积极协调政府的管理职能，为本国物流产业的发展营造良好的制度环境。例如，荷兰政府运输部对分散的、按不同运输方式管理的政府职能进行调整，按照货运和客运的要求分别组建了货运管理司和客运管理司，并将按不同运输方式管理的基础设施投资职能全部集中在基础设施投资与管理司，便于政府按照物流发展的要求制定相应的运输管理和基础设施投资政策。此外，欧洲各国政府还实施了一些打破垄断、放松管制的政策措施，例如在运输领域，英国铁路的私有化改革，意大利等国对运输价格管制的放松，荷兰、德国对承运人资格管制的减少，这些都直接推动了欧洲运输业自由市场体系的形成，为各类运输企业和"第三方物流"企业选择多种运输服务方式和以运输为基础的物流延伸服务提供了条件。

从国外物流产业管理体制的现状分析，其主要具有宏观调控、管理分散、组织科学、协调统一等方面的特点。各国对物流产业并未进行集中管理，而是根据其经营的具体内容，通过物流各个环节的不同政府部门管理协调配合，形成全国、地方畅通的物流管理系统，共同管理物流活动。无论美国还是日本，都不存在一个专门的机构或部门来管理物流，各部门对物流活动的管理主要通过政策、法规、市场准入、安全控制等表现出来，但各个管理部门分工明确，效率很高，其体现了政府各部门考虑到、并遵循了物流产业的复合型特征和发展理念。由此看来，我国物流管理体制和机制改革的关键是，各部门要遵循物流产业的复合型特征和发展理念，建立起物流产业从宏观管理到行业管理的有机体系，实现管理上的科学、合理分工。

此外，大量物流管理中介组织的存在也是物流产业发展的产物，这些组织在现代物流管理中扮演着不容忽视的角色。国外物流产业发展，充分发挥了物流协会的组织和桥梁作用，赋予协会在物流市场中进行协调、咨询、服务与沟通的职能，使协会真正成为政府和企业之间的纽带，使行业协会在物流产业发展中发挥协调和行业自律的作用，协助政府推动物流产业的发展。如美国物流产业的发展，物流行业组织在物流管理体制中的作用功不可没，美国物流管理协会通过举行年会和研讨会，发展、创新和传播物流知识来为物流行业服务。与美国物流管理协会相比，日本物流系统协会在政府与企业之间的行业管理功能更趋明显，例如它配合政府拟订有关日本物流系统标准、提出发展政策建议等。

四、我国宏观物流管理体制的改革

1. 正确定位政府在物流管理中的职能。市场经济理论告诉我们，由于物流市场存在着垄断、信息不对称、不完全竞争、供求失衡等市场失灵问题，需要政府对物流市场的宏观规制和调控，以提高物流市场的资源配置效率，促进市场稳健发展。国外的实践也证明，发展现代物流离不开政府的推动和促进。政府的作用主要体现在：制定全国以及区域物流总体规划和中长期以及年度计划；制定和实施促进现代物流业发展的政策和措施；为物流业发展提供公共基础设施，如交通设施、公共信息服务平台等；培育现代物流市场，规范市场主体行为；协调解决现代物流发展中的有关问题等。具体到我国来讲，市场经济下我国政府对物流业的管理职能应集中在产业政策制定、物流市场运行环境的维护。此外，由于现代物流业在我国刚刚起步，政府还肩负着培育物流市场的任务。

2. 建立具有中国特色的物流管理体制。我国物流管理体制的建设不能照搬国外模式，应在借鉴国外经验的基础上，根据我国国情进行科学设置。目前，我国物流市场发展处于起步阶段，客观上物流各环节又分属不同部门管理，现代物流发展中缺乏总体协调是一个不争的事实，这严重制约了物流总体功能的发挥。物流的复合产业特征要求我国必须加强政府物流相关管理部门和企业之间的协调，对既有不适应现代物流发展的政策进行必要调整。考虑到我国的实际情况，为提高政府的管理和协调效率，当前有必要适当集中政府的物流管理职能。因此，建立一个全国性物流协调机构是必要的，其职能是承担全国物流产业发展的规划、指导、组织、协调、推动，为物流业发展建立开放、有序、公平的市场竞争环境，从根本上改变多头领导、各自为政、缺乏整体协调的条块分割局面。

2005 年 6 月，国务院批准建立了全国现代物流工作部际联席会议制度。联席会议成员单位包括国家发展和改革委员会、商务部、铁道部、交通部、信息产业部、民航总局等共 15 个部门和单位。联席会议职责包括全面掌握全国现代物流发展情况，综合设计现代物流发展的政策、战略和规划，统筹推进现代物流标准化、信息化、统计指标体系、人才培养等基础性工作。联席会议制度的建立将有利于促进部门协作配合，实现信息共享，全面推进现代物流工作。

3. 大力支持物流协会等中介组织的建设。现代物流的跨行业、跨地区经营决定了行业协调十分困难，借鉴物流发达国家的经验，必须建立健全中介组织并充分发挥其在行业管理中的服务和桥梁作用。要通过行业管理授权，发挥行业协会在企业经营、市场监管、行业自律、行业标准制定、学术研究与交流等方面的组织协调作用。我国目前已设立了中国物流与采购联合会、中国仓储协会、中国交通运输协会等组织，政府要加强对物流协会的支持、指导、监督和规范，为物流协会功能的发挥提供必要的条件。

第二节　物流的政策体系

物流政策是指国家或政府为实现全社会物流的高效运行与健康发展而制定的公共政策，以及政府对全社会物流活动的干预行为。物流政策具体包括有关物流的法律、法规、规划、计划、措施（对策），以及政府对全社会物流活动的直接指导等①。物流政策具有公共物品的属性，完善的物流政策体系一方面可减少或降低物

① 夏春玉．中国物流政策体系：缺失与构建．财贸经济，2004（8）．

流的外部不经济，如交通拥挤、交通事故、噪音、空气污染等；另一方面可起到扶持与促进物流事业的发展，加速物流基础设施建设和完善，进而提高微观物流效率。

产业政策实质上体现了政府为实现经济发展目标对产业活动的干预。根据我国物流业发展的现状和存在的问题，我国现代物流业的产业政策的基本导向为：尽快提高我国物流的产业化水平，明确我国物流业发展的目标，积极引导和扶持我国现代物流业的主体——物流企业的发展。产业政策体系的构建必须突出这些方面。通常，产业政策主要由产业结构政策、产业组织政策和产业发展政策三大方面构成。

1. 产业结构政策。现代物流业的产业结构政策主要是协调物流业与其他产业之间的结构，扶持弱小的物流企业，改造传统的运输和仓储企业，优化物流产业结构，促进其向高级化的方向发展。

根据我国现代物流业的发展现状及物流企业的特点，我国现代物流业的产业结构政策应突出以下几个方面：一是要加快现代物流业的整体发展，尤其是要加快物流基础设施业的建设；二是要扶持物流经济组织的发展，尤其是要加强对第三方物流业、运输业和仓储业等物流企业的扶持；三是要建立完善的物流服务市场机制，为弱小的物流企业的发展提供公平竞争的环境。

例如，企业发展扶持政策。通过企业融资政策，充分发挥金融机构在扶持现代物流企业发展中的杠杆调节作用，降低物流企业融资成本。通过税费政策，制定针对物流产业不同业态提出合理的利于物流业持续、稳定发展的税目及税率。通过运输管理政策，进一步提高货物运输、配送效率，优化各物流节点之间的转运环节，支持物流企业提供“一体化、门到门”的先进物流服务，实现“货畅其流”。

2. 产业组织政策。现代物流业的产业组织政策，是指政府为了获得理想的物流服务、市场绩效而制定的干预物流业市场结构和市场行为方面的政策，其实质是政府通过协调规模经济与竞争的矛盾，建立正常的市场秩序，提高市场绩效。

针对我国物流市场行为和绩效的现状，物流业的产业组织政策的重点包括：一是打破条块分割的市场结构，鼓励跨部门、跨行业的物流企业兼并，以实现物流活动的一体化和规模化；二是提高物流市场准入门槛和市场集中度，防止物流市场的无序竞争，这也是解决目前我国物流市场存在问题的有效办法；三是规范物流服务市场行为，提高物流服务信誉，使物流市场在建立初期，就能有一个规范化的市场环境。

例如，政府的放宽管制。放宽管制是政府放宽对物流市场的经济管制，促使物流活动由市场进行调节。自 20 世纪 80 年代以来，欧美各国政府开始实施一些打破垄断、放松管制的政策措施，对促进各国物流发展产生了积极的影响。例如在运输领域，美国《航空规制缓和法》等一系列法律的制定，英国铁路方面的私有化改革，意大利对运输价格管理的放松，荷兰、德国等国对承运人资格管制的减少等，都直接推动了运输业自由市场的形成，为第三方物流企业选择多种运输方式、延伸物流服务提供了条件，从而为现代物流提供了更广阔的发展空间。

例如，政府协调管理。现代物流将经济社会各组成部分有机结合在一起，涉及经济生活的各个方面，需要政府发挥物流管理职能，形成高效的现代物流管理体系，对物流活动进行统筹协调、综合管理，实现物流活动共同化、社会化和规模化。

3. 产业发展政策。现代物流的产业发展政策是指政府为促进现代物流业形成和发展而制定的一系列具体政策的总称。在现代物流业的产业政策中，产业发展政策的作用更加直接。现代物流的产业发展政策主要包括：物流业技术政策、物流业布局政策、物流业金融政策、可持续发展政策等。

例如，物流设施布局政策。物流设施布局是指政府对物流基础设施在地理上、空间上进行分布与组合。设施布局政策主要是规划性的、间接的，同时也包括诸如通过倾斜政策，重点支持某些地区现代物流发展规划等一定意义上的政府直接干预，促使有限的公共财政在重点物流工程中发挥重要作用。在西方发达国家，政府编制现代物流发展规划，把其纳入经济社会发展的总体规划，合理、科学地规划建设现代物流网络体系。

例如，物流基础设施供给政策。物流设施供给政策是指政府为了实现物流活动的现代化而提供物流基础设施的政策。现代物流发展需要有配套的综合运输网络，完善的仓储配送设施，先进的信息网络平台等物流基础设施来支持，特别是流通中心成为各种物流活动的集约功能系统，在物流系统中发挥着中枢神经的作用。对于建设投资规模较大的物流基础设施及配套设施、公共信息平台等公共建设项目，政府可通过投资、补贴等方式参与建设。政府可以通过出台优惠的土地政策，整合存量资源，优化物流产业空间布局（物流园区、物流中心、配送中心等），鼓励物流企业入驻相关的物流园区，充分发挥政府在物流产业发展中的宏观调控作用，避免物流企业的重复建设，提高资源利用率。

例如，物流标准化政策。现代物流广泛采用诸如 EDI 等国际通行的物流技术标准和信息标准，促使物流标准化，奠定物流发展的基础。在欧洲，欧盟采取一系列措施促进欧洲各国物流体系的标准化、共享化和通用化，支持行业协会对各种物流作业和服务制定相关行业标准（如物流用语标准、物流从业人员资格标准等）。在日本，1977 年运输省公布了《物流成本算定统一基准》，这一政策的实施对推进企业物流管理的科学化产生了深远影响；2001 年颁布的《新综合物流施政大纲》中明确规定，进行托盘化装载的货物 90%以上都要使用托盘，并且标准托盘的利用比例应与欧美相同，普及一贯托盘化运输装卸作业方式。

例如，生态环境保护政策。现代物流促进了经济的快速发展，但也在交通环境等方面带来一些负面的影响，如车辆噪声、废气污染、交通阻塞以及流通过程中废弃物的不当处理等。为此，21世纪对现代物流提出了新的要求，可持续物流应运而生。西方发达国家贯彻实施物资再生利用、废弃物收集处理、交通管制等措施，形成对策系统。

例如，人才培养政策。高素质人才是现代物流发展的关键因素。西方发达国家的现代物流教育培训非常发达，1997年美国、欧洲、日本等提供物流高等教育的院校有180多所，其中仅欧洲就有87所大学开展物流高等教育。高层次的物流人才教育制度与多元化的物流职业资格认证制度有机结合，共同形成了多层次物流人才教育培训体系，使得西方发达国家物流从业人员大多具有高层次、应用型的物流专业知识。

第三节 国外的物流政策

物流产业的发展水平代表着一个国家的经济发展程度。各个国家因为经济发展的历史和经济发展的模式不同，在发展物流产业的过程中积累了各自不同的政策经验。在了解我国物流产业发展现状的基础上，我们非常有必要借鉴发达国家物流产业的发展政策，这对研究我国物流产业发展政策具有积极的借鉴意义。

一、美国物流管理政策

美国作为市场经济体制最为完善的国家，在物流产业发展过程中，不强调政府的直接管制，政府对物流产业的管理方式主要是利用健全的法律、法规创造公平的竞争环境。此外，还通过提供良好的宏观物流管理体制、建设高效的运输体系、完善人才培养与教育等辅助性措施推动物流产业发展。

（一）物流政策以法律类为主

作为发达的市场经济国家，美国倾向于通过法律对物流产业进行引导和管理。在物流法规方面，美国是以运输业为中心进行立法的，其中影响较大的有以下几个方面：

1. 1980年7月1日，卡特总统签署《汽车承运人规章制度改革和现代化法案》，该法案放宽了汽车承运人的市场准入条件，限定了集体制定费率的范围，鼓励汽车承运人为提高运营效率而扩大服务范围。

2. 1980年10月14日，卡特总统签署《斯塔格斯铁路法》，该法解除政府对铁路行业的管制，使得铁路运输公司有权降低运输费率来应对市场的竞争，有权提高费率以弥补经营成本的增加。同时，该法还鼓励铁路运输公司通过并购进入汽车运输领域发展多式联运。

3. 1977年至1998年的《航空规制缓和条款》、90年代的《机场费率法》和《机场航空改善法》。

4. 1984 年颁布的《航运法》，1998 年新修订的《航运改革法》。

5. 20 世纪 90 年代初期颁布的《卡车运输业规模制度改革法案》。

6. 1991 年美国政府通过《陆路多式联运效率法》，计划在 6 年中花费 1510 亿美元改善公路和大宗货物运输的设施系统。

20 世纪 70 年代以来的放松管制，鼓励了企业的合作与兼并，形成了一些大型的跨行业物流企业，促进了多式联运的发展。例如，以铁路为主的 CSR（Chessie System Railway）公司和以海运为主的 ACL（American Commercial Line Inc.）公司 1984 年合并，产生了全美第二大铁路公司和超大型驳船公司，该公司集铁路、卡车和集装箱航运为一体，使多式联运进入一个新的阶段。

此外，美国近年来第三方物流的发展也得益于美国完善的合同法体系。

（二）辅助性的行政类政策

1. 建立高效的运输体系。美国从 20 世纪 80 年代开始，将先进的信息技术、数据通信技术、电子控制技术及计算机处理技术等，有效地综合运用于地面交通管理体系，从而建立起一种大范围、全方位发挥作用的，实时、准确、高效的智能交通系统。1995 年 3 月，美国正式出版了《国家智能交通系统项目规划》，规定了出行和交通管理系统、电子收费系统等 7 大领域和 30 个用户服务功能，初步估计该系统每年可节省成本 200 亿美元①；美国在其到 2025 年的《国家运输科技发展战略》中，要求美国建立安全、高效、充足、可靠的运输系统，并具有国际性、综合性、智能性和环境适应性，适应经济增长和贸易发展的需要，提高美国在本地区和国际上的竞争力；作为物流的一项重要内容和推动运输物流发展的政府政策，美国运输部长罗德纳·斯拉特提出了《美国运输部 1997—2002 财政年度战略规划》，成为美国物流现代化发展的指南之一，其目标是建立一个以国际为所及范围、以多种运输方式的联合运输为形式、以智能为特征并将自然包含在内的运输系统。

2. 完善物流人才培养和教育。在美国物流管理委员会的组织和倡导下，美国已经形成了较为合理的物流人才教育培训体系。首先，建立了包括研究生、本科生和职业教育等多层次的物流专业教育。例如美国西北大学、密执根州立大学、奥尔良州立大学等，或设立了独立的物流管理专业，或附属于运输、营销和生产制造等其他专业；乔治亚技术学院广泛开展物流职业教育，培养物流管理专业的专科生；其中部分高等院校设置了物流方向的研究生课程和学位教育，形成了一定规模的研究生教育系统。其次，全面开展物流在职教育，并建立了美国物流业的职业资格认证制度，如仓储工程师、配送工程师等职位。所有物流从业人员必须接受职业教育，经过考试获得上述工程师资格后，才能从事有关的物流工作。

---

① 资料来源：孙光圻．国外物流业管理体制与政策初探．集装箱化，2001（6）。

二、日本物流管理政策

(一) 制定物流产业发展方针和总体目标

日本在物流产业发展过程中，不乏各种法律类物流政策，诸如《日本国有铁路法》、《道路运输法》等，但日本物流产业发展的重要特征是政府的主导作用，其具体表现在1997年通产省制定的《综合物流施政大纲》和2001年日本政府颁布的《新综合物流施政大纲》两个行政类政策文件上。前者明确了物流产业发展的目标：日本要在亚太地区提供便利性最高、最具魅力的物流服务；在不妨碍产业结构竞争力的前提下，降低成本，提供物流服务；解决有关物流中的能源、环境及交通安全问题。为实现以上目标，日本政府在相互联合的综合措施，适应多样化的要求、扩大选择性，促进竞争、激活市场三方面，采取了有关放宽规章制度、完善社会资本及提高物流系统效率等措施。后者进一步明确了其构筑整体高效运行并具有国际竞争力、符合社会效益和有利于国民生活的物流系统的总体目标，并确定了具体措施。

(二) 针对物流产业系统层次所依托要素的政策

首先，物流基地建设政策。在政府机构中，由通产省、运输省、农林水产省、建设省和经济企划厅五省大臣负责制定全国统一的总体构想，并决定究竟具体有哪些城市可以获准建设物流基地。在物流土地规划时，考虑到其国土面积小、国内资源和市场有限以及商品进出口量大的实际情况，按照“流通据点集中化”战略在大中城市的郊区、港口和主要公路枢纽区域规划建设物流团地。同时，政府给予主要的财政出资。例如，日本最大最新的综合物流中心——和平岛货物中心建设总投资572亿日元，其中70%由中央财政出资，20%由东京地方财政出资，10%由企业出资。

其次，交通运输体系建设政策。日本政府在《新综合物流施政大纲》中提出要推行多元化运输模式，让各种运输形式既竞争又协作，通过货主自由选择，形成货运量均衡的交通运输体系，以求整体运输的效率化。比如，卡车运输的效率化，需要建设好物流据点，干线公路要网络化、干线货物运输要实现共同化。沿海运输的效率化，需要实现船舶大型化，行驶高速化等；海运效率化则必须考虑船舶运输效率与航行安全的一致性，同时也要形成高效运输网络。通过政府各相关部门共同协作，努力构筑综合交通运输体系，重点加强区域交通建设，根据携手共建计划，把机场、港湾、车站等物流基地与高等级干线公路连成网络，充分发挥综合交通体系的作用，推动多功能交通网络协作事业的发展。

再次，物流市场培育政策。在物流供给方面，发达国家主要是通过规划建设物流园区、货运中心和配载中心，鼓励社会化、专业化的物流企业发展，使其成为货主、车主之间的纽带和桥梁，成为社会物流资源的整合者、运作者和高质量服务的提供者。例如，日本政府在《综合物流施政大纲》中提出要“通过提供公正的物流服务，适应物流市场活跃化、多样化和高度化的要求，开拓新的业态和服务项目，创造具有国际魅力的、充满活力的事业环境”。在物流需求方面，大部分经济发达国家政府推行自由经济政策，企业在激烈的市场竞争中，为了自身的生存和发展，必须寻求最有利的流通渠道，采取最有利的经营形式。

最后，物流产业的技术进步政策。日本政府提出在陆地、海上、空中运输的整个领域，推进卫星定位系统（GPS），完善从产地到消费地的冷链系统，开发在一般道路上正常运行、专用道路上自动运行的专用卡车等新型物流设备及技术，促进道路交通信息通讯系统（VICS）、不停车自动交费系统（ETC）、现代安全汽车（ASV）、行驶支援系统、新交通管理系统（UTMS），电子车牌（智能车牌）、互联网 ITS 智能交通管理系统、传感信息系统等新技术的开发和利用。在物流 EDI 电子数据交换方面，其提出应详细了解和掌握这种 EDI 的利用情况，努力普及使用。

三、欧洲物流管理政策

欧洲各国物流产业的发展没有鲜明的表现出是以哪种政策形式为主。欧洲的特点是各国之间已经形成了无边界的市场范围。欧盟为了促进欧洲统一大市场的形成曾制定并推行了一系列的贸易政策、运输政策、关税政策、货币政策等，其中最具有代表意义的是 1993 年颁布的《欧洲统一法》和 1999 年颁布的统一欧洲货币的“马斯特里赫特条约”。从某种角度说，欧洲物流业的迅速发展应该归功于欧洲统一大市场的形成①。

例如，在统一物流标准上，为提高欧洲各国之间频繁的物流活动效率，欧盟组织之间统一做好物流发展规划，大力促进物流体系的标准化、共享化和通用化。例如，全欧铁路系统及欧盟委员会提出“在未来 20 年内，努力建立欧洲统一的铁路体系，实现欧洲铁路信号等铁路运输关键系统的互用”。再如，欧洲各国统一制定了物流产业标准化体系，主要包括物流设施、装备的通用性标准（统一托盘标准、车辆承载标准、物品条形码标准等），物流安全和环境的强制性标准（清洁空气法、综合环境责任法等），物流作业和服务的行业性标准，物流用语标准以及物流从业人员资格标准等。欧盟在标准统一、协调发展的基础上，实现多国供应链一体化运作，大大加速了物流业在欧洲的一体化进程。

进行大型物流设施建设项目的规划，是欧洲各国政府推动物流产业发展的重点工作之一。例如，德国物流中心建设遵循以下原则：联邦政府统筹规划、州政府扶持建设和企业自主经营的发展模式。联邦政府在统筹考虑交通干线、主枢纽规划建

---

① 资料来源：中国物资流通．政府与行业协会在物流产业发展中的作用——欧洲物流产业政策考察报告．2001（10）．

设的基础上，通过广泛调查生产力布局和物流现状，根据各种运输方式衔接的可能，在全国范围内规划物流园区的空间布局、用地规模与未来发展。为引导各州按统一规划建设物流园区，德国交通主管部门还对规划建设的物流园区给予资助，未按规划建设的则不予资助。例如，德国政府早在1980年就制定了在全国建设40个物流中心的规划。这个规划是在对交通干线枢纽、生产力布局、物流现状及趋势、各种运输方式的衔接等更加科学化合理化充分调查论证的基础上提出来的，具有一定的前瞻性。目前，已有20多个全国性的物流中心建成并投入使用。

四、国外物流产业发展政策借鉴

纵观美国、日本、欧洲各国的物流产业发展，虽然各国政府的物流管理模式不尽相同，但各国都在法律类政策基本维护物流领域经济秩序的基础上，通过积极和及时地制定行政类政策，为物流产业的发展提供引导和扶持。

1. 政府在宏观上重视物流产业的发展。虽然迄今为止只有日本颁布了针对物流产业发展的专门政策文件，但各国政府都在采取相应的政策法规来促进本国物流产业的发展。这些政策法规虽然各有侧重，但从宏观上重视物流产业的发展，通过国家高度的发展战略和相关各部门的管理协调，将物流产业发展纳入国家经济发展体系，在相关的扶持政策和积极创造良好的物流产业发展环境等适应物流产业发展方向和目标方面是一致的。

2. 重视物流基础设施和交通运输体系的建设。国外各国政府都十分重视物流基础设施的规划和建设，特别是重视具有战略意义的物流枢纽设施、物流基地等的规划建设，以期促进物流产业的形成和服务水平的提高。此外，各国政府还大力发展综合运输体系，以期全面提高各种运输方式之间的协调性，确保物流在运输环节的畅通。

3. 着重培育物流市场。物流产业发展的重要前提是物流市场的不断发育。在我国物流产业尚处于发展初期的情况下，更应充分认识到，要加快物流产业的发展，政策导向，政府扶持、培育和建设物流市场是关键。政府应该通过各种途径，鼓励社会化、专业化物流企业的发展，使其成为社会物流资源的整合者、运作者和高质量服务的提供者。同时引导工业、商业企业转变经营理念和经营管理方式，突出和强化主业意识，鼓励物流外包，积极引导和培育物流需求市场。

4. 重视物流技术和人才培养。物流产业是集先进的运输技术、信息技术、仓储技术、包装技术和高技术管理人才为一体的技术密集型产业。因此，物流产业的发展离不开技术的进步、信息的共享和标准化以及人才的培养。国外物流产业发展的实践已充分证明了这一点。

第四节　我国的物流政策

一、我国现行物流政策

东北财经大学的夏玉春教授认为，目前我国物流政策的基本形式主要有两类：一类是有关物流的各种法律、法规；一类是有关物流的各种《意见》、《通知》等行政类政策。

（一）法律类物流政策

我国当前与物流有关的各种法律、法规、条例、规定和规则很多。诸多法律、法规又可进一步分为两类：一类是适用于各个部门、各个领域的，进而也适用于物流领域的法律、法规；一类是适用于铁路、公路、水路、航空、管道等交通运输领域的法律、法规。目前，我国法律类物流政策主要有以下几种。

1.《中华人民共和国铁路法》（1991）。该法对铁路的概念、铁路工作主管部门及其管理权限、铁路运输企业及其职能、铁路运输营业、铁路建设、铁路安全与保护等进行了法律规范，是我国交通运输方面的主要立法，也是我国铁路物流方面的基本法律之一。除此以外，与铁路物流相关的法规或规则主要有：《铁路货物运输管理规则》（1991）和《铁路集装箱运输管理规则》（1989）。

2.《中华人民共和国公路法》（1998）。该法对我国公路的概念、公路的等级、公路工作主管部门及其管理权限、公路规划、公路建设、公路养护、路政管理、收费公路、监督检查、法律责任等进行了法律规范，是我国公路建设、使用、管理方面的最高法律。显然，《公路法》侧重于对公路的规划、建设以及使用与管理进行规范，而涉及公路运输方面的内容并不多。因此，在《公路法》以外还制定了许多有关公路运输方面的法规或规则，例如《中华人民共和国道路交通管理条例》（1988）、《高速公路交通管理办法》（1994）、《城市道路管理条例》（1996）、《道路货物运单使用和管理办法》（1997）、《道路运输车辆维护管理规定》（1998）、《汽车货物运输规则》（1999）、《外商投资道路运输业管理规定》（2001）等。

3.《中华人民共和国水路运输管理条例》（1987）。目前，我国还没有水路运输方面的正式法律，现行的《水运条例》是我国最权威的有关水路运输管理的行政法规。该条例对水路运输的概念、水路运输的种类、水路运输事业的主管部门及其权限、水路运输的营运管理等进行了规范。除此之外，与水路运输相关的行政法规还有：《中华人民共和国航道管理条例》（1987）、《中华人民共和国海上交通安全法》（1983）、《中华人民共和国内河交通安全管理条例》（1986）、《中华人民共和国海港管理暂行条例》（1954）、《中华人民共和国河道管理条例》（1988）、《中华人民共和国船舶登记条例》（1994）、《水路货物滚装运输规则》（1997）等。

4.《中华人民共和国民用航空法》(1996)。该法对民用航空器国籍、民用航空器权利、民用航空器适航管理、航空人员、民用机场、空中航行、公共航空运输企业、公共航空运输等进行了较为详细的规定，是我国民用航空事业的基本法律，但该法很少涉及航空货物运输方面的内容。因此，为了弥补该方面的不足，我国又先后制定并施行了《中国民用航空货物国内运输规则》(1996) 和《中国民用航空货物国际运输规则》。

5.《中华人民共和国海关法》(1987)。该法对进出境运输工具、进出境货物(法人)、进出境物品（个人)、关税、海关事务担保、海关的权限及其隶属关系、执法监督等进行了详细的规定。《海关法》虽然主要是规范进出口商品“商流”行为的法律，但也直接对进出口商品的“物流”行为产生影响。因此，《海关法》也是有关物流，特别是国际物流方面的政策。

6.《中华人民共和国海商法》(1993)。该法对船舶、船员、海上货物运输合同、海上旅客运输合同、船舶租用合同、海上拖船合同、船舶碰撞、海难救助、共同海损、海事赔偿责任限制、海上保险合同等进行了法律规范。《海商法》调整的主要内容是海上运输关系和船舶关系，因此，也是有关海运物流方面的重要政策。除此之外，我国还制定并施行了《中华人民共和国国际海运条例实施细则》(2000)。该实施细则分别对国际船舶代理、国际班轮运输、国际集装箱运输等进行了详细规定，因此，也是有关海运物流方面的重要政策。

除上述法律、法规外，与物流相关并对物流活动具有调整作用的法律、法规还有：《石油天然气管道保护条例》 (2001)、《中华人民共和国土地管理法》(1998)、《中华人民共和国邮政法》 (1986)、《中华人民共和国城市规划法》(1989)、《中华人民共和国建筑法》 (1997)、《中华人民共和国环境保护法》(1989)、《中华人民共和国大气污染防治法》(1995)、《中华人民共和国水污染防治法》(1996)、《中华人民共和国固体废物污染环境防治法》(1995)、《中华人民共和国环境噪声污染防治法》 (1996)、《中华人民共和国海洋环境保护法》(1982)、《外商投资国际货物运输代理企业管理办法》(2002)，等等。这些法律、法规分别对管道物流、邮政物流、物流设施与网点的建设与布局、物流设备与工具(特别是车辆与船舶) 的环境污染、物流产业的对外开放等进行了法律规范，因此也是间接的法律类物流政策。

(二) 行政类物流政策

除法律、法规外，政府部门有关物流方面的一些《通知》、《意见》和《办法》也是非常重要的物流政策。这些政策往往具有较强的时效性，也很有针对性，对全社会的物流活动具有直接干预的作用。近几年我国政府部门针对物流领域而颁布的主要《通知》、《意见》和《办法》可以分为两类，一类是部门性的物流政策，另一类是综合性的物流政策。

1. 部门性的物流政策。主要有：1992年，原国内贸易部印发了《关于商品物流（配送）中心发展建设的意见》、《全国连锁经营发展规划》、《关于加强商业物流配送中心发展建设工作的通知》等一系列文件，重点提出了发展配送中心的政策措施。1992年，交通部与原外经贸部联合颁布的《关于加快发展国际集装箱联运的通知》。1997年，交通部颁布的《关于继续加强我国水运市场管理的通知》和《道路货物运单使用和管理办法》。2000年，铁道部下发的《关于调整铁路货运价格和修订〈铁路货物运价规则〉的通知》。2001年4月，交通部下发的《关于道路货物运输企业经营资质管理办法（试行）的通知》，以实现道路货物运输企业集约化经营和规范化服务。2001年6月，交通部下发的《关于印发〈关于道路运输业结构调整的若干意见〉的通知》。2001年8月，交通部颁布了《关于促进运输企业发展综合物流服务的若干意见》，明确提出了发展物流服务的指导思想与总体目标，加强主枢纽建设，发展中转货运站的运输仓储设施，鼓励不同类型企业联合经营以发挥综合优势。2002年12月和2003年8月原外经贸部分别颁布了《外商投资国际货物运输代理企业管理办法》和《关于开展试点设立外商投资物流企业工作有关问题的通知》。

2. 综合性的物流政策。主要有：2001年3月，原国家经济贸易委员会、铁道部、交通部、信息产业部、原对外贸易经济合作部及中国民用航空总局联合颁布的《关于加快我国现代物流发展的若干意见》。2002年，交通部、原对外贸易经济合作部、海关总署及国家质量监督检验检疫总局联合颁布的《关于加快发展我国集装箱运输的若于意见》。2004年8月，国家发展和改革委员会、商务部、公安部、铁道部、交通部、海关总署、国家税务总局、中国民用航空总局和国家工商行政管理总局正式下发的《关于促进我国现代物流业发展的意见》。2001年和2003年的这两个文件是我国迄今为止最综合的物流政策，从而也是我国促进现代物流发展的最高指针与行动纲领。

除全国性的物流政策外，我国各级地方政府也依据全国性的有关政策，并结合本地的实际情况制定了一系列的地方性物流政策。地方性物流政策大多与全国性的物流政策相配套、相协调，但也有个别地方政府进行了较大幅度的政策创新。另外，地方性物流政策除体现为有关地方性法规、条例、规定、通知和意见外，还体现在地方政府所制定的物流规划方案中。例如，北京、天津、深圳、广州、上海、厦门、福州、青岛、大连等城市，近几年都先后制定了本地区的物流发展规划或纲要，在这些规划或纲要中制定了许多促进本地区现代物流发展的政策措施。

二、现行物流政策的局限性

现代物流作为新兴产业，需要有良好的宏观政策环境。我国现行的政策法规对维护传统物流业的经济秩序发挥了一定的作用，但在促进现代物流业的发展中仍存在不少政策层面的制约因素，急需按照市场经济规律和现代物流发展的客观要求进一步加以完善。

1. 物流政策法规缺乏系统性。正如前文所述，物流行政管理体制是横向分散的，现代物流是跨部门、跨地区和跨行业的复合型产业，涉及国家发改委、商务、交通、铁道、民航、邮政、海关、质检、公安、信息等政府相关部门。各部门表面上是齐抓共管，实际上往往从各自利益出发，各行其是，政出多门，造成条块分割严重。由于缺乏一个统一的物流行政管理结构，我国现行的物流政策法规缺乏统筹规划和整体协调，缺乏现代物流业发展所要求的系统性和专业性，甚至出现职能重叠、政策冲突，使执行机关和物流企业无所适从，难以认识和把握物流政策的精髓和规律，难以整合物流各环节和各功能之间的关系，不利于形成产业优势推动我国现代物流的发展，最终也影响了政策法规的权威性。

2. 物流政策法规时效性不强。物流产业的发展与我国经济发展的大环境是分不开的。我国目前某些物流政策法规既难以适应市场经济环境下现代物流业的发展，更难以适应我国加入 WTO 以后物流国际化的需要，必须清理、修订或废止现行的有违 WTO 原则的物流政策法规，建立一套符合国际惯例并与国际接轨的物流政策体系。例如，我国开放物流市场，允许外资物流企业进入与国内物流企业展开竞争，但在税收政策方面外资企业却享有超国民待遇，中小民营物流企业在融资信贷、用地标准等方面所遇到的一系列政策问题都还没有得到妥善解决。

3. 物流政策法规可操作性不强。目前，我国尚无直接可操作性的现代物流综合性政策法规，各部委或地方多以《办法》、《意见》、《通知》等形式颁布一些促进现代物流发展的规范性文件，在技术上普遍缺乏对物流实践的具体指导和调整作用，宏观调控能力和微观约束能力不足。这些政策法规层次较低，缺乏法律强制效力，只适合作为司法审判的参照性依据，在具体运用中缺乏操作性，不利于调整各物流主体之间的相互关系，不利于对物流主体行为的引导与制约作用。例如《物流企业分类与评估指标》（2005）仍无法摆脱传统运输业和仓储业规则的束缚，外延过大、标准过泛，无法体现现代物流“一体化、大流通”的特点，在实践中经常无法操作。

4. 缺乏发展现代物流的法定标准。现代物流是一项系统工程，标准化是现代物流的重要特征。然而，我国物流标准化建设还只是处于起步阶段，很多实质性问题仍未触及。我国目前只颁布了《物流术语》、《物流企业分类与评估指标》等少数几个物流方面的国家标准化规定，对于物流计量标准、技术标准，数据传输标准、成本核算标准、物流设施和装备标准、物流作业和服务标准等都还没有制定法定的国家标准。各类运输方式间装备标准的不统一限制了多式联运的开展，物流包装标准与物流设施标准间的不统一影响了运输工具的装载率和仓储设施的空间利用率，信息技术不能实现自动地无缝衔接与处理，影响了物流数据的传输和共享。

5. 存在发展现代物流的“政策真空”。现代物流提供的是多功能、一体化的综合服务，具体包括运输、仓储、装卸、搬运、包装、流通加工、配送、物流信息等作业活动。但是，我国现有的一些物流政策法规无法对物流活动进行有效规范。例如，我国针对“第三方物流企业”的界定仍不明确，导致该市场鱼目混杂，劣币驱逐良币，市场秩序混乱。又如，第三方物流运营商因不同物流环节的业务性质，可以作为代理人、承运人、仓储经营人、批发商等，从而具有不同的法律身份，法律关系种类繁多，甚至性质迥异。这些法律在责任构成、责任形式、责任范围、诉讼时效、诉讼管辖、举证责任等方面均有一定差异，会使第三方物流运营人产生不同的法律风险，承担不同的法律后果。对此，我国目前尚未有相关的政策法规对第三方物流运营商的法律地位加以调整与规范。此外，对物流市场的准入制度、物流企业的资质、物流人才的认证等问题我国目前也尚未制定相关的政策法规。

三、构建我国物流政策体系的目标与原则

构建我国物流政策体系的基本目标是：争取在较短的时间内建立起一套目标明确、具体，符合市场经济与全球经济一体化发展趋势的，既有法律类政策，也有行政类政策；既有规制类政策，也有促进类政策；既有效率类政策，也有社会与环境类政策；既有全国性政策，也有地方性政策的系统、综合和可操作的物流政策体系①。

为实现上述目标，在构建我国物流政策体系时，应遵循以下原则。

1. 市场化、全球化原则。各种政策必须在市场经济的体制背景下制定，任何政策的实施都不能破坏市场经济的基本框架与机制原理。全球经济一体化要求实现物流的一体化、国际化。因此，无论是对现行物流政策的清理、调整与完善，还是制定新的政策，都必须以是否符合市场经济、符合 WTO 原则与精神为衡量与取舍标准，以建立一套符合国际惯例并与国际接轨的物流政策体系。这就要求我国尽量减少《条例》、《规定》和《办法》之类的法规形式，而尽可能增加正式法律。

2. 充分体现现代物流的特点，提高物流政策的系统性与综合调整能力。现代物流的基本特点就是系统性、信息化和标准化。在构建我国物流政策体系时，必须充分体现现代物流的特点，这就需要制定和完善从运输到仓储、装卸搬运、包装、流通加工、物流信息等各个环节的各种政策，特别是针对物流信息方面薄弱环节的政策更为重要。同时，现代物流又是一个高度标准化的系统，因此，还要围绕物流标准化的推进与提高，制定相应的法律、法规与政策。不仅如此，物流的系统性特点还要求在制定物流政策时，既要考虑物流环节的有关政策，更要注意各物流环节有关政策之间的相互协调与相互增进，尤其要避免各种政策之间的相互矛盾。

---

① 夏春玉．中国物流政策体系：缺失与构建．财贸经济，2004（8）。

3. 效率、社会与环境目标相互兼顾，有利于可持续发展。随着全球环境压力的日益增大，加强环境保护、提高环境质量与经济社会的可持续发展，是世界各国所面临的越来越紧迫的问题。物流领域不仅存在着巨大的效率与效益空间，而且也存在着巨大的环保空间，因此，物流政策不仅注重全社会物流效率的提高，更应重视对环境的保护，尤其是通过废弃物物流、循环物流来实现经济发展的可持续性。我国在构建物流政策体系时，也应该坚持效率、社会与环境目标相兼顾的原则，制定实施具有效率与环境双重效果的物流政策，如旨在推进一体化物流发展的政策、促进多式联合运输的政策等，而且当上述目标存在冲突时，应该优先考虑社会与环境目标。

4. 借鉴国内外经验与符合我国国情相结合的原则。我国物流产业的发展具有后发优势，我们要积极学习、参考和借鉴国外物流政策的历史与现状，启发与开阔政策思路与视野，丰富政策内容。同时，也要考虑我国物流业的实际情况，充分利用 WTO 的“缓冲”规则，制定适合我国国情的物流政策。尤其是，我国仍属于发展中国家，而且国内各地区之间发展很不平衡，各个地区在制定物流政策时也要充分考虑到本地区的经济发展水平、产业结构和比较优势，制定符合本地实际情况的地方性物流政策，避免盲目移植与照搬。

小　　结

1. 我国作为一个经济体制转型中的国家，加快发展现代物流业，离不开政府部门的引导、扶持和协调。当前我国现行的物流管理体制中物流行政管理机构横向分散是最为突出的问题。借鉴国外物流管理体制的经验，我国应当建立具有中国特色的物流管理体制，解决好物流运输资源的分散、管理体制政企不分、物流市场分割等问题。

2. 物流政策是国家或政府为实现全社会物流的高效运行与健康发展而制定的公共政策，以及政府对全社会物流活动的干预行为，具体包括有关物流的法律、法规、规划、计划、措施（对策）以及政府对全社会物流活动的直接指导等。国外的物流政策重点在于物流市场的培育、物流基础设施和交通运输体系的建设、物流技术和人才培养等。

3. 目前我国物流政策的基本形式主要有两类：一类是有关物流的各种法律、法规；一类是有关物流的各种《意见》、《通知》等行政类政策。物流政策存在局限性，政策法规缺乏系统性、时效性和可操作性，并存在一定的“政策真空”。

思考与练习

1. 简述我国当前物流管理体制中存在的问题。
2. 简述国外物流政策对我国的借鉴意义。
3. 简述我国现行的物流政策及其存在的问题。

案例分析

关于保税区及保税物流园区贸易管理有关问题的通知

各省、自治区、直辖市、计划单列市及新疆生产建设兵团商务主管部门，各直属海关：

为切实履行我国加入世界贸易组织承诺，完善对保税区、保税物流园区内企业的贸易管理，现就有关问题通知如下：

一、保税区、保税物流园区内的企业和个人可依照《中华人民共和国对外贸易法》、《对外贸易经营者备案登记办法》和《外商投资商业领域管理办法》及其他相关规定，依法取得贸易权、申请分销权。取得上述权限的企业和个人，可依法与境内区外企业和个人（包括未取得贸易权的企业和个人）开展贸易活动。取得分销权的外商投资企业可依法在国内从事分销活动。

二、保税区、保税物流园区内的对外贸易经营者向境内区外销售产品，以及从境内区外采购产品，应遵守国家有关进出口、外汇和税收管理等方面的规定。

（一）保税区、保税物流园区与境内区外之间进出的货物，按海关有关规定办理进出口手续。区内企业以对外贸易经营者身份将货物分销至境内区外的，以区内企业的名义办理报关及外汇核销等手续；区外企业和个人向区内企业和个人购买货物的，按现行规定办理。

（二）保税区、保税物流园区内的对外贸易经营者与境外之间进出的货物，除中华人民共和国参加或缔结的国际条约及法律、行政法规以及相关规章另有明确规定外，不实行进出口许可证管理。

（三）从境内区外进入保税区、保税物流园区的属于《纺织品出口临时管理商品目录》的纺织品，海关不验核许可证，待上述货物实际离境时，按照有关规定，对出口至需实行纺织品临时出口管理的国家或地区的，海关凭许可证办理验放手续。

三、保税区、保税物流园区内企业的设立应符合国家产业政策，区内任何企业均不得在国家禁止投资的领域从事生产和经营活动。

四、对保税区、保税物流园区内各类企业的税收、海关监管、外汇管理事项，按国家税务总局、海关总署、国家外汇管理局相关规定办理。

中华人民共和国商务部办公厅
中华人民共和国海关总署办公厅
二〇〇五年七月十三日

（资料来源：http：//www. chinawuliu. com. cn，中国物流与采购网。）

案例思考题

1. 保税物流园区的主要功能是什么？
2. 国家对保税区和保税物流园区的管理体现在哪些方面？

主要参考文献

[1] 白雪洁．日本物流政策的特征及其启示意义．现代日本经济，2007（3）．
[2] 鲍新中．物流成本管理与控制．北京：电子工业出版社，2006.
[3] 陈荣．企业内物流组织的演变与动因．经济管理，2005（15）．
[4] 崔介何．企业物流．北京：中国物资出版社，2002.
[5] 崔介何．物流学．北京：北京大学出版社，2003.
[6] 程国金，等．现代物流网络与设施．北京：首都经济贸易大学出版社，2004.
[7] 陈兵兵．SCM 供应链管理策略、技术与实务．北京：电子工业出版社，2004.
[8] 丁慧平，俞明南．现代生产运作管理．北京：中国铁道出版社，1999.
[9] 丁立言，张铎．物流企业管理．北京：清华大学出版社，1999.
[10] 邓凤祥．现代物流成本管理：消除"物流冰山"：获取利润之第三源泉．北京：经济管理出版社，2003.
[11] 刁柏青，等．物流与供应链系统规划与设计．北京：清华大学出版社，2003.
[12] 董艳梅．我国区域物流研究的现况与设想．重庆社会科学，2007（5）．
[13] 董维忠．物流系统规划与设计．北京：电子工业出版社，2006.
[14] 冯耕中．物流配送中心规划与设计．西安：西安交通大学出版社，2004.
[15] 冯耕中．现代物流与供应链管理．西安：西安交通大学出版社，2003.
[16] 傅桂林．物流成本管理．北京：中国物资出版社，2007.
[17] 国家发改委，商务部，中国物流与采购联合会，2006 年重点研究课题课题组．外资进入中国物流业的影响及其政策建议．中国物流与采购，2007（4）.
[18] 国家信息中心中国经济信息．CEI 中国行业发展报告——物流业．北京：中国经济出版社，2004.
[19] 海峰．区域物流论．北京：经济管理出版社，2006.
[20] 海峰．我国现代物流产业政策体系研究．武汉大学学报，2005（5）．
[21] 韩翔．基于企业组织结构的物流运作模式分析．商业研究，2006（21）．
[22] 侯立宇．保税物流区域的建设与管理．物流技术与应用，2007（3）．
[23] 胡杨．基于时间竞争的物流组织整合模式分析．中国物流与采购，2007（2）.
[24] 黄中鼎．现代物流管理．上海：复旦大学出版社，2005.

[25] 侯书森，孔淑红．企业供应链管理．北京：中国广播电视出版社，2002.
[26] 霍佳震．企业评价创新——集成化供应链绩效及其评价．石家庄：河北人民出版社，2001.
[27] 何明珂．物流系统论．北京：中国审计出版社，2001.
[28] 纪红任，游战清，刘克胜，田贵平．物流经济学．北京：机械工业出版社，2007.
[29] 李晓龙，李锦瑾，孙慧．现代物流企业管理．北京：北京大学出版社，2004.
[30] 李云清．物流系统规划．上海：同济大学出版社，2004.
[31] 李永生，黄君麟．运输经济学．北京：机械工业出版社，2004.
[32] 李伊松，易华．物流成本管理．北京：机械工业出版社，2005.
[33] 林榕航．供应链管理（SCM）教程．厦门：厦门大学出版社，2003.
[34] 林勇．我国现代物流政策体系的缺位与构建．综合运输，2006（1）.
[35] 李培煊．管理学．北京：中国铁道出版社，1999.
[36] 廖金福．库存管理入门．广州：广东经济出版社，2004.
[37] 刘昌祺．物流配送中心设计．北京：机械工业出版社，2001.
[38] 刘丽文．生产与运作管理．北京：清华大学出版社，1998.
[39] 柳彦君．试论第三方物流的组织运作模式．物流科技，2007（4）.
[40] 刘志强．物流配送系统设计．北京：清华大学出版社，2003.
[41] 陆江．努力营造现代物流业发展的政策环境．宏观经济管理，2007（6）.
[42] 骆温平．物流与供应链管理．北京：电子工业出版社，2002.
[43] 孟建华．现代物流管理概论．北京：清华大学出版社，2004.
[44] 马士华，等．供应链管理．第2版．北京：机械工业出版社，2005.
[45] 彭志忠．现代物流与供应链管理．济南：山东大学出版社，2002.
[46] 秦明森．实用物流技术．北京：中国物资出版社，2002.
[47] 秦薇薇．对我国物流产业集中度的分析与思考．铁路采购与物流，2007（5）.
[48] 曲建科，杨明，王海蛟．现代物流企业管理．北京：中国经济出版社，2005.
[49] 汝宜红．配送中心规划．北京：北方交通大学出版社，2002.
[50] 汝宜红．现代物流．北京：清华大学出版社，2005.
[51] 孙焰主编．现代物流管理技术——建模理论及算法设计．上海：同济大学出版社，2004.
[52] 宋华．现代物流与供应链管理．北京：经济管理出版社，2002.
[53] 宋华．物流供应链管理机制与发展．北京：经济管理出版社，2002.
[54] 宋华．物流成本与供应链绩效管理．北京：人民邮电出版社，2007.

[55] 宋华，胡左浩．现代物流与供应链管理．北京：经济管理出版社，2000.
[56] 孙光圻．国外物流业管理体制与政策初探．集装箱化，2001（6）．
[57] 孙宏岭．高效率配送中心的设计与经营．北京：中国物资出版社，2002.
[58] 现代物流管理课题组．物流成本管理．广州：广东经济出版社，2002.
[59] 熊和平．供应链管理实务．广州：广东经济出版社，2002.
[60] 谢勤龙，等．企业采购业务运作精要．北京：机械工业出版社，2002.
[61] 徐天亮．运输与配送．北京：中国物资出版社，2002.
[62] 许胜余．物流配送中心管理．成都：四川人民出版社，2002.
[63] 绎明宇，苏彦生．物流企业管理．北京：清华大学出版社，2000.
[64] 王述英．物流运输组织与管理．北京：电子工业出版社，2006.
[65] 王焰．一体化的供应链战略、设计与管理．北京：中国物资出版社，2002.
[66] 王之泰．现代物流学．北京：中国物资出版社，1995.
[67] 魏修建．论物流组织形式．中国物流与采购，2005（22）．
[68] 吴晓波，耿帅．供应链与物流管理．杭州：浙江大学出版社，2003.
[69] 吴清烈，孙志宏．物流企业管理．苏州：苏州大学出版社，2005.
[70] 吴群琪，张圣忠．物流经济．北京：人民交通出版社，2005.
[71] 万志坚，单华．物流企业管理．广州：广东经济出版社，2005.
[72] 王淑荣．物流企业管理实务．北京：中国物资出版社，2006.
[73] 王成，刘慧，赵媛媛．供应链管理业务精要．北京：机械工业出版社，2002.
[74] 夏春玉．中国物流政策体系：缺失与构建．财贸经济，2004（8）．
[75] 肖亮．物流组织整合的特点与模式分析．管理现代化，2006（4）．
[76] 许敏娟．企业物流的绩效评价．物流科技，2007（4）．
[77] 徐艟．运用层次分析法评价物流企业服务绩效．当代经济，2006（10）．
[78] 杨向东．我国物流产业的政策分析．内蒙古科技与经济，2005（19）．
[79] 杨湘玉．产业集群对区域物流中心形成的作用机理及实证分析．物流技术，2007（3）．
[80] 俞文锦．分工演进方向与物流组织发展趋势．综合运输，2006（6）．
[81] 周昌林．第三方物流——理论与应用．北京：经济管理出版社，2005.
[82] 张成海．供应链管理技术与方法．北京：清华大学出版社，2001.
[83] 张敏，黄中鼎．物流运输管理．上海：上海财经大学出版社，2004.
[84] 张雪宁．物流发展与组织模式的演进及其规律．深圳大学学报，2004（4）．
[85] 赵刚．企业物流管理组织的演变．现代物流，2004（5）．
[86] 赵凌．物流一体化的要求——谈企业物流组织结构的演变．现代管理科学，2003（4）．
[87] 赵启兰．企业物流管理．北京：机械工业出版社，2005.

[88] 赵小惠．集成化供应链管理．西安：西安交通大学出版社，2002.
[89] 赵林度．供应链与物流管理理论与实务．北京：机械工业出版社，2003.
[90] 曾剑．现代物流学基础．北京：电子工业出版社，2004.
[91] 朱道立，龚国华，罗齐．物流和供应链管理．上海：复旦大学出版社，2001.
[92] 朱华主．配送中心管理与运作．北京：高等教育出版社，2003.
[93] 中国物流与采购联合会．中国物流发展报告（2004~2005）．北京：中国物资出版社，2005.
[94] BOB LOWSON，等．快速响应——供应链满足客户需求之道．许国兵，等，译．北京：机械工业出版社，2006.
[95] DOUGLAS LAMBERT，等．物流管理．张文杰，等，译．北京：电子工业出版社，2004.
[96] EFRAIM TURBAN，等．电子商务——管理新视角．王理平，等，译．第2版. 北京：电子工业出版社，2005.
[97] JOHN COYLE，EDWARD BARDI，JOHN LANGLEY. 企业物流管理——供应链视角．文武，陈志杰，张彦，等，译．北京：电子工业出版社，2003.
[98] KENNETH LYSONS，MICHAEL GILLINGHAM. 采购与供应链管理．鞠磊，莫佳忆，胡克文，译．北京：电子工业出版社，2004.
[99] MICHAEL HUGOS. 供应链管理精要．左莉，译．北京：中国人民大学出版社，2005.
[100] PAUL R，MURPHY JR，等．当代物流学．第8版．北京：中国人民大学出版社，2005.
[101] SANDOR BOYSON，等．物流和外延型企业．李伊松，等，译．北京：机械工业出版社，2005.
[102] 大卫·辛奇-利维，等．供应链设计与管理——概念、战略与案例研究．季建华，等，译．北京：中国财政经济出版社，2004.
[103] 戴夫．纳尔逊，等．供应链管理最佳实践．刘祥亚，等，译．北京：机械工业出版社，2003.
[104] 杰里米·夏皮罗．供应链建模．北京：中信出版社，2002.
[105] 罗伯特·M. 蒙兹卡，等．采购与供应链管理．刘秉镰，等，译．北京：中信出版社，2002.
[106] 罗纳德·H. 巴罗．企业物流管理供应链的规划、组织和控制．王晓东，胡瑞娟，等，译．北京：机械工业出版社，2002.
[107] 马丁·克里斯托弗．物流与供应链管理．何明珂，等，译. 第3版．北京：电子工业出版社，2006.
[108] 迈克尔·波特．竞争战略．陈小悦，译．北京：华夏出版社，1997.

[109] 斯托克．战略物流管理．邵晓峰，等，译．北京：中国财政经济出版社，2003.
[110] 森尼尔·乔普瑞，彼得·梅因德尔．供应链管理战略、规划与运营．李丽萍，等，译．北京：社会科学文献出版社，2003.
[111] 唐纳德·J. 鲍尔索克斯，戴维·J. 克劳斯，等．供应链物流管理．李习文，王增东，等，译．北京：机械工业出版社，2004.
[112] 约翰·盖特纳．战略供应链联盟供应链管理中的最佳实践．宋华，等，译．北京：经济管理出版社，2003.
[113] 诊断师物流研究会．物流成本的分析与控制．宋华，曹莉，译．北京：电子工业出版社，2005.
[114] 肯尼斯·来桑斯，迈克尔·吉林厄姆．采购与供应链管理．鞠磊，等，译．北京：电子工业出版社，2004.
[115] 唐纳德·沃尔特斯．库存控制与管理．李习文，等，译．北京：机械工业出版社，2005.
[116] FLEISCHMANNB et al. Advances in distribution logistics. Springer, 1998.
[117] DONALD DOWERSON et al. Supply chain logistics management. New York: McGraw Hill, 2002.
[118] JAMES R STOCK, DOUGLAS M LAMBERT. Strategic Logistics Management, 4th. New York: McGraw Hill, 2001.
[119] JAY HEIZER, BARRY RENDER. Production and Operations Management. Englewood Cliffs, NJ: Prentice Hall, 1996.
[120] JON HUGHES, MARK RALF, BILL MCHELE. Transform your supply chain-releasing value in business. London: International Thomson Business Press, 1996.
[121] RICHARD L FRANCIS et al. Facility layout and location: an analytical approach. Englewood Cliffs, NJ: Prentice Hall, 1992.

图书在版编目(CIP)数据

物流管理通论/刘仁军主编;曹洪医副主编.—武汉:武汉大学出版社,2008.4(2015.8 重印)
管理学通用教材
ISBN 978-7-307-06158-3

Ⅰ.物… Ⅱ.①刘… ②曹… Ⅲ.物流—物资管理—教材
Ⅳ.F252

中国版本图书馆 CIP 数据核字(2008)第 022352 号

责任编辑:范绪泉　　责任校对:黄添生　　版式设计:詹锦玲

出版发行:**武汉大学出版社**　(430072　武昌　珞珈山)
(电子邮件:cbs22@ whu. edu. cn　网址:www. wdp. com. cn)
印刷:武汉中科兴业印务有限公司
开本:720×1000　1/16　印张:25　字数:502 千字　插页:1
版次:2008 年 4 月第 1 版　2015 年 8 月第 3 次印刷
ISBN 978-7-307-06158-3/F·1134　定价:35.00 元